JATI認定トレーニング指導者オフィシャルテキスト　TRAINING INSTRUCTORS' TEXTBOOK

トレーニング指導者テキスト [実技編]

NPO法人 日本トレーニング指導者協会 編著

Japan Association of Training Instructors

大修館書店

執筆者一覧 (執筆順)

有賀誠司	東海大学スポーツ医科学研究所教授	(1章：実施と指導上の留意点, 1.1 ～ 1.2節)
有賀雅史	帝京科学大学医療科学部教授	(1.3 ～ 1.4節, 5章：実施と指導上の留意点(アジリティ), 6章：実施と指導上の留意点)
伊藤良彦	国立スポーツ科学センタースポーツ科学研究部専門職トレーニング指導員	(1.5, 6.3節)
守田　誠	日本スポーツ振興センターマルチサポート事業トレーニング指導員	(1.6, 6.2節)
田村尚之	国立スポーツ科学センタースポーツ科学研究部主任専門職トレーニング指導員	(1.7, 6.1節)
関口　脩	日本体育大学体育学部教授	(1.8節)
菅野昌明	愛知学院大学 ラグビー部コンディショニング・ディレクター	(2章)
山内　武	大阪学院大学経済学部教授	(3章：実施と指導上の留意点, 3.1節 No.1 ～ 16, 3.3節)
藤田和樹	大阪大学全学教育推進機構准教授	(3.1節 No.17)
柳田泰義	元神戸大学大学院人間発達環境学研究科教授	(3.2節)
長畑芳仁	帝京大学医療技術学部講師	(4章)
黒須雅弘	東海学園大学スポーツ健康科学部助教	(5章：実施と指導上の留意点(ランニングスピード), 5.1節)
油谷浩之	関西学院大学アメリカンフットボール部ストレングスコーチ	(5.2節)
窪田邦彦	合同会社ベストコンディションKJ代表	(7章)
長谷川裕	龍谷大学スポーツサイエンスコース教授	(8章)

序文

　特定非営利活動法人日本トレーニング指導者協会（JATI）は、2007年より「JATI認定トレーニング指導者」の資格認定を行っている。現在、競技スポーツとフィットネスの両分野において、トレーニングの指導や教育の第一線で活動する数多くの指導者がこの資格を取得しており、国内における主要なトレーニング指導者資格として認知されるまでに至っている。

　JATI認定トレーニング指導者とは、「対象や目的に応じた科学的根拠に基づく適切な身体運動のトレーニングプログラムを作成し、これを効果的に指導・運営するための知識と技能をもつ専門家」と定義され、本書はトレーニング指導者として必要とされる知識と技能を習得するための実技テキストとして制作されたものである。

　本書では、一般人からスポーツ選手に至るまで、さまざまな対象や目的に応じたトレーニングの実技指導を行うために必要とされる約650種類に及ぶエクササイズの実技と測定方法が収録されており、まさにトレーニング実技テキストの決定版といえる充実した内容となっている。また、本書の著者は、いずれもトレーニング指導や各領域の研究・教育において優れた実績を有するとともに、競技スポーツやフィットネスの現場を熟知された方ばかりである。

　本書が、トレーニング指導者を目指す人はもとより、すでにトレーニング指導者として活動する人やスポーツ科学に携わる方、競技スポーツのコーチや選手、フィットネス分野の指導者や愛好家、学校の教員の方々などにも、存分に活用されることを願っている。

　最後に、執筆の労を賜った著者の皆様、写真撮影や資料提供にご協力いただいた方々、そして、出版に際して多大なご高配をいただいた大修館書店の平井啓允様に心より感謝の意を表したい。

2011年3月
特定非営利活動法人日本トレーニング指導者協会

日本トレーニング指導者協会（JATI）と認定資格の種類

特定非営利活動法人日本トレーニング指導者協会（JATI）について

2006年設立。競技スポーツとフィットネスの分野で活動するトレーニング指導者や、これを目指す人を主な対象として、トレーニング指導者の社会的地位の向上、知識・技能の向上、交流の促進、相互扶助などを目的として、トレーニング指導者の資格認定、教育・交流、調査・研究、雇用促進などの各種事業を展開しています。

事務局
〒106-0041
東京都港区麻布台3-5-5-907
TEL：03-6277-7712
FAX：03-6277-7713
e-mail：info@jati.jp
オフィシャルサイト
http://www.jati.jp/

JATI 認定トレーニング指導者について

一般人からトップアスリートまで、あらゆる対象や目的に応じて、科学的根拠に基づく適切な運動プログラムの作成と指導ができる専門家であることを証明する資格です。

1. 資格の種類

1）トレーニング指導者 (JATI-ATI：Accredited Training Instructor)

対象や目的に応じて、科学的根拠に基づく適切な運動プログラムを作成・指導するために必要な知識を習得したと認められた方に授与されます。スポーツ選手や一般人を対象としたトレーニング指導の専門家として活動するための基礎資格として位置づけられます。

2）上級トレーニング指導者 (JATI-AATI：Advanced Accredited Training Instructor)

対象や目的に応じて、科学的根拠に基づく適切な運動プログラムを作成・指導するために必要とされる高度な知識を有するとともに、実技のデモンストレーション技能や指導技能を十分に習得したと認められた方に授与されます。トレーニング指導の専門家として高いレベルの知識と技能を有し、後進への指導を行う能力も有することを証明する上級資格として位置づけられます。ハイレベルなアスリートを対象としたトレーニング指導者、大学や専門学校などにてトレーニング指導者の教育・養成に携わる方、フィットネスクラブのチーフインストラクターなどに推奨されます。

3）特別上級トレーニング指導者 (JATI-SATI：Senior Accredited Training Instructor)

トレーニング指導者として必要とされるきわめて高度な知識及び技能を有するとともに、長期にわたる実務経験と優れた指導実績を保持していること

を認められた方に授与されます。国内を代表するトレーニング指導者として、業界の社会的地位向上を担う最上級資格として位置づけられます。国際レベルのトップアスリートを指導するトレーニング指導者、大学や専門学校などにおけるトレーニング指導者の教育・養成統括担当者、フィットネスクラブにおけるインストラクターの教育研修担当者などに推奨されます。

2. 資格の対象
1）競技スポーツ分野において、選手の体力強化や傷害予防を目的としたトレーニング指導を行う専門家
例）トレーニングコーチ、ストレングスコーチ、コンディショニングコーチ、スポーツコーチ、地域スポーツ指導者、教員、アスレティックトレーナーなど
2）一般人を対象としたトレーニング指導の専門家
例）フィットネスクラブのインストラクター、一般人を対象とした運動指導者、パーソナルトレーナーなど

3.「トレーニング指導者」資格の取得方法
（詳細については最新の要項をご参照ください）

1）申請条件
❶本協会個人正会員であること
❷指定する学歴または指導歴を有していること
・大学・短大・専門学校卒業または卒業見込み
・高等学校卒業後3年以上の運動指導に従事した方など
❸免除制度
・健康運動指導士、スポーツプログラマー、NSCA-CSCS、NSCA-CPTなどを現在保持または、過去に取得した経歴がある方には、養成講習会の免除制度

最上級資格（JATI-SATI）
きわめて高度な知識と技能を有するとともに、優れた指導実績をもち、後進の指導的立場に立てる人

特別上級トレーニング指導者

トレーニングコーチ（国際レベル選手・トッププロ選手対応）、フィットネスクラブインストラクター（教育研修統括者など）、パーソナルトレーナー（最上級レベル）
大学・専門学校におけるトレーニング指導者の教育責任者など

上級資格（JATI-AATI）
高度な知識を有し、実技技能や指導技能に習熟した人

上級トレーニング指導者

トレーニングコーチ（ハイレベルなスポーツ選手対応）、フィットネスクラブインストラクター（チーフレベル）、パーソナルトレーナー（上級レベル）など

基礎資格（JATI-ATI）
トレーニング指導者として必要な知識と技能を習得した人

トレーニング指導者

スポーツ選手や一般人を対象としたトレーニング指導の専門家、トレーニングコーチ、フィットネスクラブインストラクター、パーソナルトレーナーなど

があります。

※資格の種類などによって免除内容が異なります。

・本協会が認定する「養成校」及び「養成機関」において、所定の単位を取得した方は、養成講習会が免除され、認定試験を受験することができます。

2）養成講習会の受講

認定試験の受験に当たって、所定の講習会を受講することが必要です。

❶一般科目

体力学総論、機能解剖、バイオメカニクス、運動生理学、運動と栄養、運動と心理、運動と医学、運動指導の科学

❷専門科目

トレーニング指導者論、各種トレーニング法の理論とプログラム、各種トレーニング法の実際、トレーニング効果の測定と評価、トレーニングの運営と情報活用

3）認定試験の受験

以下の2科目の筆記試験を受験し、合格した方に認定資格が授与されます。試験は、4つの選択肢から正解を選ぶマークシート方式になっています。

❶一般科目：90問（90分）
❷専門科目：90問（90分）

4. 上位資格の取得方法

1）上級トレーニング指導者

❶申請条件

「トレーニング指導者」取得後、3年以上の実務経験があり、CPR・AEDに関する講習会を修了している方が対象となります。

❷認定方法

「実技のデモンストレーション技能」「トレーニングの指導技能」「トレーニングプログラム作成技能」に関する実技試験と筆記試験に合格した方に認定資格が授与されます。

2）特別上級トレーニング指導者

❶申請条件

35歳以上で、10年以上の指導歴または教育歴があり、「上級トレーニング指導者」取得後、5年以上の実務経験がある方が対象となります。

❷認定方法

指導実績の審査とプレゼンテーションにより、認定資格が授与されます。

目次

1. レジスタンストレーニング　　1

実施と指導上の留意点……………2
- 1.1　胸部のエクササイズ……………8
- 1.2　背部のエクササイズ……………16
- 1.3　肩部のエクササイズ……………21
- 1.4　腕部のエクササイズ……………31
- 1.5　脚部のエクササイズ……………40
- 1.6　体幹部のエクササイズ……………55
- 1.7　その他のエクササイズ……………65
- 1.8　クイックリフトとパワーエクササイズ……………72

2. プライオメトリクス　　81

実施と指導上の留意点……………82
- 2.1　下肢のプライオメトリクス……………84
- 2.2　上肢のプライオメトリクス……………104
- 2.3　体幹部のプライオメトリクス……………111
- 2.4　複合動作でのプライオメトリクス……………115

3. 持久力トレーニング　　119

実施と指導上の留意点……………120
- 3.1　有酸素性持久力トレーニング……………122
- 3.2　水中で行う有酸素性持久力トレーニング……………129
- 3.3　無酸素性持久力トレーニング……………134

4. 柔軟性トレーニング　　139

実施と指導上の留意点……………140
- 4.1　上肢のスタティックストレッチング（セルフ）……………142
- 4.2　体幹・下肢のスタティックストレッチング（セルフ）……………147
- 4.3　上肢のスタティックストレッチング（パートナー）……………154
- 4.4　体幹・下肢のスタティックストレッチング（パートナー）……………156

- 4.5　ダイナミックストレッチング（スタンディングベース）……………160
- 4.6　ダイナミックストレッチング（ウォーキングベース）……………163
- 4.7　ダイナミックストレッチング（フロアーベース）……………167
- 4.8　徒手抵抗ストレッチング……………169
- 4.9　道具を利用したストレッチング……………171
- 4.10　スポーツ障害予防のコンプレッションストレッチング……………175

5. スピードトレーニング　177

実施と指導上の留意点……………178
- 5.1　ランニングスピード向上のトレーニング……………180
- 5.2　アジリティ向上のトレーニング……………196

6. バランス能力・姿勢支持能力向上のトレーニング　217

実施と指導上の留意点……………218
- 6.1　静的なバランス能力・姿勢支持能力向上のトレーニング……………220
- 6.2　動的なバランス能力・姿勢支持能力向上のトレーニング……………225
- 6.3　その他のバランス能力・姿勢支持能力向上のトレーニング……………230

7. ウォームアップのための運動　235

実施と指導上の留意点……………236
- 7.1　セルフエクササイズ系……………238
- 7.2　ウォーキング系……………240
- 7.3　スキップ系……………243
- 7.4　ステップ系……………245
- 7.5　バランス系……………247
- 7.6　スピード系……………249

8. 形態・体力測定　251

実施と指導上の留意点……………252
- 8.1　形態測定……………254
- 8.2　体力測定……………256

種目名一覧……………269

写真撮影	撮影モデル(50音順)	撮影協力(50音順)
森山雅智 (除く：第1章コラム, 3.1節と3.3節の一部, 3.2節)	岡山哲也 小田恵里花 金村幸治 河田隼和 小松容子 桜井香純 Shieca 新垣勝彦 須藤秀太 高谷夏美 田口嵯友里 竹川幸太郎 土田　岳 長井祐一郎 中村昌寿 中村　優 中村　龍 野村健人 花牟禮諒 藤末真優 堀田裕希 堀田耕司 本間浩之 森川　駿 森﨑央和 矢嶋直樹 山口雅弘 山田千紘 山田誠人 山中裕太 渡辺祥子	大阪学院大学 国立スポーツ科学センター ゴールドジム 東海学園大学 東海大学 東京リゾート＆スポーツ専門学校千葉校 武蔵丘短期大学 龍谷大学

1. レジスタンストレーニング
Strength

実施と指導上の留意点

1. 正しい姿勢と動作の指導

　トレーニング指導者は、レジスタンストレーニングの効果を高め傷害を防止するために、実施者に対して正しい姿勢や動作、呼吸法、補助法などについて十分な指導を行う。トレーニングの実施中に姿勢や動作の誤りが認められた場合には、修正を行うことが必要である。

2. 動作スピード

　レジスタンストレーニングを実施する際には、対象や目的、エクササイズの特性などに応じて、適切なスピードで動作を行うことが重要である。一般的には、フォームの習得や筋肥大を目的とした場合には、ゆっくりとした一定のスピードで動作を行う。また、筋力やパワーの向上を目的とした場合には、挙上動作をできるだけ素早く行う。具体的な動作スピードの目安は、表に示す通りである。

表　トレーニングに応じた動作スピードの目安

目的	上げる動作（コンセントリック局面）	下ろす動作（エキセントリック局面）
フォームの習得	3カウント（一定スピード）	3カウント（一定スピード）
筋肥大	2カウント（一定スピード）	2〜3カウント（一定スピード）
筋力・パワー向上	全力スピード	2〜3カウント（一定スピード）※低負荷を用いて、下ろす動作や切り返し動作を素早く行う場合もある

3. 補助

　トレーニング指導者は、安全確保の観点から、実施者に対して補助の重要性やテクニックについて説明することが必要である。

1) 補助を必要とするエクササイズ

　バーベルやダンベルなどの重量物が身体に落下する危険性があるエクササイズや、バランスを崩したり転倒したりする危険性があるエクササイズについては、事故や傷害の防止のために補助者を付けることが必要である。補助者を付けるべきエクササイズの具体例は以下の通りである。

例1）重量物を肩の高さより上方に挙上する動作を伴うエクササイズで、重量物が身体に落下する危険性があるもの：ベンチプレス、ダンベルフライ、ショルダープレスなど。

例2）重量物を肩や頭上に保持した姿勢で行うエクササイズで、バランスを崩したり転倒したりする危険性があるもの：スクワット、ランジ、ステップアップなど。

　なお、初心者や低体力者などの場合、姿勢や動作が不安定であることが多く、不意にバランスを崩すケースが想定される。上記以外のエクササイズについても、状況に応じて補助を行うべきである。

2) 補助の方法

a) バーベルを用いたエクササイズ

　バーベルを両手で保持して挙上する動作のエクササイズ（ベンチプレスなど）の場合、実施者のグリップの内側（バーベルの中央部）をオルタネイティッドグリップ（片逆手）で保持して補助を行う方法が多く採用されている（図1左）。ただし、ベンチプレスの場合、使用するラックの幅や実施者のグリップ幅が狭い場合には、補助者が実施者のグリップの外側を保持したり、オーバーハンドグリップ（順手）を用いたりする場合もある。状況に応じて、最も安全かつ適切に補助が実施できる方法を採用することが望ましい。

　補助者は、腰背部の傷害予防のために、トレーニング実施者のバーベルの軌道に近い場所に立ち、一定の姿勢を維持することが必要である。

　スタンディングショルダープレスのように、バーベルが補助者の肩よりも高いポジションに移動するエクササイズについては、補助者がバーを引き上げる動作を行うことが困難である。このような場合には、補助者は台などの上に乗って補助を行う（図1右）。

b) ダンベルによるエクササイズ

実施と指導上の留意点 | 003

図1　バーベルによる補助の方法

ベンチプレスの補助例（補助者は、状況に応じて安全かつ適切に補助が実施できるように手幅や握り方を調整する）

スタンディングショルダープレスの補助例（バーベルが高いポジションに移動し、補助者がバーを引き上げることが困難な場合には台を使用する）

図2　ダンベルによる補助の方法

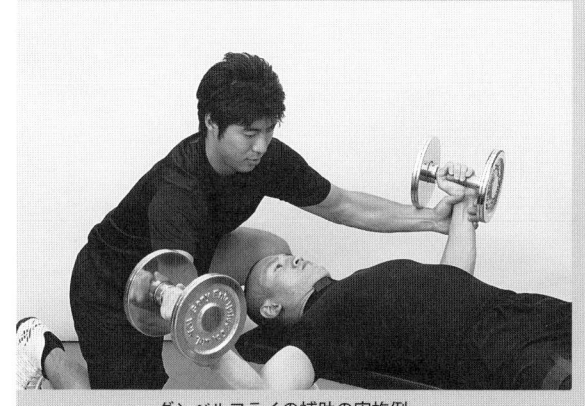

ダンベルフライの補助の実施例

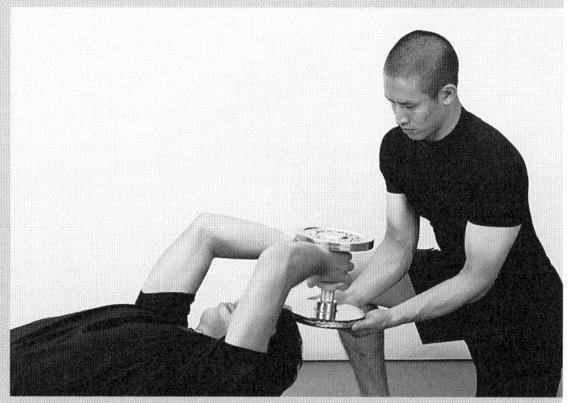

ダンベルプルオーバーの補助の実施例

　両手に1個ずつダンベルを持って行うエクササイズ（ダンベルフライなど－図2左）の場合は、手首を保持して補助を行う方法が多く採用されている。トレーニング経験者の場合、実施者の肘や上腕部を補助者が下から手で引き上げる方法が採用されるケースが多くみられるが、ダンベルの落下には十分な注意が必要である。

　両手で1個のダンベルを持って行うエクササイズ（ダンベルプルオーバーなど－図2右）や、片手で1個のダンベルを持って行うエクササイズ（ワンハンドダンベルトライセプスエクステンションなど）の場合には、ダンベル自体を下から両手で保持して

補助を行う方法が多く採用される。
3）補助の実施にあたっての確認事項
- 補助者の人数を決定する（例：低負荷を用いたベンチプレス－補助者1名、高負荷を用いたスクワット－補助者2名）。複数名で補助を行う場合には、補助の実施方法やタイミングについてあらかじめ打ち合わせを行う。
- ラックのセーフティーバー（落下防止装置）を正しいポジションに調整する。
- 初心者の場合、補助を行うタイミングや方法などについて事前に説明しておく。

4）補助を開始するタイミングの目安
- 動作スピードが遅くなり、テンポが乱れてきた時。
- 左右のバランスが崩れるなど、正しいフォームが維持できなくなる兆候がみられた時。
- 呼吸が乱れ、表情が苦しそうになってきた時。

5）補助のテクニックのポイント
- 急激な動作は控え、一定スピードで挙上する。
- 正しい軌道をキープし、実施者の姿勢やフォームが崩れないように注意する。
- 実施者に声をかけて力を発揮するように促す。
- ラックにバーを置く際には、手を挟まないように注意する。
- マシンを用いたエクササイズの補助を実施する際には、プーリーのケーブルの引き出し口に手を引き込まれたり、ウエイトスタックに手をはさんだりしないように注意する。

4．呼吸法

息を止めた状態で力を発揮する「努責（どせき）」を行うと、胸腔や腹腔の内圧が高まり、腰背部の正しい姿勢を保ちやすくなるとともに、大きな力を発揮しやすくなる。しかし、努責を行った際には、血圧の急激な上昇やめまいなどを引き起こす危険性があるため、特に中高齢者や初心者は十分な注意が必要である。レジスタンストレーニングを実施する際の呼吸法の代表例を以下に紹介する。

1）努責を避ける呼吸法
努責による血圧の急上昇などのリスクを避けるためには、動作中に息を止めないようにすることが大切である。

努責は、ウエイトを上げる動作局面の中で、最も大きな力の発揮が必要とされるポジション（スティッキングポイント）付近で起こりやすい傾向がある。このため、多くのエクササイズでは、ウエイトを上げる局面で息を吐き、下ろす局面で息を吸う呼吸法が採用されている。

シーティッドロウやサイドレイズのようなエクササイズの場合、ウエイトを上げる動作局面で胸郭が広がり、肺に空気が入りやすい状態になることから、ウエイトを上げる局面で息を吸い、下ろす局面で息を吐く呼吸法が採用されることもある。

2）努責を伴う呼吸法
動作中の姿勢の安定や、より大きな力の発揮を目的とした場合には、息を止めた状態で力を発揮する努責を伴う呼吸法を採用することがある。ウエイトを下ろす時に息を吸い、最も下ろしたポジションで息を止めてウエイトを上げ、スティッキングポイントを通過した後に息を吐く方法が多く採用されている。このような努責を伴う呼吸法は、トレーニング経験を積んだ人が、高負荷を使用する場合に限定して用いることが望ましい。

5．バーの握り方

1）グリップの幅による分類
- スタンダードグリップ(standard grip：標準グリップ)－各エクササイズの標準的なグリップ幅。ミディアムグリップ(medium grip)またはコモングリップ(common grip)とも呼ぶ。
- ワイドグリップ(wide grip：広いグリップ)－標準よりも広いグリップ幅。
- ナローグリップ(narrow grip：狭いグリップ)－標準よりも狭いグリップ幅。

2）手の向きによる分類（図3）
- オーバーハンドグリップ(over hand grip：順手)－手の甲が上向きになるグリップ。プロネイティッドグリップ(pronated grip：回内グリップ)とも呼ぶ。

実施と指導上の留意点 | **005**

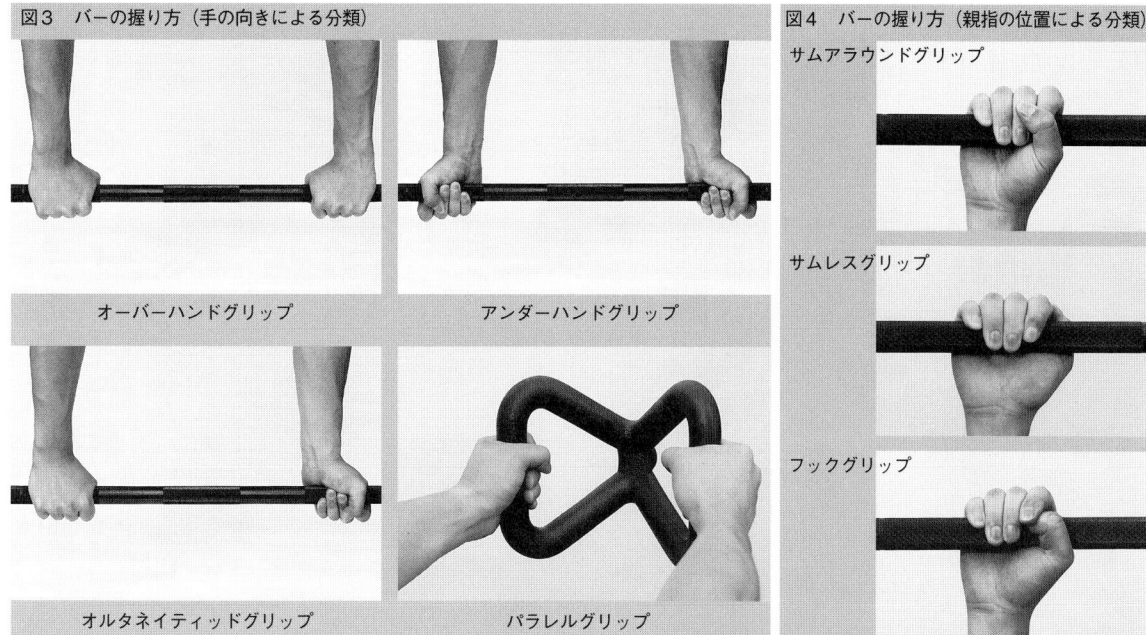

図3　バーの握り方（手の向きによる分類）

オーバーハンドグリップ　　アンダーハンドグリップ

オルタネイティッドグリップ　　パラレルグリップ

図4　バーの握り方（親指の位置による分類）

サムアラウンドグリップ

サムレスグリップ

フックグリップ

・アンダーハンドグリップ（under hand grip：逆手）－手のひらが上向きになるグリップ。スピネイティッドグリップ（supinated grip：回外グリップ）とも呼ぶ。アームカールなどで多く用いられる。

・オルタネイティッドグリップ（alternated grip：片逆手）－片手が順手、反対側の手が逆手のグリップ。デッドリフトにおいて多く用いられる。

・パラレルグリップ（parallel grip：平行グリップ）－左右の手のひらが内側を向くグリップ。シーティッドロウにおいて多く用いられる。

3）親指の位置による分類（図4）

・サムアラウンドグリップ（thumb around grip）－親指をバーに1周させるグリップ。

・サムレスグリップ（thumb-less grip）－親指をバーに巻きつけず、他の指とそろえて握るグリップ。

・フックグリップ（hook grip）－親指をバーに巻きつけた後、親指の上に人差し指と中指をかぶせるようにして握るグリップ。ウエイトリフティングの競技種目等で用いられる。

6.ベルトの使用

　筋力トレーニングを実施する際に、ウエスト部にトレーニング用のベルト（図5）を装着すると、腹

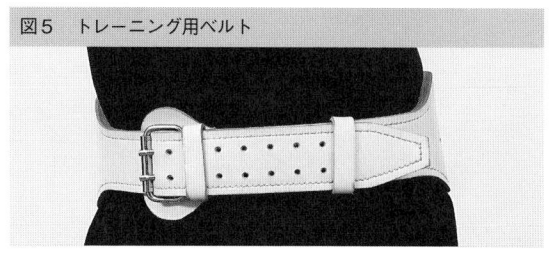

図5　トレーニング用ベルト

腔内圧（腹圧）を高めることができ、トレーニング動作中に体幹部周辺の正しい姿勢を保ちやすくなる。

　トレーニング用のベルトは、スクワットやデッドリフトのような立位で行うエクササイズを高負荷で実施する場合に限定して使用するように心掛けることが望ましい。姿勢の支持が比較的たやすい座位や背臥位（仰向け姿勢）のエクササイズや、低負荷を使用する場合などには、ベルトの使用を極力避けるようにする。常にベルトを使用することに慣れてしまうと、ベルトがない状態で体幹周辺の筋群をコントロールして腹圧を調整する能力が、十分に養成できなくなる可能性があると考えられている。

　ベルトの位置は、男性ではベルトの前側がへそより下（女性の場合はへその上あたり）を目安とし、ややきつめの強さで装着する。

図6　ストラップの使用法

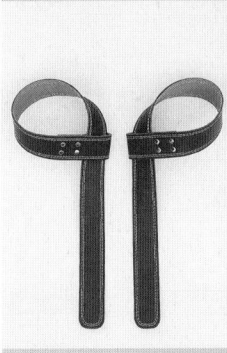
ストラップ

①ストラップの端を穴に通す

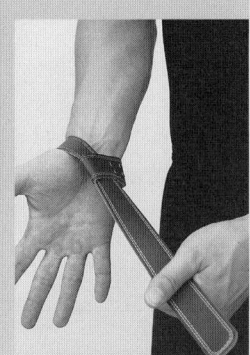
②ストラップを手首に固定

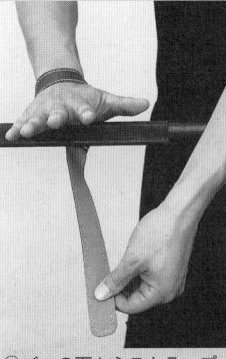
③バーの下からストラップを通す

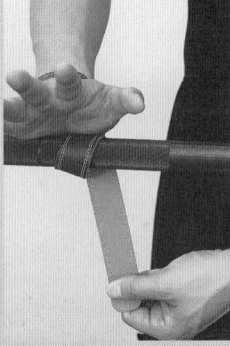
④ストラップを手前に1周させてバーに巻きつけ、たるみを調整する

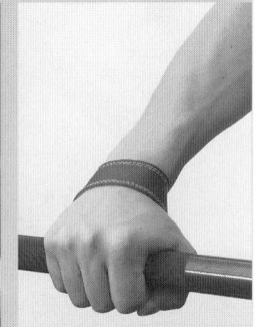
⑤バーに巻きつけたストラップとともにバーを握る

※写真ではストラップの端が親指側から出ているが、小指側から出してもよい。

7. ストラップの使用

　ストラップは、バーを握った状態を保持する能力（把持力：はじりょく）を補うために用いられるひも状の補助具である（図6）。ラットプルダウンのような引く動作のエクササイズや、デッドリフトのようにバーをぶら下げて行うエクササイズの場合、動作中にバーを握った手が徐々に開いてしまうことが多いが、ストラップを用いると、このようなグリップのゆるみを防ぐことができる。ただし、ストラップを過度に使用した場合、各エクササイズで必要とされる把持力が養えなくなってしまうことが懸念される。このため、ストラップは高重量を扱う場合などに限定して使用することが望ましい。

8. トレーニング機器の使用に関する注意点

1) フリーウエイト（バーベル、ダンベル、ラックなど）

・バーベルには、左右均等にプレートを装着する。
・ラックに載せたバーベルのプレートを着脱する際には、2名で左右同時に行う。
・バーベルにプレートを装着した場合には、必ずカラーを使用する。
・バーを載せるフックの高さや、セーフティーバーの位置を適切に調節する。

2) マシン

・使用前にはマシンのシートやパッド、アームなどの位置を適切に調節する。ケーブルマシン（プーリー）の場合、アタッチメントを確実に接続する。
・ウエイトスタック方式のマシンの場合、動作中に動いているウエイトが、下部のウエイトに接触しないように注意する。

3) チューブ

・破断による事故防止のため、使用前には損傷や摩耗の状態を確認する。

9. 背臥位で行うダンベルエクササイズを実施する際の注意点

　ダンベルフライのように、ベンチに仰向けになって行うダンベルエクササイズの場合、反復終了後に実施姿勢のままでダンベルを床に勢いよく落下させてしまうと、実施者の肩に負担がかかるばかりでなく、大きな騒音や振動が発生し、ダンベルや床が損傷することがある。このようなトラブルを防ぐために、「オンザニーテクニック」と呼ばれる方法が多く採用されている。具体的な実施方法は図7の通りである。

実施と指導上の留意点 007

図7 背臥位のダンベルエクササイズを実施する際のテクニック（オンザニーテクニック）

〈開始までの動作〉

①ダンベルを両手に保持してベンチの端に座り、大腿部の上にダンベルを縦向きに載せる

②股関節の角度を一定に保ったまま、後方に倒れ込むようにして背臥位になる

③両脚を床に下ろしてダンベルを上げて開始姿勢をとる

〈反復終了後の動作〉

①脇を締めてダンベルをゆっくりと下ろす

②股関節を曲げて大腿部をダンベルに近づける

③股関節の角度を一定に保ったまま上半身を起こす

1.1 胸部のエクササイズ

1. ベンチプレス

【強化部位】大胸筋、三角筋前部、上腕三頭筋

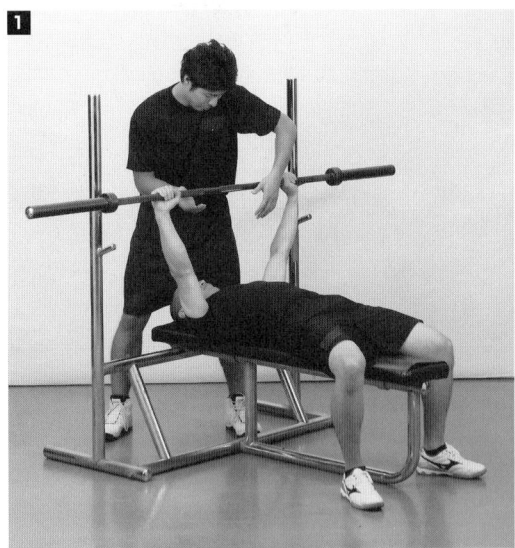

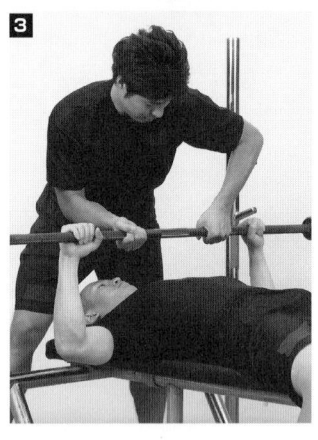

❶準備と開始姿勢
▼ラックに載せたバーの真下に目がくるようにして、ベンチに仰向けになる。
▼ベンチに仰向けになり、両足を床に着ける。
▼肘と肩を同じ高さにした時に肘が直角になるグリップ幅で、バーの中央から左右同じ距離にバーを握る（写真4）。
▼補助者のサポートを受けながらバーをラックからはずし、肩の真上までバーを移動させて静止する（写真1）。

❷動作とポイント
▼バーを胸骨の中央部付近に下ろす（写真2）。
▼バーが胸に触れたら開始姿勢まで押し上げる。
▼バーの軌道は、真横から見てゆるやかなカーブを描くようにする。
▼反復を終えたら、補助者がバーを保持してサポートしながらバーをラックに戻す。

❸呼吸法
▼低〜中負荷を用いる場合は、バーを下ろす局面で息を吸い、バーを上げる局面で息を吐く。
▼高負荷を用いる場合は、息を吸いながらバーを下ろし、バーが胸に触れたら息を止めて挙上し、スティッキングポイントを通過した後に息を吐く（経験者のみ採用）。

❹補助法
▼補助者は、実施者の頭側のできるだけ近い場所に立ち、膝と股関節を曲げて上半身を前傾させた姿勢をとる。補助の際には、腰背部の正しい姿勢を維持する。
▼バーをラックからはずす時と戻す時に、バーを保持してサポートする（写真3）。
▼実施者の反復動作が困難になった場合、バーを保持して一定スピードで挙上し、バーをラックに戻す。

❺起こりやすい誤り
▼足が床から離れる。身長が低い人の場合、踵が床から浮きやすいため、足の下に台やプレートなどを敷く。
▼臀部がシートから浮き、過度に腰を反らせる。
▼バー挙上時に肩甲骨が過度に外転する。
▼動作中、肘が胴体に近づき、肩が過度に外旋する。
▼手首が過度に背屈する。
▼動作の軌道が不安定。
▼胸の上でバーをバウンドさせる。
▼バーの片側が先に上がる。

2. インクラインベンチプレス

【強化部位】大胸筋（上部）、三角筋前部、上腕三頭筋

❶準備と開始姿勢
▼インクラインベンチの背もたれの角度を調整する。
▼ベンチに座って仰向けになり、両足を床に着ける。
▼肘と肩を同じ高さにした時に、肘が直角になるグリップ幅で、バーの中央から左右同じ距離にバーを握る。
▼補助者のサポートを受けながらバーをラックからはずし、肩の真上までバーを移動させて静止する（写真1）。

❷動作とポイント
▼バーを鎖骨の上付近に下ろす。この時、肘はバーの真下に位置する（写真2）。
▼バーが鎖骨に触れたら開始姿勢まで押し上げる。
▼反復を終えたら、補助者がバーを保持してサポートしながらバーをラックに戻す。

❸呼吸法
▼低〜中負荷を用いる場合は、バーを下ろす局面で息を吸い、バーを上げる局面で息を吐く。
▼高負荷を使用する場合は、息を吸いながらバーを下ろし、バーが胸に触れたら息を止めて挙上し、スティッキングポイントを通過した後に息を吐く（経験者のみ採用）。

❹補助法
▼補助者は、実施者の頭側のできるだけ近い場所に立ち、膝と股関節を曲げて上半身を前傾させた姿勢をとる。補助の際には、腰背部の正しい姿勢を維持する。
▼バーをラックからはずす時と戻す時に、バーを保持してサポートする。
▼実施者の反復動作が困難になった場合、バーを保持して一定スピードで挙上し、バーをラックに戻す。

❺起こりやすい誤り
▼足が床から離れる。
▼過度に腰を反らせる。
▼バー挙上時に肩甲骨が過度に外転する。
▼動作中、肘が胴体に近づき、肩が外旋する。
▼手首が過度に背屈する。
▼動作の軌道が不安定。

3. デクラインベンチプレス

【強化部位】大胸筋（下部）、三角筋前部、上腕三頭筋

❶準備と開始姿勢
▼デクラインベンチの背もたれの角度を調整する。
▼ベンチのパッドに脚部を固定し、頭を下向きにして仰向けになる。
▼肘と肩を同じ高さにした時に肘が直角になるグリップ幅で、バーの中央から左右同じ距離になるようにしてバーを握る。
▼補助者のサポートの受けながらバーをラック（写真ではラック不使用）からはずし、肩の真上までバーを移動させて静止する（写真1）。

❷動作とポイント
▼バーを胸骨の中央部付近に下ろす（写真2）。
▼バーが胸に触れたら開始姿勢まで押し上げる。
▼反復を終えたら、補助者がバーを保持してサポートしながらバーをラックに戻す。
▼バーを下ろした時にバーが首に触れないように注意する。

❸呼吸法
▼低〜中負荷を用いる場合は、バーを下ろす局面で息を吸い、バーを上げる局面で息を吐く。
▼高負荷を使用する場合は、息を吸いながらバーを下ろし、バーが胸に触れたら息を止めて挙上し、スティッキングポイントを通過した後に息を吐く（経験者のみ採用）。

❹補助法
▼補助者は、実施者の頭側のできるだけ近い場所に立ち、膝と股関節を曲げて上半身を前傾させた姿勢をとる。補助の際には、腰背部の正しい姿勢を維持する。
▼バーをラックからはずす時と戻す時に、バーを保持してサポートする。
▼実施者の反復動作が困難になった場合、バーを保持して一定スピードで挙上し、バーをラックに戻す。

❺起こりやすい誤り
▼過度に腰を反らせる。
▼バー挙上時に肩甲骨が過度に外転する。
▼動作中、肘が胴体に近づき、肩が過度に外旋する。
▼手首が過度に背屈する。
▼動作の軌道が不安定。

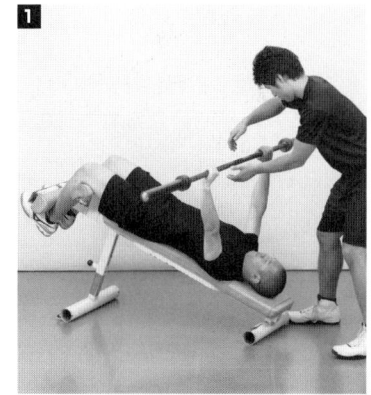

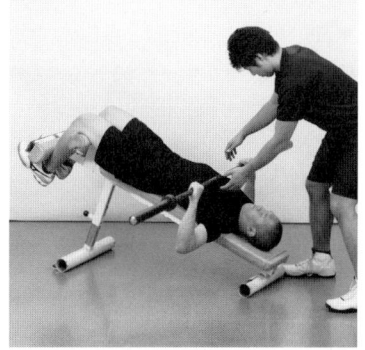

4. ダンベルベンチプレス

【強化部位】大胸筋、三角筋前部、上腕三頭筋

❶準備と開始姿勢
▼両手にダンベルを持ってベンチに座り、ダンベルを大腿部の上に立て、そのまま後方にゆっくりと倒れ込むようにしてベンチに仰向けになる（7頁参照）。
▼両足を床に着ける。
▼肘を伸ばしてダンベルを肩の上に静止させる（写真1）。

❷動作とポイント
▼肘を曲げてダンベルを下ろす。上から見てダンベルのバーが、胸骨の中央部の真横付近にくるようにする。前腕部は床に対して常に垂直の角度を保つ（写真2）。
▼バーを下ろしたら開始姿勢まで押し上げる。この時、バーの軌道は、真横から見てゆるやかなカーブを描くようにする。
▼反復を終えたら、脇を締めてダンベルを下ろし、大腿部をダンベルに近づけて股関節の角度を保ったまま上半身を起こす（7頁参照）。

❸呼吸法
▼低～中負荷を用いる場合は、ダンベルを下ろす局面で息を吸い、ダンベルを上げる局面で息を吐く。
▼高負荷を用いる場合は、息を吸いながらダンベルを下ろし、ダンベルを下ろしたポジションで息を止めて挙上し、スティッキングポイントを通過した後に息を吐く（経験者のみ採用）。

❹補助法
▼実施者の頭側のできるだけ近いところに片膝を立てて座り、実施者の反復動作が困難になった場合、実施者の前腕の部分を保持して動作の補助を行う。

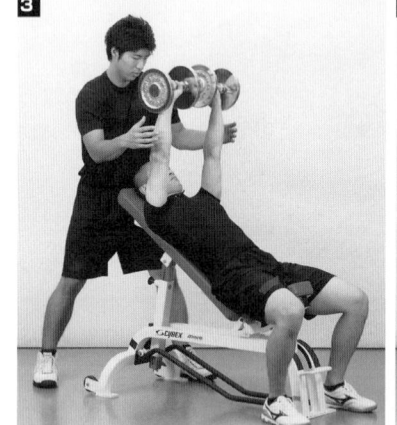

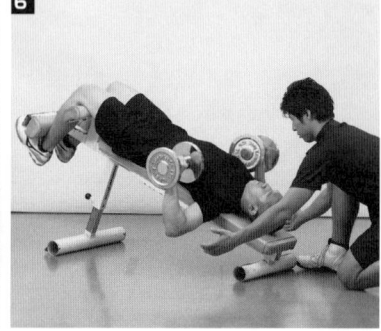

❺起こりやすい誤り
▼足が床から離れる。
▼臀部がシートから浮き、過度に腰を反らせる。
▼ダンベル挙上時に肩甲骨が過度に外転する。
▼動作中に肘が胴体に近づき、肩が過度に外旋する。
▼動作の軌道が不安定。
▼手首が過度に背屈する。

❻バリエーション
▼インクラインダンベルベンチプレス（写真3、4）。
▼デクラインダンベルベンチプレス（写真5、6）。

5. ダンベルフライ

【強化部位】大胸筋、三角筋前部

❶準備と開始姿勢
▼両手にダンベルを持ってベンチに座り、ダンベルを大腿部の上に立て、そのまま後方にゆっくりと倒れ込むようにしてベンチに仰向けになる（7頁参照）。
▼両足を床に着ける。
▼肘を伸ばしてダンベルを肩の上に静止させる。左右のダンベルのバーが平行になるようにする（写真1）。

❷動作とポイント
▼肘をわずかに曲げて、ダンベルが肩を中心とした円軌道を描くようにしながら、ダンベルを肩の側方に下ろす。ダンベルを下ろした時には、上から見て手首、肘、肩を結ぶ線が身体の長軸に対して垂直になるようにする（写真2）。
▼ダンベルを下ろした時と同様の軌道を通るようにして、ダンベルを開始姿勢まで挙上する。
▼反復を終えたら、脇を締めてダンベルを下ろし、大腿部をダンベルに近づけて股関節の角度を保ったまま上半身を起こす（7頁参照）。

❸呼吸法
▼低～中負荷を用いる場合は、ダンベルを下ろす局面で息を吸い、ダンベルを上げる局面で息を吐く。
▼高負荷を用いる場合は、息を吸いながらダンベルを下ろし、ダンベルを下ろしたポジションで息を止めて挙上し、スティッキングポイントを通過した後に息を吐く（経験者のみ採用）。

❹補助法
▼挙上者の頭側のできるだけ近いところ

に片膝を立てて座り、実施者の反復動作が困難になった場合、実施者の前腕の部分を保持して補助を行う。

❺起こりやすい誤り
▼足が床から離れる。
▼臀部がシートから浮き、腰を過度に反らせる。
▼ダンベル挙上時に肩甲骨が過度に外転する。
▼動作中に肘が胴体に近づき、肩が過度に外旋する。
▼動作の軌道が不安定。

❻バリエーション
▼インクラインダンベルフライ（写真3、4）。
▼デクラインダンベルフライ（写真5、6）。

6. プッシュアップ

【強化部位】大胸筋、三角筋前部、上腕三頭筋

❶準備と開始姿勢
▼肩幅よりやや広めの手幅で両手を床に着ける。
▼肩、腰、膝、外くるぶしを結ぶラインが直線をなすようにして開始姿勢をとる（写真1）。

❷動作とポイント
▼肘を曲げて肩甲骨を内転させながら身体を下ろす（写真2）。
▼身体を下ろしたら、開始姿勢まで身体を押し上げる。

❸呼吸法
▼身体を下ろす局面で息を吸い、身体を押し上げる局面で息を吐く。

❹補助法
▼補助は不要。

❺起こりやすい誤り
▼腰が過度に反る。
▼股関節が屈曲して臀部が上がる。

❻バリエーション
(1) 負荷を軽減したい場合
▼負荷を軽減したい場合には、膝を床に着けて行う方法（写真3）、両手・両膝を床に着けた姿勢で行う方法（写真4）、壁に手を着けて行う方法（写真5）などを試行する。

(2) 負荷を増加したい場合
▼負荷を増加したい場合は、両足を台に載せる方法（写真6）、チューブを使用する方法（写真7）などを試行する。

1.1 胸部のエクササイズ

7. ディッピング

【強化部位】大胸筋、三角筋前部、上腕三頭筋

❶準備と開始姿勢
▼平行棒に両手で身体を支持する。手の幅は、肩幅または肩幅よりやや広い程度を目安とする（写真1）。

❷動作とポイント
▼肘を曲げて、上半身をやや前傾させながら身体を下ろす。肩甲骨を内転させ、脱力せずにゆっくりと動作を行う（写真2）。
▼身体を下ろしたら、肘を伸ばして上半身の角度を起こしながら開始姿勢に戻る。

❷呼吸法
▼身体を下ろす局面で息を吸い、身体を押し上げる局面で息を吐く。

❸補助法
▼補助は不要。

❹起こりやすい誤り
▼身体を下ろす局面で脱力する。
▼動作中に肘が過度に外側に開く。

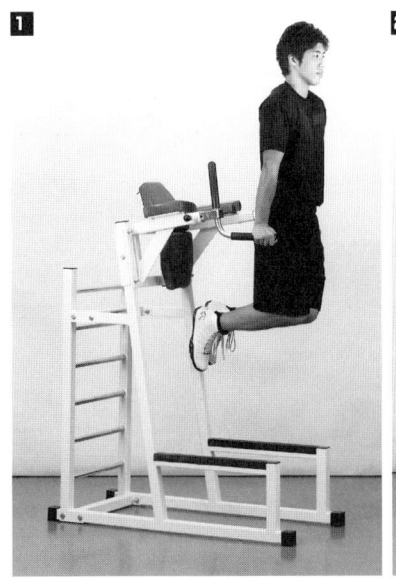

❺バリエーション
▼大胸筋をより多く動員させたい場合には、上半身の前傾を大きくする。
▼上腕三頭筋をより多く動員させたい場合には、上半身を直立させて行う。

8. シーティッドチェストプレス

【強化部位】大胸筋、三角筋前部、上腕三頭筋、前鋸筋

❶準備と開始姿勢
▼マシンのシートに座った時、グリップ部分が胸骨の中央部（両脇を結ぶ水平線よりやや下）の高さになるようにシートの高さを調節する。
▼マシンのシートに座り、両足を床に着け、後頭部、上背部をベンチの背もたれに着ける。
▼バーを肩幅よりやや広めの手幅で握る。ペダルを備えたマシンの場合、ペダルを踏んでマシンのバーを前方に移動させてからバーを握る。
▼肘を伸ばして開始姿勢をとる。胸を張り、視線を正面に向ける（写真1）。

❷動作とポイント
▼肘を曲げてバーを胸に近づける（写真2）。
▼バーを胸に近づけたら、開始姿勢まで押す。
▼反復を終えたら、バーを胸に近づけ、ウエイトを下ろしてバーから手を離す。ペダルを備えたマシンの場合、ペダルを踏んでバーを固定した状態でバーから手を離し、ペダルを戻しながらウエイトを下ろす。

❸呼吸法
▼低～中負荷を用いる場合は、バーを胸

に近づける局面で息を吸い、バーを押す局面で息を吐く。
▼高負荷を用いる場合は、息を吸いながらバーを胸に近づけ、バーが胸に近づいたら息を止めて押す動作を行い、スティッキングポイントを通過した後に息を吐く（経験者のみ採用）。

❹補助法
▼マシンを使用したエクササイズのため補助は不要。
▼初心者や低体力者の場合、指導者は万一に備えてバーに手を添えて補助を行う。

❺起こりやすい誤り
▼腰が過度に反る。
▼バーを押した時に肩が過度に前方に出る（肩甲骨が過度に外転する）。
▼動作中、肘が胴体に近づき、肩が過度に外旋する。
▼手首が過度に背屈する。
▼頭部が前方に動いて後頭部がシートから離れる。

9. ペックデック (別名:バタフライ、バーティカルチェストフライなど)

【強化部位】大胸筋、三角筋前部

❶準備と開始姿勢
▼マシンのシートに座り、パッドに腕を当てた時に、肘が肩の真横またはやや低い位置になるようにシートの高さを調節する。
▼マシンのシートに座って両足を床に着け、後頭部と上背部をベンチの背もたれに着ける。
▼肘を曲げてパッドに腕を固定して開始姿勢をとる。胸を張り、視線を正面に向ける（写真1）。

❷動作とポイント
▼左右のパッドを内側に閉じる（写真2）。
▼パッドを閉じたら、脱力せずにパッドを開く。

❸呼吸法
▼パッドを閉じる局面で息を吐き、パッドを開く局面で息を吸う。

❹補助法
▼補助は不要。
▼初心者や低体力者の場合、指導者が万一に備えてパッドやフレームに手を添えて補助を行う。

❺起こりやすい誤り
▼パッドを閉じる局面で、頭や上半身が前方に移動する。
▼パッドを手で押す。

10. ケーブルクロスオーバー

【強化部位】大胸筋(特に下部)、三角筋前部

❶準備と開始姿勢
▼左右のケーブルの先端にハンドルを取り付ける。
▼左右のハンドルを握ってマシンの中央に立ち、上半身をやや前傾させて、肘をわずかに曲げた状態で両腕を開いた開始姿勢をとる（写真1）。
▼ケーブルと前腕部が平行になるように肩や肘の位置を調整する。

❷動作とポイント
▼左右のハンドルを下向きに引き寄せ、腹部の前で両手が軽く触れるところまで移動させる（写真2）。
▼ハンドルの軌道は曲線を描くようにする。動作中には、前腕部とケーブルが常に平行になるように注意する。
▼ハンドルを中央に引き寄せたら、脱力せずにハンドルを左右に開いて開始姿勢に戻る。

❸呼吸法
▼ハンドルを閉じる局面で息を吐き、ハンドルを開く局面で息を吸う。

❹補助法
▼補助は不要。
▼初心者や低体力者の場合、指導者が万一に備えてハンドルや腕部に手を添えて補助を行う。

❺起こりやすい誤り
▼動作中に肩が外旋する（肩に対して外旋方向に過剰な負荷が加わる場合がある）。
▼ハンドルを引き寄せた時に背中が丸くなる。

11. スタンディングケーブルチェストプレス

【強化部位】大胸筋、三角筋前部、上腕三頭筋

❶準備と開始姿勢
▼ケーブルの引き出し口の高さを、実施者の肩よりやや低めのポジションに調節し、ケーブルの先端にハンドルを取り付ける。
▼左右のハンドルを握ってマシンの中央より少し前方に直立し、肘を曲げて後方に引いた姿勢をとる（写真1）。

❷動作とポイント
▼肘を伸ばして、左右のハンドルを肩の前方に押す（写真2）。
▼肘を曲げながら開始姿勢に戻る。

❸呼吸法
▼ハンドルを押す局面で息を吐き、ハンドルを戻す局面で息を吸う。
▼高負荷を用いる場合は、息を吸いながらハンドルを胸に近づけ、ハンドルが胸に近づいたら息を止めてハンドルを押し、スティッキングポイントを通過した後に息を吐く（経験者のみ採用）。

❹補助法
▼補助は不要。
▼初心者や低体力者の場合、指導者が万一に備えてハンドルや腕部に手を添えて補助を行う。

❺起こりやすい誤り
▼肩が外旋して肘が胴体に近づく（肩に対して外旋方向に過剰な負荷が加わる場合がある）。
▼ハンドルを押した時に、肩甲骨が過度に外転する。

Column トレーニングマシンの負荷抵抗とプーリーの利点

■負荷抵抗方式

現在使用されているトレーニングマシンの最も代表的な負荷抵抗方式は重量物を使用したものであり、縦に積み上げられた板状のおもりにピンを差し込むことによって負荷の調節を行う「ウエイトスタック式」と、バーベル用のプレートを着脱して負荷調整を行う「プレートローディング式」とがある。その他の負荷抵抗方式としては、圧縮空気を負荷抵抗として利用した「空気圧式（写真）」、油圧シリンダーの負荷抵抗を利用した「油圧式」、モーターの電磁ブレーキを利用した「電磁抵抗式」などがある。

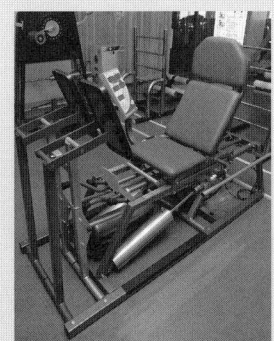
空気圧式トレーニングマシンの例

■動作中の負荷抵抗の変化

トレーニングマシンには、動作中に負荷が変化しない「一定抵抗方式」と、負荷が変化する「可変抵抗方式」の2つのタイプがある。可変抵抗方式は、関節角度やポジションによって発揮できる筋力が変化する特性に基づいて考案されたものであり、楕円形の回転板の外側をケーブルが通過する際に負荷が調整される仕組みになっている。

■プーリー

ウエイトスタック式のマシンの中には、ウエイトに接続されたケーブル（ワイヤー）を引く動作を行う「プーリー」と呼ばれるタイプがある。ケーブルの引き出し口の高さを変えたり、さまざまなアタッチメントを取り付けたりすることができ、バラエティーに富んだ動作が可能である。トレーニングマシンには、身体をマシンのシートに固定し、特定の部位のみに負荷を加えることを目的としたタイプが多いが、プーリーでは、床に立って姿勢を支持しながら行うエクササイズ（具体例：本ページ上のスタンディングケーブルチェストプレスなど）が実施できる。また、スポーツや日常生活の動きと関連した動作によるエクササイズに対応しやすい利点もある。

1.2 背部のエクササイズ

1. ベントオーバーロウ

【強化部位】広背筋、大円筋、僧帽筋、菱形筋

❶準備と開始姿勢
▼床に置いたバーの下に母趾球がくるようにして、両足を腰幅くらいに開いて立つ。
▼直立時の腰背部の姿勢を保ったまま、臀部を後方に突き出して膝と股関節を曲げ、上半身を前傾させて肩幅よりやや広めにバーを握る。
▼バーを床から持ち上げて開始姿勢をとる（写真1）。

❷動作とポイント
▼胸を張って肩甲骨を内転させながら、バーを腹部まで引き上げる（写真2）。
▼バーを腹部に引きつけたら、バーを開始姿勢まで下ろす。

❸呼吸法
▼低〜中負荷を用いる場合は、バーを上げる局面で息を吸い、バーを下ろす局面で息を吐く。
▼高負荷を用いる場合は、息を吸いながらバーを下ろし、バーを下げたポジションで息を止めて挙上し、スティッキング

ポイントを通過した後に息を吐く（経験者のみ採用）。

❹補助法
▼補助は不要。

❺起こりやすい誤り
▼腰背部が丸くなる。
▼上半身が起き上がる。
▼バーが身体から前方に離れる。
▼肘が外側に開く。

2. ワンハンドダンベルロウ

【強化部位】広背筋、大円筋、僧帽筋、菱形筋

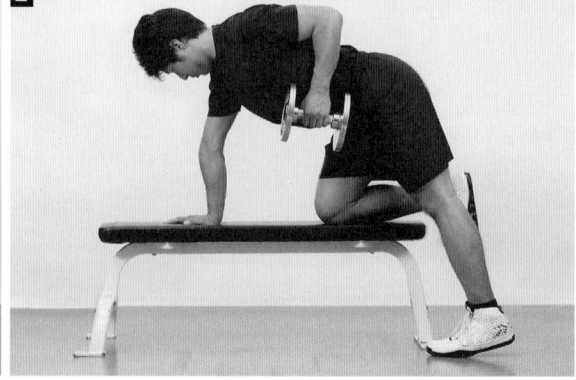

❶準備と開始姿勢
▼片手にダンベルを持ち、反対側の手と膝をベンチの上に乗せ、上半身を床とほぼ平行の角度にする。
▼ダンベルを保持した腕の肘を伸ばして、開始姿勢をとる（写真1）。

❷動作とポイント
▼肩甲骨を内転させながら、肘を上げてダンベルを腹部の横に引きつける（写真2）。
▼ダンベルを引いたら、ダンベルを下ろして開始姿勢に戻る。

❸呼吸法
▼ダンベルを引き上げる局面で息を吸い、ダンベルを下ろす局面で息を吐く。

❹補助法
▼補助は不要。

❺起こりやすい誤り
▼肩甲骨を動かさず、腕だけで引く。
▼肘が外側に開く。
▼腰背部が丸くなる。
▼胸郭の捻り動作が見られる。

3. シーティッドロウ

【強化部位】広背筋、大円筋、僧帽筋、菱形筋

❶準備と開始姿勢
▼マシンのハンドルを両手で握り、フットペダルに足を置き、ハンドルを引きながらシートに座る。膝はやや曲げておく。
▼上半身は直立または少し前傾させ、肘を伸ばして開始姿勢をとる（写真1）。

❷動作とポイント
▼胸を張って肩甲骨を内転させながら、肘を後方に引いてハンドルを腹部に引きつける（写真2）。
▼ハンドルを十分に引いたら、ハンドルを前方に移動させて開始姿勢に戻る。

❸呼吸法
▼ハンドルを引く動作局面で息を吸い、開始姿勢に戻る動作局面で息を吐く。

❹補助法
▼補助は不要。
▼初心者等の場合、指導者が万一に備えてハンドルに手を添えて補助を行う。

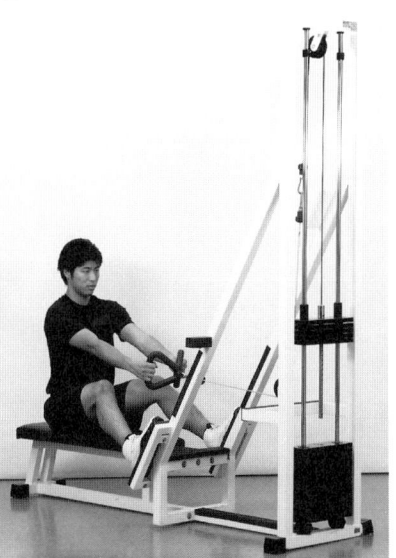
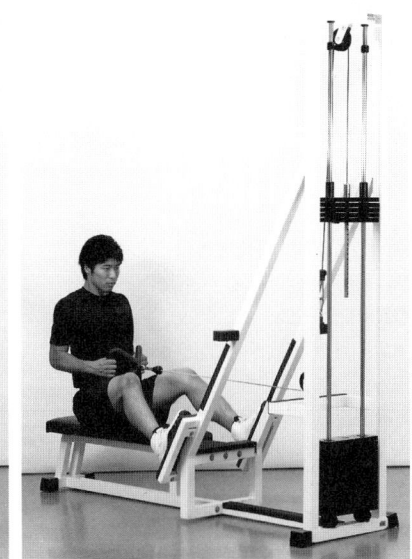

❺起こりやすい誤り
▼肩甲骨を動かさず腕だけで引く。
▼肘が外側に開く。
▼背中が丸くなる。
▼上半身が過度に前傾または後傾する。

Column　フリーウエイトやマシン以外のトレーニング手段

■体重負荷

プッシュアップ（12頁）やチンニング（19頁）のように、自分の体重を負荷手段としたトレーニングは、特別な器具がなくても手軽に実施でき、姿勢支持能力の改善に役立つなどの利点を持っている。
ただし、適切な負荷に調整することが難しい面があり、負荷の微調整には姿勢を変えたり、チューブを併用したりすることが必要となる。体重負荷のトレーニングには、パートナーを腰に乗せて行うカーフレイズ（写真1）のように、パートナーの体重を利用する方法もある。

■チューブ

チューブを用いた筋力トレーニングは、重力の方向に影響を受けにくく、水平方向や下方向へ引く動きに対しても負荷を加えることができる。また、用具が軽く、わずかなスペースでも保管できるメリットもある。トレーニングの実施にあたっては、チューブを伸ばすほど負荷が大きくなる特性を考慮することが必要である。なお、チューブは、負荷を軽減したり、動作をアシストしたりする手段としても活用することができる。

パートナーの体重を利用したエクササイズの例

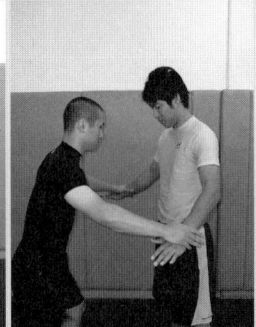
徒手抵抗トレーニングの例

■徒手抵抗

パートナーの手の力を負荷として利用する方法であり、動作中の筋出力の変化などに応じて負荷を調整することができる利点を持っている（写真2）。また、捻りが加わる動きや複雑な動きへの対応も可能である。ただし、トレーニング効果には、負荷を加えるパートナーのテクニックに影響を受けやすいことに注意が必要である。

4. ラットプルダウン

【強化部位】広背筋、大円筋、菱形筋

❶準備と開始姿勢
▼大腿部を固定するパッドの位置を調節する。
▼バーを肩幅よりやや広めに握り、肘を伸ばしてバーを引きながらシートに座る。
▼バーの真下に鎖骨がくるようにして、上半身をやや後傾させて開始姿勢をとる（写真1）。

❷動作とポイント
▼肩甲骨を下制、下方回旋、内転させながら、肘を曲げてバーを鎖骨の位置まで引き下ろす（写真2）。
▼バーを十分に引き下ろしたら、脱力せずに開始姿勢に戻る。

❸呼吸法
▼バーを引き下ろす局面で息を吸い、開始姿勢に戻す局面で息を吐く。

❹補助法
▼補助は不要。
▼初心者等の場合、指導者が万一に備えてバーに手を添えて補助を行う。

❺起こりやすい誤り
▼肩甲骨を動かさず腕だけで引く。
▼バーを下ろした時に背中が丸くなる。
▼上半身が過度に後傾し腰が反る。
▼肘が後方に移動する。

❻バリエーション
(1) ラットプルダウンビハインドネック（写真3、4）
▼上半身を床に対して垂直に保ち、バーを頸部の後方に下ろす方法。
▼初心者の場合、バーを頸部の前方に下ろす方法よりも姿勢の支持や動作の習得が比較的容易なため、この方法が推奨される場合がある。
▼バーを頸部の前方に下ろす方法と比べて肩甲骨の内転動作が小さくなるため、僧帽筋（下部）や菱形筋の動員が少なくなる。

(2) ナローグリップラットプルダウン（写真5、6）
▼通常のラットプルダウンでは、バーを下ろす時に肩の内転動作が生じるのに対し、手幅の狭いナローグリップの場合には、肩の伸展動作が生じる。
▼アンダーハンドグリップを用いると、肘が外側に開きにくくなる。

5. チンニング

【強化部位】広背筋、大円筋、僧帽筋、菱形筋

❶準備と開始姿勢
▼肩幅よりやや広めの手幅で高鉄棒のバーを握り、肘を伸ばしてぶら下がる（写真1）。

❷動作とポイント
▼肩甲骨を下制、下方回旋、内転させながら、肘を曲げて身体を引き上げ、上半身をやや後傾させてバーを鎖骨付近に引きつける（写真2）。
▼身体を引き上げたら、脱力せずに開始姿勢に戻る。

❸呼吸法
▼身体を上げる局面で息を吸い、下ろす局面で息を吐く。

❹補助法
▼補助は不要。

❺起こりやすい誤り
▼肩甲骨を動かさず腕だけで引く。
▼身体を上げる動作中に背中が丸くなる。
▼動作中に身体が大きく揺れる。
▼過度に腰が反る。

❻バリエーション
(1) チンニングビハインドネック（写真3、4）
▼上半身を床に対して垂直に保ち、バーを頸部の後方に引きつける方法。
(2) ナローグリップチンニング（写真5、6）
▼肩の伸展動作が生じるバリエーション。
▼アンダーハンドグリップを用いると、肘が外側に開きにくくなる。

6. ダンベルプルオーバー

【強化部位】広背筋、大胸筋、大円筋

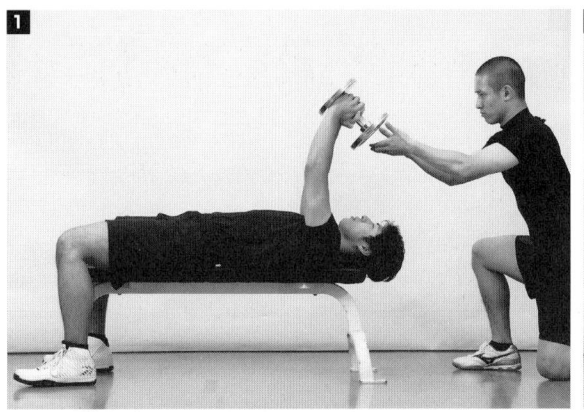
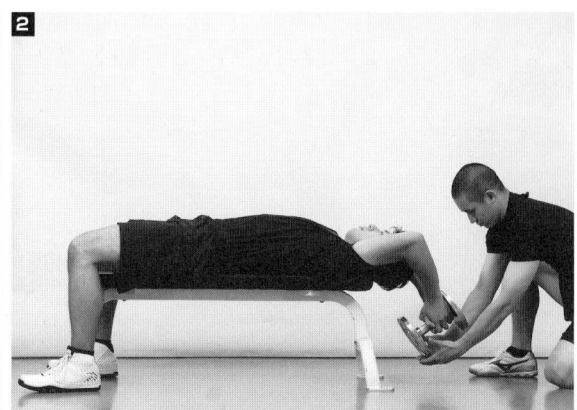
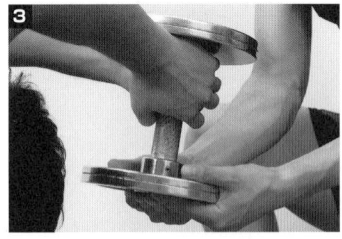

❶準備と開始姿勢
▼1個のダンベルを両手で保持し、後頭部の半分程度がベンチの端から出る位置に仰向けになり、肘をわずかに曲げて胸の上にダンベルを保持する（写真1）。

❷動作とポイント
▼両手を頭上に振りかぶるようにしてダンベルを下ろす（写真2）。
▼ダンベルを下ろしたら、開始姿勢までダンベルを持ち上げる。

❸呼吸法
▼ダンベルを下ろす局面で息を吸い、上げる局面で息を吐く。

❹補助法
▼実施者の頭側に片膝を立てて座り、両手でダンベルを下から保持して補助を行う（写真3）。

❺起こりやすい誤り
▼ダンベルを下ろした時に肘が外側に過剰に開く。
▼ダンベルを下ろした時に腰が反る。

❻バリエーション
(1) バーベルプルオーバー（写真4、5）
▼バーベルを使用する場合には、動作中の手首への負担を軽減したい場合には、カールバー（イージーバー）を用いる。
▼手幅は肩幅よりやや狭い程度を目安とする。

(2) マシンプルオーバー（写真6、7）
▼マシンを用いてプルオーバー動作を行う。
▼フリーウエイトを用いた場合と比べて、より大きな可動域にわたって負荷をかけることができる。

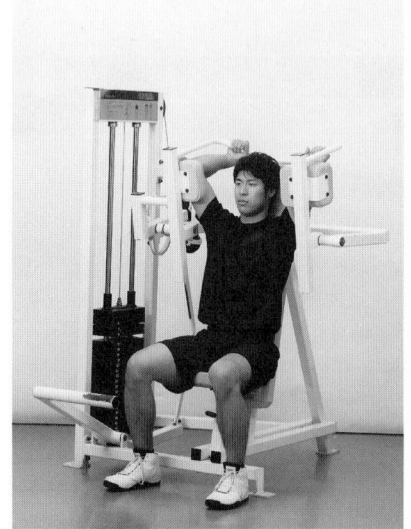

1.3 肩部のエクササイズ

1. シーテッドバーベルショルダープレス（シーテッドバックプレス）

【強化部位】三角筋、上腕三頭筋

❶準備と開始姿勢
▼シートに座り、バーを肩幅より広めにクローズドグリップで握る。足裏は床に、臀部・背中・後頭部はシートに着けた状態を保つ。

▼補助者のサポートを受け、バーをラックから外し、肘を伸展させ頭上で保持する（写真1）。

▼バーは首の付け根の真上にくるようにし、胸を張り上体は若干前傾させる。

❷動作とポイント
▼動き：肩の外転、肘の伸展（肩甲骨の内転、上方回旋）。

▼バーをゆっくりと降下させ、後頭部からできるだけ離れないように通過させ、耳の下端部まで下げる（写真2）。

▼上記の位置まで降ろしたら、バーをコントロールして開始位置まで挙上する。

❸呼吸法
▼軽〜中負荷の重量では、バーを降下させる時に息を吸い、バーを挙上する時、特にスティッキングポイントを過ぎる時に息を吐くようする。

▼高重量を使用する時は、開始姿勢時に息を吸って胸郭を広げ、息を止めたまま

バーを降下させる。そのまま挙上し、スティッキングポイントが過ぎたら息を吐く。

❹補助法
▼実施者の後方に立つ。

▼バーがラックから離れ、開始姿勢の準備ができるまでと、反復が終了しバーをラックに戻す際に、補助者はオルタネイテッドグリップでバーを保持し補助する。

▼実施者が自力での動作が困難な場合は、補助者は実施者に最大努力を指示し、オルタネイテッドグリップでバーを保持し、挙上動作を補助し動作を完了させる。

❺注意点
▼動作中に、背中を曲げたり腰を反らさないように注意する。

▼肩甲骨は外転を保持し、腰部も中立を保ち、前傾しすぎないようにする。

▼動作中は手首・肘とバーは、常に鉛直線上になるように注意する。

▼手首を反らしすぎないようにする。

▼バーの動きは不安定にさせないように、鉛直線上の軌道となるようにする。

2. スタンディングショルダープレス（スタンディングバックプレス）

【強化部位】三角筋、上腕三頭筋

❶準備と開始姿勢
▼バーを肩幅より広めにクローズドグリップで握り、肩幅程度のスタンスで直立する。

▼足裏を床に着けた状態で保持する。

❷動作とポイント
▼動き：肩の外転、肘の伸展（肩甲骨の内転、上方回旋）。

▼挙上および降下動作は、シーテッドバックプレスと同様に実施する。

▼ダンベルを用いてエクササイズを行ってもよい。

❸呼吸法
▼シーテッドバックプレスと同様に実施する。

❹補助法
▼補助者は必要なし。

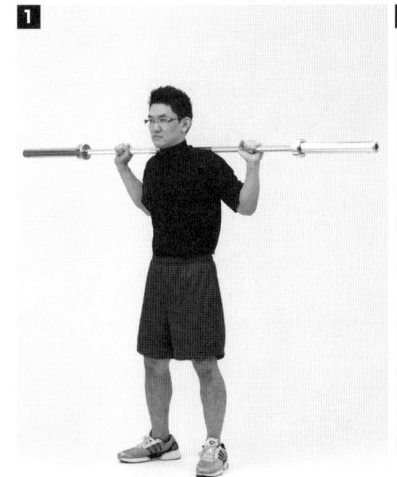

❺注意点
▼肩・肘の動作を主に行うようにして、下半身や背部をできるだけ使用しない。

▼反動動作を使用しない。

3. オルタネイトダンベルプレス

【強化部位】三角筋前部、上腕三頭筋

❶準備と開始姿勢
▼膝を若干曲げ、肩幅程度のスタンスで直立する。
▼肘を曲げ、手のひらが内側に向かい合うように、両手にダンベルを持つ（写真1）。
❷動作とポイント
▼動き：肩の外転と屈曲、肘の伸展。
▼片方の腕の肘を伸ばし、手のひらを正面に向けながらダンベルを挙上する。
▼肘を伸ばし、一番高い位置で手のひらは正面を向くようにする（写真2）。
▼降下動作は、肘を曲げながら挙上動作の逆になるように、手のひらを内側に向けてダンベルを降ろしていく。
▼ダンベルを降下させたら、反対側のダンベルを挙上し同様の動作を繰り返す（写真3、4）。
❸呼吸法
▼開始姿勢で息を吸い、肘を伸ばし、スティッキングポイントを過ぎたら息を吐く。
❹補助法
▼補助者は必要なし。
❺注意点
▼両腕を交互に、リズミカルに挙上する。
▼体の反動を使用しない。

4. ローテーショナルダンベルプレス

【強化部位】三角筋全体、上腕三頭筋

❶準備と開始姿勢
▼膝を若干曲げ、肩幅程度のスタンスで直立する。
▼肘を曲げ、手のひらが後ろ側に向くように両手にダンベルを持つ（写真1）。
❷動作とポイント
▼動き：肩の屈曲、肘の伸展、肩の外旋。
▼徐々に手のひらが正面に向くように、肩を外側に回転（外転、外旋）させながら、両方の肘を伸ばしてダンベルを挙上する（写真2、3）。
▼手のひらを内側に向け、肩を内側に回転させながら、ダンベルを開始姿勢まで降下させる。
❸呼吸法
▼開始姿勢で息を吸い、肘を伸ばしスティッキングポイントが過ぎたら息を吐く。
❹補助法
▼補助者は必要なし。

❺注意点
▼リズミカルな回転挙上動作になるように行う。
▼体の反動を使用しない。

5. フロントショルダープレス

【強化部位】三角筋前部、上腕三頭筋、僧帽筋

❶準備と開始姿勢
▼パワーラックのバーの位置は、鎖骨の高さに合わせる。
▼バーの下に入り、鎖骨の上に載せたまま50cm程度前に移動する。
▼肩幅程度のスタンスで直立し、バーを肩幅より広くオーバーグリップで握り、鎖骨の上に載せる（写真1）。
▼股関節・膝は若干曲げる。

❷動作とポイント
▼動き：肩の外転・屈曲、肘の伸展、肩甲骨の上方回旋。
▼ゆっくりと肘を伸ばしながら、バーを頭上まで挙上する（肘は若干曲げた状態－写真2）。
▼挙上した位置から、ゆっくりと降下させ、開始姿勢まで戻す。

❸呼吸法
▼開始姿勢で息を吸い、肘を伸ばしステッキングポイントが過ぎたら息を吐く。

❹補助法
▼補助者は必要なし。

❺注意点
▼視線は常に前方を向くようにする。
▼バーの軌跡は垂直線上になるようにして、前後にぶれないように注意する。
▼動作中、足裏は床に着けた状態を保持する。
▼肩・肘の動作を主に行うようにして、下半身や背部をできるだけ使用しない。
▼反動動作を使用しない。

6. シーテッドフロントプレス

【強化部位】三角筋、上腕三頭筋、僧帽筋

❶準備と開始姿勢
▼シートに座り、オーバーグリップでバーを握り、鎖骨の位置で保持する（写真1）。

❷動作とポイント
▼動き：肩の外転、肘の伸展、肩甲骨の上方回旋。
▼バーを身体からできるだけ離さないようにして、頭の真上まで挙上する（写真2、3）。
▼バーをゆっくりと降下させ、開始姿勢に戻し、挙上・降下動作を繰り返す。

❸呼吸法
▼開始姿勢で息を吸い、頭の真上まで挙上したら息を吐く。

❹補助法
▼補助者は、バーのバランスを取りながら補助するようにする。

❺注意点
▼視線は常に前方を向くようにする。
▼バーの軌跡は垂直線上になるようにして、前後にぶれないように注意する。
▼動作中、足裏は床に着けた状態を保持する。
▼肩・肩甲骨・肘の動作を主に行うようにして、下半身をできるだけ使用しない。
▼反動動作を使用しない。

7. シーテッドフロント&バックプレス

【強化部位】三角筋、上腕三頭筋、僧帽筋

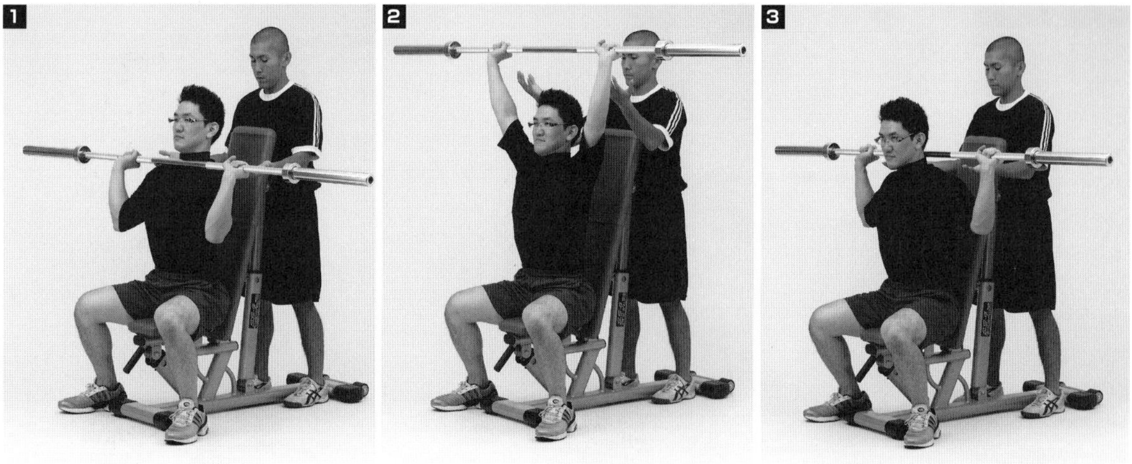

❶準備と開始姿勢
▼シートに座り、オーバーグリップでバーを握り、鎖骨の位置で保持する（写真1）。
❷動作とポイント
▼動き：肩の外転、肘の伸展、肩甲骨の上方回旋。
▼バーを体からできるだけ離さないようにして、頭の真上まで挙上する（写真2）。
▼バーを頭の後ろの首の付け根まで、ゆっくりと降下させる（写真3）。
▼前後の挙上・降下動作を繰り返す。
❸呼吸法
▼開始姿勢で息を吸い、頭の真上まで挙上したら息を吐く。
❹補助法
▼補助者は、バーのバランスを取りながら補助するようにする。
❺注意点
▼前後の挙上動作を、同じリズムで行うようにする。
▼視線は常に前方を向くようにする。
▼バーの軌跡は垂直線上になるようにして、前後にぶれないように注意する。
▼動作中、足裏は床に着けた状態を保持する。
▼肩・肩甲骨・肘の動作を主に行うようにして、下半身をできるだけ使用しない。
▼反動動作を使用しない。

8. サイドレイズ

【強化部位】三角筋

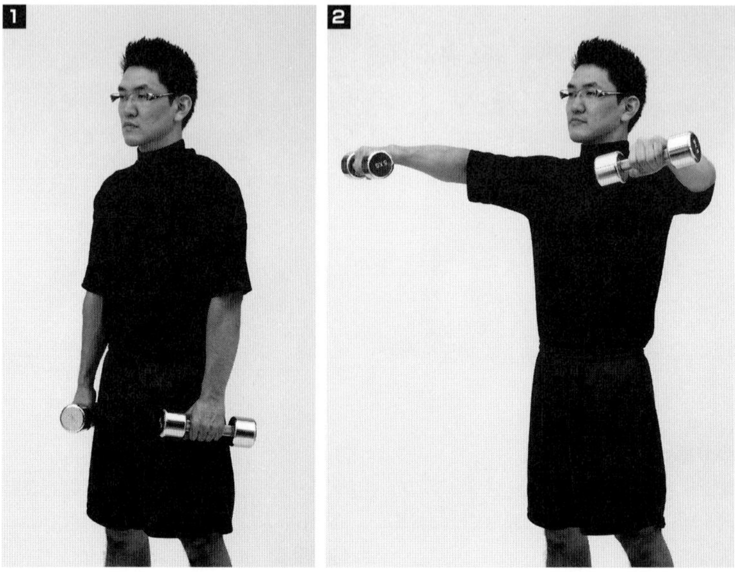

❶準備と開始姿勢
▼両手にダンベルを持ち、肩幅程度のスタンスで、膝を若干曲げて直立する。
▼手のひらを内側に向けて、大腿部に着ける（写真1）。
❷動作とポイント
▼動き：肩の外転。
▼肘を少し曲げ、前腕をやや回内させ、手の甲を真上に向けてダンベルを肩の高さまで挙上する（写真2）。
▼最大挙上位から、ダンベルをゆっくりと降下させる。
❸呼吸法
▼ダンベルを挙上し、スティッキングポイントが過ぎたら息を吐き、ダンベルを降下させる時に息を吸う。
❹補助法
▼補助者は必要なし。
❺注意点
▼動作中は姿勢を直立させ、腰や背中を反ったり丸めないように注意する。
▼肩以外の部位を使用したり、代償動作

を行わない。
▼肩をすくめるシュラッグ動作を行わない（肩甲骨の動きを使用しない）。

9. フロントレイズ

【強化部位】**三角筋前部**

❶準備と開始姿勢
▼両手にダンベルを持ち、肩幅程度のスタンスで膝を若干曲げて直立する。
▼手のひらを内側に向けて、大腿部に着ける（写真1）。

❷動作とポイント
▼動き：肩の屈曲。
▼肘を若干曲げ、親指を上方へ向けて、ダンベルを肩の高さまで挙上する（写真2）。
▼肩の高さからゆっくりと開始姿勢まで降下させる。

❸呼吸法
▼ダンベルを挙上し、スティッキングポイントが過ぎたら息を吐き、ダンベルを降下させる時に息を吸う。

❹補助法
▼補助者は必要なし。

❺注意点
▼動作中は姿勢を直立させ、腰や背中を反ったり丸めないように注意する。
▼肩以外の部位を使用したり、代償動作を行わない。
▼肩をすくめるシュラッグ動作を行わない（肩甲骨の動きを使用しない）。

❻バリエーション
▼ダンベルの替わりにバーベルを使用する（バーベルフロントプレス）。
▼バーベルを使用すると、より高重量を使用することができるが、腰への負担も増すので、適正な負荷を設定する。
▼両足を前後に開き、膝を若干曲げて行ってもよい。

10. オルタネイトダンベルフロントレイズ

【強化部位】**三角筋前部**

❶準備と開始姿勢
▼両手にダンベルを持ち、肩幅程度のスタンスで膝を若干曲げて直立する。
▼手のひらを内側に向けて、大腿部に着ける（写真1）。

❷動作とポイント
▼動き：肩の屈曲（肩の内旋位）。
▼片方のダンベルを、手の甲を上にして肩の高さまで挙上する（写真2）。
▼肩の位置から、ゆっくりと開始姿勢まで降下させる。
▼反対側の腕も同様に行い、交互に繰り返す。

❸呼吸法
▼開始姿勢で息を吸い、肩まで挙上したら息を吐く。

❹補助法
▼補助者は必要なし。

❺注意点
▼脚や体の反動を使用しない。
▼動作が途切れないように、一定のリズムで行う。

11. ダンベルショルダーシュラッグ

【強化部位】僧帽筋

❶準備と開始姿勢
▼両手にダンベルを持ち、肩幅程度のスタンスで膝を若干曲げて直立する。
▼手のひらを、大腿部の外側に向けて着ける（写真1）。

❷動作とポイント
▼動き：肩甲骨の挙上。
▼肩が耳に着くようなイメージで肩甲骨を挙上し、できるだけ大きく肩をすくめる（写真2）。
▼十分に肩をすくめたら、ゆっくりと開始姿勢に戻す。
▼上下の動作が円滑にできれば、前から後ろに回す動作（肩甲骨の内転）を付加していく（写真3）。

❸呼吸法
▼ダンベルを挙上し、スティッキングポイントが過ぎたら息を吐き、ダンベルを降下させる時に息を吸う。

❹補助法
▼補助者は必要なし。

❺注意点
▼動作中に肘を曲げないようにする。

❻バリエーション
▼ダンベルの替わりにバーベルを使用する（バーベルショルダーシュラッグ）。
▼バーベルを使用すると、ダンベル使用より可動域が制限されるが、高重量を使用できる。
▼動作はダンベルショルダーシュラッグと同様。

12. アップライトロウ

【強化部位】三角筋、僧帽筋

❶準備と開始姿勢
▼肩幅程度のスタンスで直立し、膝を若干曲げる。
▼バーを肩幅より狭く、クローズドグリップで握る。
▼大腿前面で肘を伸ばした位置で、体に密着させて保持する（写真1）。
▼肘は外側に向けておく。

❷動作とポイント
▼動き：肩の外転（肘の屈曲位）、肩甲骨の挙上、肩甲骨の上方回旋。
▼バーが体（大腿前部、腹部、胸部）から離れないように挙上する。
▼バーを鎖骨の位置まで挙上したら（写真2）、開始姿勢まで降下させる。
▼最大挙上時（鎖骨）では、肘が手首よりも高くなるようにする。
▼降下させる時も、バーが体から離れないように注意する。
▼ダンベルを用いてエクササイズを行ってもよい。

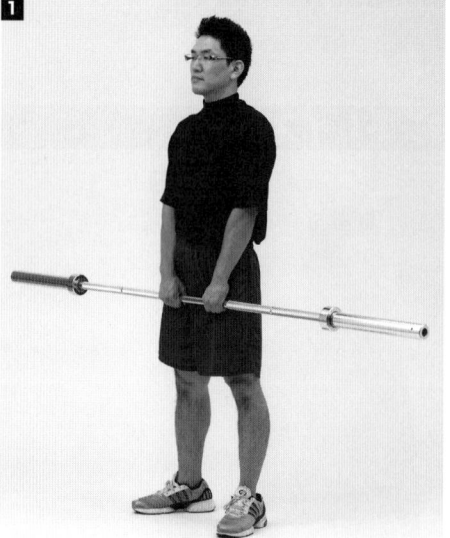

❸呼吸法
▼開始時に胸郭を広げ息を吸う。
▼バーを挙上保持し、降下させて開始姿勢まで戻したら息を吐く。

❹補助法
▼補助者は必要なし。

❺注意点
▼直立姿勢を保持し、膝や腰の反動を使用しないように注意する。
▼首の反動を使用しないよう、顎は引いたまま行う。
▼バーが常に平行になるように保持し挙上する。
▼肩・肩甲骨の複合動作のため、動作が途中で止まらないようにスムーズに行う。

1.3 肩部のエクササイズ

Column バリエーションの紹介

■パワークリーン（72ページ）のバリエーション

パーシャルクリーン

【強化部位】僧帽筋、三角筋

注：この種目は一般には肩部の強化よりもクイックリフト系の種目として実施される。

❶準備と開始姿勢
▼肩幅程度のスタンスで直立し、膝を若干曲げる。
▼バーを肩幅より狭く、クローズドグリップで握る。
▼大腿前面で肘を伸ばした位置で、体に密着させ保持する（写真1）。
▼肘は外側に向けておく。

❷動作とポイント
▼動き：肩の外転、肩甲骨の挙上および上方回旋、内転。
▼手の甲が上方向を向くようにして、バーが体（大腿前部、腹部、胸部）から離れないように挙上する。
▼バーを鎖骨の位置まで挙上する（写真2）。
▼バーを鎖骨の位置まで挙上したら、その位置を保持する。
▼両肘を後方に向けるように、肩甲骨を内側にすくめする（肩甲骨の内転－写真3）。
▼降下させる時も、バーが体から離れないように注意する。
▼ダンベルを用いてエクササイズを行ってもよい。

❸呼吸法
▼開始姿勢で息を吸い、動作中は息を止めておき、肘を前に返した時に息を吐く。

❹補助法
▼補助者は必要なし。

❺注意点
▼肩・肩甲骨の複合動作のため、動作が途中で止まらないように一連の動きを円滑に行う。

■スタンディングショルダープレス（21ページ）のバリエーション

スナッチプレス

【強化部位】三角筋、僧帽筋、上腕三頭筋

❶準備と開始姿勢
▼スナッチグリップ（ショルダープレスよりやや広め、腕を水平に伸ばした指先から第7頸椎までの距離－写真1）でバーを握り、肩幅程度のスタンスで直立する（股関節・膝は若干曲げる－写真2）。
▼バーは首の付け根に置く。

❷動作とポイント
▼動き：肩の外転、肩甲骨の上方回旋、肘の伸展。
▼両肘を伸展させ、肩甲骨の動き（挙上、上方回旋）も意識してバーを挙上する。
▼バーを頭上まで挙上したら（写真3）、開始姿勢までゆっくりと降下させる。
▼動作中、足裏は床に着けた状態を保持する。
▼ショルダープレスよりも肩甲骨の動きを伴うエクササイズであり、スナッチの補強種目として効果的である。

❸呼吸法
▼開始姿勢で息を吸い、肘を伸ばしスティッキングポイントが過ぎたら息を吐く。

❹補助法
▼補助者は必要なし。

❺注意点
▼下半身や腰を使用しない。
▼反動動作を使用しない。
▼バーが左右に傾かないように、水平の位置を保って挙上する。

1. レジスタンストレーニング

■ダンベルプルオーバー（20ページ）のバリエーション

バランスボールプルオーバー

【強化部位】広背筋、大胸筋、大円筋

❶準備と開始姿勢
▼バランスボールに仰向けに寝て、ダンベルをオーバーグリップで持ち、肘を伸ばし胸の前上で保持する。
▼脊柱をボールに合わせるように、反らせた状態で行う。

❷動作とポイント
▼動き：肩の伸展。
▼肘を若干曲げ、肩を中心にダンベルを降下させる。
▼両肘が耳の位置まで（肩の可動域180度程度）くるようにダンベルを降下させてから、ゆっくりと開始姿勢まで挙上する。
▼動作中は膝を曲げ、足裏は床に着けておく。
▼ベンチで行ってもよい。

❸呼吸法
▼開始姿勢時に息を吸い、胸郭を広げ、息を止めてバーを降下させ、開始姿勢に戻ったら息を吐く。

❹補助法
▼ダンベルが軽量であれば補助がなくてもよいが、高重量であれば開始姿勢時に補助者がダンベルを渡し、終了時にダンベルを回収する。

❺注意点
▼肩の可動域に合った重量を選ぶ。
▼動作中バーをコントロールし、傾かないように注意する。

13. エクスターナルローテーション

【強化部位】棘下筋、小円筋

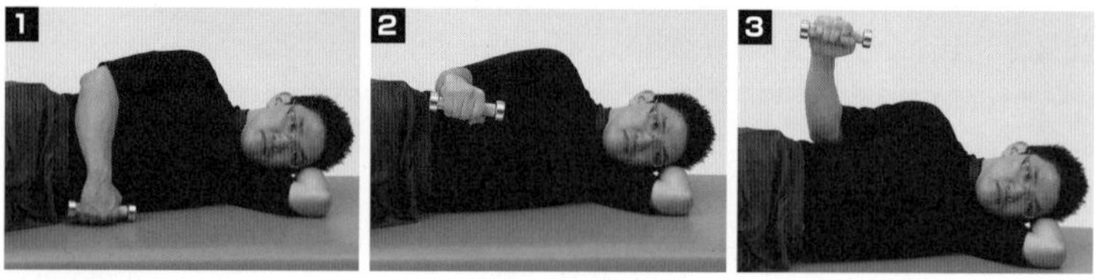

❶準備と開始姿勢
▼ダンベルを持つ側を上にして横向きに寝る。ダンベルを持つ腕は肘を90度に保ち体側に着け、下側の腕は頭を支える（写真1）。

❷動作とポイント
▼動き：肩の外旋。
▼肘を90度に保ったまま、肘を中心に下から上に約180度の範囲でダンベルを挙上する（写真2）。
▼一番上の位置から（写真3）、開始姿勢までゆっくりとダンベルを降下させる。

❸呼吸法
▼開始姿勢で息を吸い、挙上する時に息を吐く。

❹補助法
▼補助者は必要なし。

❺注意点
▼肩の外旋動作（棘下筋、小円筋）を意識して、手首の動作を伴わないようにする。
▼肘の90度を保持する。
▼上体の反動動作を使用しないようにする。

14. インターナルローテーション

【強化部位】肩甲下筋

❶準備と開始姿勢
▼ダンベルを持つ側を下にして横向きに寝る。ダンベルを持つ腕は肘を90度に保ち体側に着ける（体の真下ではなく少し前方におく）。

❷動作とポイント
▼動き：肩の内旋。
▼肘を90度に保ったまま、肘を中心に体の前面に触れるまでダンベルを挙上する。
▼一番上の位置から、開始姿勢までゆっくりとダンベルを降下させる。

❸呼吸法
▼開始姿勢で息を吸い、挙上する時に息を吐く。

❹補助法
▼補助者は必要なし。

❺注意点
▼肩の内旋動作（肩甲下筋）を意識して、手首の動作を伴わないようにする。
▼肘の90度を保持する。
▼上体の反動動作を使用しないようにする。

15. ローテーターカフエレベーション（エンプティカンエクササイズ） 【強化部位】棘上筋

1．準備と開始姿勢
▼小指が上、親指が下を向くようにして、大腿部の前面に触れる位置で両手にダンベルを持ち、肩幅程度に足を開いて直立する（写真1）。
2．動作とポイント
▼缶ジュースをコップにそそぐような、肘から前腕を内側に回した角度（回内約30度）を保持し、ダンベルをゆっくり挙上する（写真2）。
▼肩の高さまで挙げたら、ゆっくりと開始姿勢まで降下させる。
3．呼吸法
▼開始姿勢で息を吸い、挙上する時に息を吐く。
4．補助法
▼補助者は必要なし。
5．注意点
▼開始姿勢での手首の角度を変えないように動作を行う。
▼挙上する時に肩をすくめないように（肩甲骨の動作を伴わない）注意する。
▼上体の反動を使用しない。

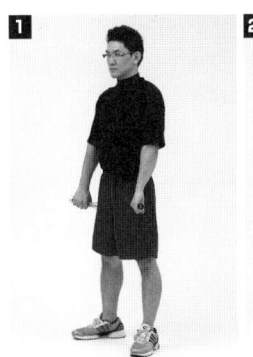

16. ショルダーフルアブダクション 【強化部位】三角筋中部

❶準備と開始姿勢
▼両手にダンベルを持ち、肩幅程度のスタンスで膝を若干曲げて直立する。
▼手のひらを内側に向けて、大腿部に着ける（写真1）。
❷動作とポイント
▼動き：肩の外転。
▼手の甲を上に向けて両手のダンベルを挙上（外転）させ（写真2）、ダンベルが肩の高さまできたら手のひらを上にして（写真3）、頭上でダンベルを合わせる（写真4）。
▼最大挙上位から、ゆっくりと開始姿勢まで降下させる。
❸呼吸法
▼挙上する時に息を吸い、降下させる時に息を吐く。
❹補助法
▼補助者は必要なし。
❺注意点
▼体の反動を使用しない。
▼手のひらの向きをゆっくりと変える。

17. ホリゾンタルアブダクション 【強化部位】三角筋後部、棘下筋、菱形筋

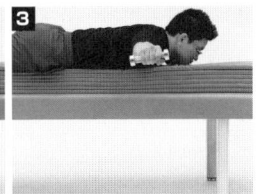

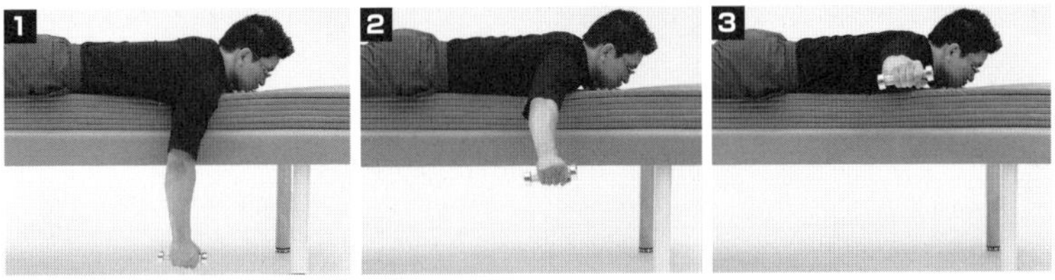

❶準備と開始姿勢
▼ベンチにうつ伏せに寝てダンベルを握り、腕は伸ばしてまっすぐ下に降ろす（写真1）。
❷動作とポイント
▼動き：肩の水平外転（水平伸展）、肩甲骨の内転。
▼肘を伸ばしたまま、手の甲を上にして肩関節90度の角度を保ち、ダンベルを挙上する（写真2）。
▼腕が床と平行になるまで挙上したら（写真3）、ゆっくりと開始姿勢まで降下させる。
❸呼吸法
▼ダンベルを挙上する時に息を吸い、降下させる時に息を吐く。
❹補助法
▼補助者は必要なし。
❺注意点
▼体の反動や手首の動きを使用しない。
▼肩の角度（外転位90度）を保持し、腕の挙上動作をゆっくりと正確に行う。

18. ショルダーエクステンション

【強化部位】大円筋、上腕三頭筋長頭

❶準備と開始姿勢
▼ベンチにうつ伏せに寝てダンベルを握り、腕は伸ばしてまっすぐ下に降ろす（写真1）。

❷動作とポイント
▼動き：肩の伸展。
▼肘を伸ばしたまま、小指を上にして後方へ挙上する（写真2）。
▼腕が床と平行になる位置まで挙上したら（写真3）、ゆっくりと開始姿勢まで降下させる。

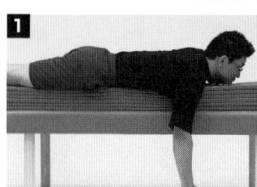

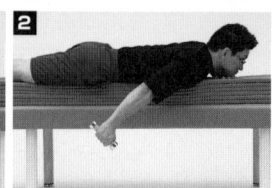

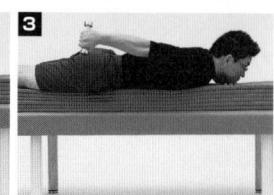

❸呼吸法
▼ダンベルを挙上する時に息を吸い、降下させる時に息を吐く。

❹補助法
▼補助者は必要なし。

❺注意点
▼体の反動や手首の動きを使用しない。

19. フルローテーション

【強化部位】棘下筋、小円筋、肩甲下筋

■外旋　　　　　　　　　　　■内旋

❶準備と開始姿勢
▼仰向けに寝て、両膝は90度に曲げ、両足は床に着ける。
▼ダンベルを持つ腕は、肩の外転位90度、肘90度屈曲位で保持する（写真1）。

❷動作とポイント
▼動き：肩の外旋・内旋。
▼開始姿勢の肩・肘の角度を保ち、ゆっくりと痛みがなく動かせる範囲まで外旋させ（写真2）、開始姿勢まで戻す。
▼開始姿勢から同様に肩・肘の角度を保ち、ゆっくりと痛みがなく動かせる範囲まで内旋させる（写真4）。

❸呼吸法
▼外旋動作の時に息を吸い、内旋動作の時に息を吐く。

❹補助法
▼補助者は必要なし。

❺注意点
▼手首の動きや体の反動を使用しない。
▼肘の角度を変えない。

1.4 腕部のエクササイズ

上腕のエクササイズ

1. スタンディングバーベルカール

【強化部位】上腕二頭筋（上腕筋）

❶準備と開始姿勢
▼両足を肩幅程度に開き、膝は若干曲げて立ち、バーを肩幅よりやや広くアンダーグリップで握る。
▼腕をまっすぐ下に降ろして手の甲側を内側に向け、バーは大腿前面に着けて開始姿勢をとる（写真1）。

❷動作とポイント
▼動き：肘の屈曲。
▼肘を曲げて可能な範囲までバーを挙上したら（写真2、3）、開始姿勢までゆっくりと降下させる。

❸呼吸法
▼開始姿勢時に息を吸い、肘を曲げ挙上し、スティッキングポイントを過ぎたら息を吐き、降下させて開始姿勢に戻したら息を吸う。

❹補助法
▼補助者は必要なし。

❺注意点
▼上腕の動作のため、手首は固定し動かさない。
▼体や脚の反動を使用しない（腰の反り、膝の伸び）。

2. スリーパートカール

【強化部位】上腕二頭筋、上腕筋

❶準備と開始姿勢
▼両足を肩幅程度に開き、膝は若干曲げて立ち、バーを肩幅よりやや広くアンダーグリップで握る。
▼腕をまっすぐ下に降ろし、手の甲側を内側に向け、バーは大腿前面に着け開始姿勢をとる（写真1）。

❷動作とポイント
▼肘を曲げてバーを90度の角度まで挙上する。その後、開始姿勢までゆっくりと降下させる（5〜10回繰り返す—写真1、2）。
▼90度の角度から、可能な範囲まで肘を曲げてバーを挙上する。その後、肘を伸ばして90度の角度までゆっくりと戻す（5〜10回繰り返す—写真3、4）。
▼肘を完全に伸ばした開始姿勢に戻し、可能な範囲まで肘を曲げてバーを挙上する。その後、開始姿勢までゆっくりと肘を伸ばしてバーを降下させる（5〜10回繰り返す—写真5、6）。

❸呼吸法
▼開始姿勢時に息を吸っておく。
▼肘を曲げて挙上し、スティッキングポイントを過ぎたら息を吐き、降下させて開始姿勢に戻したら息を吸う。

❹補助法
▼補助者は必要なし。

❺注意点
▼上腕の動作のため、手首は固定し動かさない。
▼体や脚の反動を使用しない（腰の反り、膝の伸び）。

❻バリエーション
▼カール用ベンチを用いて行う（写真7）。
▼ダンベルを用いてエクササイズを行ってもよい。

3. オルタネイトダンベルカール 　【強化部位】上腕二頭筋、上腕筋

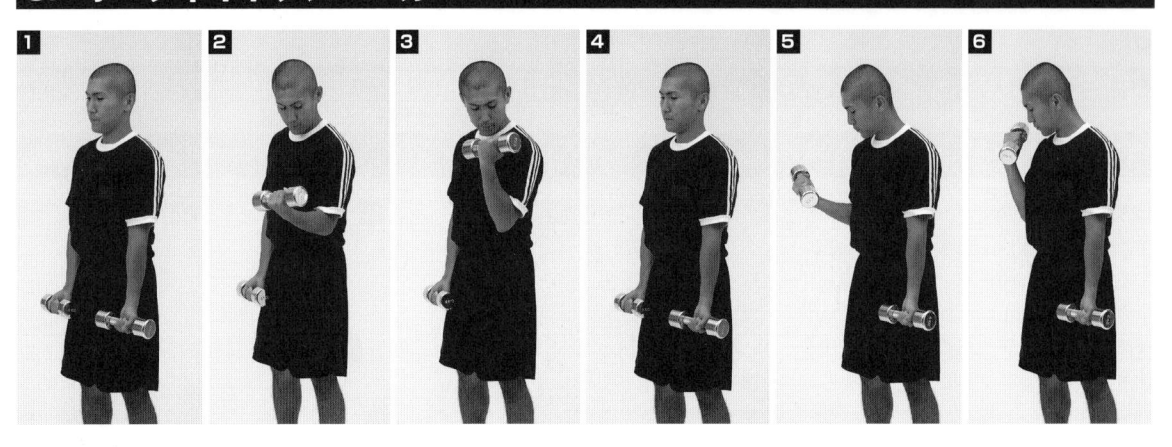

❶準備と開始姿勢
▼両手にダンベルを持ち、肩幅程度のスタンスで膝を若干曲げて直立する。
▼手のひらを外側に向けて、大腿部前面に着ける（写真1）。
❷動作とポイント
▼動き：肘の屈曲。
▼片方の肘を曲げ、ダンベルを挙上する（写真2）。
▼肘を曲げた後（写真3）、開始姿勢までゆっくり肘を伸ばしてダンベルを降下させる。
▼反対側の腕を同様の動作で行い（写真4、5、6）、これを繰り返す。
❸呼吸法
▼開始姿勢で息を吸い、肘が90度（スティッキングポイント）を過ぎたら息を吐く。
❹補助法
▼補助者は必要なし。
❺注意点
▼足や体の反動を使用しない。

4. リバースバーベルカール 　【強化部位】上腕筋、腕撓骨筋

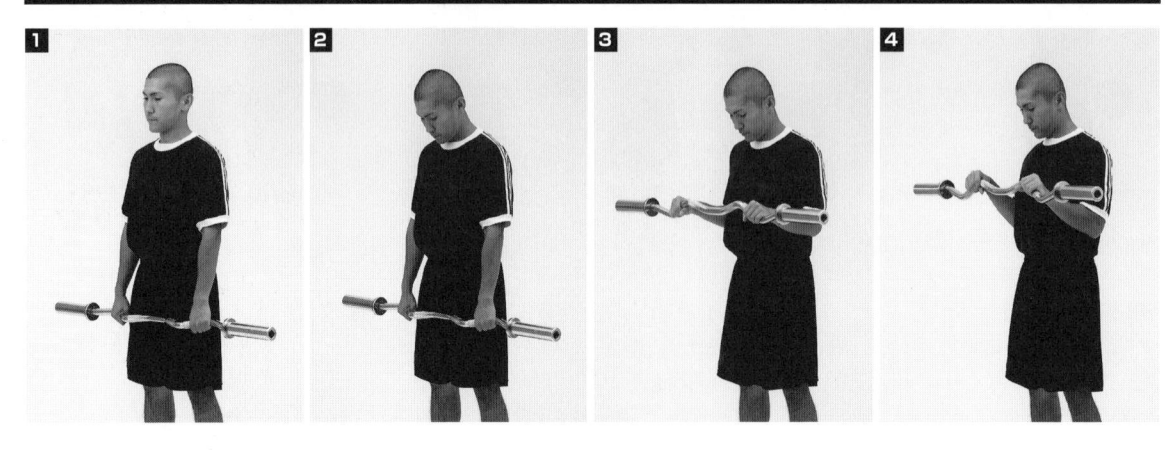

❶準備と開始姿勢
▼両足を肩幅程度に開き膝は若干曲げて立ち、バーを肩幅よりやや広くオーバーグリップで握る（写真1）。
▼腕をまっすぐ下に降ろし、手のひらを内側に向け、バーは大腿前面に着ける（写真2）。
❷動作とポイント
▼動き：前腕の回外、肘の屈曲。
▼肘を曲げてバーベルを挙上し、可能な範囲まで曲げる（写真3、4）。
▼開始姿勢まで、ゆっくりと降下させる。
❸呼吸法
▼開始姿勢時に息を吸い、肘を曲げバーを挙上し、スティッキングポイントを過ぎたら息を吐き、降下させ開始姿勢に戻したら息を吸う。
❹補助法
▼補助者は必要なし。
❺注意点
▼上腕の動作のため、手首は固定し動かさない。
▼体や足の反動を使用しない（腰の反り、膝の伸び）。
▼バーベルカールよりも屈曲位が狭くなるため、動作に注意する。

5. ダンベルハンマーカール

【強化部位】上腕筋、腕橈骨筋(橈側手根屈筋)

■片腕
■両腕

❶準備と開始姿勢
▼両手にダンベルを持ち、肩幅程度のスタンスで膝を若干曲げて直立する。
▼手のひらを内側に向けて、大腿側面に着ける(写真1)。

❷動作とポイント
▼動き：肘の屈曲、手首の橈屈。
▼片方の肘を曲げ、ダンベルを挙上する(写真2)。
▼肘を曲げ切ったら(写真3)、開始姿勢までゆっくり肘を伸ばしてダンベルを降下させる。
▼反対側の腕を同様の動作で行い、これを繰り返す。

❸呼吸法
▼開始姿勢時に息を吸い、肘を曲げバーを挙上し、スティッキングポイントを過ぎたら息を吐き、降下させ開始姿勢に戻したら息を吸う。

❹補助法
▼補助者は必要なし。

❺注意点
▼手首の角度はニュートラルにし、角度を変えないように行う。
▼体や足の反動を使用しない(腰の反り、膝の伸び)。

❻バリエーション
▼両腕を同時に行う(写真4、5)。

6. プリチャーカール

【強化部位】上腕二頭筋、腕橈骨筋

❶準備と開始姿勢
▼カール用ベンチに座り、バーをオーバーグリップで握り、腕を伸ばして肘と上腕を台に着ける(写真1)。

❷動作とポイント
▼動き：肘の屈曲。
▼肘を中心に、ゆっくりと上腕を曲げていく(写真2)。
▼肘を完全に曲げる(写真3)。
▼ゆっくりと開始姿勢まで降下させる(写真4)。

❸呼吸法
▼開始姿勢で息を吸い、肘を曲げスティッキングポイントが過ぎたら息を吐く。

❹補助法
▼保持者は必要なし。

❺注意点
▼上腕をベンチから離さないように行うようにする。
▼腕以外の上半身や背部の反動を使用しないようにする。
▼足裏が動作中に離れないようにする。

7. コンセントレーションカール

【強化部位】上腕二頭筋、上腕筋

❶準備と開始姿勢
▼シートやバランスボールに足を開いて座る。
▼身体を少し開き、ダンベルを持ち、膝の内側に肘をあてる（写真1）。

❷動作とポイント
▼動き：肘の屈曲。
▼肘を中心に上腕を曲げていく。
▼腕を完全に曲げたら（写真2、3）、ゆっくりと開始姿勢まで降下させていく。

❸呼吸法
▼開始姿勢時に息を吸い、肘を曲げダンベルを挙上させる時に息を吐く。

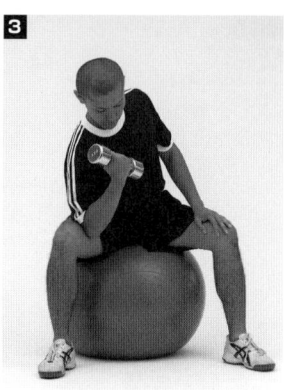

❹補助法
▼保持者は必要なし。

❺注意点
▼肩や肘の位置を変えず、反動を使用しないように注意する。
▼肘の屈曲動作に集中する。
▼手首の角度は固定し、手首を動かさない。

8. チンニングカール

【強化部位】上腕二頭筋、上腕筋、前腕屈筋群

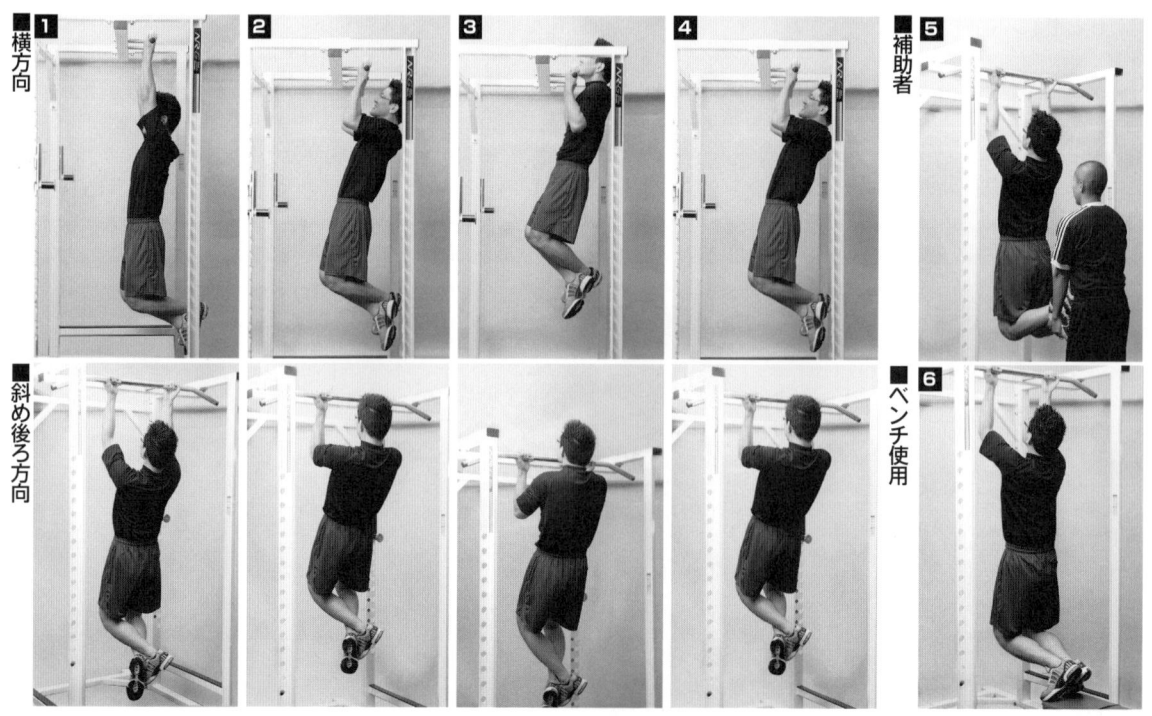

❶準備と開始姿勢
▼懸垂用バーに、肩幅程度でアンダーグリップでぶら下がる（写真1）。
▼補助者の助け（またはベンチ使用）により、肘を90度に曲げた姿勢をとる（写真5、6）。
▼膝は曲げて重ねておく。

❷動作とポイント
▼動き：肘の屈曲。
▼肘を90度に固定した開始姿勢から、肘を曲げ上腕の力で体を挙上する（写真2）。
▼顎がバーに着くまで挙上する（写真3）。
▼ゆっくりと開始姿勢（肘角度90度）まで降下させる（写真4）。

❸呼吸法
▼開始姿勢で息を吸って挙上し、顎がバーに着いたら息を吐く。

❹補助法
▼エクササイズ中は、補助者の必要なし。

❺注意点
▼上腕の動きを意識して、体の反動を使用しない。
▼柔道等の帯や道着を使用してもよい。

1.4 腕部のエクササイズ

9. ライイングトライセプスエクステンション
【強化部位】上腕三頭筋

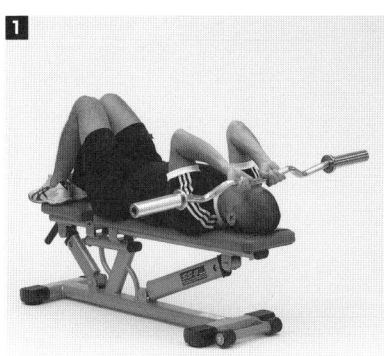

❶準備と開始姿勢
▼ベンチに仰向けに寝る。
▼両足は床面に付けておくことが望ましい。
▼オーバーグリップでバーを持ち、肘が直角になるようにする（写真1）。
❷動作とポイント
▼動き：肘の伸展。
▼肘の位置を変えないように、肘を伸展させる（写真2、3）。
▼肘を完全に伸展させたら、ゆっくりと開始姿勢まで降下させる。
▼この動作を繰り返す。
❸呼吸法
▼開始姿勢で息を吸い、肘を伸展したら息を吐く。
❹補助法
▼補助者を必要とする。
❺注意点
▼上腕を垂直にして平行に保持して行うようにする。
▼肘の位置を変えずに、動作中に開かないように注意する。

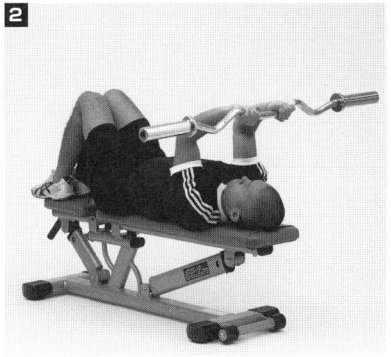

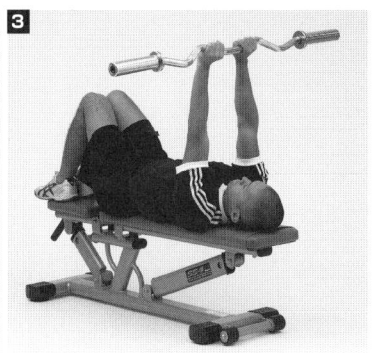

10. トライセプスエクステンション（ワンハンドフレンチプレス）
【強化部位】上腕三頭筋

❶準備と開始姿勢
▼両足を肩幅程度に開き直立し、片手でダンベルを持ち、肘を曲げて側頭部に着け、反対側の手で外側から固定する（写真1）。
❷動作とポイント
▼動き：肘の伸展。
▼ダンベルを持つ腕を屈曲位から、ゆっくりと伸ばしていく（写真2）。
▼完全に伸展したら（写真3）、ゆっくりと開始姿勢まで戻す。
▼ベンチに座って行ってもよい。
❸呼吸法
▼開始姿勢で息を吸っておく。
▼肘を伸ばしダンベルを挙上し、スティッキングポイントを過ぎたら息を吐く。
❹補助法
▼補助者は必要なし。
❺注意点
▼ダンベルを持つ腕を頭から離さないようにする。
▼動作中に肘の位置を変えない。
▼体はまっすぐに伸ばし、体の反動を使用しない。
▼肘を完全に伸ばせる範囲で重量を設定する。

11. トライセプスプレスダウン　【強化部位】上腕三頭筋

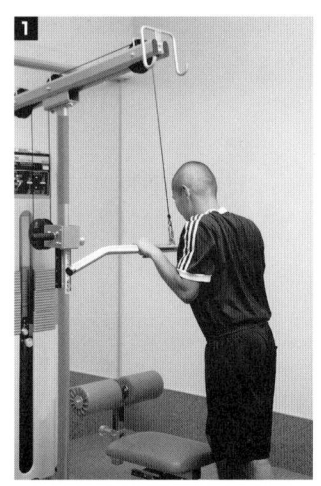

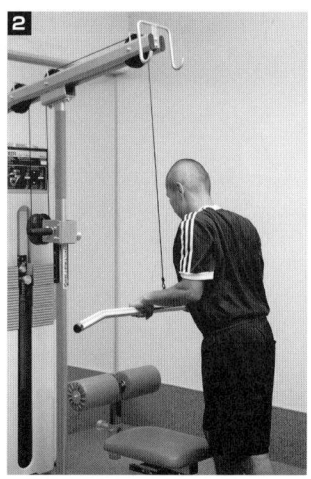

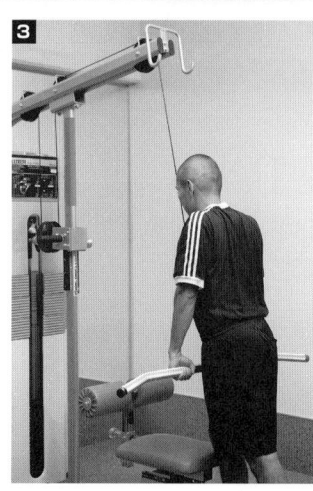

❶準備と開始姿勢
▼ケーブルマシンに使用ハンドルを装着し、マシンの前に立ち、肩幅より狭くサムレスオーバーグリップ（5本指をそろえた順手）で握る。
▼膝を曲げ、体はやや前傾させる。
▼肘を体側に固定し、肘を90度に保った開始姿勢をとる（写真1）。

❷動作とポイント
▼動き：肘の伸展。
▼肘の位置を変えずに、ゆっくりと肘をまっすぐになるまで伸ばす（写真2、3：おもりは挙上する）。
▼伸ばした位置からゆっくりと開始姿勢まで戻す（おもりは降下される）。

❸呼吸法
▼開始姿勢で息を吸っておく。
▼肘を伸ばし、スティッキングポイントが過ぎたら息を吐く。

❹補助法
▼補助者は必要なし。

❺注意点
▼開始姿勢を保ち、動作中に腰や膝の角度を変えないように注意する。
▼肘の伸展動作に集中する。
▼肘を体側から離さない。

12. トライセプスキックバック　【強化部位】上腕三頭筋

❶準備と開始姿勢
▼ダンベルを片手に持ち、膝を曲げ上体を前方に傾ける。
▼ダンベルを持っていない方の腕は、同じ側の大腿前部に置き体を支える。
▼ダンベルを持つ腕は、体側で肘を90度に曲げた状態を保つ（写真1）。

❷動作とポイント
▼開始姿勢から肘を伸ばし、ダンベルを挙上する（写真2、3）。
▼肘を伸展させたら、ゆっくりと開始姿勢まで肘を曲げ、ダンベルを降下させる。

❸呼吸法
▼開始姿勢で息を吸い、肘を伸ばしたら息を吐く。

❹補助法
▼補助者は必要なし。

❺注意点
▼動作中は体の姿勢を保持し、肘の動きだけを意識するようにする。
▼足や体の反動を使用しない。

前腕のエクササイズ

13. リストカール

【強化部位】長掌筋、尺側手根屈筋

❶準備と開始姿勢
▼足を肩幅程度に開き、ベンチに座る。
▼アンダーグリップ（逆手）で肩幅程度にバーを握り、前腕を大腿前面に固定する（写真1）。

❷動作とポイント
▼動き：手首の屈曲。
▼前腕が大腿前面から離れないように、手首を曲げてバーを挙上する。
▼手首を伸ばしてバーを降下させる。
▼ダンベルを用いてエクササイズを行ってもよい。

❸呼吸法
▼開始姿勢時に息を吸い、挙上する時に息を吐く。

❹補助法
▼補助者は必要なし。

❺注意点
▼手首の可動域全体で曲げるようにする。
▼足や体の反動を使用しないようにする。

14. リバースリストカール

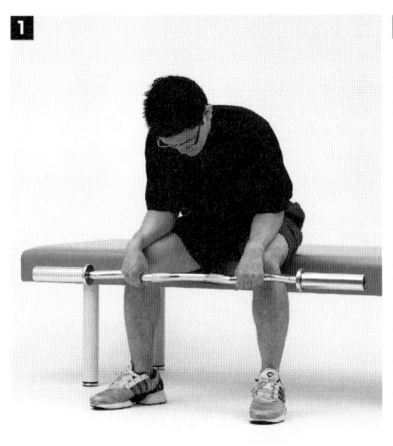

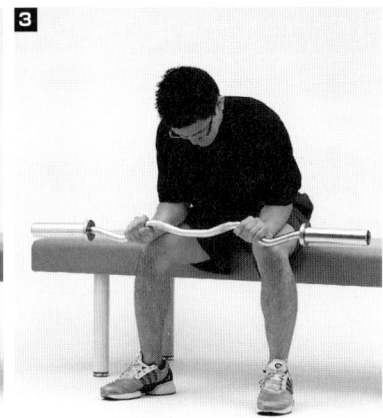

【強化部位】短腕橈骨手根伸筋、長腕橈骨手根伸筋

❶準備と開始姿勢
▼足を肩幅程度に開き、ベンチに座る。
▼オーバーグリップ（順手）で肩幅程度にバーを握り、前腕を大腿前面に固定する（写真1）。

❷動作とポイント
▼動き：手首の伸展。
▼前腕が大腿前面から離れないように、手首を曲げてバーを挙上する。
▼手首を伸ばしてバーを降下させる。
▼ダンベルを用いてエクササイズを行ってもよい。

❸呼吸法
▼開始姿勢時に息を吸い、挙上する時に息を吐く。

❹補助法
▼補助者は必要なし。

❺注意点
▼伸展動作は手首の可動域全体が狭いため、動きを正確に行う。
▼足や体の反動を使用しないようにする。

15. ラジアルデビエーション

【強化部位】橈骨手根屈筋

❶準備と開始姿勢
▼片手でダンベルの下端を持ち、肘を伸ばし体側に固定する（写真1）。

❷動作とポイント
▼動き：手首の撓屈。
▼手首を前上方に曲げダンベルを挙上する（写真2、3）。
▼ゆっくりと開始姿勢までダンベルを降下させる。

❸呼吸法
▼開始姿勢時に息を吸い、挙上する時に息を吐く。

❹補助法
▼補助者は必要なし。

❺注意点
▼体の反動を使用せず、ゆっくりと正確に行う。
▼手首の動きのみで行い、肘や肩を動かさないように注意する。
▼軽量ダンベルを使用する。

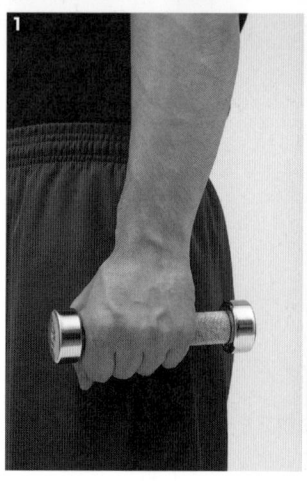

❻バリエーション
▼ベンチを使用して行う場合は、ダンベルの片側の重りを外して握り、ベンチに前腕を置いて反対の手で押さえ、撓骨側にダンベルを挙上し降下させる（写真4～6）。

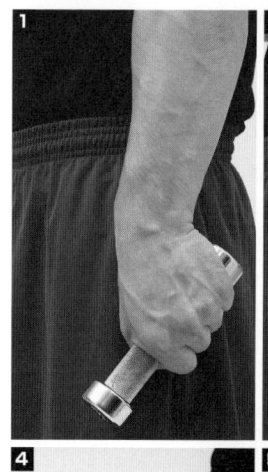

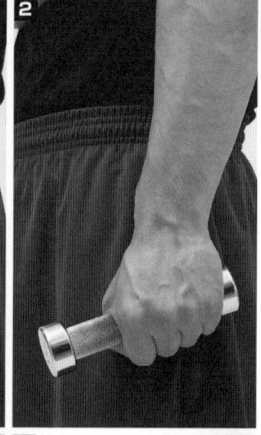

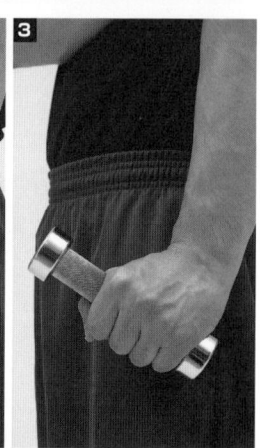

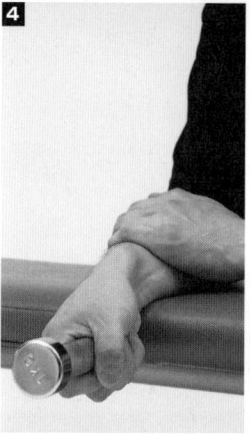

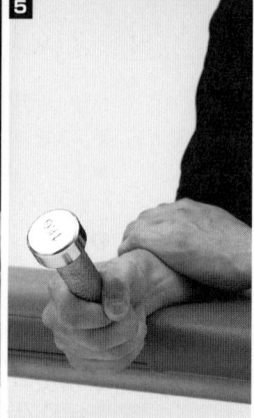

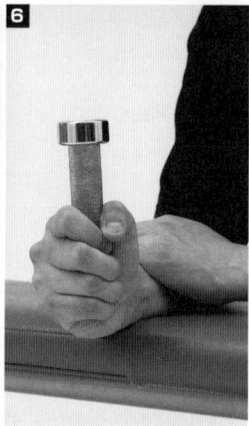

16. ウルナデビエーション

【強化部位】尺側手根屈筋

❶準備と開始姿勢
▼片手でダンベルの上端を持ち、肘を伸ばし体側に固定する（写真1）。

❷動作とポイント
▼動き：手首の尺屈。
▼手首を後上方に曲げダンベルを挙上する（写真2）。
▼ゆっくりと開始姿勢までダンベルを降下させる。

❸呼吸法
▼開始姿勢時に息を吸い、挙上する時に息を吐く。

❹補助法
▼補助者は必要なし。

❺注意点
▼体の反動を使用せず、ゆっくりと正確に行う。
▼手首の動きのみで行い、肘や肩を動かさないように注意する。
▼軽量ダンベルを使用する。

17. フォアームサピネーション

【強化部位】回外筋

❶準備と開始姿勢
▼ダンベルを片手で持ち、反対側の手で抑え、親指が上になるように前腕をベンチに置く（写真1）。

❷動作とポイント
▼動き：前腕の回外。
▼ダンベルが外側に向くように、前腕を外側に回す（回外）。
▼手の甲が下を向くように回し（写真2）、ゆっくりと開始姿勢に戻す。

❸呼吸法
▼開始姿勢で息を吸って、最大回外時で息を吐く。

❹補助法
▼補助者は必要なし。

❺注意点
▼肘を動かさず、手首を固定し手首のみの動きで行う。
▼前腕がベンチから離れないようにする。

❻バリエーション
▼立位または座位で、ダンベルを肩の高さに保持して行う。手首の位置を変えずに外側にダンベルを回す（写真3、4）。

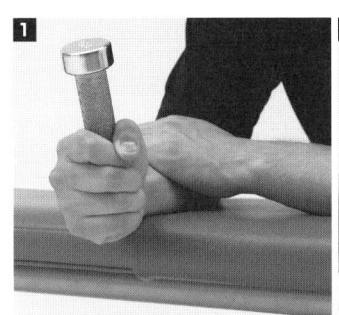

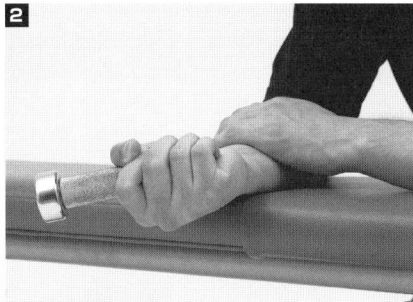

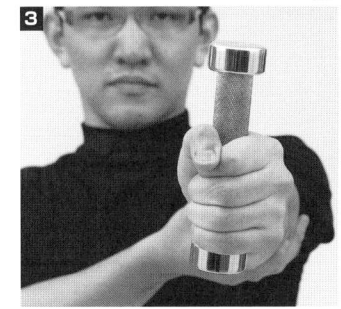

18. フォアームプロネーション

【強化部位】円回内筋、方形回内筋

❶準備と開始姿勢
▼ダンベルを片手で持ち、反対側の手で抑え、親指が上になるように前腕をベンチに置く（写真1）。

❷動作とポイント
▼動き：前腕の回内。
▼ダンベルが内側に向くように、前腕を内側に回す（回内）。
▼手の甲が上を向くように回し（写真2）、ゆっくりと開始姿勢に戻す。

❸呼吸法
▼開始姿勢で息を吸って、最大回内時で息を吐く。

❹補助法
▼補助者は必要なし。

❺注意点
▼肘を動かさず、手首を固定し手首のみの動きで行う。
▼前腕がベンチから離れないようにする。

❻バリエーション
▼立位または座位で、ダンベルを肩の高さに保持して行う。手首の位置を変えずに内側にダンベルを回す（写真3、4）。

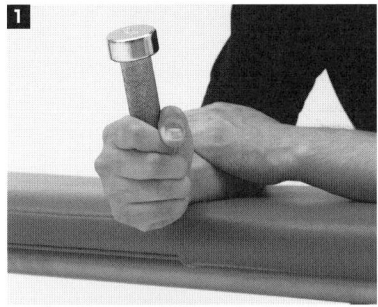

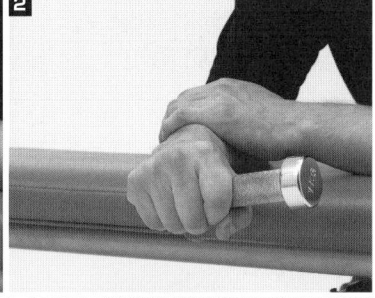

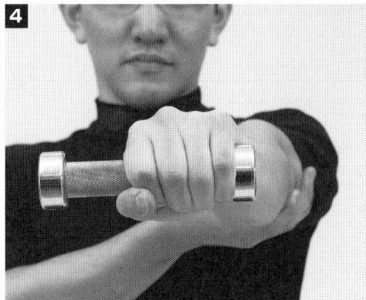

1.5 脚部のエクササイズ

1. バックスクワット

【強化部位】大腿四頭筋、大臀筋、脊柱起立筋群

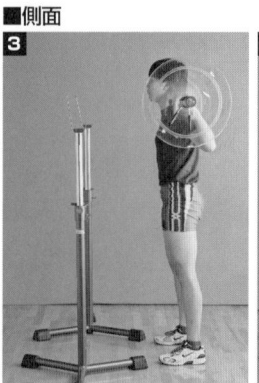

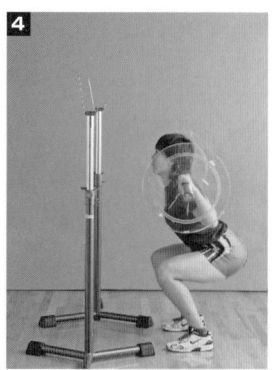

■正面
1 2
■側面
3 4
■補助法
5
■起こりやすい誤り
6 7 8

❶目的・効果
▼大腿部、臀部の筋力を協調的に発揮し、トリプルエクステンション（股関節、膝関節、足関節による三重伸展）を効率よく行う能力を養う。
▼スポーツ動作中の姿勢保持能力を養う。
▼全身の爆発的な力発揮を高めるための基礎を作る。

❷準備と開始姿勢
▼スタンドまたはスクワットラックのフックの高さは、直立時の肩の高さよりも10cm程度下に、またスクワットラックを使用する場合は、セーフティ（補助）バーの高さを、しゃがんだ時のバーベルの高さよりもやや低くなるように設定する。
▼肩幅よりやや広めにバーを両手で握り、頭をバーの下にくぐらせながら、バーの真下に両脚を左右に開いて立つ。
▼胸を張り、肩甲骨をやや内側に寄せて、肩の上端部よりやや低い位置にバーを載せ、ラックからバーをはずして後方に下がり、左右の脚を肩幅、あるいは肩幅よりやや広めに開き、つま先をやや外側に向け、正面を向いて立つ（写真1、3）。
▼視線は正面に向けておく。

❸動作とポイント
▼胸、腰背部を適度に張り、臀部、下腹部に力を入れて、股関節と膝関節を同時に曲げて、大腿部の上端面が床と平行になるところまでしゃがんでいく（写真2、4）。
▼しゃがんでいく際、足裏全体での荷重を心がけ、荷重がつま先や踵に極端に移動していかないように注意する。
▼しゃがんだ際、膝はつま先と同じ方向を向き、つま先の真上、あるいはつま先よりもやや前に出るくらいにする（この時、踵が床から浮かないに注意する）。
▼胸、腰背部を適度に張り、臀部、下腹部に力を入れた姿勢を維持しながら、膝と股関節を同時に伸展させて、上体を起こしながら立ち上がる。

❹呼吸法
▼中程度の負荷までは、しゃがむ局面で息を吸い、立ち上がる局面で息を吐く。
▼高負荷で実施する際は、しゃがむ局面で息を吸い、しゃがんだ姿勢で息を止めて立ち上がり、スティッキングポイントを通過した後に息を吐く。

❺補助法
▼バーベルの両側に1人ずつ立ち、どちらかが合図をして左右同時に、ゆっくりとバランスを取りながらバーの両端を持ち上げる（写真5）。

❻起こりやすい誤り
▼しゃがんだ時に、膝がつま先より過度に前方に出ており、踵が床から離れている（写真6）。
▼しゃがんだ時に、膝がつま先よりも過度に内側に入っている。
▼しゃがんだ時に、下肢全体が脱力してしまい、膝の完全伸展やバウンディングが起こっている。
▼腰背部が丸まり、胸の張りがなくなっている（写真7）。
▼しゃがんだ時に、腹圧が抜けてしまい、腰が過度に反っている（写真8）。
▼立ち上がる時に、腰の位置が左右どちらかに過度に移動している。

2. フロントスクワット

【強化部位】大腿四頭筋、大臀筋、脊柱起立筋群

■正面

■側面

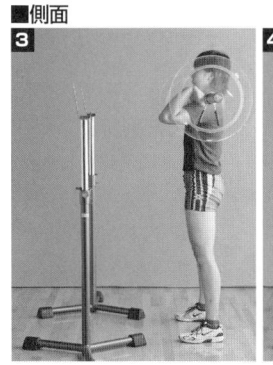

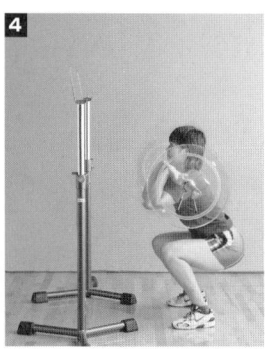

❶目的・効果
▼大腿部、臀部の筋力を協調的に発揮し、トリプルエクステンション（股関節、膝関節、足関節による三重伸展）を効率よく行う能力を養う。
▼スポーツ動作中の姿勢保持能力を養う。
▼全身の爆発的な力発揮を高めるための基礎を作る。

❷準備と開始姿勢
▼バックスクワット実施時と同様の準備を行う。
▼肩幅程度にバーを両手で握り、大胸筋上部あたりにバーがくるように、バーの真下に両脚を左右に開いて立つ。
▼胸を張り、肩甲骨をやや内側に寄せて、鎖骨よりやや低い位置にバーを載せ、ラックからバーをはずして後方に下がり、左右の脚を肩幅、あるいは肩幅よりやや広めに開き、つま先をやや外側に向け、正面を向いて立つ（写真1、3）。

❸動作とポイント（写真2、4）
▼バックスクワット実施時の動作とポイントを参照。

❹呼吸法
▼バックスクワット実施時の呼吸法を参照。

❺補助法
▼バックスクワット実施時の補助法を参照。

❻起こりやすい誤り
▼バックスクワット実施時における、起こりやすい誤りと同様の誤りに注意する。

3. ワイドスタンススクワット

【強化部位】大腿四頭筋、大臀筋、内転筋群、脊柱起立筋群

■正面

■斜め前

❶目的・効果
▼スポーツ動作中の姿勢保持能力を養う。
▼全身の爆発的な力発揮を高めるための基礎を作る。

❷準備と開始姿勢
▼バックスクワット実施時と同様の準備を行う。
▼肩幅よりやや広めにバーを両手で握り、頭をバーの下にくぐらせながら、バーの真下に両脚を左右に開いて立つ。
▼胸を張り、肩甲骨をやや内側に寄せて、肩の上端部よりやや低い位置にバーを載せ、ラックからバーをはずして後方に下がり、左右の脚を広めに開き、つま先をやや外側に向け、正面を向いて立つ（写真1、3）。
▼視線は正面に向けておく。

❸動作とポイント（写真2、4）
▼バックスクワット実施時の動作とポイントを参照。

❹呼吸法
▼バックスクワット実施時の呼吸法を参照。

❺補助法
▼バックスクワット実施時の補助法を参照。

❻起こりやすい誤り
▼バックスクワット実施時における、起こりやすい誤りと同様の誤りに注意する。

4. スプリットスクワット

【強化部位】大腿四頭筋、大臀筋、脊柱起立筋群

■正面　　　　　　　　　　　　　　　　■側面

❶目的・効果
▼片側動作における大腿部、臀部の協調的な筋力発揮、またトリプルエクステンション（股関節、膝関節、足関節による三重伸展）を効率よく行う能力を養う。
▼スポーツ動作中の姿勢保持能力を養う。
▼全身の爆発的な力発揮を高めるための基礎を作る。

❷準備と開始姿勢
▼バックスクワット実施時と同様の準備を行う。
▼肩幅よりやや広めにバーを両手で握り、頭をバーの下にくぐらせながら、バーの真下に両脚を左右に開いて立つ。
▼胸を張り、肩甲骨をやや内側に寄せて、肩の上端部よりやや低い位置にバーを載せ、ラックからバーをはずして後方に下がり、左右の脚を前後に開く（写真1、3）。
▼前脚のつま先と膝は正面を向けておく。
▼視線は正面に向けておく。

❸動作とポイント
▼胸、腰背部を適度に張り、臀部、下腹部に力を入れて、前脚にしっかりと荷重しながら、前脚の大腿部の上端面が床と平行になるところまでしゃがんでいく（写真2、4）。
▼しゃがんでいく際、前脚の足裏全体での荷重を心がけ、荷重がつま先や踵に極端に移動していかないように注意する。
▼しゃがんだ際、前脚の膝とつま先が正面を向き、つま先の真上、あるいはつま先よりもやや前に出るくらいにする（この時、踵が床から浮かないように注意する）。
▼胸、腰背部を適度に張り、臀部、下腹部に力を入れた姿勢を維持して、前脚にしっかりと荷重しながら、上体を起こして立ち上がる。

❹呼吸法
▼しゃがむ局面で息を吸い、立ち上がる局面で息を吐く。

❺補助法
▼このエクササイズでは補助を必要としない。

❻起こりやすい誤り
▼バックスクワット実施時における、起こりやすい誤りと同様の誤りに注意する。

5. ブルガリアンスクワット

【強化部位】大腿四頭筋、大臀筋、脊柱起立筋群

❶目的・効果
▼スプリットスクワットにおける目的・効果と同様。

❷準備と開始姿勢
▼バックスクワット実施時と同様の準備を行う。
▼肩幅よりやや広めにバーを両手で握る。
▼頭をバーの下にくぐらせながら、バーの真下に両脚を左右に開いて立つ。
▼胸を張り、肩甲骨をやや内側に寄せて、肩の上端部よりやや低い位置にバーを載せ、ラックからバーをはずして後方に下がり、左右の脚を前後に開く。
▼前後左右の身体バランスを取りながら後脚のつま先をステップ台上に置く（写真1）。
▼前脚のつま先と膝は正面を向けておく。
▼視線は正面に向けておく。

❸動作とポイント（写真2）
▼スプリットスクワット実施時の動作とポイントを参照。

❹呼吸法
▼しゃがむ局面で息を吸い、立ち上がる局面で息を吐く。

❺補助法
▼このエクササイズでは補助を必要としない。

❻起こりやすい誤り
▼バックスクワット実施時における、起こりやすい誤りと同様の誤りに注意する。

6. デッドリフト

【強化部位】脊柱起立筋群、大臀筋、大腿四頭筋

❶目的・効果
▼臀部、大腿部の筋力を協調的に発揮し、トリプルエクステンション（股関節、膝関節、足関節による三重伸展）を効率よく行う能力を養う。
▼スポーツ動作中の姿勢保持能力を養う。
▼全身の爆発的な力発揮を高めるための基礎を作る。

❷準備と開始姿勢
▼高重量の場合は、オルタネイティッドグリップを用いる。
▼バーベルを床に置き、バーベルの下に母趾球がくる位置に、両脚を腰幅程度に開いて、つま先をやや外側に向けて直立する。
▼胸、腰背部を適度に張り、臀部、下腹部に力を入れ、股関節と膝関節を同時に曲げて、上半身を前傾させながらしゃがみ、膝の外側からバーを握って開始姿勢をとる（写真1、3）。

❸動作とポイント
▼胸、腰背部を適度に張り、臀部、下腹部に力を入れた姿勢を維持しながら、股関節と膝関節を同時に伸ばし、バーベルの軌道がすねと大腿部のすぐ近くを通過するように意識して、直立姿勢までバーベルを挙上する（写真2、4）。
▼バーベルを挙上した後、姿勢を崩さないように注意して、バーベルをコントロールしながら開始姿勢に戻る。

❹呼吸法
▼中程度の負荷までは、しゃがむ局面で息を吸い、立ち上がる局面で息を吐く。
▼高負荷で実施する際は、しゃがむ局面で息を吸い、しゃがんだ姿勢で息を止めて立ち上がり、スティッキングポイントを通過した後に息を吐く。

❺補助法
▼このエクササイズでは補助を必要としない。

❻起こりやすい誤り
▼腰背部が丸まり、胸の張りがなくなっている（写真5）。
▼しゃがんだ時に、腹圧が抜けてしまい、腰が過度に反っている。
▼しゃがんだ時に、胸部が正面を向いて、腰が落ちている。
▼バーベルの軌道が、身体から過度に離れてしまっている（写真6）。

■正面

■側面

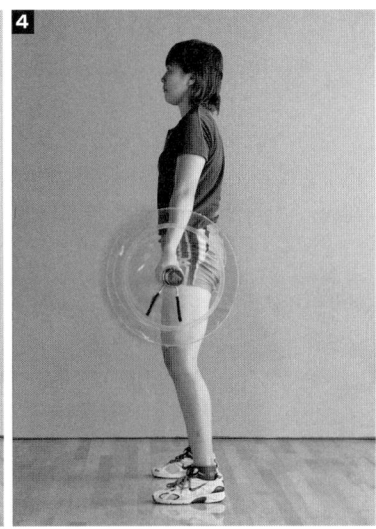

■起こりやすい誤り

7. ワイドスタンスデッドリフト（スモウスタイルデッドリフト）　【強化部位】脊柱起立筋群、大臀筋、大腿四頭筋

❶目的・効果
▼スポーツ動作中の姿勢保持能力を養う。
▼全身の爆発的な力発揮を高めるための基礎を作る。

❷準備と開始姿勢
▼高重量の場合には、オルタネイティッドグリップを用いる。
▼バーベルを床に置き、バーベルの下に母趾球がくる位置に、両脚を広く開いて、つま先を外側に向けて直立する。
▼胸、腰背部を適度に張り、臀部、下腹部に力を入れ、股関節と膝関節を同時に曲げて、上半身を前傾させながらしゃがみ、膝の内側からバーを握って開始姿勢をとる（写真1）。

❸動作とポイント
▼胸、腰背部を適度に張り、臀部、下腹部に力を入れた姿勢を維持しながら、股関節と膝関節を同時に伸ばし、バーベルの軌道がすねと大腿部のすぐ近くを通過するように意識して、直立姿勢までバーベルを挙上する（写真2）。
▼バーベルを挙上した後、姿勢を崩さないように注意して、バーベルをコントロールしながら開始姿勢に戻る。

❹呼吸法
▼中程度の負荷までは、しゃがむ局面で息を吸い、立ち上がる局面で息を吐く。
▼高負荷で実施する際は、しゃがむ局面で息を吸い、しゃがんだ姿勢で息を止めて立ち上がり、スティッキングポイントを通過した後に息を吐く。

❺補助法
▼このエクササイズでは補助を必要としない。

❻起こりやすい誤り
▼デッドリフト実施時の、起こりやすい誤りと同様の誤りに注意する。
▼バーベルの軌道が、身体から過度に離れてしまっている。

8. グッドモーニングエクササイズ　【強化部位】脊柱起立筋群、大臀筋、ハムストリングス

❶目的・効果
▼スポーツ動作中の姿勢保持能力を養う。
▼全身の爆発的な力発揮を高めるための基礎を作る。

❷準備と開始姿勢（写真1）
▼バックスクワット実施時と同様の準備を行う。
▼バックスクワット実施時の開始姿勢を参照。

❸動作とポイント
▼胸、腰背部を適度に張り、膝をわずかに曲げた姿勢を保持して、上体を前傾させる（写真2）。
▼前傾していく際、前脚の荷重がつま先や踵に極端に移動していかないように注意し、足裏全体での荷重を心がける。
▼胸、腰背部を適度に張り、膝をわずかに曲げた姿勢を保持しながら、上体を起こし、開始姿勢に戻る。

❹呼吸法
▼前傾する局面で息を吸い、上体を起こす局面で息を吐く。

❺補助法
▼このエクササイズでは補助を必要としない。

❻起こりやすい誤り
▼デッドリフト実施時の、起こりやすい誤りと同様の誤りに注意する。

9. スティッフレッグドデッドリフト

【強化部位】脊柱起立筋、大臀筋、ハムストリングス

❶目的・効果
▼スポーツ動作中の姿勢保持能力を養う。
▼全身の爆発的な力発揮を高めるための基礎を作る。

❷準備と開始姿勢
▼高重量の場合には、オルタネイティッドグリップを用いる。
▼バーベルを床に置き、バーベルの下に母趾球がくる位置に、両脚を腰幅程度に開く。
▼胸、腰背部を適度に張り、膝をわずかに曲げた姿勢を保持しながら、股関節を曲げて、上半身を前傾させる。
▼膝の外側からバーを握り、膝下まで引き上げ、開始姿勢をとる（写真1）。

❸動作とポイント
▼胸、腰背部を適度に張り、膝をわずかに曲げた姿勢を保持し、バーベルの軌道が大腿部のすぐ近くを通過するように意識しながら、股関節と膝関節を伸ばして、直立姿勢までバーベルを挙上する（写真2）。
▼バーベルを挙上した後、姿勢を崩さないように注意して、バーベルをコントロールしながら開始姿勢に戻る。

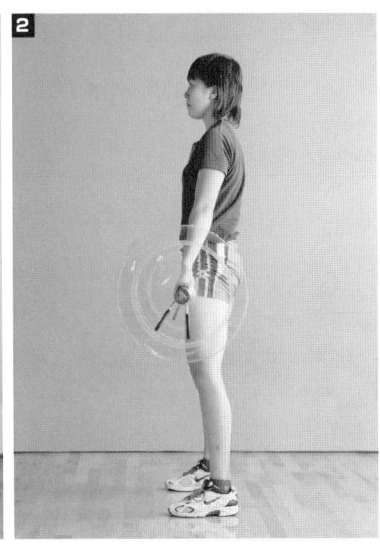

❹呼吸法
▼しゃがむ局面で息を吸い、立ち上がる局面で息を吐く。

❺補助法
▼このエクササイズでは補助を必要としない。

❻起こりやすい誤り
▼腰背部が丸まり、胸の張りがなくなっている。
▼しゃがんだ時に、腹圧が抜けてしまい、腰が過度に反っている。
▼バーベルの軌道が身体から過度に離れてしまっている。

10. シングルレッグスティッフレッグドデッドリフト

【強化部位】脊柱起立筋、大臀筋、ハムストリングス

❶目的・効果
▼スポーツ動作中の姿勢保持能力を養う。
▼全身の爆発的な力発揮を高めるための基礎を作る。

❷準備と開始姿勢
▼両手でダンベルを保持し、胸、腰背部を適度に張り、膝をわずかに曲げた姿勢を保持しながら、左右どちらかの脚を床から離し、その脚を後方へ引き、開始姿勢をとる。
▼床に着いている脚の真上に重心がくるように、上半身をわずかに左右に移動させ、身体バランスを取る。

❸動作とポイント
▼胸、腰背部を適度に張り、膝をわずかに曲げた姿勢を保持して、床に着いている脚にしっかりと荷重しながら股関節を曲げて上体を前傾させる。
▼姿勢を崩さないように注意して、ダンベルをコントロールしながら開始姿勢に戻る。

❹呼吸法
▼前傾する局面で息を吸い、上体を起こす局面で息を吐く。

❺補助法
▼このエクササイズでは補助を必要としない。

❻起こりやすい誤り
▼腰背部が丸まり、胸の張りがなくなっている。
▼しゃがんだ時に、腹圧が抜けてしまい、腰が過度に反っている。

11. フォワードランジ

【強化部位】大腿四頭筋、大臀筋、ハムストリングス

❶目的・効果
▼スポーツ動作中の姿勢保持能力を養う。
▼全身の爆発的な力発揮を高めるための基礎を作る。

❷準備と開始姿勢
(1) バーベルで実施する場合（写真1、3）
▼バックスクワット実施と同様の準備を行う。
(2) ダンベルで実施する場合
▼両手でダンベルを保持し、両脚を腰幅に開いて直立する（写真5）。
▼視線は正面に向けておく。

❸動作とポイント
▼胸、腰背部を適度に張り、臀部、下腹部に力を入れて、片脚を前方に踏み出し、脚が着地したら膝と股関節を曲げて沈み込む（写真2、4、6）。
▼踏み出した脚の荷重がつま先や踵に極端に移動しないように注意し、足裏全体での荷重を心がける。
▼大腿部の上端面が床と平行になるところまでしゃがむ。
▼踏み出した際、膝がつま先と同じ方向を向き、つま先の真上、あるいはつま先よりもやや前に出るくらいにする（この時、踵が床から浮かないように注意する）。
▼胸、腰背部を適度に張り、臀部、下腹部に力を入れた姿勢を維持しながら、前脚を蹴って後脚で身体をコントロールし、開始姿勢に戻る。
▼脚を踏み出す動作は左右交互に行う。

❹呼吸法
▼前方へステップする局面で息を吸い、開始姿勢に戻る局面で息を吐く。

❺補助法
▼このエクササイズでは補助を必要としない。

❻起こりやすい誤り
▼ステップした際、前脚の膝がつま先より過度に前方に出ており、踵が床から離れている（写真7）。
▼ステップした際、前方の脚の膝がつま先よりも過度に内側に入っている。
▼ステップした際、腰背部が丸まり、胸の張りがなくなっている（写真8）。
▼ステップした際、腹圧が抜けてしまい、腰が過度に反っている。

■正面  
■側面  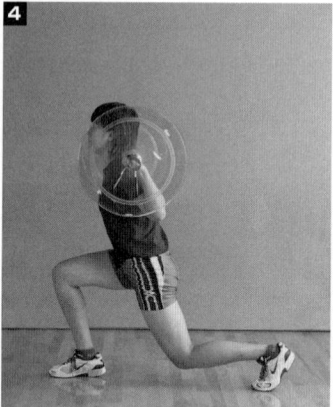
■ダンベル 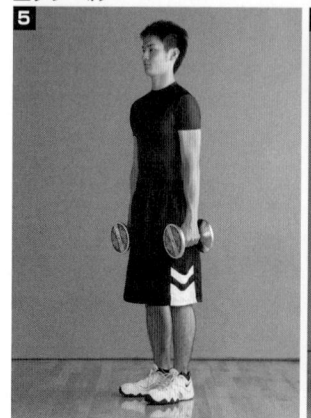 
■起こりやすい誤り

12. バックワードランジ

【強化部位】大腿四頭筋、大臀筋、ハムストリングス

❶目的・効果
▼スポーツ動作中の姿勢保持能力を養う。

❷準備と開始姿勢
(1) バーベルで実施する場合（写真1）
▼フォワードランジ実施時の、準備と開始姿勢を参照。
(2) ダンベルで実施する場合（写真3）
▼フォワードランジ実施時の、準備と開始姿勢を参照。

❸動作とポイント
▼胸、腰背部を適度に張り、臀部、下腹部に力を入れて、片脚を後方に踏み出し、脚が着地したら膝と股関節を曲げて沈み込む（写真2、4）。
▼前脚の荷重がつま先や踵に極端に移動しないように注意し、足裏全体での荷重を心がける。
▼前脚の大腿部の上端面が床と平行になるところまでしゃがむ。
▼前脚の膝がつま先と同じ方向を向き、つま先の真上、あるいはつま先よりもやや前に出るくらいにする（この時、踵が床から浮かないように注意する）。
▼胸、腰背部を適度に張り、臀部、下腹部に力を入れた姿勢を保持しながら、後脚を蹴って前脚で身体をコントロールし、開始姿勢に戻る。
▼脚を踏み出す動作は左右交互に行う。

❹呼吸法
▼後方へステップする局面で息を吸い、開始姿勢に戻る局面で息を吐く。

❺補助法
▼このエクササイズでは補助を必要としない。

❻起こりやすい誤り
▼フォワードランジ実施時における、起こりやすい誤りと同様の誤りに注意する。

13. サイドランジ（ラテラルランジ）

【強化部位】大腿四頭筋、大臀筋、中臀筋、ハムストリングス

❶目的・効果
▼スポーツ動作中の姿勢保持能力を養う。
▼全身の爆発的な力発揮を高めるための基礎を作る。

❷準備と開始姿勢
(1) バーベルで実施する場合（写真1）
▼フォワードランジ実施時の、準備と開始姿勢を参照。
(2) ダンベルで実施する場合（写真3）
▼フォワードランジ実施時の、準備と開始姿勢を参照。

❸動作とポイント
▼胸、腰背部を適度に張り、臀部、下腹部に力を入れて、片脚を側方に踏み出し、脚が着地したら膝と股関節を曲げて沈み込む（写真2、4）。
▼しゃがんでいく際、踏み出した脚の荷重がつま先や踵に極端に移動しないように注意し、足裏全体での荷重を心がける。
▼踏み出した脚の大腿部の上端面が、床と平行になるところまでしゃがむ。
▼踏み出した脚の膝がつま先と同じ方向を向き、つま先の真上、あるいはつま先よりもやや前に出るくらいにする（この時、踵が床から浮かないように注意する）。
▼胸、腰背部を適度に張り、臀部、下腹部に力を入れた姿勢を維持しながら、踏み出した脚を蹴って軸脚で身体をコントロールし、開始姿勢に戻る。
▼脚を踏み出す動作は左右交互に行う。

❹呼吸法
▼側方へステップする局面で息を吸い、開始姿勢に戻る局面で息を吐く。

❺補助法
▼このエクササイズでは補助を必要としない。

❻起こりやすい誤り
▼フォワードランジ実施時における、起こりやすい誤りと同様の誤りに注意する。

14. フォワードステップアップ

【強化部位】大腿四頭筋、大臀筋、脊柱起立筋群

■バーベル正面  
■バーベル側面  
■ダンベル正面  
■ダンベル側面

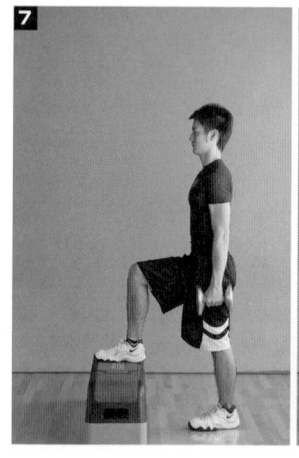

❶目的・効果
▼片側状態における大腿部、臀部の筋力を協調的に発揮し、トリプルエクステンション（股関節、膝関節、足関節による三重伸展）を効率よく行う能力を養う。
▼スポーツ動作中の姿勢保持能力を養う。
▼全身の爆発的な力発揮を高めるための基礎を作る。

❷準備と開始姿勢
▼バックスクワット実施時と同様の準備を行う。

(1) バーベルで実施する場合の開始姿勢
▼肩幅よりやや広めにバーを両手で握り、胸を張り、肩甲骨をやや内側に寄せて、肩の上端部よりやや低い位置にバーを載せ、片脚を前方のステップ台上に置く。
▼つま先と膝は正面を向け、台上の脚荷重（上体はやや前傾）で開始姿勢をとる（写真1、3）。
▼視線は正面に向けておく。

(2) ダンベルで実施する場合の開始姿勢
▼両手でダンベルを保持し、前後左右の身体バランスを取りながら片脚を前方のステップ台上に置く。
▼つま先と膝は正面を向け、台上の脚荷重（上体はやや前傾）で開始姿勢をとる（写真5、7）。
▼視線は正面に向けておく。

❸動作とポイント
▼胸、腰背部を適度に張り、臀部、下腹部に力を入れた姿勢を維持しながら、台上の脚の股関節と膝関節を同時に直立姿勢まで伸ばしていく。
▼台上の脚を伸ばしていく際、荷重がつま先や踵に極端に移動していかないよう注意し、足裏全体での荷重を心がける。
▼台上の脚を伸ばしていく際、膝がつま先と同じ方向を向くようにする。
▼反対側の脚は、床から離れた後、股関節と膝関節を同時に曲げていき、大腿部の上端面が床と平行になるところまで膝を引き上げていく（写真2、4、6、8）。
▼胸、腰背部を適度に張り、臀部、下腹部に力を入れた姿勢を保持しながら、台上の膝と股関節を同時に曲げ、また反対側の脚の股関節と膝関節を同時に伸ばして、開始姿勢に戻る。

❹呼吸法
▼しゃがむ局面で息を吸い、立ち上がる局面で息を吐く。

❺補助法
▼このエクササイズでは補助を必要としない。

❻起こりやすい誤り
▼バックスクワット実施時における、起こりやすい誤りと同様の誤りに注意する。

1.5 脚部のエクササイズ

15. ラテラル（サイド）ステップアップ

【強化部位】大腿四頭筋、大臀筋、中臀筋、脊柱起立筋群

❶目的・効果
▼スポーツ動作中の姿勢保持能力を養う。
▼全身の爆発的な力発揮を高めるための基礎を作る。

❷準備と開始姿勢
▼バックスクワット実施時と同様の準備を行う。

(1) バーベルで実施する場合の開始姿勢
▼肩幅よりやや広めにバーを両手で握り、胸を張り肩甲骨をやや内側に寄せて台の側方に立ち、台に近い脚をステップ台上に置く。
▼つま先と膝は正面を向け、台上の脚荷重（上体はやや前傾）で開始姿勢をとる（写真1）。
▼視線は正面に向けておく。

(2) ダンベルで実施する場合の開始姿勢
▼両手でダンベルを保持し、台の側方に立ち、台に近い脚をステップ台上に置く。
▼つま先と膝は正面を向け、台上の脚荷重（上体はやや前傾）で開始姿勢をとる（写真3）。
▼視線は正面に向けておく。

❸動作とポイント
▼胸、腰背部を適度に張り、臀部、下腹部に力を入れて、重心を側方へ移動させながら、台上の脚の股関節と膝関節を同時に直立姿勢まで伸ばしていく。
▼台上の脚を伸ばしていく際、荷重がつま先や踵に極端に移動しないように注意し、足裏全体での荷重を心がける。
▼台上の脚を伸ばしていく際、膝がつま先と同じ方向を向くようにする。
▼反対側の脚は、床から離れた後、股関節と膝関節を同時に曲げていき、大腿部の上端面が床と平行になるところまで膝を引き上げていく。
▼胸、腰背部を適度に張り、臀部、下腹部に力を入れた姿勢を保持しながら、台上の膝と股関節を同時に曲げ、また反対側の脚の股関節と膝関節を同時に伸ばして、開始姿勢に戻る。

※呼吸法、補助法、起こりやすい誤りについては、フォワードステップアップを参照。

16. バックワードステップアップ

【強化部位】大腿四頭筋、大臀筋、脊柱起立筋群

❶目的・効果
▼スポーツ動作中の姿勢保持能力を養う。
▼全身の爆発的な力発揮を高めるための基礎を作る。

❷準備と開始姿勢
▼バックスクワット実施時と同様の準備を行う。

(1) バーベルで実施する場合の開始姿勢
▼肩幅よりやや広めにバーを両手で握り、胸を張り肩甲骨をやや内側に寄せて、肩の上端部よりやや低い位置にバーを載せ、後脚をステップ台上に置く。
▼つま先と膝は正面を向け、台上の脚にやや荷重（上体はやや前傾）して開始姿勢をとる（写真1）。
▼視線は正面に向けておく。

(2) ダンベルで実施する場合の開始姿勢
▼両手でダンベルを保持し、後脚をステップ台上に置く。
▼つま先と膝は正面を向け、台上の脚にやや荷重（上体はやや前傾）して開始姿勢をとる（写真3）。
▼視線は正面に向けておく。

❸動作とポイント
▼胸、腰背部を適度に張り、臀部、下腹部に力を入れて、重心を後方へ移動させながら、台上の脚の股関節と膝関節を同時に直立姿勢まで伸ばしていく。
▼前脚は、床から離れた後、股関節と膝関節を同時に曲げていき、大腿部の上端面が床と平行になるところまで膝を引き上げていく（写真2、4）。
▼胸、腰背部を適度に張り、臀部、下腹部に力を入れた姿勢を保持しながら、台上の膝と股関節を同時に曲げ、また反対側の脚の股関節と膝関節を同時に伸ばして、開始姿勢に戻る。

※呼吸法、補助法、起こりやすい誤りについては、フォワードステップアップを参照。

17. レッグプレス

【強化部位】大腿四頭筋、大臀筋

❶目的・効果
▼大腿部、臀部の筋力を協調的に発揮する能力を養う。

❷準備と開始姿勢
▼マシンに座り、両足を腰幅から肩幅程度に開いてマシンのボードに固定する。
▼両手でマシンのハンドルをしっかり握り、身体を固定する。
▼両足でボードを押して、マシンのストッパーから持ち上げ、膝を過伸展しない程度に伸ばして静止する（写真1）。

❸動作とポイント
▼胸、腰背部を適度に張り、臀部、下腹部に力を入れて、股関節と膝関節を同時に曲げながらボードを下ろす（写真2）。
▼股関節と膝を伸ばしながらボードを押して、開始姿勢に戻る。
▼反復を終了したら、ボードをストッパーに下ろして固定する。

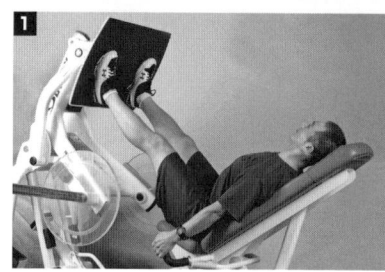

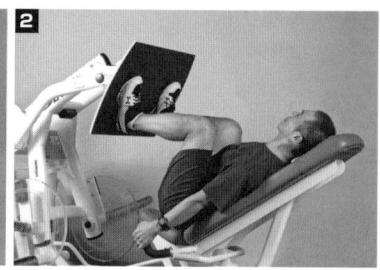

❹呼吸法
▼中程度の負荷までは、ボードを下ろす局面で息を吸い、上げる局面で息を吐く。
▼高負荷で実施する際は、ボードを下ろす局面で息を吸い、挙上する局面のスティッキングポイントを通過した後に息を吐く。

❺補助法
▼このエクササイズでは補助を必要としない。

❻起こりやすい誤り
▼ボードを下ろした時に、膝がつま先の方向より外側または内側を向いている。
▼膝が過伸展している。
▼上体が丸まっている。
▼臀部がシートから浮いている。

18. レッグエクステンション

【強化部位】大腿四頭筋

❶目的・効果
▼大腿四頭筋の筋力発揮能力を養う。

❷準備と開始姿勢
▼マシンの回転軸の真横に膝関節の回転軸がくるように、マシンのパッドや背もたれのポジションを調節してシートに座る。
▼パッドに脚部を固定し、ハンドルを握って身体を固定する（写真1）。

❸動作とポイント
▼膝関節を伸ばしてマシンのパッドを上げ、膝を伸展させる（写真2）。
▼膝を曲げて、パッドを下ろし、開始姿勢に戻る。

❹呼吸法
▼ウェイトを上げる局面で息を吐き、下ろす局面で息を吸う。

❺補助法
▼このエクササイズでは補助を必要としない。

❻起こりやすい誤り
▼上体が丸まっている。
▼臀部がシートから浮き上がっている。
▼弾みをつけて動作を行っている。
▼足首が底屈している。

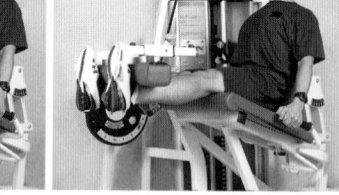

19. レッグカール（ライイングレッグカール）

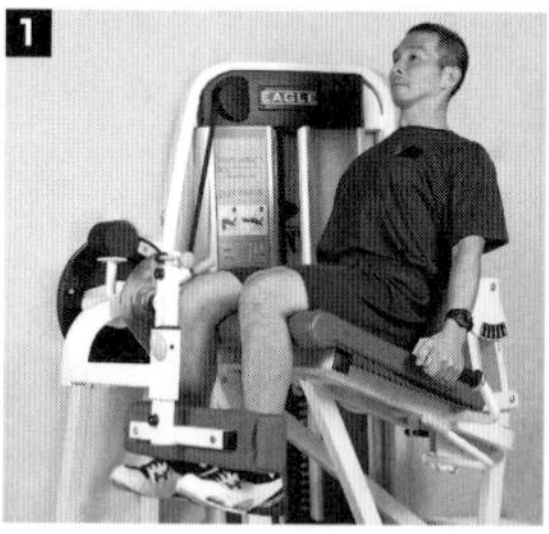

【強化部位】ハムストリングス

❶目的・効果
▼ハムストリングスの筋力発揮能力を養う。

❷準備と開始姿勢
▼マシンの回転軸の真横に膝関節の回転軸がくるように、マシンのパッド等のポジションを調節してシートにうつ伏せになる。
▼パッドに脚部を固定し、ハンドルを握って身体を固定する（写真1）。

❸動作とポイント
▼膝関節を曲げてマシンのパッドを上げ、膝を屈曲させる（写真2）。
▼膝を伸ばして、パッドを下ろし、開始姿勢に戻る。

❹呼吸法
▼ウエイトを上げる局面で息を吐き、下ろす局面で息を吸う。

❺補助法
▼このエクササイズでは補助は不要。

❻起こりやすい誤り
▼臀部がシートから浮き上がっている。
▼弾みをつけて動作を行っている。
▼足首が底屈している。

1.5 脚部のエクササイズ

20. ヒップアブダクション（マシン）

【強化部位】中臀筋

❶目的・効果
▼中臀筋の筋力発揮能力を養う。

❷準備と開始姿勢
▼マシンのパッドや背もたれのポジションを調節してシートに座る。
▼パッドに脚部を固定し、ハンドルを握って身体を固定する（写真1）。

❸動作とポイント
▼胸、腰背部を適度に張り、臀部、下腹部に力を入れて、マシンのパッドを大腿部の外側で押しながら股関節を開く（写真2）。
▼股関節を閉じて、開始姿勢に戻る。

❹呼吸法
▼股関節を開く局面で息を吐き、閉じる局面で息を吸う。

❺補助法
▼このエクササイズでは補助を必要としない。

❻起こりやすい誤り
▼上体が丸まっている。
▼臀部がシートから浮き上がっている。
▼弾みをつけて動作を行っている。

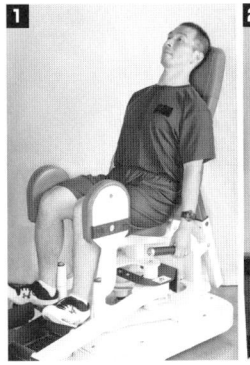

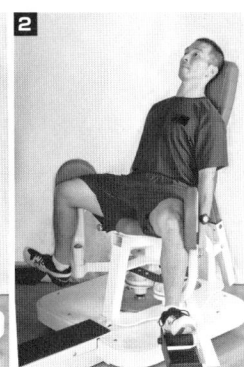

21. ヒップアブダクション（チューブ）

【強化部位】中臀筋

❶目的・効果
▼中臀筋の筋力発揮能力を養う。

❷準備・開始姿勢
▼チューブを両膝の少し上に固定し、肩から足までが一直線になるようにして横向きに寝る。
▼上の手を床に置いて、身体のバランスを取る（写真1）。

❸動作とポイント
▼身体を一直線に維持し、上脚の膝を伸ばしたまま、真上に上げる（写真2）。
▼つま先が上を向かないように、床に対して平行に維持する。
▼上げている脚を下ろして、開始姿勢に戻る。

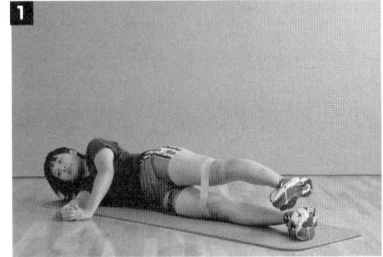

❹呼吸法
▼脚を上げる局面で息を吐き、下ろす局面で息を吸う。

❺補助法
▼このエクササイズでは補助を必要としない。

❻起こりやすい誤り
▼脚を上げる際、上体が上を向いてしまう。
▼脚を真上ではなく、前方斜め上方向に上げている。
▼弾みをつけて動作を行っている。
▼脚を下ろす際、脱力して下ろしている。

22. ヒップアブダクション（徒手抵抗）

【強化部位】中臀筋

❶目的・効果
▼中臀筋の筋力発揮能力を養う。

❷準備と開始姿勢
▼肩から足までが一直線になるようにして横向きに寝る。
▼上の手を床に置いて、身体のバランスを取る。
▼パートナーは、実施者の上脚の足首と膝の上に手を当てる（写真1）。

❸動作とポイントおよび補助
▼パートナーが上脚を押さえつけるようにして負荷をかけた状態で、実施者は身体を一直線に維持しながら、上脚を真上に上げる（写真2）。
▼つま先が上を向かないように、床に対して平行に維持する。 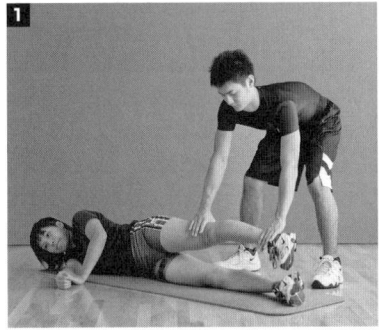 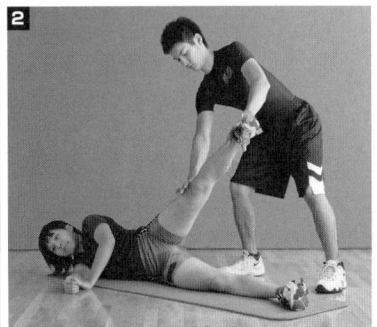
▼パートナーの負荷に抵抗しながら、上げている脚を下ろして、開始姿勢に戻る。

❹呼吸法
▼脚を上げている局面で息を吐き、下ろす局面で息を吸う。

❺起こりやすい誤り
▼脚を上げる際、上体が上を向いてしまう。
▼脚を真上ではなく、前方斜め上方向に上げている。
▼脚を下ろす際、脱力して下ろしている。

23. ヒップアダクション（マシン）

【強化部位】内転筋群

❶目的・効果
▼内転筋群の筋力発揮能力を養う。

❷準備と開始姿勢
▼マシンのパッドや背もたれのポジションを調節してシートに座る。
▼パッドに脚部を固定し、ハンドルを握って身体を固定する（写真1）。

❸動作とポイント
▼胸、腰背部を適度に張り、臀部、下腹部に力を入れて、マシンのパッドを大腿部の内側で押しながら股関節を閉じる。
▼股関節を開いて、開始姿勢に戻る（写真2）。

❹呼吸法
▼股関節を閉じる局面で息を吐き、開く局面で息を吸う。

❺補助法
▼このエクササイズでは補助を必要としない。

❻起こりやすい誤り
▼上体が丸まっている。
▼臀部がシートから浮き上がっている。
▼弾みをつけて動作を行っている。

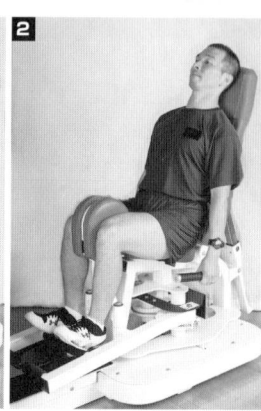

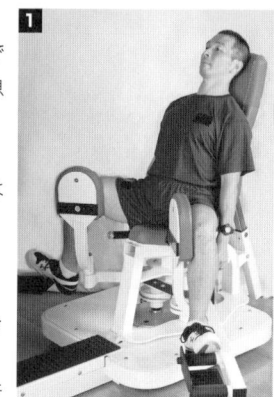

24. ヒップアダクション（徒手抵抗）

【強化部位】内転筋群

❶目的・効果
▼内転筋群の筋力発揮能力を養う。

❷準備と開始姿勢
▼肩から足までが一直線になるようにして横向きに寝る。
▼上の手を床に置いて、身体のバランスを取る。
▼実施者は上脚を上げて、パートナーは実施者の足首と膝の内側に手を当てる（写真1）。

❸動作とポイントおよび補助
▼パートナーが上脚を引き上げるようにして負荷をかけた状態で、実施者は身体を一直線に維持しながら真下に下げる（写真2）。 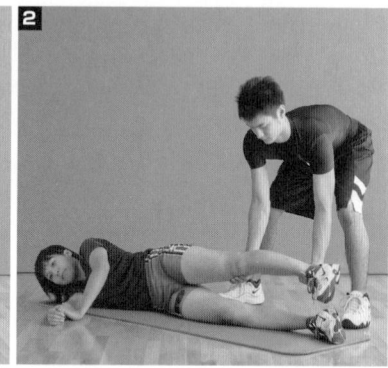
▼パートナーの負荷に抵抗しながら、下ろした足を上げて、開始姿勢に戻る。

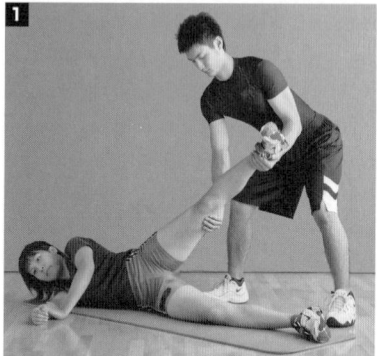

❹呼吸法
▼脚を下げる局面で息を吐き、上げる局面で息を吸う。

❺起こりやすい誤り
▼上体が上を向いてしまう。
▼脚を上げる際、脱力して上げている。

25. ヒップフレクション（チューブ）

【強化部位】腸腰筋

❶目的・効果
▼腸腰筋の筋力発揮能力を養う。

❷準備と開始姿勢
▼チューブを両足先に固定し、肩から足までが一直線になるようにして仰向けに寝る。
▼両手を床に置いて上体を支える（写真1）。

❸動作とポイント
▼身体を一直線に保持し、どちらかの脚の股関節と膝関節を曲げて、脚を上体の方へできる限り引きつける（写真2）。
▼下ろしている脚は床から離さず、真っ直ぐに伸ばしておく。
▼上げている脚を下ろして、開始姿勢に戻る。

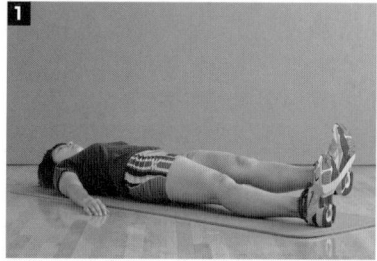

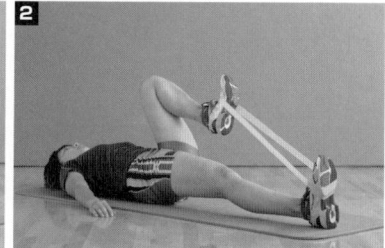

❹呼吸法
▼脚を引きつける局面で息を吐き、戻す局面で息を吸う。

❺補助法
▼このエクササイズでは補助を必要としない。

❻起こりやすい誤り
▼脚を引きつける際、下ろしている脚が曲がってしまう。
▼脚を引きつける際、腹圧が抜けて腰が反ってしまう。
▼弾みをつけて動作を行っている。
▼脚を下ろす際、脱力して下ろしている。

26. ヒップエクステンション（チューブ） 【強化部位】大臀筋

❶目的・効果
▼大臀筋の筋力発揮能力を養う。

❷準備と開始姿勢
▼チューブを両足先に固定して、両手・両脚が床に着いた姿勢をとる（写真1）。

❸動作とポイント
▼体幹部をしっかりと固定し、どちらかの脚を床から離して、できる限り後方へ伸ばす（写真2）。
▼下ろしている脚と体幹部・上体は、開始姿勢のまましっかりと固定しておく。
▼伸ばしている脚を曲げて、開始姿勢に戻る。

❹呼吸法
▼脚を伸ばす局面で息を吐き、戻す局面で息を吸う。

❺補助法
▼このエクササイズでは補助を必要としない。

❻起こりやすい誤り
▼脚を伸ばす際、上体が丸まってしまう。
▼脚を伸ばす際、腹圧が抜けて腰が反ってしまう。
▼弾みをつけて動作を行っている。
▼脚を戻す際、脱力して戻している。

27. ヒップエクスターナルローテーション（チューブ） 【強化部位】大臀筋

❶目的・効果
▼大臀筋の筋力発揮能力を養う。

❷準備・開始姿勢
▼チューブを両膝の少し上に固定して、両脚の股関節、膝関節を適度に曲げて横向きに寝る。
▼上の手を床に置いて、身体のバランスを取る（写真1）。

❸動作とポイント
▼下脚が床から離れないように保持しながら、上脚を開く（写真2）。
▼上脚の踵は、下脚の踵に着けておく。
▼開いている脚を閉じて、開始姿勢に戻る。

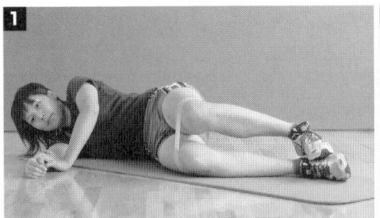

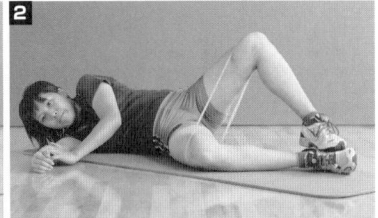

❹呼吸法
▼脚を開く局面で息を吐き、閉じる局面で息を吸う。

❺補助法
▼このエクササイズでは補助を必要としない。

❻起こりやすい誤り
▼脚を開く際、下脚が床から離れてしまう。
▼脚を開く際、腰や上体が上を向いてしまう。
▼上脚の踵が下脚の踵から離れてしまう。
▼弾みをつけて動作を行っている。
▼脚を閉じる際、脱力して下ろしている。

28. シングルレッグヒップリフト 【強化部位】大臀筋、ハムストリングス

❶目的・効果
▼大臀筋、ハムストリングスの筋力発揮能力を養う。

❷準備・開始姿勢
▼エクササイズを実施する脚の膝を曲げ、踵を床に置き、仰向けに寝る。
▼両手は胸の前で交差させる。
▼反対側の脚を伸ばし、臀部を床から離して開始姿勢をとる（写真1）。

❸動作とポイント
▼実施脚の踵と上体を固定しながら、臀部を真上に持ち上げ、肩、腰、膝が一直線になるようにする（写真2）。
▼上げている臀部を下ろして、開始姿勢に戻る。

❹呼吸法
▼臀部を持ち上げる局面で息を吐き、下ろす局面で息を吸う。

❺補助法
▼このエクササイズでは補助を必要としない。

❻起こりやすい誤り
▼腹圧が抜けて、腰を反らせて臀部を持ち上げている。
▼弾みをつけて動作を行っている。
▼脚を閉じる際、脱力して下ろしている。

29. ダンベルスタンディングカーフレイズ

【強化部位】腓腹筋

❶目的・効果
▼腓腹筋の筋力発揮能力を養う。

❷準備と開始姿勢
▼エクササイズを実施する脚と同側の手にダンベルを保持し、台の上に腰幅程度のスタンスで前足部を乗せる。
▼反対側の手でパートナー（またはラック等の支柱）につかまり、エクササイズを実施しない側の脚を台から離す。
▼エクササイズを実施する側の膝を伸ばして直立し、踵を下げて開始姿勢をとる（写真1）。

❸動作とポイント
▼胸、腰背部を適度に張り、臀部、下腹部に力を入れて、踵をできるだけ高く持ち上げる（写真2）。
▼踵を十分引き上げたら、ゆっくりと下ろして開始姿勢に戻る。

❹呼吸法
▼踵を上げる局面で息を吐き、下ろす局面で息を吸う。

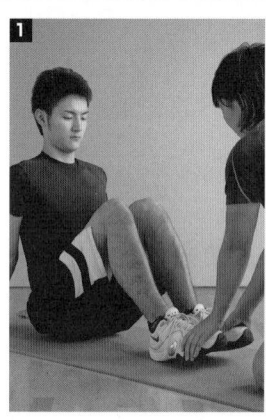

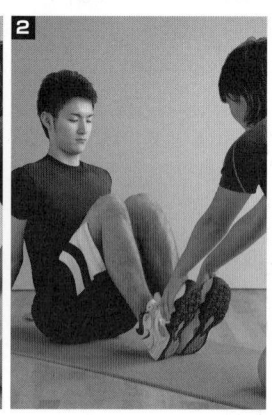

❺補助法
▼このエクササイズでは補助を必要としない。

❻起こりやすい誤り
▼踵を上げる時に膝が過度に曲がっている。
▼腹圧が抜けて腰が丸まったり、反ったりしている。
▼下ろす際、脱力して戻している。

30. トゥレイズ（徒手抵抗）

【強化部位】前脛骨筋

❶目的・効果
▼前脛骨筋の筋力発揮能力を養う。

❷準備と開始姿勢
▼実施者は床に座って、膝を曲げて両足をそろえて前に出す。
▼パートナーは、実施者の足の甲の部分に手を当てる（写真1）。

❸動作とポイント
▼パートナーが足の甲を押さえつけるようにして負荷をかけた状態で、実施者は足関節を背屈し、つま先をできる限り高く上げる（写真2）。
▼十分につま先を上げたら、パートナーの負荷に抵抗しながら、ゆっくりと足首を底屈させて、つま先を開始姿勢まで戻す。

❹呼吸法
▼つま先を上げる局面で息を吐き、下ろす局面で息を吸う。

❺補助法
▼このエクササイズでは補助を必要としない。

❻起こりやすい誤り
▼下ろす際、脱力して戻している。

1.6 体幹部のエクササイズ

1. トランクカール

【強化部位】腹直筋

❶準備と開始姿勢
▼腹筋台や床の上など、平らな場所に仰向けになり、膝を屈曲させた状態で足をそろえ、腕を胸の前でクロスする（写真1）。
▼強度を上げる場合は、手を頭の後ろに添える。

❷動作とポイント
▼背部を丸めながら、へそを覗き込むように、胸部より上を持ち上げる（写真2）。
▼頭の後ろに手を添える場合は、起き上がる時、手で頸部を強く屈曲させないように注意する。
▼脊椎を1つずつ順番に床に着けるようにして、最初の姿勢に戻る。

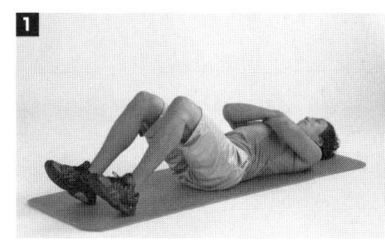

❸呼吸法
▼背部を丸めながら息を吐き、開始姿勢に戻る局面で息を吸う。

❹起こりやすい誤り
▼起き上がり動作の際に膝が左右に開く。
▼上体をまっすぐにしたまま起き上がる。
▼上体を完全に起こしてしまう。
▼切り返し動作の際に、弾みを使用している。
▼腰部全体が床から浮いてしまう。

2. ツイスティングトランクカール

【強化部位】腹直筋、外腹斜筋、内腹斜筋

❶準備と開始姿勢
▼腹筋台や床の上など、平らな場所に仰向けになり、膝を屈曲させた状態で足をそろえ、腕を胸の前でクロスする（写真1）。
▼強度を上げる場合は、手を頭の後ろに添える。

❷動作とポイント
▼背部を丸めつつ、へそを覗き込むように胸より上部を捻りながら、肘を対角線上の膝に近づけるように持ち上げる（写真2）。
▼頭の後ろに手を添える場合は、起き上がる時、手で頸部を強く屈曲させないように注意する。
▼脊椎を1つずつ順番に床に着けるようにして、最初の姿勢に戻る。

❸呼吸法
▼背部を丸めながら息を吐き、開始姿勢に戻る局面で息を吸う。

❹起こりやすい誤り
▼起き上がり動作の際に膝が左右に開く。
▼上体をまっすぐにしたまま起き上がる。
▼上体を完全に起こしてしまう。
▼十分に身体が捻られていない。
▼切り返し動作の際に、弾みを使用している。

3. S字トランクカール

【強化部位】腹直筋、外腹斜筋、内腹斜筋

❶準備と開始姿勢
▼床の上など平らな場所に、仰向けになり、膝を屈曲させた状態で足をそろえる。
▼片手を頭の後ろに添え、もう一方の腕の肘を床に着けて腹部に手を添える（写真1）。

❷動作とポイント
▼床に着いた肘を支点に（床から離さないように）上半身を捻りながら起こす。
▼頭の後ろに添えた側の肘を、対角線上の膝に近づける（写真2）。

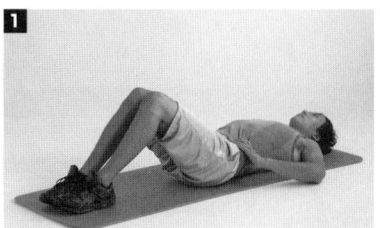

❸呼吸法
▼上半身を起こしながら息を吐き、開始姿勢に戻る局面で息を吸う。

❹起こりやすい誤り
▼起き上がり動作の際に膝が左右に開く。
▼肘が床から離れてしまう。
▼切り返し動作の際に、弾みを使用している。

4. プッシュトランクカール

【強化部位】腹直筋

❶準備と開始姿勢
▼腹筋台や床の上など、平らな場所に仰向けになり、膝を屈曲させた状態で脚をそろえる。
▼胸の上で両肘を伸ばし、手のひらを組む（写真1）。

❷動作とポイント
▼腕を上方に突き上げながら背部を丸め、胸部より上を持ち上げる（写真2）。
▼脊椎を1つずつ順番に床に着けるようにして、最初の姿勢に戻る。

❸呼吸法
▼背部を丸めながら息を吐き、開始姿勢に戻る局面で息を吸う。

❹起こりやすい誤り
▼起き上がり動作の際に膝が左右に開く。
▼腕のみを動かして、上体をほとんど動かさない。

▼切り返し動作の際に、弾みを使用している。

5. ツイストプッシュトランクカール

【強化部位】腹直筋、外腹斜筋、内腹斜筋

❶準備と開始姿勢
▼腹筋台や床の上など、平らな場所に仰向けになり、膝を屈曲させた状態で脚をそろえる。
▼胸の上で両肘を伸ばし、手のひらを組む（写真1）。

❷動作とポイント
▼腕を斜め上方に突き上げながら、胸部より上を持ち上げる（写真2）。
▼脊椎を1つずつ順番に床に着けるようにして、最初の姿勢に戻る。

❸呼吸法
▼背部を丸めながら息を吐き、開始姿勢に戻る局面で息を吸う。

❹起こりやすい誤り
▼起き上がり動作の際に膝が左右に開く。
▼腕のみを動かして、上体をほとんど動かさない。

▼捻り動作が十分ではない。
▼切り返し動作の際に、弾みを使用している。

6. 開脚トランクカール

【強化部位】腹直筋

❶準備と開始姿勢
▼腹筋台や床の上など、平らな場所に仰向けになり、足の裏を合わせた状態で両膝を曲げたまま開脚する。
▼手を胸の前でクロスさせる（写真1）。
▼強度を上げる場合は、手を頭の後ろに添える。

❷動作とポイント
▼背部を丸めながら臍を覗き込むように、胸部より上を持ち上げる。
▼頭の後ろに手を添える場合は、起き上がる時、手で頸部を強く屈曲させないように注意する。
▼脊椎を1つずつ順番に床に着けるようにして、最初の姿勢に戻る。

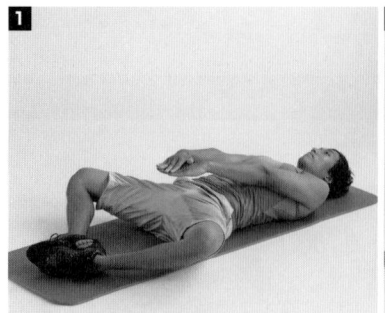

❸呼吸法
▼背部を丸めながら息を吐き、開始姿勢に戻る局面で息を吸う。

❹起こりやすい誤り
▼開いた膝を反復途中で起こしてしまう。
▼切り返し動作の際に、身体を床に着けて弾みを使用している。

7. シットアップ

【強化部位】腹直筋、腸腰筋

❶準備と開始姿勢
▼腹筋台や床の上など、平らな場所に仰向けになり、膝を屈曲させた状態で足をそろえ、腕を胸の前でクロスする(写真1)。
▼強度を上げる場合は、手を頭の後ろに添える。
▼パートナーに足部を固定してもらうか、シットアップボードのパッドで足を固定した姿勢で行う。

❷動作とポイント
▼背部を丸めながら上半身を起こし始め、次いで股関節を支点に上半身全体を持ち上げる(写真2)。
▼頭の後ろに手を添える場合は、起き上がる時、手で頸部を強く屈曲させないように注意する。

❸呼吸法
▼上半身を起こす局面で息を吐き、開始姿勢に戻る局面で息を吸う。

❹起こりやすい誤り
▼起き上がり動作の際に膝が左右に開く。
▼上体がまっすぐになったまま起き上がる。
▼切り返し動作の際に、弾みを使用している。

8. ツイスティングシットアップ

【強化部位】腹直筋、腸腰筋、外腹斜筋、内腹斜筋

❶準備と開始姿勢
▼腹筋台や床の上など、平らな場所に仰向けになり、膝を屈曲させた状態で足をそろえ、腕を胸の前でクロスする(写真1)。
▼強度を上げる場合は、手を頭の後ろに添える。
▼パートナーに足部を固定してもらうか、シットアップボードのパッドで足を固定した姿勢で行う。

❷動作とポイント
▼背部を丸めながら、同時に上半身も捻りながら起こし始め、次いで股関節を起点に上半身を持ち上げる。
▼胸の前で組んだ肘が、対角線上の膝に近づくように捻る(写真2)。
▼頭の後ろに手を添える場合は、起き上がる時、手で頸部を強く屈曲させないように注意する。

❸呼吸法
▼上半身を起こす局面で息を吐き、開始姿勢に戻る局面で息を吸う。

❹起こりやすい誤り
▼起き上がり動作の際に膝が左右に開く。
▼上体をまっすぐにしたまま起き上がる。
▼十分に身体が捻られていない。
▼切り返し動作の際に、弾みを使用している。

9. ニートゥエルボー

【強化部位】腹直筋、腸腰筋、外腹斜筋、内腹斜筋

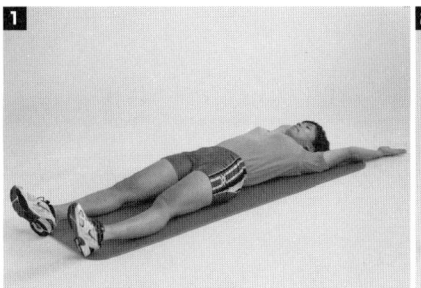

❶準備と開始姿勢
▼平らな床の上に、膝を伸ばして仰向けになり、両手を頭上に伸ばす(肩関節を屈曲させる-写真1)。

❷動作とポイント
▼対角線上の肘と膝を上体を起こしながら近づける(写真2)。
▼近づけていない側の腕と脚は伸ばしておく。
▼反対側も同様に実施する。

❸呼吸法
▼肘と膝を近づけながら息を吐き、開始姿勢に戻る局面で息を吸う。

❹起こりやすい誤り
▼肘と膝を十分に近づけていない。
▼肘もしくは膝がスタート位置に戻っていないにも関わらず、次の動作を始めている。

10. Vシットアップ

【強化部位】腹直筋、腸腰筋、大腿直筋

❶準備と開始姿勢
▼平らな床の上に、膝を伸ばして仰向けになり、両手を頭上に伸ばす（肩関節を屈曲させる－写真1）。

❷動作とポイント
▼つま先と指が触れるように、勢いをつけて股関節から身体を折り曲げる（写真2）。

❸呼吸法
▼上肢・下肢を動かしながら息を吐き、開始姿勢に戻しながら息を吸う。

❹起こりやすい誤り
▼上体と下肢もしくはどちらか一方が、十分に挙上できていない。
▼下肢を股関節屈曲位で固定してしまい、膝関節の屈曲⇔伸展になっている。
▼動作途中に腹圧が緩まり、腰部の前弯が強くなる。
▼切り返し動作の際に、床に手脚を着けて弾みを使用している。

11. オルタネイトVシットアップ

【強化部位】腹直筋、腸腰筋、大腿直筋、外腹斜筋、内腹斜筋

❶準備と開始姿勢
▼平らな床の上に、膝を伸ばして仰向けになり、両手を頭上に伸ばす（肩関節を屈曲させる－写真1）。

❷動作とポイント
▼対角線上のつま先と指が触れるように勢いをつけて、股関節から身体を折り曲げる（写真2）。

❸呼吸法
▼上肢・下肢を動かしながら息を吐き、開始姿勢に戻しながら息を吸う。

❹起こりやすい誤り
▼上体と下肢もしくはどちらか一方が、十分に挙上できていない。
▼下肢を股関節屈曲位で固定してしまい、膝関節の屈曲⇔伸展になっている。
▼切り返し動作の際に、床に手脚を着けて弾みを使用している。

12. ニートゥチェスト

【強化部位】腹直筋、腸腰筋、大腿直筋

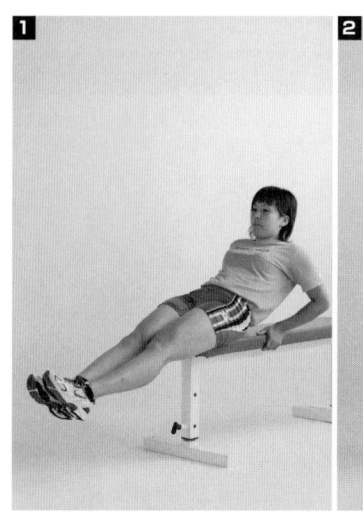

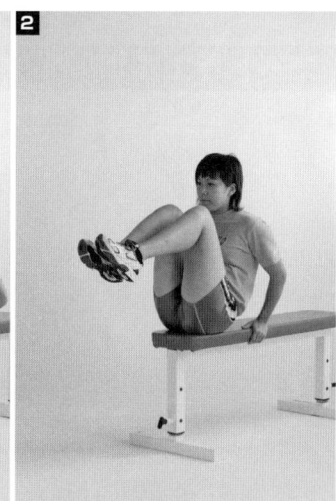

❶準備と開始姿勢
▼ベンチ台などフラットな台の端に、上体をやや後方に傾けて座る（写真1）。

❷動作とポイント
▼バランスを取りつつ、上体をやや前方に動かしながら、同じタイミングで膝を胸に近づける（写真2）。

❸呼吸法
▼上体と膝を近づけながら息を吐き、開始姿勢に戻しながら息を吸う。

❹起こりやすい誤り
▼股関節のみの動きになって、上体が動いていない。
▼上体が床に対して垂直のまま動かない。
▼動作中に膝が開く。

1.6 体幹部のエクササイズ

13. レッグローテーション

【強化部位】腹直筋、外腹斜筋、内腹斜筋、腸腰筋

❶準備と開始姿勢
▼平らな床の上に仰向けになり、膝から下の部分（下腿）が床と平行になるように股関節と膝関節を屈曲させる。
▼手は床に着くか、軽く頭に添える。
❷動作とポイント
▼両膝を閉じた状態で上から見た時、両膝で円を描いているように股関節、膝関節を動かす（写真1〜3）。
▼できるだけ大きな円を描くように股関節、膝関節を動かす。
▼右回り、左回りを両方実施する
❸呼吸法
▼呼吸を止めないように注意する。
❹起こりやすい誤り
▼膝が伸びきってしまう。
▼動きが小さくなる。
▼膝から下の部分（下腿）が、床と平行になる位置を維持できない。

14. レッグワイパー

【強化部位】腹直筋、外腹斜筋、内腹斜筋、腸腰筋

❶準備と開始姿勢
▼平らな床の上に仰向けになり、両脚を閉じて、膝を伸ばしたまま股関節を屈曲する（写真2）。
❷動作とポイント
▼右もしくは左に両脚を倒す（写真1、3）。
▼倒した側の反対側の肩が、床から離れないようにする。
▼反対側を実施する。
❸呼吸法
▼脚を倒しながら息を吐き、開始姿勢に戻しながら息を吸う。
❹起こりやすい誤り
▼動作中に股関節屈曲角度が小さくなり、腰部が反る。
▼倒した脚を床に着けてしまう。
▼倒した側の反対側の肩が、床から離れてしまう。

15. ハンギングレッグレイズ

【強化部位】腹直筋、腸腰筋

❶準備と開始姿勢
▼専用の器具や、高さのある台（2台）などを利用する。
▼肘を曲げた状態で、背部をパッドに当てて上体を固定する。背部にパッドがない場合は、補助者に腰部を支持してもらう。
▼膝を軽く曲げた状態で開始姿勢をとる（写真1）。
❷動作とポイント
▼最初に股関節から脚部全体を動かし、次いで膝を胸に近づけるように脚部を持ち上げる（写真2）。
❸呼吸法
▼膝を胸に近づけながら息を吐き、開始姿勢に戻しながら息を吸う。
❹起こりやすい誤り
▼膝を伸ばして股関節で運動を行う。
▼動作の切り返し時に反動を使う。
▼上体の姿勢が保持できずに身体が下に下がる。

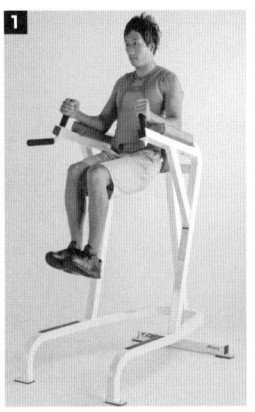

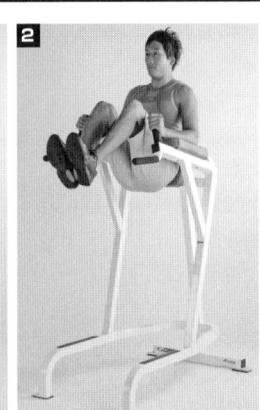

16. ツイストハンギングレッグレイズ

【強化部位】腹直筋、腸腰筋、外腹斜筋、内腹斜筋、腰方形筋

❶準備と開始姿勢
▼専用の器具や、高さのある台などを利用する。
▼肘を曲げた状態で背部をパッドに当てて上体を固定する。背部にパッドがない場合は、補助者に腰部を支持してもらう。
▼膝を軽く曲げた状態で開始姿勢をとる（写真1）。

❷動作とポイント
▼最初に股関節から動かし、次いで膝を胸に近づけるように持ち上げながら、下腿部分がしっかり上方に向くように捻る（写真2、3）。

❸呼吸法
▼下肢を動かしながら息を吐き、開始姿勢に戻りながら息を吸う。

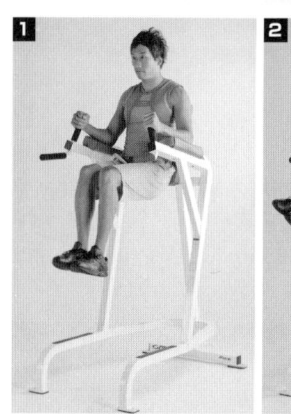

❹起こりやすい誤り
▼膝を伸ばして股関節のみで運動を行う。
▼動作の切り返し時に反動を使う。
▼上体の姿勢が保持できずに身体が下に下がる。
▼捻りが十分ではない。

17. ヒップウォーク

【強化部位】腹直筋、腸腰筋、外腹斜筋、内腹斜筋

❶準備と開始姿勢
▼平らな床の上に、股関節、膝関節屈曲位で座る。
▼股関節、膝関節を屈曲させ、足を持ち上げる（写真1）。
▼上体はやや屈曲か、ほぼまっすぐにする。

❷動作とポイント
▼骨盤を左右に回旋させながら前方（進行）方向に進む（写真2）。
▼タイミングよく、左右で動作を繰り返しながら進む。

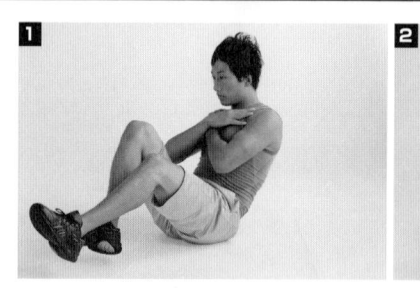

❸呼吸法
▼動作中に息を止めないように注意する。

❹起こりやすい誤り
▼動作中に極端に背中が丸くなる。
▼動作中に脚部の位置を維持できずに、踵を床に着けてしまう。

18. レッグ&ヒップリフト

【強化部位】腹直筋

❶準備と開始姿勢
▼平らな床の上に仰向けになり、両脚を持ち上げる（写真1）。
▼足の裏を床に対して平行に保つ。

❷動作とポイント
▼腹直筋の下部を使って、骨盤を床から持ち上げる（写真2）。
▼踵から脚を突き上げるようにする。

❸呼吸法
▼骨盤を持ち上げながら息を吐き、開始姿勢に戻りながら息を吸う。

❹起こりやすい誤り
▼脚を上げすぎることで、体幹全体が床から離れてしまう。
▼切り返し動作の度に膝を曲げて、脚を高い位置から下ろしてしまう。

1.6 体幹部のエクササイズ

19. ツイスティングレッグ&ヒップリフト

【強化部位】腹直筋、外腹斜筋、内腹斜筋

❶準備と開始姿勢
▼平らな床の上に仰向けになり、両脚を持ち上げる（写真1）。
▼足の裏を床に対して平行に保つ。

❷動作とポイント
▼腹直筋の下部を使って、骨盤を床から持ち上げる（写真2）。
▼骨盤を捻りながら踵から脚を突き上げるようにする。

❸呼吸法
▼骨盤を持ち上げながら息を吐き、開始姿勢に戻りながら息を吸う。

❹起こりやすい誤り
▼脚を上げすぎることで体幹全体が床から離れてしまう。
▼切り返し動作のたびに膝を曲げて、脚を高い位置から下ろしてしまう。
▼捻り動作が十分ではない。
▼脚の突き上げが垂直方向ではなく、外側に向かってしまう。

20. ライイングサイドベント

【強化部位】腹直筋、外腹斜筋、内腹斜筋

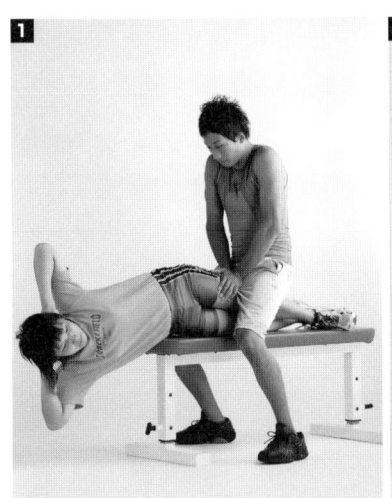

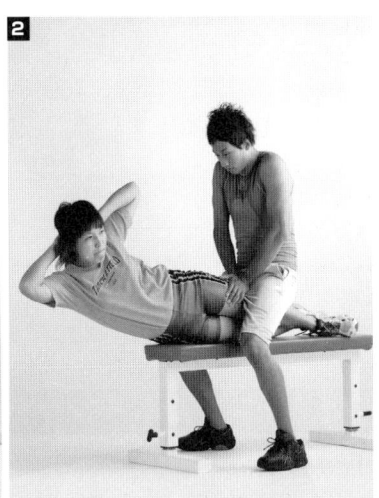

❶準備と開始姿勢
▼専用の器具やベンチ、台、バランスボールなどを利用して、脚を前後に開いた状態で、横向きに寝転ぶ。
▼ベンチの端に、骨盤の上部がくるようにする（写真1）。

❷動作とポイント
▼下ろしたポジションから逆方向に、しっかり身体を持ち上げる（写真2）。

❸呼吸法
▼上体を倒しながら息を吐き、上体を起こす局面で息を吸う。

❹起こりやすい誤り
▼身体が前後にぶれる。
▼動作の切り返し時に反動を使う。

21. 横向き開脚トランクカール

【強化部位】外腹斜筋、内腹斜筋、腹直筋

❶準備と開始姿勢
▼平らな床の上に仰向けになり、左右の足を寄せた状態で片膝を倒し、もう一方の脚は立てる（写真1）。

❷動作とポイント
▼立てた膝に対して手を伸ばし、上体をやや持ち上げる（写真2）。
▼膝を立てている側の臀部は、床から離れる。

❸呼吸法
▼上体を持ち上げながら息を吐き、開始姿勢に戻しながら息を吸う。

❹起こりやすい誤り
▼両方の膝が倒れて、斜め上方への動きにならない。
▼切り返し動作の際に、弾みを使用している。

22. ライイングトランク&ヒップツイスト

【強化部位】外腹斜筋、内腹斜筋、腹直筋

❶準備と開始姿勢
▼平らな床の上に仰向けになり、胸の前で手をクロスさせる。
▼股関節、膝関節を90度屈曲位で脚を持ち上げる（写真1）。

❷動作とポイント
▼肩と同側の骨盤を近づけるように、身体を側方に折り曲げる（写真2）。
▼左右交互に実施する。

❸呼吸法
▼肘と膝を近づけながら息を吐き、開始姿勢に戻る局面で息を吸う。

❹起こりやすい誤り
▼上半身、下半身どちらかが十分に動いていない。
▼股関節、膝関節の90度屈曲位が維持できない。
▼動作のタイミングにズレが生じる。

23. ロシアンツイスト

【強化部位】外腹斜筋、内腹斜筋、腹直筋

❶準備と開始姿勢
▼平らな床の上に仰向けになり、股関節を屈曲させ両膝を閉じ、上体を床に対して45度の角度で起こす。
▼胸の前で肘を伸ばし、手のひらを組む（写真1）。

❷動作とポイント
▼腕を動かした方向を見ながら、上体を左右に捻る（写真2、3）。

❸呼吸法
▼上体を捻りながら息を吐き、開始姿勢に戻りながら息を吸う。

❹起こりやすい誤り
▼上体が倒れる、起き上がってしまう。
▼腕だけを動かし身体が十分に捻られていない。

24. ケーブルトランクカール

【強化部位】腹直筋

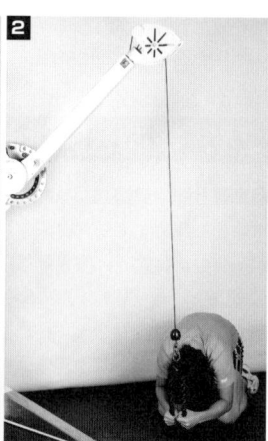

❶準備と開始姿勢
▼プーリーのアタッチメントをロープなどに変更する。
▼プーリーの高さを、ひざまずいてアタッチメントに、かろうじて手が届く高さに設定する。
▼上方に滑車（プーリー）がついた器具の前に、膝を着いて座る（写真1）。

❷動作とポイント
▼お尻の位置をできるだけ後方に動かさずに、やや肘を下に動かしつつ身体を丸める（写真2）。
▼両肘を床に着く、もしくは着く直前に止める。

❸呼吸法
▼上体を倒しながら息を吐き、開始姿勢に戻りながら息を吸う。

❹起こりやすい誤り
▼肘を力強く引いてしまい、上背部のエクササイズになってしまう。
▼動作中にお尻が後方に移動する。
▼身体をまっすぐにしたまま倒してしまう。

25. ツイスティングケーブルトランクカール
【強化部位】腹直筋、外腹斜筋、内腹斜筋

❶準備と開始姿勢
▼プーリーのアタッチメントをロープなどに変更する。
▼プーリーの高さを、ひざまずいてアタッチメントにかろうじて手が届く高さに設定する。
▼上方に滑車(プーリー)がついた器具の前に、膝を着いて座る(写真1)。

❷動作とポイント
▼お尻の位置をできるだけ後方に動かさずに、肘を対角線上の膝に近づけるようにしながら身体を丸める(写真2)。

❸呼吸法
▼上体を倒しながら息を吐き、開始姿勢に戻りながら息を吸う。

❹起こりやすい誤り
▼肘を力強く引いてしまい、上背部のエクササイズになってしまう。
▼動作中にお尻が後方、側方に移動する。
▼身体をまっすぐにしたまま倒してしまう。

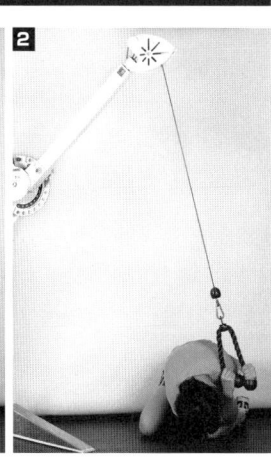

26. バックエクステンション
【強化部位】脊柱起立筋群、ハムストリングス、大臀筋

❶準備と開始姿勢
▼専用の器具やベンチにうつ伏せになる。
▼動作の支点が腰部になるように、器具やベンチの端に腹部(おへそよりやや下)を置く(写真1)。

❷動作とポイント
▼上体を下げて元の位置まで戻す(写真2)。

❸呼吸法
▼上体を倒しながら息を吐き、上体を起こす局面で息を吸う。

❹起こりやすい誤り
▼過剰に上体を反らせてしまう。
▼身体のどの位置をベンチの端に置くかで、動作に関与する筋が異なる。

27. リバースバックエクステンション
【強化部位】脊柱起立筋群、大臀筋

❶準備と開始姿勢
▼専用の器具やベンチにうつ伏せになり、股関節がベンチの端にくるよう身体を置く(写真1)。

❷動作とポイント
▼膝を伸ばしたまま股関節を動かし、上半身から下半身まで一直線になるようにする(写真2)。
▼動作中、膝は常に閉じておく。

❸呼吸法
▼下半身を動かしながら息を吐き、開始姿勢に戻りながら息を吸う。

❹起こりやすい誤り
▼過剰に脚を持ち上げて腰部が反る。
▼閉じた膝が開く。

28. プローンダイアゴナルリフト

【強化部位】脊柱起立筋群、大臀筋、僧帽筋下部

❶準備と開始姿勢
▼床の上に上肢を挙上した状態で、うつ伏せになる（写真1）。
❷動作とポイント
▼対角線上の腕と脚を同時に持ち上げる（写真2、3）。
❸呼吸法
▼腕と脚を上方向に動かしながら息を吐き、開始姿勢に戻しながら息を吸う。
❹起こりやすい誤り
▼動作の途中に腕や脚が床に着いてしまう。
▼腕や脚が上方向に動かず横方向に動く。

29. プローンボウスリフト

【強化部位】脊柱起立筋群、大臀筋、僧帽筋下部

❶準備と開始姿勢
▼床の上に上肢を挙上した状態で、うつ伏せになる（写真1）。
❷動作とポイント
▼腕と脚を同時に持ち上げる（写真2）。
❸呼吸法
▼腕と脚を上方向に動かしながら息を吐き、開始姿勢に戻しながら息を吸う。
❹起こりやすい誤り
▼動作の途中に、腕や脚が床に着いてしまう。
▼上肢もしくは脚のみを動かしてしまう。
▼過剰に上体を反って起こしてしまう。

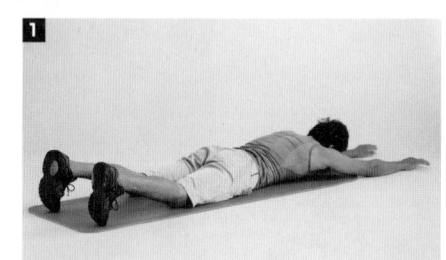

30. シーテッドグッドモーニング

【強化部位】脊柱起立筋群、僧帽筋下部

❶準備と開始姿勢
▼ベンチや台の端に座り、肘を伸ばして頭上で手を組んで胸を張る（写真1）。
❷動作とポイント
▼背中を丸めないようにしながら、股関節を起点に上体を前に倒す（写真2）。
❸呼吸法
▼上体を倒しながら息を吐き、開始姿勢に戻しながら息を吸う。
❹起こりやすい誤り
▼動作中に背中を丸めてしまう。
▼動作中に腕が下がってしまう。

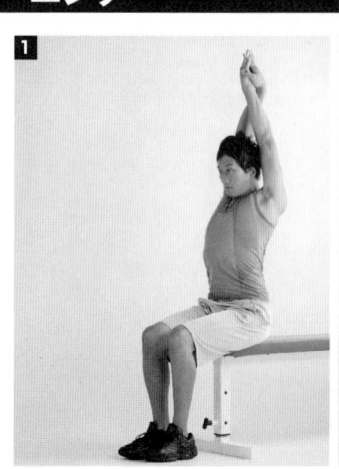

1.7 その他のエクササイズ

1. シッティングダイアゴナルケーブルリフト
【強化部位】体幹部、上肢

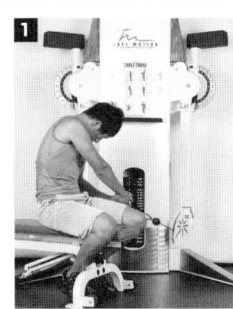

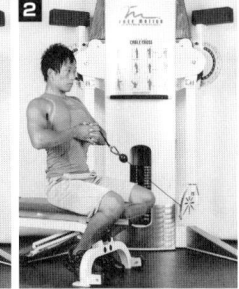

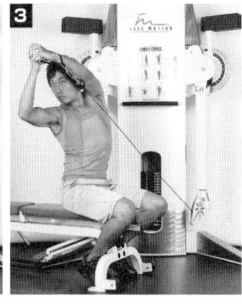

❶目的・効果
▼体幹部の伸展に伴う回旋力の強化。
▼上記体幹の動きに伴う上肢のプル＆プッシュ動作の連携向上と強化。

❷準備と開始姿勢
▼低い位置に設定されたケーブルのハンドルを握る。
▼両足でベンチを挟むようにして、骨盤を固定する。
▼両手を滑車の方向へ伸ばし、上半身をかがめる（写真1）。

❸動作とポイント
▼ケーブルのハンドルを胸の前まで引きながら、上半身を伸展・回旋させる（写真2）。
▼胸の前を通過したら、ハンドルを押しながら上半身をさらに伸展・回旋させる（写真3）。
▼動作中はハンドルから目を離さないようにして、上半身の回旋動作を促す。

❹起こりやすい誤り・注意点
▼腰部は自然なアーチを保つ。
▼体幹部の動きと、上肢の動きのリズムを同調させる。

2. ニーリングダイアゴナルケーブルリフト
【強化部位】体幹部、上肢、股関節

❶目的・効果
▼体幹部の伸展に伴う回旋力の強化。
▼上記体幹の動きに伴う上肢のプル＆プッシュ動作および股関節の回旋＆伸展動作の連携向上と強化。

❷準備と開始姿勢
▼低い位置に設定されたケーブルのハンドルを握る。
▼床に両膝を着く。
▼両手を滑車の方向へ伸ばし、上半身をかがめる（写真1）。

❸動作とポイント
▼ケーブルのハンドルを胸の前まで引きながら股関節を伸ばし、上半身を伸展・回旋させる（写真2）。
▼胸の前を通過したら、ハンドルを押しながらさらに股関節を伸ばし、上半身をさらに伸展・回旋させる（写真3）。
▼動作中はハンドルから目を離さないようにして、上半身の回旋動作を促す。

❹起こりやすい誤り・注意点
▼腰部は自然なアーチを保つ。
▼体幹部の動きと上肢の動きのリズムを同調させる。

3. スタンディングダイアゴナルケーブルリフト
【強化部位】体幹部、上肢、股関節、膝関節

❶目的・効果
▼体幹部の伸展に伴う回旋力の強化。
▼上記体幹の動きに伴う上肢のプル＆プッシュ動作および、股関節の回旋＆伸展動作や膝の伸展動作の連携向上と強化。

❷準備と開始姿勢
▼低い位置に設定されたケーブルのハンドルを握る。
▼スクワットの要領で膝を曲げ、腰を落とす。
▼両手を滑車の方向へ伸ばし、上半身をかがめる（写真1）。

❸動作とポイント
▼ケーブルのハンドルを胸の前まで引きながら下肢を伸ばしつつ、上半身を伸展・回旋させる。
▼胸の前を通過したら、ハンドルを押しながらさらに下肢を伸ばし、上半身をさらに伸展・回旋させる（写真2）。
▼動作中はハンドルから目を離さないようにして、上半身の回旋動作を促す。

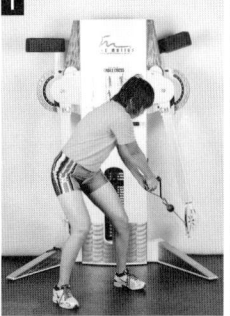

❹起こりやすい誤り・注意点
▼腰部は自然なアーチを保つ。 
▼体幹部の動きと、上肢の動きのリズムを同調させる。

4. シッティングダイアゴナルケーブルチョッピング

【強化部位】体幹部、上肢

❶目的・効果
▼体幹部の屈曲に伴う回旋力の強化。
▼上記体幹の動きに伴う上肢のプル＆プッシュ動作の連携向上と強化。

❷準備と開始姿勢
▼高い位置に設定されたケーブルのハンドルを握る。
▼両足でベンチを挟むようにして、骨盤を固定する。
▼両手を滑車の方向へ伸ばし、上半身を伸ばす（写真1）。

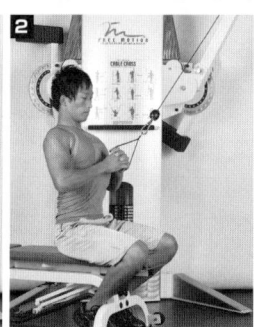

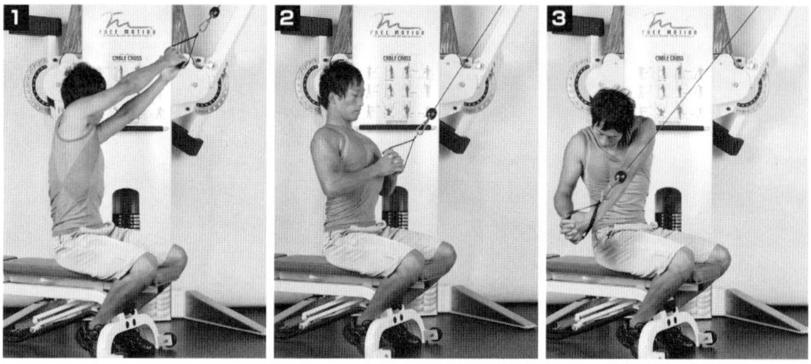

❸動作とポイント
▼ケーブルのハンドルを胸の前まで引きながら、上半身を屈曲・回旋させる（写真2）。
▼胸の前を通過したら、ハンドルを押しながら、さらに上半身を屈曲・回旋させる（写真3）。
▼動作中はハンドルから目を離さないようにして、上半身の回旋動作を促す。

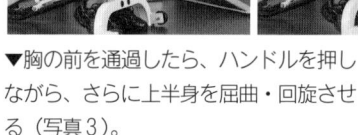

❹起こりやすい誤り・注意点
▼腰部は自然なアーチを保つ。
▼体幹部の動きと、上肢の動きのリズムを同調させる。

5. ニーリングダイアゴナルケーブルチョッピング

【強化部位】体幹部、上肢、股関節

❶目的・効果
▼体幹部の屈曲に伴う回旋力の強化。
▼上記体幹の動きに伴う上肢のプル＆プッシュ動作および股関節の回旋＆屈曲動作の連携向上と強化。

❷準備と開始姿勢
▼高い位置に設定されたケーブルのハンドルを握る。
▼床に両膝を着く。
▼両手を滑車の方向へ伸ばし、上半身を伸ばす（写真1）。

❸動作とポイント
▼ケーブルのハンドルを胸の前まで引きながら股関節を曲げ、上半身を屈曲・回旋させる（写真2）。
▼胸の前を通過したら、ハンドルを押しながら、さらに股関節を屈曲し、上半身をさらに屈曲・回旋させる（写真3）。
▼動作中はハンドルから目を離さないようにして、上半身の回旋動作を促す。

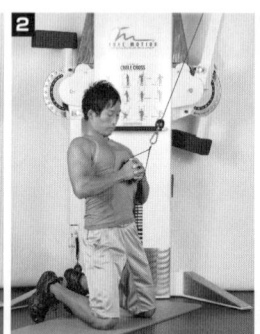

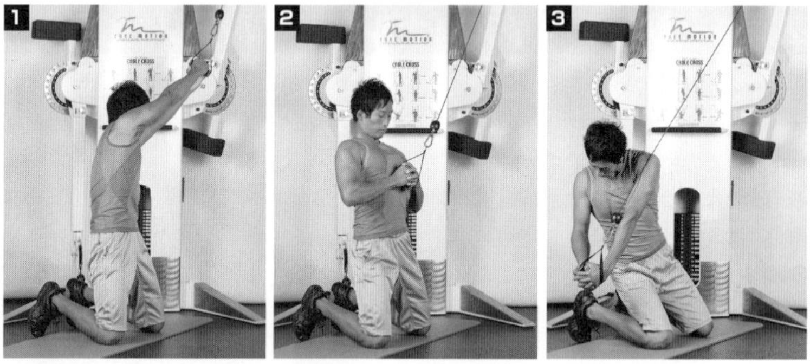

❹起こりやすい誤り・注意点
▼腰部は自然なアーチを保つ。
▼体幹部の動きと、上肢の動きのリズムを同調させる。

6. スタンディングダイアゴナルケーブルチョッピング

【強化部位】体幹部、上肢、股関節

❶目的・効果
▼体幹部の屈曲に伴う回旋力の強化。
▼上記体幹の動きに伴う上肢のプル＆プッシュ動作および、股関節の回旋＆屈曲動作の連携向上と強化。

❷準備と開始姿勢
▼高い位置に設定されたケーブルのハンドルを握る。
▼両足はスクワットの要領で構える。
▼上半身を捻りながら、両手を滑車の方向へ伸ばす（写真1）。

❸動作とポイント
▼ケーブルのハンドルを胸の前まで引きながら股関節を曲げ、上半身を屈曲・回旋させる。
▼胸の前を通過したら、ハンドルを押しながら、さらに股関節と膝関節を屈曲し、上半身をさらに屈曲・回旋させる（写真2）。
▼動作中はハンドルから目を離さないようにして、上半身の回旋動作を促す。

❹起こりやすい誤り・注意点
▼腰部は自然なアーチを保つ。
▼体幹部の動きと、上肢の動きのリズムを同調させる。

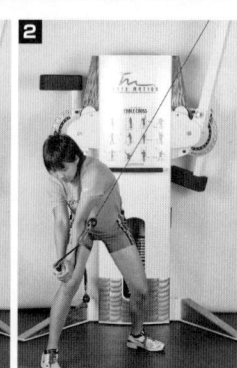

1.7 その他のエクササイズ

7. ワンレッグワンハンドダンベルロウ
【強化部位】広背筋、股関節伸展筋群

❶目的・効果
▼広背筋を中心とした引く動作と、股関節伸展筋群の強化。
▼走動作、方向転換の接地の動作などに含まれる、筋の動員パターンの連携向上と強化。

❷準備と開始姿勢
▼背筋台に上がり、片脚の膝を軽く曲げて構える。
▼台に固定した脚と対角の手でダンベルを握り、バランスを取り構える(写真1)。

❸動作とポイント
▼肩甲骨を背骨の方向に寄せて胸を張り、ダンベルを胸と腹の境目、体側近くまで引き上げる(写真2)。
▼バランスを崩さないように、ダンベルと脚をスタート姿勢に戻す。

❹起こりやすい誤り・注意点
▼ダンベルを引く際には脇が大きく開いてしまわないようにし、肩甲骨を十分に動かし、外転から内転ー下制させる。
▼ダンベルを引いた際に、下腹部から力が抜けてしまい、体幹部の固定が緩んで腰が反ってしまわないようにする。

8. チェーンワンハンドロウ
【強化部位】広背筋、股関節伸展筋群

❶目的・効果
▼広背筋を中心とした引く動作と、股関節伸展筋群の強化。
▼走動作、方向転換の接地の動作などに含まれる、筋の動員パターンの連携向上と強化。

❷準備と開始姿勢
▼外れないように固定されたチェーンのグリップを片手で握り、両脚で床に立つ。
▼膝と股関節をやや曲げ、背骨は自然なS字を保つ(写真1)。

❸動作とポイント
▼肩甲骨を背骨の方向に寄せて胸を張り、チェーンを持ったグリップを胸と腹の境目、体側近くにくるように身体を引上げる(写真2)。
▼胸郭や骨盤が回旋しないようにバランスを取る。
▼目的に合った強度になるよう、床に対する身体の角度を調節する。

❹起こりやすい誤り・注意点
▼動作中、下腹部から力が抜けてしまい、体幹部の固定が緩んで腰が反ってしまわないようにする。

9. ダンベルワンハンドワンレッグロウ
【強化部位】広背筋、股関節伸展筋群

❶目的・効果
▼広背筋と股関節伸展筋群の強化。
▼走動作、方向転換の接地の動作などに含まれる、筋の動員パターンの連携向上と強化。

❷準備と開始姿勢
▼片手をベンチに着き、同側の脚で床に立つ。
▼反対の脚は膝を伸ばし、股関節を30度曲げ空中で構える(負荷をかけたい場合は、砂袋を取り付ける)。
▼反対の手でダンベルを握り、バランスを取り構える(写真1)。

❸動作とポイント
▼肩甲骨を背骨の方向に寄せて胸を張り、ダンベルを胸と腹の境目、体側近くまで引き上げる。
▼これと同時に、対角の脚の股関節を伸展させる(写真2)。
▼バランスを崩さないようにスタート姿勢に戻る。

❹起こりやすい誤り・注意点
▼ダンベルを引く際には、脇が大きく開いてしまわないようにする。

10. バランスボールプッシュアップ

【強化部位】大胸筋、体幹固定に必要な筋群

❶目的・効果
▼対人競技の相手を押す動作などに含まれる、筋の動員パターンの連携向上と強化。
▼肩関節の左右同調した、動的安定性の強化。

❷準備と開始姿勢
▼指先が下を向くように、バランスボールに両手を着く。
▼背骨は自然なS字を保ちながら、脚を伸ばして構える(写真1)。

❸動作とポイント
▼ボールに、みぞおちが着くように腕を曲げる(写真2)。
▼バランスを取りながらスタート姿勢に戻る。

❹起こりやすい誤り・注意点
▼顎がボールに着くような姿勢では、肩に負担が大きい。
▼腹部の力が抜けると、腰が反れてしまうので注意する。
▼体幹部の固定力が十分でない場合は、膝を床に着く等、強度の調節を行う。
▼正しい腕立て伏せが、行えるようになってから実施する。

11. チェーンプッシュアップ

【強化部位】大胸筋、体幹固定に必要な筋群

❶目的・効果
▼対人競技の相手を押す動作などに含まれる、筋の動員パターンの連携向上と強化。
▼肩関節の左右同調しない、動的安定性の強化。

❷準備と開始姿勢
▼外れないように固定された、左右2本のチェーンのグリップを握る。
▼バランスを取りながら、背骨は自然なS字を保ち、脚を伸ばして構える(写真1)。

❸動作とポイント
▼グリップの間に、みぞおちがくるように腕を曲げる(写真2)。
▼バランスを取りながらスタート姿勢に戻る。

❹起こりやすい誤り・注意点
▼顎がグリップの間にくる姿勢では、肩に負担が大きい。
▼腹部の力が抜けると、腰が反れてしまうので注意する。
▼体幹部の固定力が十分でない場合は、膝を床に着いたり、身体の傾斜角度を調節する等、強度の調節を行う。
▼正しい腕立て伏せが、行えるようになってから実施する。

12. スタンディングケーブルプッシュ

【強化部位】大胸筋、体幹固定に必要な筋群

❶目的・効果
▼対人競技の相手を押す動作などに含まれる、筋の動員パターンの連携向上と強化。
▼肩関節の左右同調しない、動的安定性の強化。

❷準備と開始姿勢
▼2本のケーブルのグリップを握る。
▼バランスを取りながら、背骨は自然なS字を保つ(写真1)。
▼脚は前後に構える。

❸動作とポイント
▼グリップの間に、みぞおちがくるように腕を伸ばす(写真2)。
▼バランスを取りながらスタート姿勢に戻る。

❹起こりやすい誤り・注意点
▼顎がグリップの間にくる姿勢では、肩に負担が大きい。
▼腹部の力が抜けると、腰が反れてしまうので注意する。
▼動作中、常にケーブルの引き出し口と肘を結ぶ延長線上に、グリップがくるようにする。

13. ソフトギムボールスーパインニーアップ
【強化部位】股関節屈筋群、体幹固定に必要な筋群

❶目的・効果
▼ランニングの大腿部の引き上げ動作などに含まれる、筋の動員パターンの連携向上と強化。

❷準備と開始姿勢
▼アンクルウエイトを足首に取り付ける。
▼ソフトギムボールを腰から骨盤の上部に当たるようにして、仰向けに寝る。
▼バランスを取りながら、両脚を床から離して身体を一直線に構え、背骨を自然なS字に保つ（写真1）。

❸動作とポイント
▼片側の脚の股関節と膝を曲げながら、引き上げる。 
▼反対の脚は身体と一直線を保つ。
▼バランスを取りながら、スタート姿勢に戻る。

❹起こりやすい誤り・注意点
▼動作中に、腰が左右に回旋しないように注意する。 
▼腹部の力が抜けると、腰が反ってしまうので注意する。

14. チェーンプローンニーアップ
【強化部位】股関節屈筋群、体幹固定に必要な筋群

❶目的・効果
▼ランニングの大腿部の引き上げ動作などに含まれる、筋の動員パターンの連携向上と強化。

❷準備と開始姿勢
▼外れないように固定されたチェーンの輪に、足首を入れてうつ伏せに寝る。
▼両手を床に着き、腕立て伏せと同じ姿勢で構える。
▼この際にチェーンに通した脚が床から浮くように長さを調節する。
▼バランスを取りながら、両足を床から離して身体を一直線に構え、背骨を自然なS字に保つ（写真1）。

❸動作とポイント
▼チェーンを付けた脚の股関節と膝を曲げながら、膝を胸の方向に引き上げる（写真2）。
▼バランスを取りながら、スタート姿勢に戻る。

❹起こりやすい誤り・注意点
▼動作中に、腰が左右に回旋しないように注意する。
▼腹部の力が抜けると、腰が反ってしまうので注意する。

15. バランスボールウォールチェストプッシュニーアップ
【強化部位】股関節屈筋群、体幹固定に必要な筋群

❶目的・効果
▼ランニングの大腿部の引き上げ動作などに含まれる、筋の動員パターンの連携向上と強化。

❷準備と開始姿勢
▼直径45cm等の、少し小さめのバランスボールを用いる。
▼足首にアンクルウエイトを巻きつける。
▼バランスボールを壁と胸で挟み、ボールに寄りかかるように立つ（写真1）。

❸動作とポイント
▼片方の脚の股関節と膝を曲げながら、膝を引き上げる（写真2）。
▼反対側の身体は、常に一直線を保つ。
▼バランスを取りながらスタート姿勢、に戻る。

❹起こりやすい誤り・注意点
▼動作中に、腰が左右に回旋しないように注意する。
▼膝を上げた際に、背中や腰を丸くしない。

16. チューブニープルヒップリフト
【強化部位】股関節伸筋、屈筋群、体幹固定に必要な筋群

❶目的・効果
▼ランニングの大腿部の引き上げと、立脚動作などに含まれる、筋の動員パターンの連携向上と強化。

❷準備と開始姿勢
▼チューブを両足部に巻きつける。
▼片脚を台の上に乗せ、上半身は床上に仰向けに寝る。
▼台に乗せた脚は、膝を約90度程度曲げておく（写真1）。

❸動作とポイント
▼台に乗せた脚は、お尻を高く上げながら股関節を伸展させる。
▼反対の脚はチューブを引き、股関節を深く曲げる（写真2）。
▼バランスを取りながら、スタート姿勢に戻る。

❹起こりやすい誤り・注意点
▼動作中に、腰が左右に回旋しないように注意する。
▼膝を引き、お尻を上げた際に、腰が反らないように体幹を固定する。
▼お尻を高く上げた際に、膝が開いてしまわない。

17. ニープルステップアップ
【強化部位】股関節伸筋、屈筋群、股関節の安定力に必要な筋群

❶目的・効果
▼ランニングの大腿部の引き上げと、立脚動作などに含まれる、筋の動員パターンの連携向上と強化。

❷準備と開始姿勢
▼アンクルウエイトを足首に巻きつける。
▼片脚を台上に置き、ウエイトを付けた脚は床上で構え、上半身をやや前傾させておく（写真1）。

❸動作とポイント
▼台上の脚で踏ん張りながら股関節と膝を伸ばし、他の脚の膝を引き上げる。
▼台上の脚と体幹部、胸や頭が一直線になるように立ち上がる（写真2）。
▼バランスを取りながら、スタート姿勢に戻る。

❹起こりやすい誤り・注意点
▼動作中に、腰が左右に上下しないように注意する。
▼膝を引き上げた際に、腰が丸まらないようにする。
▼膝を高く上げた際に、膝が開いてしまわない。

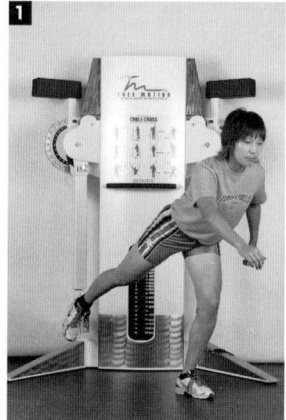

18. ケーブルワンレッグニープルスクワット
【強化部位】股関節伸筋、屈筋群、股関節の安定力に必要な筋群

❶目的・効果
▼ランニングの大腿部の引き上げと、立脚動作などに含まれる、筋の動員パターンの連携向上と強化。

❷準備と開始姿勢
▼ケーブルの端を足首に取り付ける。
▼脚を前後に開き、ケーブルを付けた脚は後ろに引いて、上半身をやや前傾させて構える（写真1）。

❸動作とポイント
▼前脚で踏ん張りながら股関節と膝を伸ばし、ケーブルを付けた足の膝を引き上げる。
▼前脚と体幹部、胸や頭が一直線になるように立ち上がる（写真2）。
▼バランスを取りながら、スタート姿勢に戻る。

❹起こりやすい誤り・注意点
▼動作中に、腰が左右に上下しないように注意する。
▼膝を引き上げた際に、腰が丸まらないようにする。
▼膝を高く上げた際に、膝が開いてしまわない。

1.8 クイックリフトとパワーエクササイズ

1. パワークリーン（ハイクリーン）　【強化部位】脊柱起立筋、僧帽筋、広背筋、三角筋、大腿四頭筋、大臀筋、中臀筋、上腕二頭筋、前腕諸筋

❶目的・効果
▼主に股関節、膝関節、足関節、肩関節など全身を使って、最大限にパワーを発揮するダイナミックな動作であり、爆発的筋力発揮を習得するエクササイズである。
▼「スタート」「プル」「ドロップ」「キャッチ」「フィニッシュ」の動作局面に分けられる。

❷準備（写真4）
▼パワークリーンでは、シャフトを握る手（グリップ）と床上の足（スタンス）が、バーベル挙上の接点となり重要となる。
▼グリップは、オーバーハンドグリップ（順手）または、フックグリップがよい（写真1、2）。
▼スタンスは腰幅程度で、垂直跳びなどの足幅か、競技での構え姿勢の足幅がよい（写真3）。
▼足は、シャフトの真下に拇趾球がくるようにして、つま先を平行かやや外側に広げたスタンスで構える（写真3、4）。

❸開始姿勢（写真5）
▼スタンスを決め、手幅は肩幅程度としグリップを決める。
▼肩の位置は、シャフトの真上かやや前方に保ち、背筋を伸ばす。
▼股関節は、膝関節より少し高い位置に保ち、視線は正面前方2～3mにおく。

❹動作のポイント
(1) ファーストプル（写真6）
▼背筋や肘を伸ばした状態で、脚力を意識して引き上げる（足で床を押す）。
▼上半身の前傾角度を保持し、肩の位置は、シャフトの真上かやや前方におく。
▼動作中は、足裏全体に重量を感じながら、バーベルを身体に沿って膝まで引き上げる。

(2) セカンドプル（写真7～10）
▼バーベルが膝を通過したら、股関節を前方に突き出し上体を一気に起こし、膝関節をもう一度屈曲させ、バーの下に入れる（ダブルニーベント－写真7、8）。
▼バーベルが股関節近く大腿部の1／2程度に達したら、股関節、膝関節を爆発的に伸展させ、床を蹴るフルエクステンションと同時に、ショルダーシュラッグ（肩甲骨挙上）を行う（写真8、9）。
▼ショルダーシュラッグ後に腕を屈曲させ、バーベルをさらに上昇させる（写真10）。
▼バーベルは、手首を巻き込みながら身体に沿って引き上げる。

(3) ドロップ（写真11）

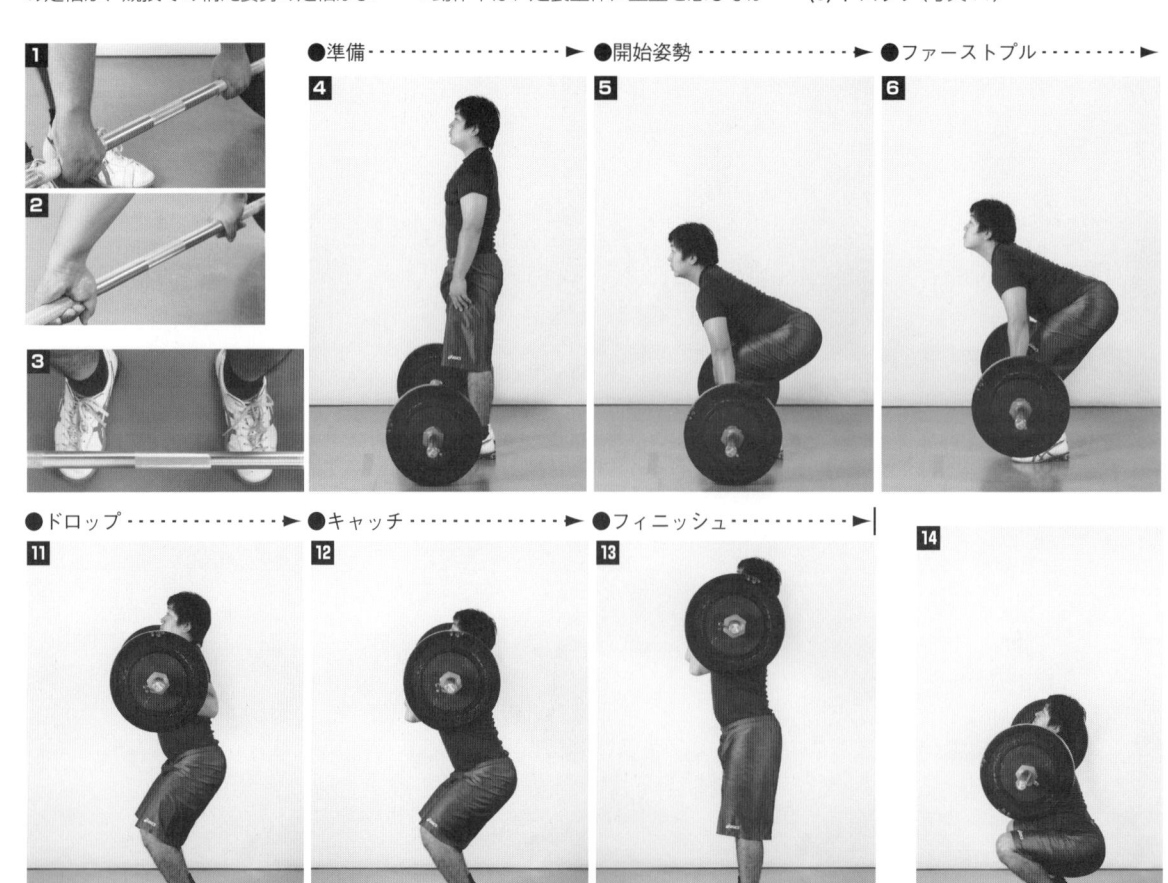

セカンドプルで最高に引き上げたら、肘を素早く前方に回転させ、バーの真下に素早く潜る。

(4) キャッチ（写真12）

▼バーは胸上（三角筋前面部と鎖骨部）に載せ、クォータースクワット姿勢でキャッチし、膝、股関節でバーベルの衝撃をコントロールする。

▼足幅は、スタート時よりやや広くなるが、前方や後方に大きく移動してはいけない。

(5) フィニッシュ（写真13）

▼キャッチ後は、膝、股関節を伸ばし立ち上がる。

❺ 呼吸法

▼挙上前に息を吸い、動作中は息を止めて、挙上後に息を吐く。

❻ 補助法

▼これらのエクササイズは、ダイナミックな動作なので、バーベルや選手に直接触れる補助は危険なので行わない。

❼ 起こりやすい誤り

▼スタート姿勢から、つま先立ちになってしまう。

▼ファーストプルで、最初から臀部が上がった状態で上げてしまう。

▼背筋が丸まってしまう（写真16）。

▼腕だけで上げてしまう（写真17）。

▼プル動作が、リバースカールのようになってしまう。

▼プル動作で、下肢の3関節のフルエクステンションなしで上げてしまう。

▼キャッチ時に後ろに大きく移動してしまう（ジャンプバック）。

▼キャッチ時のスタンスが広くなりすぎる（写真18）。

❽ 危険防止の注意点

▼バーベルを軸にして押しながら前方か後方に逃げる。

▼高重量では、小さなプレートを多くつけないで大きなプレートをつける。

▼止め金（カラー）をつけて、プレートを固定する。

❾ バリエーション

(1) ハイプル（クリーンプル－写真4〜10）

▼パワークリーン（ハイクリーン）動作でのスタート姿勢から、バーベルを胸上まで引き上げるエクササイズであり、フィニッシュポジションでは、下肢の伸展姿勢と屈曲姿勢の2種類がある。

(2) ロークリーン（スクワットクリーン－写真4〜11、14）

▼セカンドプルでのトッププル動作直後に素早く潜り、フルスクワット姿勢に切り換え、バーベルを胸上でキャッチして立ち上がるエクササイズである。

(3) スプリットクリーン（写真4〜11、15）

▼セカンドプルでのトッププル動作直後に素早く潜りながら足を前後に開脚し、バーベルを胸上にキャッチして、足を平行にそろえながら立ち上がるエクササイズである。

● セカンドプル

2. パワースナッチ（ハイスナッチ）

【強化部位】脊柱起立筋、僧帽筋、広背筋、三角筋、前鋸筋、大腿四頭筋、下腿三頭筋、大臀筋、中臀筋、上腕二頭筋、上腕三頭筋、前腕諸筋

❶目的・効果

▼パワースナッチは、主に股関節、膝関節、足関節、肩関節など全身を使って、一気にバーベルを頭上に引き上げ支持するダイナミックなエクササイズであり、パワークリーン同様爆発的筋力発揮やバランスの習得をする。

▼「スタート」「プル」「ドロップ」「キャッチ」「フィニッシュ」の動作局面に分けられる。

❷準備（写真5）

▼パワースナッチでは、パワークリーン同様グリップとスタンスが重要となるが、手幅が広いのが特徴である。

▼グリップは、オーバーハンドグリップ（順手）または、フックグリップがよい（写真1、2、3）。

▼手幅は、水平に上げた腕の肘から肘までの距離を目安にしたワイドグリップとする（写真4）。また、片腕を伸ばした時のこぶしから反対側の肩の肩峰までの距離でもよい。

▼スタンスは、パワークリーン同様、腰幅程度で、垂直跳びや競技での構え姿勢での足幅とする。

▼足は、シャフトの真下に拇趾球がくるようにして、つま先を平行かやや外側に広げたスタンスで構える（写真5）。

❸開始姿勢（写真6）

▼スタンスを決め、ワイドグリップでバーを握る。

▼肩の位置は、シャフトの真上かやや前方に保ち、背筋を伸ばす。

▼股関節は、膝関節より少し高い位置に保ち、視線は前方2～3mにおく。

❹動作とポイント

(1) ファーストプル（写真7）

▼背筋や肘を伸ばした状態で、脚力を意識して引き上げる（足で床を押す）。

▼上半身の前傾角度を保持して引き、肩の位置は、シャフトの真上かやや前方におく。

▼動作中は、足裏全体に重量を感じながら、バーベルを身体に沿って膝まで引き上げる。

(2) セカンドプル（写真8～11）

▼バーベルが膝を通過したら、股関節を前方に突き出し、上体を一気に起こして膝関節をもう一度屈曲させ、バーの下に入れる（ダブルニーベント－写真8、9）。

▼肘を伸ばした状態で、バーベルが大腿部の1/2程度に到達したら、股関節、膝関節を爆発的に伸展させ、床を蹴ると同時にショルダーシュラッグ（肩甲骨挙上）を行う（写真9～11）。

▼ショルダーシュラッグ後に腕を屈曲させバーベルをさらに上昇させる（写真11）。

▼バーベルは、手首を巻き込みながら身体に沿って引き上げる。
(3) **ドロップ**(写真12)
▼セカンドプルで最高に引き上げた後、バーの真下に肘を返し、プレスしながら素早く潜る。
(4) **キャッチ**(写真13)
▼バーベルを頭上に支持し、クォータースクワット姿勢になり、膝、股関節でバーベルの衝撃をコントロールする。
▼足幅は、スタート時よりやや広くなるが、前方や後方に大きく移動してはならない。
(5) **フィニッシュ**(写真14)
▼キャッチしたら、膝、股関節を伸ばし立ち上がる。
❺**呼吸法**
▼挙上前に息を吸い、動作中は息を止めて、挙上後に息を吐く。
❻**補助法**
▼このエクササイズは、ダイナミックな動作なので、バーベルや選手に直接触れる補助は危険なので行わない。
❼**起こりやすい誤り**
▼スタート姿勢から、つま先立ちになってしまう。
▼ファーストプルで、最初から臀部が上がった状態で上げてしまう。
▼背筋が丸まってしまう（写真17）。
▼腕だけで上げてしまう。
▼バーベルを振り回して、引き上げてしまう（写真18）。
▼プル動作で、下肢の3関節のフルエクステンションなしで上げてしまう。
▼キャッチ時に後ろに大きく移動してしまう（ジャンプバック）。
❽**危険防止の注意点**
▼バーベルを軸にして、押しながら前方か後方に逃げる。
▼高重量では、小さなプレートを多くつけないで大きなプレートをつける。
▼止め金（カラー）をつけて、プレートを固定する。
❾**バリエーション**
(1) **ハイプル**（スナッチプル−写真5〜11）
▼パワースナッチ動作でのスタート姿勢から、バーベルを胸上まで引き上げるエクササイズであり、フィニッシュポジションでは、下肢の伸展姿勢と屈曲姿勢の2種類がある。
(2) **スナッチ**（スクワットスナッチ−写真5〜12、15)
▼セカンドプルでのトッププル動作直後に素早く潜り、フルスクワット姿勢に切り換えてバーベルを頭上に挙上し、立ち上がるエクササイズである。
(3) **スプリットスナッチ**（写真5〜12、16）
▼セカンドプルでのトッププル動作直後に素早く潜り、足を前後に開脚すると同時にバーベルを頭上に挙上し、キャッチした状態で足を平行にそろえながら立ち上がるエクササイズである。

3. プッシュプレス

【強化部位】大腿四頭筋、大臀筋、前脛骨筋、下腿三頭筋、僧帽筋、上腕三頭筋、三角筋、前鋸筋

❶目的・効果
▼プッシュプレスは、直立姿勢から脚パワーでバーベルを頭上に突き上げ、プレスしながら頭上で支持するエクササイズであり、下半身の脚パワーを上半身の肩腕部に移行させ、全身パワーの筋力発揮を習得する。
▼「スタート」「ディップ」「ドライブ」「プレス」「フィニッシュ」の動作局面に分けられる。

❷準備
▼パワークリーンまたは、ラックからバーを胸上（三角筋前面部と鎖骨）に載せ、手幅は肩幅よりやや広くして構える。

❸開始姿勢（写真1）
▼バーを胸上に載せ、肘は45度程度にして、スタンスを腰幅程度に決める。
▼視線は正面前方に水平かやや上方におく。

❹動作とポイント
(1) ディップ（写真2）
▼上半身を固定し、膝を浅く曲げ、クォータースクワット程度まで沈む（ニーディップ）。
▼沈むスピードは中程度で、バーを胸上から離さない。

(2) ドライブ（写真3）
▼ディップ後、素早い切り換えし動作で床を蹴る。
▼脚力を十分に使って、バーベルを突き上げる。

(3) プレス（写真4）
▼ドライブ後は、足裏全体を床に着け、直立姿勢でバーベルを押し上げる。
▼足幅はスタート時と同じである。

(4) フィニッシュ（写真5）
▼押し上げたバーベルは、両肘が耳の位置にくるようにして支持する。視線は正面前方水平かやや上方におく。

❺呼吸法
▼挙上前に息を吸い、動作中は息を止めて、挙上後に息を吐く。

❻起こりやすい誤り
▼スタート姿勢で前傾してしまう。
▼動作中に肘が下がり、前方に突き上げてしまう。
▼プレス時に肘を広げてしまう。
▼ドライブ後の、プレス移行へのタイミングが合わない。

❼危険防止の注意点
▼バーベルを軸にして、押しながら前方か後方に逃げる。
▼止め金（カラー）をつけて、プレートを固定する。

❽バリエーション
(1) バックプッシュプレス（写真6）
▼バーベルを肩上（僧帽筋上部）に載せて行うプッシュプレスで、ビハインドネックプッシュプレスとも言う。

(2) ダンベルプッシュプレス（写真7）
▼ダンベルを両手で握り、肩上に構えてプッシュプレスを行う。握る手掌の向きを変化させることもできるが、挙上方向は頭上にまっすぐ押し上げる。

(3) ワンハンドダンベルプッシュプレス（写真8）
▼ダンベルを片手で握り、肩上に構えてプッシュプレスを行う。手掌の向きを変化させることもできるが、挙上時は身体の中心軸に近づけて押し上げる。

■バリエーション

4. プッシュジャーク

【強化部位】大腿四頭筋、大臀筋、前脛骨筋、下腿三頭筋、僧帽筋、上腕三頭筋、三角筋

❶目的・効果
▼プッシュジャークは、パワークリーンやラックから胸上（三角筋前面部と鎖骨）にバーベルを載せて直立姿勢となり、脚パワーでバーベルを頭上に突き挙げ支持するエクササイズである。下半身の脚パワーを、上半身の肩腕部に移動させる全身パワーの筋力発揮と素早く潜ってバーを支持するバランスを習得する。
▼「スタート」「ディップ」「ドライブ」「ドロップ」「キャッチ」「フィニッシュ」の動作局面に分けられる。

❷準備
▼パワークリーンまたは、ラックからバーを胸上（三角筋前面部と鎖骨）に載せ、手幅は肩幅より少し広めにして構える。

❸開始姿勢（写真1）
▼バーを胸上に載せ、肘は45度程度にして、スタンスを腰幅程度に決め、直立姿勢となる。
▼視線は正面前方水平かやや上方におく。

❹動作とポイント
(1) ディップ（写真2）
▼上半身を固定し、膝を浅く曲げ、クォータースクワット程度まで沈む（ニーディップ）。
▼沈むスピードは、中程度でバーを胸上から離さない。

(2) ドライブ（写真3）
▼ディップ後、素早い切り返し動作で床を蹴る。
▼脚力を十分に使って、バーベルを突き上げる。

(3) ドロップ（写真4）
▼ドライブ後は、バーベルを押してバーの真下に潜る。
▼腕を伸ばしながら、膝、股関節を少し曲げ、中腰姿勢程度でバーベルをコントロールする。
▼足幅は、スタート時と同じか少し広げてもよい。

(4) キャッチ（写真4）
▼肘を伸ばした状態でバーベルをキャッチし、両肘が耳の位置にくるようにする。
▼バーベルの安定は、膝と腰でコントロールし、視線は正面前方水平かやや上方におく。

(5) フィニッシュ（写真5）
▼肘を伸ばした状態で、膝、股関節を伸ばし、直立姿勢となる。

❺呼吸法
▼スタートで息を吸い、動作中は息を止め、フィニッシュ姿勢で息を吐く。

❻起こりやすい誤り
▼スタートで前傾してしまう。
▼動作中に肘が下がってしまう。
▼キャッチ時に上半身を反らしてしまう。

❼危険防止の注意点
▼プッシュプレスと共通。

❽バリエーション
(1) スプリットジャーク（写真1～3、6）
▼足を前後に開脚した姿勢で、バーベルを頭上で支持する。

(2) ダンベルプッシュジャーク（写真7）
▼ダンベルを両手で握り、肩上に構えてプッシュジャークを行う。握る手掌の向きを変化させることもできるが、挙上方向は、頭上にまっすぐ突き上げ支持する。

(3) ワンハンドダンベルプッシュジャーク（写真8）
▼ダンベルを片手で握り、肩上に構えてプッシュジャークを行う。握る手掌の向きを変化させることもできるが、挙上時は、身体の中心軸に近づけ、頭上に突き上げて支持する。

5. ワンハンドダンベルパワークリーン

【強化部位】脊柱起立筋、僧帽筋、広背筋、三角筋、大腿四頭筋、大臀筋、中臀筋、上腕二頭筋、前腕諸筋

❶目的・効果
▼片手でダンベルを一気に引き上げ、肩上（三角筋）で支持する、ダイナミックな脚パワーを主とした全身運動で、爆発的筋力発揮とバランスが要求されるエクササイズである。

❷開始姿勢（写真1）
▼肘を伸ばし足幅は腰幅程度で、ダンベルをオーバーハンドグリップ（順手）で握り、つま先は平行かやや外旋させる。
▼ダンベルは足の間に置き、背筋を伸ばして、肩の位置はダンベルの真上かやや前方とする。
▼視線は正面前方2〜3mにおく。

❸動きとポイント
(1) ファーストプル（写真2）
▼背筋を伸ばした状態で、膝、股関節を伸展させダンベルを引き上げる。
▼ダンベルを身体に引き付けて引き上げる（足で床を押す）。

(2) セカンドプル（写真3、4）
▼ダンベルが膝を通過したら、股関節を前方に突き出して上体を一気に起こし、膝関節をもう一度屈曲させ、ダンベルの下に入れる（ダブルニーベント）。
▼ダンベルが股関節近く大腿部の1/2程度に達したら、股、膝、足関節を爆発的に伸展させ、ショルダーシュラッグを行う（フルエクステンション）。
▼ショルダーシュラッグ後に、腕を屈曲させダンベルを引き上げる。

(3) ドロップ
▼最大に引き上げたら、素早く肘を前方に回転させ、同時に膝、股関節を曲げて素早くダンベルの下に潜る。

(4) キャッチ、フィニッシュ
▼クォータースクワット姿勢で肘を返して肩上で支持する（写真5）。
▼膝、股関節を曲げ、衝撃をコントロールし、キャッチを決めてから立つ。

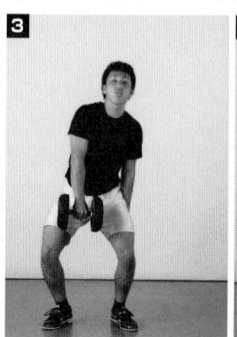

6. ワンハンドダンベルパワースナッチ

【強化部位】脊柱起立筋、僧帽筋、広背筋、三角筋、大腿四頭筋、大臀筋、中臀筋、上腕二頭筋、上腕三頭筋、前腕諸筋

❶目的・効果
▼片手でダンベルを一気に頭上に引き上げ支持する、ダイナミックな脚パワーを主とした全身運動で、爆発的筋力発揮とバランスが要求されるエクササイズである。

❷開始姿勢（写真1）
▼ワンハンドダンベルパワークリーンと同様。

❸動きとポイント
(1) ファーストプル（写真2）
▼ワンハンドダンベルパワークリーンと同様。

(2) セカンドプル（写真3、4）
▼ワンハンドダンベルパワークリーンと同様。

(3) ドロップ
▼最大に引き上げた後、素早く肘を前方に回転させ、ダンベルを押しながら真下に潜る。

(4) キャッチ、フィニッシュ
▼クォータースクワット姿勢で肘を伸ばし、ダンベルを頭上にキャッチする（写真5）。
▼膝、股関節を曲げ、衝撃をコントロールし、キャッチを決めてから立つ。
▼身体の中心で、バーベルを頭上に支持する。

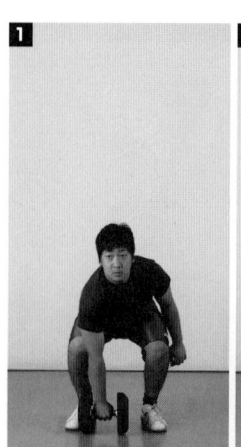

7. スクワットジャンプ

【強化部位】大腿四頭筋、縫工筋、大腿内転筋、大臀筋、中臀筋、大腿二頭筋、下腿三頭筋、前脛骨筋、脊柱起立筋

❶目的・効果
▼股関節、膝関節、足関節の脚全体の筋群を強化する、スピーディーなジャンプ動作のパワー系エクササイズである。

❷開始姿勢(写真1)
▼バーベルを僧帽筋上部に載せ、肩幅より少し広めに握る。
▼足幅は肩幅か腰幅程度で、つま先を平行か外旋させ、直立姿勢に立つ。

❸動作とポイント
(1) ディップ(写真2)
▼膝、股関節を浅く曲げ、中腰姿勢程度まで沈む。
▼沈むスピードは、中程度でバーが身体から離れないようにする。
(2) ジャンプ(写真3)
▼沈むと同時に素早い切り換え動作で、股、膝、足関節を爆発的に伸展させジャンプする。
▼バーを身体から離さない。
(3) 着地(写真4)
▼股、膝関節を屈曲させ、衝撃を吸収しながら着地する。
▼足幅はスタート時のスタンスでよい。
▼バランスを崩さないように注意する。

❹危険防止の注意点
▼このエクササイズは、ダイナミックな動作なので、着地の際背筋を曲げたり腰を反らしたりしないようにして、バランスを崩さないようにする。
▼止め金(カラー)をつけて、プレートを固定する。
▼パワーラックを使用し、セーフティーバーをセットする。

8. フライングスプリット

【強化部位】大腿四頭筋、縫工筋、大腿内転筋、大臀筋、中臀筋、大腿二頭筋、下腿三頭筋、前脛骨筋、腸腰筋

❶目的・効果
▼股関節、膝関節、足関節の脚全体の筋群を強化する、ジャンプとスプリット動作を交互に行う、パワー系エクササイズである。シーザースジャンプとも言われている。

❷開始姿勢(写真1)
▼バーベルを僧帽筋上部に載せ、肩幅より少し広めに握る。
▼前後開脚では、前足の膝は90度程度に曲げて後足を伸ばし、つま先はまっすぐ前に向ける。
▼背筋をまっすぐに伸ばし、視線は正面前方におく。

❸動作とポイント
(1) ジャンプ(写真2)
▼床を蹴ってジャンプすると同時に、左右の足を交差する
▼動作中、バーを身体から離さない。
(2) 着地(写真3)
▼前後開脚では、前足を1足半、後足を2足の目安で着地する(写真4)。
▼バランスを崩さないように注意する。

❹呼吸法
▼スタート時に息を吸い、動作中は息を止め、着地後に息を吐く。

❺危険防止の注意点
▼止め金(カラー)をつけて、プレートを固定する。
▼動作中、背筋を曲げたり、腰を反らしたりしない。

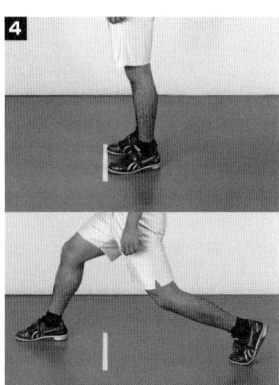

2. プライオメトリクス
Plyometrics

実施と指導上の留意点

　プライオメトリクスの効果を最大限に引き出すためには、選択するエクササイズ、強度、量などのプログラム変数の適切な設定とともに、正しいテクニックを習得し、エクササイズを段階的に進行することが不可欠である。

1. エクササイズの指導の注意事項

(1)プライオメトリクスの実施に備えて、筋力、パワー、柔軟性などの基礎的な体力を維持・改善することが必要である。

(2)目的とする動作の接地時間、償却様式、関節角度、可動範囲、運動形態を見定め、類似するエクササイズを選択する。

(3)安全で正しいテクニックを習得するために、エクササイズの難易度、強度、量などを段階的に高めることが必要である。

(4)エクササイズの接地時間が実際の動作よりも長くなる場合には、設定した強度が高すぎるため、関節角度、接地時間、償却様式などを注意深く観察して強度を設定する。

(5)質の高いプライオメトリクスを行うために、可能な限り跳躍高、跳躍距離、移動時間、歩数、パワー、速度、接地時間などの指数を示しながらトレーニングを実施する。

(6)連続的動作によるエクササイズでは、初期と終盤で動作速度、跳躍高、テクニックが異ならないように注意する。

(7)身体の過度な力みは、償却局面のスムーズな切り返しを妨げ、伸張反射や弾性エネルギーの蓄積・再利用を享受できないことがあるため注意が必要である[1]。

(8)静止動作からのプライオメトリクス（スタティック型）では、動作初期からの爆発的な動きを行うように心がける。

(9)大きな反動動作を活用するプライオメトリクス（反動型）では、伸張性筋活動から短縮性筋活動への素早い切り返し動作を強調して行う。

(10)小さな反動動作を用いるプライオメトリクス（リバウンド型）では、償却局面において関節が大きく屈曲し償却局面が長くなりすぎないように注意する。

2. 下肢のエクササイズの注意事項

(1)スタティック型は素早い腕の振り上げ動作、反動型は大きく素早い腕振り動作、リバウンド型は小さく素早い腕振り動作を行うため、エクササイズタイプによって腕振り動作を使い分ける。

(2)頸部、腹部、腰部を瞬時に固定し、腰背部をまっすぐに伸ばした姿勢を保持する。

(3)開始姿勢および着地姿勢は、膝とつま先を同じ方向に向けて、膝が前方に出すぎないように注意する。

(4)跳躍動作の際には、腰部・股関節の過伸展が起こらないように注意する。

(5)短い接地時間を強調して跳躍動作を行う場合には、接地時に股関節、膝関節、足関節および体幹の固定を心がけ、償却局面において「硬いばねのような動き」を意識して行うことが推奨される[2]。

(6)負荷を用いる場合には、償却時間が長くなりすぎないように設定する負荷を調節する。

(7)跳躍動作の終了時には、股関節、膝関節、足関節を屈曲させ衝撃を緩衝させて着地する。

(8)長距離ランナーがランニング・エコノミーを改善するためには、最大下での比較的長い時間行う連続的プライオメトリクスの方が有効であると考えられている[3]。

3. 上肢、体幹、複合エクササイズの注意事項

(1)複合エクササイズや一部の上肢、体幹エクササイズでは、身体各部位の貢献度やタイミングを見定め、目的とする動作に適合するテクニックを用いる。

(2)腱組織の解剖学的構造が下肢とは異なる上肢のエクササイズでは、切り返しを伴う際に償却局面において「柔らかいばねのような動き」をすることが推

表1　エクササイズの分類

接地時間	ショートタイプ（0.25秒未満）、ロングタイプ（0.25秒以上）
償却様式	スタティックジャンプ型、カウンタームーブメントジャンプ型、リバウンドジャンプ型
償却形態	両側性、交互性、片側（一側）性
運動形態	単発的、連続的
運動方向	垂直方向、水平方向、側方、斜方向、回旋運動
運動様式	下肢エクササイズ、上肢エクササイズ、体幹エクササイズ、複合動作エクササイズ

表2　償却様式でのエクササイズの分類

エクササイズのタイプ	主な動作様式やスポーツ動作
スタティックジャンプ型（STJ型）スタティック型	・静止状態から爆発的に力を発揮するタイプ。 ・大きな反動動作を用いず、短縮性筋活動を強調して力を発揮する。 ・陸上競技の短距離のスタート局面、相撲の立会い、水泳競技のスタート局面に類似する動作。
カウンタームーブメントジャンプ型（CMJ型）反動型	・大きな反動動作を用いて力を発揮するタイプ。 ・伸張性筋活動から短縮性筋活動への素早い切り返し動作が重要となる。 ・バレーボールのスパイクジャンプ、垂直跳び、立ち幅跳びなどに類似する動作。
リバウンドジャンプ型（RJ型）リバウンド型	・きわめて短い切り返し動作（償却局面）で素早く力を発揮するタイプ。 ・償却局面をロングタイプとショートタイプに分類することができる。 ・陸上競技の短距離の最大スピード局面、走り幅跳びや走り高跳びの切り返し局面、球技のカッティング動作に類似する動作。

表3　下肢の主なプライオメトリクスの分類

タイプ	主な動作様式
ジャンプ	垂直方向への最大跳躍高か水平方向への最大跳躍距離を意識して行うエクササイズ
ホップ	最大速度で、跳躍高や跳躍距離を意識して行う連続的エクササイズ
バウンド	最大の水平速度で、最大跳躍距離を意識して行う連続的エクササイズ
リープ	最大跳躍高と最大跳躍距離を意識して行う、単発での最大努力によるエクササイズ

奨されている[4]。

(3)伸張反射の生じる速度は、肢長などの長育や脊髄からの筋の距離によって多少影響を受けるため、体幹や上肢のエクササイズでは、設定する負荷に配慮し素早い切り返し動作を心がけて行う。

(4)エクササイズ中に、腰部・股関節が過伸展しないように注意する。

(5)メディシンボールを投射する際には、投げたメディシンボールが、頭部、顔、身体に当たらないように注意する。

(6)複合エクササイズでは、股関節、膝関節、足関節の伸展のタイミング、下肢から上肢への運動連鎖のタイミングに注意する。

4．エクササイズのバリエーション

プライオメトリクスは、①償却様式、②償却形態、③運動形態、④運動方向などを変更することで、エクササイズにバリエーションを加えることができる（表1、表2参照）。

下肢のプライオメトリクスでは、一般的にジャンプ、ホップ、バウンディングなどの用語によってエクササイズが分類されている（表3）。

また、メディシンボールを用いたエクササイズは、クイックリフトや他のバリスティック・エクササイズでは困難な、体幹の回旋系や多方向のパワー向上トレーニングを行うことができる。

【文献】
1）木塚朝博：随意運動に伴う反射活動の調整、西平賀昭、大築立志編、運動と高次神経機能、杏林書院、2005
2）図子浩二、高松薫：ばねを高めるためのトレーニング理論、トレーニング科学、8、7-16、1996
3）武田誠司、石井泰光、山本正嘉、図子浩二：長距離ランナーにおけるランニングと連続跳躍による経済性の関係、体力科学、59、107-118、2010
4）田内健二、尹聖鎮、高松薫：同一個人の上肢と下肢のSSC運動における力発揮特性の相違、体育学研究、47、533-546、2002

2.1 下肢のプライオメトリクス

スタティックジャンプ型

1. アンクルジャンプ

❶目的・様式・形態
▼下腿の爆発的パワーの養成。
▼両側性、垂直方向、単発的パワー。
❷用具－使用しない。
❸動作とポイント
▼両脚を腰幅程度に開き、膝関節を若干曲げて立ち、上体をまっすぐに伸ばした姿勢で腰に手を当てる。
▼股関節や膝関節の反動動作を最小限にして、足関節を爆発的に伸展(底屈)させ、垂直方向に高く跳ぶ。
▼両脚を腰幅程度に開き、股関節、膝関節、足関節を屈曲し、衝撃を緩衝させて着地する。
❹注意点
▼できるだけ股関節や膝関節の伸展を制限し、足関節の伸展動作を強調して跳ぶ。
▼跳躍動作の際に、腰部が反らないように注意する。
❺エクササイズの応用
▼前方へのアンクルジャンプ(フォワードアンクルジャンプ)。
▼側方へのアンクルジャンプ(ラテラルアンクルジャンプ)。

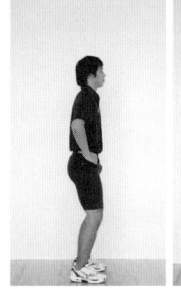

2. スプリットアンクルジャンプ

❶目的・様式・形態
▼下腿の爆発的パワーの養成。
▼交互性、垂直方向、単発的パワー。
❷用具－使用しない。
❸動作とポイント
▼両脚を腰幅程度に開き、前後に大きく広げ、膝関節を若干曲げて立ち、上体をまっすぐに伸ばした姿勢で腰に手を当てる。
▼前方の足は足裏全体を床面に着け、後方の足はつま先を床面に着ける(踵をやや持ち上げる)。
▼股関節や膝関節の反動動作を最小限にして、足関節を爆発的に伸展(底屈)させ、垂直方向に高く跳ぶ。
▼前後の脚を広げたまま、股関節、膝関節、足関節を屈曲し、衝撃を緩衝させて着地する。
❹注意点
▼跳躍動作の際に骨盤が回旋しないように注意する。
▼前後の脚をバランス良く使って跳躍動作を行う。
❺エクササイズの応用
▼前方へのスプリットアンクルジャンプ(フォワードスプリットアンクルジャンプ)。

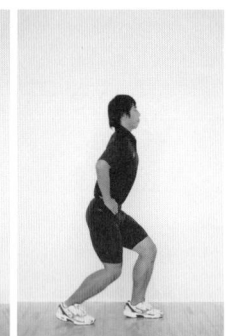

3. シザーズ(サイクルスプリット)アンクルジャンプ

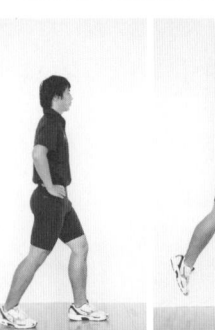

❶目的・様式・形態
▼下腿の爆発的パワーの養成。
▼交互性、垂直方向、単発的パワー。
❷用具－使用しない。
❸動作とポイント
▼両脚を腰幅程度に開き、前後に大きく広げ、膝関節を若干曲げて立ち、上体をまっすぐに伸ばした姿勢で腰に手を当てる。
▼前方の足は足裏全体を床面に着け、後方の足はつま先を床面に着ける(踵をやや持ち上げる)。
▼股関節や膝関節の反動動作を最小限にして、足関節を爆発的に伸展(底屈)させ、垂直方向に高く跳ぶ。
▼前後の脚を最高跳躍地点で入れ替えてから、股関節、膝関節、足関節を屈曲し衝撃を緩衝させて着地する。
❹注意点
▼開始姿勢および着地姿勢で、後方のつま先が大きく外旋しないように注意する。
▼前後の脚をバランス良く使って跳躍動作を行う。
❺エクササイズの応用
▼前方へのシザーズアンクルジャンプ(フォワードシザーズアンクルジャンプ)。

4. スクワットジャンプ

❶目的・様式・形態
▼下肢の爆発的パワーの養成。
▼両側性、垂直方向、単発的パワー。
❷用具－使用しない。
❸動作とポイント
▼両脚を腰幅か肩幅程度に開き、上体をまっすぐに伸ばした姿勢で、両腕を頭の後ろで組む。
▼股関節と膝関節を屈曲したら、膝関節を90〜130度程度に保持し、つま先と膝関節を同じ方向に向けた姿勢で静止する。
▼股関節、膝関節、足関節を爆発的に伸展させ、垂直方向に高く跳ぶ。
▼開始時の下肢関節の屈曲角度は目的に応じて設定する。
❹注意点
▼静止姿勢からの動き出しの動作で、股関節、膝関節、足関節の素早い伸展動作を強調する。
▼跳躍動作の際に腰部が反らないように注意する。 
❺エクササイズの応用
▼開始姿勢で、しゃがむ深さを変えて行うスクワットジャンプ。
▼前方に跳躍するスクワットジャンプ（フォワードスクワットジャンプ）。

5. スプリットスクワットジャンプ

❶目的・様式・形態
▼下肢の爆発的パワーの養成。
▼交互性、垂直方向、単発的パワー。
❷用具－使用しない。
❸動作とポイント
▼両脚を腰幅に開き、前後に大きく広げ、上体をまっすぐに伸ばした姿勢で、両腕を頭の後ろで組む。
▼前方の脚の膝関節が90〜130度程度になるように股関節、膝関節を屈曲させ、前方の足は足裏全体を床面に着けて、後方の足はつま先を床面に着ける。
▼静止姿勢から、前後の脚の股関節、膝関節、足関節を爆発的に伸展させ、垂直方向に高く跳ぶ。
▼前後の脚を広げたまま、股関節、膝関節、足関節を屈曲し衝撃を緩衝させて着地する。
❹注意点
▼開始姿勢および着地姿勢で、前方の脚の下腿が前傾しないように注意する。
▼跳躍動作の際に骨盤が回旋しないように注意する。
❺エクササイズの応用
▼開始姿勢で、しゃがむ深さを変えて行う、スプリットスクワットジャンプ。

6. シザーズジャンプ（サイクルスプリットスクワットジャンプ）

❶目的・様式・形態
▼下肢の爆発的パワーの養成。
▼交互性、垂直方向、単発的パワー。
❷用具－使用しない。
❸動作とポイント
▼両脚を腰幅に開き、前後に大きく広げ、上体をまっすぐに伸ばした姿勢で、両腕を頭の後ろで組む。
▼前方の脚の膝関節が90〜130度程度になるように股関節、膝関節を屈曲させ、前方の足裏全体を床面に着け、後方の足はつま先を床面に着ける。
▼静止姿勢から、前後の脚の股関節、膝関節、足関節を爆発的に伸展させ、垂直方向に高く跳ぶ。 
▼前後の脚を最高跳躍地点で入れ替えてから、股関節、膝関節、足関節を屈曲し衝撃を緩衝させて着地する。
❹注意点
▼開始姿勢および着地姿勢で、後方のつま先が大きく外旋しないように注意する。
▼前後の脚をバランス良く使って跳躍動作を行う。
❺エクササイズの応用
▼開始姿勢で、しゃがむ深さを変えて行う、シザーズジャンプ。

7. シザーズリープ（サイクルスプリットスクワットリープ）

❶目的・様式・形態
▼下肢の爆発的パワーの養成。
▼交互性、垂直/前斜方向、単発的パワー。
❷用具－使用しない。
❸動作とポイント
▼両脚を腰幅に開き、前後に大きく広げ、上体をまっすぐに伸ばした姿勢で、両腕を頭の後ろで組む。
▼前方の脚の膝関節が90～130度程度になるように股関節、膝関節を屈曲させ、前方の足裏全体を床面に着け、後方の足はつま先を床面に着ける。
▼静止姿勢から、前後の脚の股関節、膝関節、足関節を爆発的に伸展させ、やや前方に高く跳ぶ。
▼前後の脚を最高跳躍地点で入れ替えてから、股関節、膝関節、足関節を屈曲し衝撃を緩衝させて着地する。
❹注意点
▼開始姿勢および着地姿勢で、後方のつま先が大きく外旋しないように注意する。
▼跳躍動作の際に、上体が前傾しないように注意する。
❺エクササイズの応用
▼前後の脚を空中で入れ替えないで着地する、スプリットスクワットリープ。
▼前方脚、または後方脚のいずれかの脚の伸展動作を強調して行う、シザーズリープ。

8. ブルガリアンスクワットジャンプ

❶目的・様式・形態
▼下肢の爆発的パワーの養成。
▼交互性、垂直方向、単発的パワー。
❷用具－ボックス。
❸動作とポイント
▼ボックスの前に立ち、両脚を腰幅程度に開き、前後に大きく広げ、後方の足のつま先をボックスの上に乗せる。
▼上体をまっすぐに伸ばした姿勢で、両腕を頭の後ろで組む。
▼前方の脚の膝関節を90～130度程度に屈曲し、つま先と膝関節が同じ方向を向けた姿勢で静止する。
▼前方脚の股関節、膝関節、足関節を爆発的に伸展させ、垂直方向に高く跳ぶ。
❹注意点
▼上体が前傾したり、膝関節が大きく前に出すぎたりしないように注意する。
▼前方脚の伸展動作で足が離地したら、後方脚の伸展動作でさらに高い跳躍を心がける。
❺エクササイズの応用
▼開始姿勢で、しゃがむ深さを変えて行う、ブルガリアンスクワットジャンプ。

9. シングルレッグスクワットジャンプ

❶目的・様式・形態
▼下肢の爆発的パワーの養成。
▼片側性、垂直方向、単発的パワー。
❷用具－使用しない。
❸動作とポイント
▼片脚で身体を支持し、上体をまっすぐに伸ばし、両腕を頭の後ろで組む。
▼支持脚側の股関節、膝関節を屈曲させ、膝関節を90～130度程度に屈曲した姿勢で静止する。
▼支持脚側の股関節、膝関節、足関節を爆発的に伸展させ、垂直方向に高く跳ぶ。
▼両足で着地動作を行い、股関節、膝関節、足関節を屈曲し衝撃を緩衝させて着地する。
❹注意点
▼跳躍動作や着地姿勢で、つま先が大きく外旋し、膝関節が内側を向かないように注意する。
▼膝関節が大きく前に出すぎないように注意する。
❺エクササイズの応用
▼前後、左右に跳躍するシングルレッグスクワットジャンプ。

2.1 下肢のプライオメトリクス 087

10. ロケットジャンプ（両腕の振り上げ動作を用いたスクワットジャンプ）

❶目的・様式・形態
▼下肢、上肢の複合動作での爆発的パワーの養成。
▼両側性、垂直方向、単発的パワー。
❷用具−使用しない。
❸動作とポイント
▼両脚を腰幅か肩幅程度に開き、上体をまっすぐに伸ばし、両肘を若干曲げた姿勢で構える。
▼股関節と膝関節を屈曲したら、膝関節が90〜130度程度に保持し、つま先と膝関節が同じ方向を向いた姿勢で静止する。
▼股関節、膝関節、足関節を爆発的に伸展させ、両腕を振り上げて、垂直方向に高く跳ぶ。
▼開始時の下肢関節の屈曲角度は目的に応じて設定する。
❹注意点
▼脚の伸展動作と腕の振り上げ動作のタイミングに注意する。
▼腕は予備動作（反動動作）を最小限にして、素早い振り上げ動作を強調する。
❺エクササイズの応用
▼跳躍方向を前後・左右に行う、ロケットジャンプ。

11. ロケットスプリットスクワットジャンプ

❶目的・様式・形態
▼下肢、上肢の複合動作での爆発的パワーの養成。
▼交互性、垂直方向、単発的パワー。
❷用具−使用しない。
❸動作とポイント
▼両脚を腰幅に開き、前後に大きく広げ、上体をまっすぐに伸ばし、両肘を若干曲げた姿勢で構える。
▼前方の脚の膝関節が90〜130度程度になるように股関節、膝関節を屈曲させ、前方の足裏全体を床面に着け、後方の足はつま先を床面に着ける。
▼静止姿勢から、前後の脚の股関節、膝関節、足関節を爆発的に伸展させ、両腕を振り上げて、垂直方向に高く跳ぶ。
▼前後の脚を広げたまま、股関節、膝関節、足関節を屈曲し衝撃を緩衝させて着地する。
❹注意点
▼躍動作の際に骨盤が回旋しないように注意する。
▼腕は予備動作（反動動作）を最小限にして、素早い振り上げ動作を強調する。
❺エクササイズの応用
▼開始姿勢で、しゃがむ深さを変えて行う、ロケットスプリットスクワットジャンプ。

12. ロケットシザーズジャンプ（ロケットサイクルスプリットスクワットジャンプ）

❶目的・様式・形態
▼下肢、上肢の複合動作での爆発的パワーの養成。
▼交互性、垂直方向、単発的パワー。
❷用具−使用しない。
❸動作とポイント
▼両脚を腰幅か肩幅程度に開き、上体をまっすぐに伸ばし、両肘を若干曲げた姿勢で構える。
▼股関節と膝関節を屈曲したら、膝関節が90〜130度程度に保持し、つま先と膝関節が同じ方向を向いた姿勢で静止する。
▼股関節、膝関節、足関節を爆発的に伸展させ、両腕を振り上げて、垂直方向に高く跳ぶ。
▼開始時の下肢関節の屈曲角度は目的に応じて設定する。
❹注意点
▼脚の伸展動作と腕の振り上げ動作のタイミングに注意する。
▼腕は予備動作（反動動作）を最小限にして、素早い振り上げ動作を強調する。
❺エクササイズの応用
▼開始姿勢で、しゃがむ深さを変えて行う、ロケットシザーズジャンプ。

13. ロケットシザーズリープ（ロケットサイクルスプリットスクワットリープ）

❶目的・様式・形態
▼下肢、上肢の複合動作での爆発的パワーの養成。
▼交互性、垂直/前斜方向、単発的パワー。
❷用具 －使用しない。
❸動作とポイント
▼両脚を腰幅に開き、前後に大きく広げ、上体をまっすぐに伸ばし、両肘を若干曲げた姿勢で構える。
▼前方の脚の膝関節が90〜130度程度になるように股関節、膝関節を屈曲させ、前方の足裏全体を床面に着け、後方の足はつま先を床面に着ける。
▼静止姿勢から、前後の脚の股関節、膝関節、足関節を爆発的に伸展させ、両腕を振り上げて、やや前方に高く跳ぶ。
▼前後の脚を最高跳躍地点で入れ替えてから、股関節、膝関節、足関節を屈曲し衝撃を緩衝させて着地する。
❹注意点
▼前後の脚と腕の振り上げ動作を、バランス良く使って跳躍動作を行う。
▼上体が前傾しないように注意する。
❺エクササイズの応用
▼後方脚、または前方脚のいずれかの伸展動作を強調して行う、ロケットシザーズリープ。
▼前後の脚を空中で入れ替えないで着地する、ロケットスプリットスクワットリープ。

14. ブルガリアンロケットジャンプ

❶目的・様式・形態
▼下肢、上肢の複合動作での爆発的パワーの養成。
▼交互性、垂直方向、単発的パワー。
❷用具 －ボックス。
❸動作とポイント
▼ボックスの前に立ち、両脚を腰幅程度に開き、前後に大きく広げ、後方の足のつま先をボックスの上に乗せる。
▼上体をまっすぐに伸ばした姿勢で、両肘を若干曲げた姿勢で構える。
▼前方の脚の膝関節を90〜130度程度に屈曲し、つま先と膝関節が同じ方向を向けた姿勢で静止する。
▼前方脚の股関節、膝関節、足関節を爆発的に伸展させ、両腕を振り上げて、垂直方向に高く跳ぶ。
❹注意点
▼身体のバランスを崩しやすい場合には、足幅を腰幅程度よりもやや大きく開いて行う。
▼前方脚の伸展動作で脚が離地したら、後方脚の伸展動作でさらに高い跳躍を心がける。
❺エクササイズの応用
▼開始姿勢で、しゃがむ深さを変えて行う、ブルガリアンロケットジャンプ。

15. シングルレッグロケットジャンプ

❶目的・様式・形態
▼下肢、上肢の複合動作での爆発的パワーの養成。
▼片側性、垂直方向、単発的パワー。
❷用具 －使用しない。
❸動作とポイント
▼片脚で身体を支持し、上体をまっすぐに伸ばし、両肘を若干曲げた姿勢で構える。
▼支持脚側の股関節、膝関節を屈曲し、膝関節を90〜130度程度に屈曲した姿勢で静止する。
▼支持脚側の股関節、膝関節、足関節を爆発的に伸展させ、両腕を振り上げて、垂直方向に高く跳ぶ。
▼両脚または片脚で着地し、股関節、膝関節、足関節を屈曲させ衝撃を緩衝させて着地する。
❹注意点
▼跳躍動作や着地姿勢で、つま先が大きく外旋し、膝関節が内側を向かないように注意する。
▼膝関節が大きく前に出すぎないように注意する。
❺エクササイズの応用
▼開始姿勢で、しゃがむ深さを変えて行う、シングルレッグロケットジャンプ。

16. 片脚プッシュオフ

❶目的・様式・形態
▼下肢、上肢の複合動作での爆発的パワーの養成力。
▼交互性、垂直方向、単発的パワー。
❷用具－ボックス。
❸動作とポイント
▼ボックスの手前に立ち、両脚を腰幅程度に開き前後に広げたら、ボックスに片脚を乗せる。
▼上体をまっすぐに伸ばした姿勢でやや前傾させ、両肘を若干曲げた姿勢で構える。
▼ボックス上の脚の股関節、膝関節、足関節を爆発的に伸展させ、両腕を振り上げて、垂直方向に高く跳躍する。
▼踏み切った側の脚でボックス上に着地し、衝撃を吸収しながら後方の脚を地面に着ける。  
❹注意点
▼ボックスが高すぎると、跳躍時に腰部が反ったり、下腿が外旋したりしやすいため注意する。
▼膝関節が大きく前に出すぎないように注意する。
❺エクササイズの応用
▼ボックスの高さを変えて行う、片脚プッシュオフ。
▼腕の反動動作を用いないで行う、片脚プッシュオフ。

17. 片脚ラテラルプッシュオフ

❶目的・様式・形態
▼下肢、上肢の複合動作での爆発的パワーの養成力。
▼交互性、垂直方向（側方）、単発的パワー。
❷用具－ボックス。
❸動作とポイント
▼ボックスの真横に立ち、両脚を腰幅程度に開いたら、片脚をボックスに乗せる。
▼上体をまっすぐに伸ばした姿勢でやや前傾させ、両肘を若干曲げた姿勢で構える。
▼ボックス上の脚の股関節、膝関節、足関節を爆発的に伸展させ、両腕を振り上げて、垂直方向、あるいは側方に高く跳躍する。
▼踏み切った側の脚でボックス上に着地し、衝撃を吸収しながら反対側の脚を床に着ける（側方に跳躍する際には、地面に両脚で着地する）。 
❹注意点
▼ボックスが高すぎると、跳躍時に腰部が反ったり、下腿が外旋したりしやすいため注意する。
▼膝関節が大きく前に出すぎないように注意する。
❺エクササイズの応用
▼ボックスの高さを変えて行う、片脚ラテラルプッシュオフ。
▼腕の反動動作を用いないで行う、片脚ラテラルプッシュオフ。

カウンタームーブメントジャンプ型

18. 垂直跳び

❶目的・様式・形態
▼下肢、上肢の複合動作での爆発的パワーの養成。
▼両側性、垂直方向、単発的パワー
❷用具－跳躍高の目標となる目印。
❸動作とポイント
▼両脚を腰幅程度に開き、上体をまっすぐに伸ばし、両肘を若干曲げた姿勢で構える。
▼下肢と腕の反動動作を用いて、股関節、膝関節、足関節を爆発的に伸展させ、両腕を素早く振り上げて、垂直方向に高く跳ぶ。
▼両手または片手を上方に伸ばして目標物に触れる。 
❹注意点
▼腕の素早い振り下ろし動作と鋭い切り返し動作を強調して行う。
▼股関節、膝関節だけでなく、足関節の伸展動作を強調して跳躍動作を行う。
❺エクササイズの応用
▼助走、またはステップ動作からの垂直跳び。
▼片脚での垂直跳び（シングルレッグ垂直跳び）。

19. 立ち幅跳び

❶目的・様式・形態
▼下肢、上肢の複合動作での爆発的パワーの養成。
▼両側性、前方、単発的パワー。
❷用具－跳躍高の目標となる目印。
❸動作とポイント
▼両脚を腰幅程度に開き、上体をまっすぐに伸ばし、両肘を若干曲げた姿勢で構える。
▼下肢と腕の反動動作を用いて、股関節、膝関節、足関節を爆発的に伸展させ、両腕を素早く振り上げて、遠くへ跳ぶ。
▼両脚の股関節、膝関節、足関節を素早く屈曲させ、安定した姿勢で着地する。
❹注意点
▼腕の素早い振り下ろし動作と、鋭い切り返し動作を強調して行う。
▼腕、身体、脚が一直線になるように斜め前方に蹴り出して跳躍動作を行う。
❺エクササイズの応用
▼側方への跳躍動作（立ち横跳び）。
▼助走、またはステップ動作からの立ち幅跳び。
▼片脚での立ち幅跳び（シングルレッグ立ち幅跳び）。

20. ニータックジャンプ

❶目的・様式・形態
▼下肢、上肢の複合動作での爆発的パワーの養成力。
▼両側性、垂直方向、単発的パワー。
❷用具－使用しない。
❸動作とポイント
▼両脚を腰幅程度に開き、上体をまっすぐに伸ばし、両肘を若干曲げた姿勢で構える。
▼下肢と腕の反動動作を用いて、股関節、膝関節、足関節を爆発的に伸展させ、両腕を素早く振り上げて、垂直方向に高く跳ぶ。
▼跳躍とともに、股関節を力強く屈曲し膝と脚を上方に引き上げる。
❹注意点
▼膝を引き上げる際に、上体が前傾しないように注意する。
▼膝を引き上げる際には、足部を臀部付近に引きつけるように行う。
❺エクササイズの応用
▼跳躍動作に前後、左右の移動を伴う、ニータックジャンプ。
▼短縮性筋活動を強調して行う、ニータックジャンプ。
▼片脚で行うニータックジャンプ（シングルレッグニータックジャンプ）。

21. バットキックジャンプ

❶目的・様式・形態
▼下肢、上肢の複合動作での爆発的パワーの養成力。
▼両側性、垂直方向、単発的パワー。
❷用具－使用しない。
❸動作とポイント
▼両脚を腰幅程度に開き、上体をまっすぐに伸ばし、両肘を若干曲げた姿勢で構える。
▼下肢と腕の反動動作を用いて、股関節、膝関節、足関節を爆発的に伸展させ、両腕を素早く振り上げて、垂直方向に高く跳ぶ。
▼跳躍とともに、膝関節を屈曲させ、踵を臀部に力強く引きつける。
❹注意点
▼踵を引き上げた時に、腰部が反らないように注意する。
▼下肢の爆発的な伸展動作を行ってから、踵を臀部に引きつけるように注意する。
❺エクササイズの応用
▼跳躍動作に前後、左右の移動を伴う、バットキックジャンプ。
▼片脚で行うバットキックジャンプ（シングルレッグバットキックジャンプ）。

22. ハードルジャンプ

❶目的・様式・形態
▼下肢、上肢の複合動作での爆発的パワーの養成力。
▼両側性、垂直/前方、単発的パワー。
❷用具－ハードルまたはカラーコーン。
❸動作とポイント
▼ハードルの手前で、両脚を腰幅程度に開き、上体をまっすぐに伸ばし、両肘を若干曲げた姿勢で構える。
▼下肢と腕の反動動作を用いて、股関節、膝関節、足関節を爆発的に伸展させ、両腕を素早く振り上げて、ハードルを跳び越える。
▼跳躍とともに、股関節と膝関節を屈曲させ膝と脚を上方に引き上げて、ハードルを越える。 
❹注意点
▼上体が前傾したり、後傾したりしないように注意する。
▼膝を引き上げる際には、足部を臀部付近に引きつけるように行う。
❺エクササイズの応用
▼ハードルの高さを変えて行う、ハードルジャンプ。
▼腕の反動動作を用いないで行う、ハードルジャンプ。

23. ラテラルハードルジャンプ

❶目的・様式・形態
▼下肢、上肢の複合動作での爆発的パワーの養成力。
▼両側性、垂直/側方、単発的パワー。
❷用具－ハードルまたはカラーコーン。
❸動作とポイント
▼ハードルの手前で横向きに立ち、両脚を腰幅程度に開き、上体をまっすぐに伸ばし、両肘を若干曲げた姿勢で構える。
▼下肢と腕の反動動作を用いて、股関節、膝関節、足関節を爆発的に伸展させ、両腕を素早く振り上げて、側方のハードルを跳び越える。
▼跳躍とともに、股関節と膝関節を屈曲させ膝と脚を上方に引き上げて、ハードルを越える。 
❹注意点
▼上体が前傾したり、進行方向を向いたりしないように注意する。
▼膝を引き上げる際には、足部を臀部付近に引きつけるように行う。
❺エクササイズの応用
▼ハードルの高さを変えて行う、ラテラルハードルジャンプ。
▼腕の反動動作を用いないで行う、ラテラルハードルジャンプ。

24. シングルレッグハードルジャンプ

❶目的・様式・形態
▼下肢、上肢の複合動作での爆発的パワーの養成力。
▼片側性、垂直/前方、単発的パワー。
❷用具－低ハードル。
❸動作とポイント
▼ミニハードルの手前で、片脚で身体を支持し、上体をまっすぐに伸ばし、両肘を若干曲げた姿勢で構える。
▼下肢と腕の反動動作を用いて、支持脚の股関節、膝関節、足関節を爆発的に伸展させ、両腕を素早く振り上げて、ハードルを跳び越える。
▼跳躍とともに、左右の股関節と膝関節を屈曲させ、ハードルを越える。 
❹注意点
▼膝を引き上げる際には、足部を臀部付近に引きつけるように行う。
▼跳躍動作や着地姿勢で、つま先が大きく外旋し、膝関節が内側を向かないように注意する。
❺エクササイズの応用
▼ハードルの高さを変えて行う、シングルレッグハードルジャンプ。
▼腕の反動動作を用いないで行う、シングルレッグハードルジャンプ。

25. シングルレッグラテラルハードルジャンプ

❶目的・様式・形態
▼下肢、上肢の複合動作での爆発的パワーの養成力。
▼片側性、垂直/側方、単発的パワー。
❷用具－低ハードル。
❸動作とポイント
▼ハードルの手前で横向きに立ち、手前で、片脚で身体を支持し、上体をまっすぐに伸ばし、両肘を若干曲げた姿勢で構える。
▼下肢と腕の反動動作を用いて、支持脚の股関節、膝関節、足関節を爆発的に伸展させ、両腕を素早く振り上げて、側方のハードルを跳び越える。
▼跳躍とともに、左右の股関節と膝関節を屈曲させ、ハードルを越える。
❹注意点
▼膝を引き上げる際には、足部を臀部付近に引きつけるように行う。
▼跳躍動作や着地姿勢で、つま先が大きく外旋し、膝関節が内側を向かないように注意する。
❺エクササイズの応用
▼ハードルの高さを変えて行う、シングルレッグラテラルハードルジャンプ。
▼腕の反動動作を用いないで行う、シングルレッグラテラルハードルジャンプ。

26. ボックスジャンプ

❶目的・様式・形態
▼全身の伸展動作直後に素早い屈曲を伴う爆発的パワーの養成。
▼両側性、垂直/前方、単発的パワー。
❷用具－ボックス。
❸動作とポイント
▼ボックスの手前で、片手を伸ばしてボックスに軽く触れる程度の間隔を空け後方に下がる。
▼両脚を腰幅程度に開き、上体をまっすぐに伸ばし、両肘を若干曲げた姿勢で構える。
▼下肢と腕の反動動作を用いて、股関節、膝関節、足関節を爆発的に伸展させ、両腕を素早く振り上げて、ボックスの上部に向かって跳躍を行う。
▼最大跳躍動作の直後に、股関節、膝関節、足関節を素早く屈曲させ、安定した姿勢でボックスの上に着地する。
❹注意点
▼無理のない高さのボックスから開始して、能力に応じてボックスの高さを変える。
▼跳躍動作だけではなく、最大跳躍動作の直後の下肢の素早い屈曲動作も意識して行う。
❺エクササイズの応用
▼腕の反動動作を用いないで行う、ボックスジャンプ。
▼助走、またはステップ動作からのボックスジャンプ。
▼片脚で行う、ボックスジャンプ（シングルレッグボックスジャンプ）。

27. ラテラルボックスジャンプ

❶目的・様式・形態
▼側方への全身の伸展動作直後に素早い屈曲を伴う爆発的パワーの養成。
▼両側性、垂直/側方、単発的パワー。
❷用具－ボックス。
❸動作とポイント
▼ボックスの横で、両脚を腰幅程度に開き、上体をまっすぐに伸ばし、両肘を若干曲げた姿勢で構える。
▼下肢と腕の反動動作を用いて、股関節、膝関節、足関節を爆発的に伸展させ、両腕を素早く振り上げて、ボックスの上部に向かって跳躍を行う。
▼最大跳躍動作の直後に、股関節、膝関節、足関節を素早く屈曲させ、安定した姿勢でボックスの上に着地する。
❹注意点
▼無理のない高さのボックスから開始して、能力に応じてボックスの高さを変える。
▼跳躍動作だけではなく、最大跳躍動作の直後の下肢の素早い屈曲動作も意識して行う。
❺エクササイズの応用
▼腕の反動動作を用いないで行う、ラテラルボックスジャンプ。
▼片脚で行う、ラテラルボックスジャンプ（シングルレッグラテラルボックスジャンプ）。

リバウンドジャンプ型（ショートタイプ）

28. アンクルホップ（ポゴ）

❶目的・様式・形態
▼下腿の爆発的反応筋力の養成。
▼両側性、垂直方向、連続的パワー。
❷用具 − 使用しない。
❸動作とポイント
▼両脚を腰幅程度に開き、膝関節を若干曲げて立ち、上体をまっすぐに伸ばした姿勢で腰に手を当てる。
▼下肢と体幹を固定し、足関節を背屈位で保持し、つま先側にやや加重する。
▼股関節や膝関節の反動動作を最小限にして、足関節を爆発的に伸展（底屈）させ垂直方向に高く跳ぶ。
▼着地と同時に再び跳躍し、高い跳躍と短い接地時間を心がけて連続で跳ぶ。
❹注意点
▼高い跳躍と短い接地時間を強調して行う。
▼短い接地時間を達成するために下肢、体幹の固定と、足関節を背屈位で固定するように行う。
❺エクササイズの応用
▼腕の振り上げ動作を伴う、アンクルホップ。
▼前後、または左右に連続的に跳躍するアンクルホップ。

29. 前方への移動を伴うアンクルホップ（ポゴ）

❶目的・様式・形態
▼下腿の爆発的反応筋力の養成。
▼両側性、垂直/前方移動、連続的パワー。
❷用具 − ミニハードル。
❸動作とポイント
▼ミニハードルの手前で、両脚を腰幅程度に開き、膝関節を若干曲げて立ち、上体をまっすぐに伸ばし、両肘を若干曲げた姿勢で構える。
▼下肢と体幹を固定し、足関節を背屈位で保持し、つま先側にやや加重する。
▼股関節や膝関節の反動動作を最小限にして、足関節を爆発的に伸展（底屈）させ、両腕を振り上げてミニハードルを跳び越える。
▼着地と同時に再び跳躍し、高い跳躍と短い接地時間を心がけて連続的にミニハードルを跳び越える。
❹注意点
▼短い接地時間を達成するために下肢、体幹の固定と、足関節を背屈位で固定するように行う。
▼ミニハードルの間隔が広かったり、前方に大きく跳びすぎた場合には、跳躍の際に腰部が反ることがあるため注意する。 
❺エクササイズの応用
▼ハードルの高さや距離を変えて行う、移動を伴うアンクルホップ。
▼側方への移動を伴うアンクルホップ。

30. スプリットアンクルホップ

❶目的・様式・形態
▼爆発的反応筋力の養成。
▼交互性、垂直方向、連続的パワー。
❷用具 − 使用しない。
❸動作とポイント
▼脚を腰幅に開き、脚を前後に大きく広げ、上体をまっすぐに伸ばした姿勢で腰に手を当てる。
▼両脚の膝関節をやや屈曲させ、足関節を背屈位で保持し、つま先側にやや加重する。
▼股関節や膝関節の反動動作を最小限にして、足関節を爆発的に伸展（底屈）させ、垂直方向に高く跳ぶ。
▼着地と同時に再び跳躍し、高い跳躍と短い接地時間を心がけて連続で跳ぶ。
❹注意点
▼短い接地時間を達成するために下肢、体幹の固定と、足関節を背屈位で固定するように行う。
▼躍動作の際に骨盤が回旋しないように注意する。
❺エクササイズの応用
▼腕の振り上げ動作を加えて行う、スプリットアンクルホップ。
▼前方への移動動作を伴う、スプリットアンクルホップ。

31. シザーズアンクルホップ（サイクルスプリットアンクルホップ）

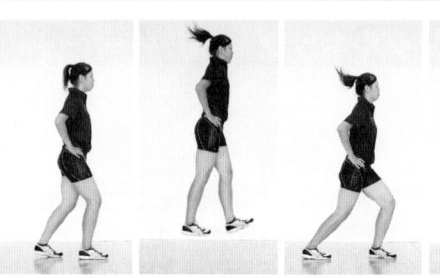

❶目的・様式・形態
▼爆発的反応筋力の養成。
▼交互性、垂直方向、連続的パワー。
❷用具－使用しない。
❸動作とポイント
▼両脚を腰幅に開き、前後に大きく広げ、上体をまっすぐに伸ばした姿勢で腰に手を当てる。
▼両脚の膝関節をやや屈曲させた、足関節を背屈位で保持し、つま先側にやや加重する。
▼足関節を爆発的に伸展（底屈）させ、垂直方向に高く跳び、前後の脚を最高跳躍地点で入れ替えながら行う。
▼着地と同時に再び跳躍し、高い跳躍と短い接地時間を心がけて連続で跳ぶ。
❹注意点
▼短い接地時間を達成するために下肢、体幹の固定と、足関節を背屈位で固定するように行う。
▼跳躍動作で、後方のつま先が大きく外旋しないように注意する。
❺エクササイズの応用
▼腕の振り上げ動作を加えて行う、シザーズアンクルホップ。
▼前方への移動動作を伴う、シザーズアンクルホップ。

32. ハードルホップ

❶目的・様式・形態
▼下肢、上肢の複合動作での爆発的反応筋力の養成。
▼両側性、垂直/前方移動、連続的パワー。
❷用具－ハードルまたはカラーコーン。
❸動作とポイント
▼ハードルの手前で、両脚を腰幅程度に開き、上体をまっすぐに伸ばし、両肘を若干曲げた姿勢で構える。
▼股関節、膝関節、足関節を爆発的に伸展させ、両腕を振り上げてハードルを越える。
▼跳躍とともに、股関節と膝関節を屈曲させ、膝と脚を上方に引き上げる。
▼着地と同時に再び跳躍し、高い跳躍と短い接地時間を心がけて、連続的にハードルを跳び越える。
❹注意点
▼脚が完全に伸展した直後に、膝と踵を上方に素早く引き上げる。
▼脚の伸展動作と腕の振り上げ動作のタイミングに注意する。
❺エクササイズの応用
▼ハードルの高さやハードルの間隔を変えて行う、ハードルホップ。
▼腕の反動動作を用いないで行う、ハードルホップ。

33. ラテラルハードルホップ

❶目的・様式・形態
▼下肢、上肢の複合動作での爆発的反応筋力の養成。
▼両側性、垂直/側方移動、連続的パワー。
❷用具－ハードルまたはカラーコーン。
❸動作とポイント
▼ハードルの横で、両脚を腰幅程度に開き、上体をまっすぐに伸ばし、両肘を若干曲げた姿勢で構える。
▼股関節、膝関節、足関節を爆発的に伸展させ、両腕を振り上げて、ハードルを横向きに跳び越える。
▼跳躍とともに、股関節と膝関節を屈曲させ膝と脚を上方に引き上げる。
▼着地と同時に側方に再び跳躍し、高い跳躍と短い接地時間を心がけて、連続的にハードルを跳び越える。
❹注意点
▼ハードルを跳び越える際に、上体が進行方向を向かないように注意する。
▼脚が完全に伸展した直後に、膝と踵を上方に素早く引き上げる。
❺エクササイズの応用
▼ハードルの高さやハードルの間隔を変えて行う、ラテラルハードルホップ。
▼腕の反動動作を用いないで行う、ラテラルハードルホップ。

34. 往復ラテラルハードルホップ

❶目的・様式・形態

▼下肢、上肢の複合動作での爆発的反応筋力の養成。

▼両側性、垂直/左右移動、連続的パワー。

❷用具－ハードルまたはカラーコーン。

❸動作とポイント

▼ハードルの横で、両脚を腰幅程度に開き、上体をまっすぐに伸ばし、両肘を若干曲げた姿勢で構える。

▼股関節、膝関節、足関節を爆発的に伸展させ、両腕を振り上げて、ハードルを横向きに跳び越える。

▼跳躍とともに、股関節と膝関節を屈曲させ膝と足を上方に引き上げる。

▼着地と同時に反対側に再び跳躍し、高い跳躍と短い接地時間を心がけて、連続的にハードルを跳び越える。

❹注意点

▼高い跳躍と短い接地時間を強調して行う。

▼ハードルを跳び越える際に、上体が進行方向を向かないように注意する。

❺エクササイズの応用

▼ハードルの高さを変えて行う、往復ラテラルハードルホップ。

▼腕の反動動作を用いないで行う、往復ラテラルハードルホップ。

35. ジグザグハードルホップ

❶目的・様式・形態

▼下肢、上肢の複合動作での爆発的反応筋力の養成。

▼両側性、垂直/前斜方向移動、連続的パワー。

❷用具－ハードルまたはカラーコーン（写真ではミニハードルを使用）。

❸動作とポイント

▼ハードルの横で、両脚を腰幅程度に開き、上体をまっすぐに伸ばし、両肘を若干曲げた姿勢で構える。

▼股関節、膝関節、足関節を爆発的に伸展させ、両腕を振り上げて、ハードルを斜め横方向に跳び越える。

▼跳躍とともに、股関節と膝関節を屈曲させ膝と足を上方に引き上げる。

▼着地と同時に反対側の斜め横方向に再び跳躍し、高い跳躍と短い接地時間を心がけて、連続的にハードルを跳び越える。

❹注意点

▼脚が完全に伸展した直後に、膝と踵を上方に素早く引き上げる。

▼上体が前傾したり、後傾したりしないように注意する。

❺エクササイズの応用

▼ハードルの高さを変えて行う、ジグザグハードルホップ。

▼腕の反動動作を用いないで行う、ジグザグハードルホップ。

36. 漸増垂直ホップ

❶目的・様式・形態

▼下肢、上肢の複合動作での爆発的反応筋力の養成。

▼両側性、垂直/左右・前斜方向移動、連続的パワー。

❷用具－ゴムまたはロープ。

❸動作とポイント

▼斜めに張ったゴム（ロープ）の横で、両脚を腰幅程度に開き、上体をまっすぐに伸ばし、両肘を若干曲げた姿勢で構える。

▼股関節、膝関節、足関節を爆発的に伸展させ、両腕を振り上げて、ゴム（ロープ）を横向きに跳び越える。

▼着地と同時に反対側に再び跳躍し、高い跳躍と短い接地時間を心がけて、左右に連続して跳びながら徐々に前方に移動する。

▼最高点に達したら、その場で数回ジャンプを繰り返す。

❹注意点

▼脚が完全に伸展した直後に、膝と踵を上方に素早く引き上げる。

▼上体が前傾したり、後傾したりしないように注意する。

❺エクササイズの応用

▼ゴム（ロープ）の傾斜角度を変えて行う、漸増垂直ホップ。

▼腕の反動動作を用いないで行う、漸増垂直ホップ。

37. ブルガリアンスクワットホップ

❶目的・様式・形態
▼下肢、上肢の複合動作での爆発的反応筋力の養成。
▼交互性、垂直方向、連続的パワー。

❷用具－ボックス。

❸動作とポイント
▼両脚を腰幅程度に開き、前後に大きく広げ、後方の足のつま先をボックスの上に乗せ、前方の脚の膝関節を130度程度に屈曲した姿勢で構える。
▼上体をまっすぐに伸ばし、腕はランニング動作のように構える。
▼前方脚の股関節、膝関節、足関節を爆発的に伸展させ垂直方向に高く跳び、腕はランニング動作のように振る。
▼着地と同時に素早く切り返して、高い跳躍と短い接地時間を心がけて、連続的に跳躍動作を行う。

❹注意点
▼身体のバランスを崩しやすい場合には、脚幅を腰幅程度よりもやや大きく開いて行う。
▼跳躍動作で腰部が反ったり、つま先が外旋したりしないように注意する。

❺エクササイズの応用
▼腕振り動作を行わないで行う、ブルガリアンスクワットホップ。
▼両腕で引き上げ動作を行いながら行う、ブルガリンアンスクワットホップ。

38. シングルレッグハードルホップ

❶目的・様式・形態
▼下肢、上肢の複合動作での爆発的反応筋力の養成。
▼片側性、垂直/前方移動、連続的パワー。

❷用具－低ハードル

❸動作とポイント
▼ハードルの手前で、片脚で身体を支持し、上体をまっすぐに伸ばし、両肘を若干曲げた姿勢で構える。
▼支持脚側の股関節、膝関節、足関節を爆発的に伸展させ、両腕を振り上げて、ハードルを跳び越える。
▼跳躍とともに、左右の股関節と膝関節を屈曲させる。
▼着地と同時に前方に再び跳躍し、高い跳躍と短い接地時間を心がけて、連続的にハードルを跳び越える。

❹注意点
▼脚が完全に伸展した直後に、膝と踵を上方に素早く引き上げる。
▼跳躍動作や着地姿勢で、つま先が大きく外旋し、膝関節が内側を向かないように注意する。

❺エクササイズの応用
▼ハードルの高さや間隔を変えて行う、シングルレッグハードルホップ。
▼支持脚側と反対側の脚で着地し、左右の脚を入れ替えながら行う、シングルレッグハードルホップ。
▼腕の反動動作を用いないで行う、シングルレッグハードルホップ。

39. シングルレッグラテラルハードルホップ

❶目的・様式・形態
▼下肢、上肢の複合動作での爆発的反応筋力の養成。
▼片側性、垂直/側方移動、連続的パワー。

❷用具－低ハードル

❸動作とポイント
▼ハードルの横で、片脚で身体を支持し、上体をまっすぐに伸ばし、両肘を若干曲げた姿勢で構える。
▼支持脚側の股関節、膝関節、足関節を爆発的に伸展させ、両腕を振り上げて、ハードルを横向きに跳び越える。
▼跳躍とともに、左右の股関節と膝関節を屈曲させる。
▼着地と同時に側方に再び跳躍し、高い跳躍と短い接地時間を心がけて、連続的にハードルを跳び越える。

❹注意点
▼ハードルを跳び越える際に、上体が進行方向を向かないように注意する。
▼跳躍動作や着地姿勢で、つま先が大きく外旋し、膝関節が内側を向かないように注意する。

❺エクササイズの応用
▼ハードルの高さや間隔を変えて行う、シングルレッグラテラルハードルホップ。
▼腕の反動動作を用いないで行う、シングルレッグラテラルハードルホップ。

40. シングルレッグ往復ラテラルハードルホップ

❶目的・様式・形態
▼下肢、上肢の複合動作での爆発的反応筋力の養成。
▼片側性、垂直/左右移動、連続的パワー。
❷用具－低ハードル
❸動作とポイント
▼ハードルの横で、片脚で身体を支持し、上体をまっすぐに伸ばし、両肘を若干曲げた姿勢で構える。
▼支持脚側の股関節、膝関節、足関節を爆発的に伸展させ、両腕を振り上げて、ハードルを横向きに跳び越える。
▼跳躍とともに、左右の股関節と膝関節を屈曲させる。
▼着地と同時に反対側に再び跳躍し、高い跳躍と短い接地時間を心がけて、連続的にハードルを跳び越える。
❹注意点
▼脚の伸展動作と腕の振り上げ動作のタイミングに注意。
▼跳躍動作や着地姿勢で、つま先が大きく外旋し、膝関節が内側を向かないように注意する。
❺エクササイズの応用
▼ハードルの高さや間隔を変えて行う、シングルレッグ往復ラテラルハードルホップ。
▼腕の反動動作を用いないで行う、シングルレッグ往復ラテラルハードルホップ。

41. シングルレッグジグザグハードルホップ

❶目的・様式・形態
▼下肢、上肢の複合動作での爆発的反応筋力の養成。
▼片側性、垂直/前斜方向移動、連続的パワー。
❷用具－低ハードル（写真ではミニハードルを使用）。
❸動作とポイント
▼ハードルの横で、片脚で身体を支持し、上体をまっすぐに伸ばし、両肘を若干曲げた姿勢で構える。
▼支持脚側の股関節、膝関節、足関節を爆発的に伸展させ、両腕を振り上げて、ハードルを斜め横方向に跳び越える。
▼跳躍とともに、左右の股関節と膝関節を屈曲させる。
▼着地と同時に反対側の斜め前方に再び跳躍し、高い跳躍と短い接地時間を心がけて、連続的にハードルを跳び越える。
❹注意点
▼前方に大きく跳びすぎると接地時間が長くなったり、バランスを崩したりするため注意する。
▼跳躍動作や着地姿勢で、つま先が大きく外旋し、膝関節が内側を向かないように注意する。
❺エクササイズの応用
▼ハードルの高さを変えて行う、シングルレッグジグザグハードルホップ。
▼腕の反動動作を用いないで行う、シングルレッグジグザグハードルホップ。

42. パワースキップ

❶目的・様式・形態
▼下肢、上肢の複合動作での爆発的反応筋力の養成。
▼交互性、前方移動、連続的パワー。
❷用具－使用しない。
❸動作とポイント
▼両脚を前後に広げた、ランニングの姿勢で構える。
▼ランニング動作のように腕を振りながら、前方から振り下ろした脚で力強く地面を蹴り、最大の高さと距離を獲得するよう跳び、ステップを踏んだ後に素早く前後の脚を入れ換えながら前方に移動する。
▼ステップを踏んだ後に素早く前後の脚を入れ換えて、連続してスキップを行う。
▼脚は右－右－左－左－右－右のステップパターンで行う。
❹注意点
▼短い接地時間を心がけ、連続的な爆発動作で行う。
▼前方に遠く跳びすぎると接地時間が長くなりすぎるため、過度な跳躍に注意する。
❺エクササイズの応用
▼高さや距離を意識して行う、パワースキップ。

43. 交互脚バウンド

❶目的・様式・形態
▼下肢、上肢の複合動作での爆発的反応筋力の養成。
▼交互性、前方移動、連続的パワー。
❷用具－移動距離の目標となるラインやマーカー。
❸動作とポイント
▼両脚を前後に広げた、ランニングの姿勢で構え、静止姿勢または、歩行、ランニング動作からスタートする。
▼ランニング動作のように腕を振りながら、下肢の爆発的な伸展動作の直後に、素早く股関節を屈曲させ、前方から振り下ろした脚で力強く地面を蹴る。
▼最大の高さと距離を獲得するよう跳び、前後の脚を入れ換えながら前方に移動する。
❹注意点
▼遠くに跳びすぎると、接地時間が長くなりすぎるため注意する。
▼跳躍動作で骨盤が大きく回旋しないように注意する。
❺エクササイズの応用
▼両腕を同時にスイングする、交互脚バウンド。
▼片脚で行うバウンド（シングルレッグバウンド）。

44. ラテラルバウンド

❶目的・様式・形態
▼下肢、上肢の複合動作での爆発的反応筋力の養成。
▼片側性、側方、連続的パワー。
❷用具－跳躍距離の目標となるラインやマーカー。
❸動作とポイント
▼両脚を腰幅程度に開き、膝を若干曲げ、上体をまっすぐに伸ばし、両肘を若干曲げた姿勢で構える。
▼片脚で力強く地面を蹴り、腕を振り上げ、側方にできるだけ遠く跳ぶ。
▼反対側の脚で着地すると同時に、素早く切り返して、スタート地点まで戻る。
❹注意点
▼側方に大きく跳びすぎると、接地時間が長くなりすぎるため注意する。
▼切り返し局面で、下肢関節が曲がらないように注意し、短い接地時間を心がける。
❺エクササイズの応用
▼やや前方の移動を伴う、ラテラルバウンド。
▼左右交互に連続的に行う、ラテラルバウンド。

45. 交互脚ジグザグバウンド

❶目的・様式・形態
▼下肢、上肢の複合動作での爆発的反応筋力の養成。
▼交互性、垂直/前斜方向移動、連続的パワー。
❷用具－跳躍距離の目標となるラインやマーカー（写真はミニハードルを並べて代用）。
❸動作とポイント
▼左右にラインを引き、ラインの外側に立ち、両脚を腰幅程度に開き、膝を若干曲げ、上体をまっすぐに伸ばし、両肘を若干曲げた姿勢で構える。
▼片脚で力強く地面を蹴り、腕を振り上げ、反対側の斜め前方のラインに跳ぶ。
▼反対側の脚で着地すると同時に、再び反対側の斜め前方のラインに跳び、連続的に跳躍を行う。
❹注意点
▼側方に大きく跳びすぎると、接地時間が長くなりすぎるため注意する。
▼切り返し局面で、下肢関節が曲がらないように注意し、短い接地時間を心がける。
❺エクササイズの応用
▼ラインの幅を変えて行う、交互脚ジグザグバウンド。

46. 交互脚階段バウンド

❶目的・様式・形態
▼下肢、上肢の複合動作での爆発的反応筋力の養成。
▼交互性、垂直/前方移動、連続的パワー。
❷用具－階段。
❸動作とポイント
▼両脚を前後に広げた、ランニングの姿勢で構え、静止姿勢または歩行動作からスタートする。
▼片側の脚が階段に接地したら、股関節、膝関節、足関節を爆発的に伸展させて、前後の脚を入れ換えながら素早く階段を駆け上がる。
▼腕はランニング動作のように振りながら行う。
❹注意点
▼大きく跳躍しすぎると減速局面が大きくなり、接地時間が長くなりすぎるため注意する。
▼切り返し局面で、下肢関節が曲がらないように注意し、短い接地時間を心がける。
❺エクササイズの応用
▼腕の反動動作を用いない交互脚階段バウンド。
▼片脚で行う、階段バウンド（シングルレッグ階段バウンド）。

47. ラテラル階段バウンド

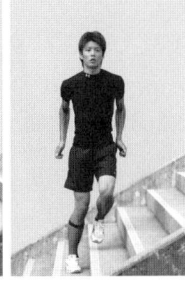

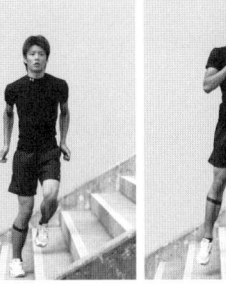

❶目的・様式・形態
▼下肢、上肢の複合動作での爆発的反応筋力の養成。
▼片側性、垂直/側方、連続的パワー。
❷用具－階段。
❸動作とポイント
▼階段に横向きで立ち、片脚で身体を支持し、上体をまっすぐに伸ばし、両肘を若干曲げた姿勢で構える。
▼下の階段に1段下りたら、片脚で素早く切り返して、爆発的な跳躍動作で上の階段に高く跳び上がる。
▼短い接地時間を心がけ、スタートの位置よりもさらに高い段をめざして跳ぶ。
❹注意点
▼接地時と跳躍動作時に、身体の軸が曲がらないように注意する。
▼切り返し局面で、下肢関節が曲がらないように注意し、短い接地時間を心がける。
❺エクササイズの応用
▼腕の反動動作を用いない、ラテラル階段バウンド。

48. デプスジャンプ（ドロップジャンプ）

❶目的・様式・形態
▼下肢、上肢の複合動作での爆発的反応筋力の養成。
▼両側性、垂直方向、単発的パワー。
❷用具－ボックス、跳躍高の目標となるハードルやカラーコーン。
❸動作とポイント
▼両脚を腰幅程度に開き、膝を若干曲げ、上体をまっすぐに伸ばし、両肘を若干曲げた姿勢で、ボックスの端に構える。
▼片脚を1歩踏み出して落下し、両脚で着地すると同時に素早く切り返して、爆発的な跳躍動作で腕を振り上げる。
▼跳躍とともに、左右の股関節と膝関節を屈曲させる。
▼短い接地時間を心がけ、目標物を跳び越える。
❹注意点
▼ボックスが高すぎる場合には、接地時間が長くなりすぎるため、能力に応じた高さを選ぶ。
▼切り返し局面で、体幹や股関節、膝関節、足関節を固定し、短い接地時間を心がける。
❺エクササイズの応用
▼複数のボックスを並べて、着地後に前方のボックスに再び跳躍するデプスジャンプ。
▼デプスジャンプ後に、素早くダッシュを行う。 
▼片脚で行うデプスジャンプ（シングルレッグデプスジャンプ）。

49. デプスリープ（ドロップリープ）

❶目的・様式・形態
▼下肢、上肢の複合動作での爆発的反応筋力の養成。
▼両側性、前方、単発的パワー。

❷用具 ―ボックス、跳躍距離の目標となるラインやマーカー。

❸動作とポイント
▼両脚を腰幅程度に開き、膝を若干曲げ、上体をまっすぐに伸ばし、両肘を若干曲げた姿勢で、ボックスの端に構える。
▼片脚を1歩踏み出して落下し、両脚で着地すると同時に素早く切り返して、爆発的な跳躍動作で腕を振り上げる。
▼短い接地時間を心がけ、できるだけ遠くに跳ぶ。

❹注意点
▼ボックスが高すぎる場合には、接地時間が長くなりすぎるため、能力に応じた高さを選ぶ。
▼切り返し局面で、体幹や股関節、膝関節、足関節を固定し、短い接地時間を心がける。

❺エクササイズの応用
▼デプスリープ後に、素早くダッシュを行う。
▼片脚で行うデプスリープ（シングルレッグデプスリープ）。

50. ボックスジャンプ＆アップ

❶目的・様式・形態
▼下肢、上肢の複合動作での爆発的反応筋力の養成。
▼両側性、垂直方向、連続的パワー。

❷用具 ―ボックス。

❸動作とポイント
▼ボックスの手前で、両脚を腰幅程度に開き、膝を若干曲げ、上体をまっすぐに伸ばし、両肘を若干曲げた姿勢で構える。
▼爆発的な跳躍動作でボックスの上部に跳躍し、着地すると同時に素早く切り返して、爆発的な最大跳躍を行う。
▼最大跳躍の際に、股関節と膝関節を屈曲させる。

❹注意点
▼ボックスが高すぎる場合には、接地時間が長くなりすぎるため、能力に応じた高さを選ぶ。
▼切り返し局面で、体幹や股関節、膝関節、足関節を固定し、短い接地時間を心がける。

❺エクササイズの応用
▼ボックスへの跳躍距離を長くして行う、ボックスジャンプ＆アップ。
▼片脚で行うボックスジャンプ＆アップ（シングルレッグボックスジャンプ＆アップ）。

51. 開脚デプスジャンプ（開脚ドロップジャンプ）

❶目的・様式・形態
▼下肢、上肢の複合動作での爆発的反応筋力の養成。
▼両側性、垂直方向、単発的パワー。

❷用具 ―ボックス2台。

❸動作とポイント
▼2台のボックスの上に、両脚を大きく開いて立ち、膝を若干曲げ、上体をまっすぐに伸ばし、両肘を若干曲げた姿勢で構える。
▼2台のボックスの中央の地面に落下し、両脚で着地すると同時に素早く切り返して、爆発的な跳躍動作で腕を振り上げる。
▼ボックスの上部に跳躍し、開脚して着地する。

❹注意点
▼ボックスが高すぎる場合には、接地時間が長くなりすぎるため、能力に応じた高さを選ぶ。
▼切り返し局面で、体幹や股関節、膝関節、足関節を固定し、短い接地時間を心がける。

❺エクササイズの応用
▼開脚デプスジャンプを連続的に行う。
▼2台のボックス距離を離して設置して行う、開脚デプスジャンプ。

52. ラテラルデプスジャンプ

❶目的・様式・形態
▼下肢、上肢の複合動作での爆発的反応筋力の養成。
▼両側性、垂直/側方、単発的パワー。
❷用具−ボックス、跳躍高の目標となるハードルやカラーコーン。
❸動作とポイント
▼膝を若干曲げ、上体をまっすぐに伸ばし、両肘を若干曲げた姿勢で、ボックスの端に横向きで構える。
▼片脚を1歩踏み出して落下し、両脚で着地すると同時に素早く切り返して、爆発的な跳躍動作で腕を振り上げる。
▼跳躍とともに、左右の股関節と膝関節を屈曲させ、ハードルを跳び越える。  
❹注意点
▼ボックスが高すぎる場合には、接地時間が長くなりすぎるため、能力に応じた高さを選ぶ。
▼切り返し局面で、体幹や股関節、膝関節、足関節を固定し、短い接地時間を心がける。
❺エクササイズの応用
▼再びボックスの上に跳び乗る、ラテラルデプスジャンプ（単発的動作、連続的動作）。
▼片脚で行うラテラルデプスジャンプ（シングルレッグラテラルデプスジャンプ）。

53. 往復ラテラルボックスジャンプ＆ダウン

❶目的・様式・形態
▼下肢、上肢の複合動作での爆発的反応筋力の養成。
▼両側性、垂直方向、連続的パワー。
❷用具−ボックス。
❸動作とポイント
▼ボックスの横で、両脚を腰幅程度に開き、膝を若干曲げ、上体をまっすぐに伸ばし、両肘を若干曲げた姿勢で構える。
▼爆発的な跳躍動作で、ボックスの上部に跳躍し、着地と同時に素早く切り返して反対側の地面に落下する。
▼着地と同時に素早く切り返して、再びボックス上に跳躍動作を行う。  
❹注意点
▼ボックスが高すぎる場合には、接地時間が長くなりすぎるため、能力に応じた高さを選ぶ。
▼切り返し局面で、体幹や股関節、膝関節、足関節を固定し、短い接地時間を心がける。
❺エクササイズの応用
▼ボックスへの跳躍距離を長くして行う、往復ラテラルボックスジャンプ＆ダウン。
▼片脚で行う往復ラテラルデプスジャンプ連続（往復ラテラルシングルレッグボックスジャンプ＆ダウン）。

リバウンドジャンプ型（ロングタイプ）

54. スクワットジャンプ連続

❶目的・様式・形態
▼爆発的反応筋力の養成。
▼両側性、垂直方向、連続的パワー。
❷用具−使用しない。
❸動作とポイント
▼両脚を腰幅か肩幅程度に開き、上体をまっすぐに伸ばした姿勢で、両腕を頭の後ろで組む。
▼下肢の反動動作を用いて、股関節、膝関節、足関節を爆発的に伸展させ、垂直方向に高く跳ぶ。
▼着地と同時に、短い接地時間を心がけて、下肢を爆発的に伸展させ、跳躍動作を連続的に行う。
❹注意点
▼高い跳躍と短い接地時間を強調して行う。
▼深くしゃがみすぎると接地時間が長くなりすぎるため注意が必要である。
❺エクササイズの応用
▼前後、左右への移動を伴う、スクワットジャンプ連続。
▼片脚で行うスクワットジャンプ連続（シングルレッグスクワットジャンプ連続）。

55. スプリットスクワットジャンプ連続

❶目的・様式・形態
▼爆発的反応筋力の養成。
▼交互性、垂直方向、連続的パワー。

❷用具－使用しない。

❸動作とポイント
▼両脚を腰幅に開き、前後に大きく広げ、上体をまっすぐに伸ばし、両肘を若干曲げた姿勢で構える。
▼前方の脚の膝関節が130度程度になるように股関節、膝関節を屈曲させ、前方の足裏全体を床面に着け、後方の足はつま先を床面に着ける。
▼前後の脚を爆発的に伸展させ、垂直方向に高く跳ぶ。
▼着地と同時に、素早く切り返して、短い接地時間で高い跳躍を心がけて、跳躍動作を連続的に行う。

❹注意点
▼高い跳躍と短い接地時間を強調して行う。
▼開始姿勢および接地姿勢で、後方のつま先が大きく外旋しないように注意する。

❺エクササイズの応用
▼両腕の反動動作を用いて行う、スプリットスクワットジャンプ連続。
▼しゃがむ深さを変えて行う、スプリットスクワットジャンプ連続。

56. シザーズジャンプ（サイクルスプリットスクワットジャンプ）連続

❶目的・様式・形態
▼爆発的反応筋力の養成。
▼交互性、垂直方向、連続的パワー。

❷用具－使用しない。

❸動作とポイント
▼両脚を腰幅に開き、前後に大きく広げ、上体をまっすぐに伸ばし、両肘を若干曲げた姿勢で構える。
▼前方の脚の膝関節が130度程度になるように股関節、膝関節を屈曲させ、前方の足裏全体を床面に着け、後方の足はつま先を床面に着ける。
▼前後の脚を爆発的に伸展させ、垂直方向に高く跳ぶ。
▼前後の脚を最高跳躍地点で入れ替えてから着地し、着地と同時に素早く切り返して、跳躍動作を連続的に行う。

❹注意点
▼高い跳躍と短い接地時間を強調して行う。
▼短い接地時間を達成するために、接地時に股関節、膝関節が大きく曲がりすぎないように注意する。

❺エクササイズの応用
▼両腕の反動動作を用いて行う、シザーズジャンプ連続。
▼しゃがむ深さを変えて行う、シザーズジャンプ連続。

57. シザーズリープ（サイクルスプリットスクワットリープ）連続

❶目的・様式・形態
▼爆発的反応筋力の養成。
▼交互性、垂直/前斜方向移動、連続的パワー。

❷用具－使用しない。

❸動作とポイント
▼両脚を腰幅に開き、前後に大きく広げ、上体をまっすぐに伸ばし、両肘を若干曲げた姿勢で構える。
▼前方の脚の膝関節が130度程度になるように股関節、膝関節を屈曲させ、前方の足裏全体を床面に着け、後方の足はつま先を床面に着ける。
▼前後の脚を爆発的に伸展させ、やや前方に高く跳ぶ。
▼前後の脚を最高跳躍地点で入れ替えてから、着地と同時に素早く切り返して、跳躍動作を連続的に行う。

❹注意点
▼高い跳躍と短い接地時間を強調して行う。
▼上体が前傾しすぎないよう注意し、前後の脚をバランスよく伸展する。

❺エクササイズの応用
▼両腕の反動動作を用いて行う、シザーズリープ連続。
▼前方脚、または後方脚のいずれかの脚の伸展動作を強調して行う、シザーズリープ連続。

58. 垂直跳び（連続）

❶目的・様式・形態
▼下肢、上肢の複合動作での爆発的反応筋力の養成。
▼両側性、垂直方向、連続的パワー。
❷用具－跳躍高の目安となる目印。
❸動作とポイント
▼両脚を腰幅程度に開き、上体をまっすぐに伸ばし、両肘を若干曲げた姿勢で構える。
▼下肢と腕の反動動作を用いて、股関節、膝関節、足関節を爆発的に伸展させ、両腕を素早く振り上げて、垂直方向に高く跳ぶ。
▼両手または片手を上方に伸ばして目標物に触れる。
▼着地と同時に素早く切り返して、跳躍動作を連続的に行う。 
❹注意点
▼短い接地時間と高い跳躍を強調して跳ぶ。
▼深くしゃがみすぎると接地時間が長くなりすぎるため注意が必要である。
❺エクササイズの応用
▼片脚で行う、垂直跳び連続（シングルレッグ垂直跳び連続）。

59. 立ち幅跳び（連続）

❶目的・様式・形態
▼下肢、上肢の複合動作での爆発的反応筋力の養成。
▼両側性、前方、連続的パワー。
❷用具－移動距離の目印となるラインやマーカー。
❸動作とポイント
▼両脚を腰幅程度に開き、上体をまっすぐに伸ばし、両肘を若干曲げた姿勢で構える。
▼下肢と腕の反動動作を用いて、股関節、膝関節、足関節を爆発的に伸展させ、両腕を素早く振り上げて、遠くへ跳ぶ。
▼着地と同時に素早く切り返して、跳躍動作を連続的に行う。
❹注意点
▼大きく跳びすぎると接地時間が長くなりすぎるため、能力に応じて跳躍距離を調整する。
▼下肢の伸展動作と腕の振り上げ動作のタイミングに注意する。
❺エクササイズの応用
▼連続動作の回数を増加させて行う、立ち幅跳び（連続）。
▼片脚で行う、立ち幅跳び連続（シングルレッグ立ち幅跳び連続）。
▼跳躍脚を交互に入れ換えながら行う、交互脚立ち幅跳び（連続）。

60. 交互脚ラテラルプッシュオフ（連続）

❶目的・様式・形態
▼下肢、上肢の複合動作での爆発的反応筋力の養成。
▼交互性、垂直/側方、連続的パワー。
❷用具－ボックス。
❸動作とポイント
▼ボックスの真横に立ち、両脚を腰幅程度に開いたら、片足をボックスに乗せる。
▼上体をまっすぐに伸ばした姿勢でやや前傾させ、両肘を若干曲げた姿勢で構える。
▼ボックス上の脚の股関節、膝関節、足関節を爆発的に伸展させ、両腕を振り上げて、反対側に高く跳ぶ。
▼着地と同時に素早く切り返して、反対側への跳躍動作を連続的に行う。
❹注意点
▼側方だけではなく、垂直方向への跳躍動作も強調して行う。
▼ボックスに乗せた脚の爆発的伸展動作と、短い接地時間を強調する。
❺エクササイズの応用
▼腕の反動動作を用いない、交互脚ラテラルプッシュオフ連続。
▼片脚プッシュオフ（89頁）を、左右の脚を入れ替えながら連続で行う、交互脚プッシュオフ（連続）。

2.2 上肢のプライオメトリクス

1. 膝立ち姿勢でのメディシンボールチェストプッシュ

❶目的・様式・形態
▼肩関節と肘関節の爆発的パワーの養成。
▼スタティック型。
▼両側性、前方、単発的パワー。
❷用具－メディシンボール。
❸動作とポイント
▼両脚を腰幅か肩幅程度に開き、両膝を地面に着けるか、片膝立ち姿勢で構える。
▼両肘を若干屈曲させて、メディシンボールを胸の高さで持つ。
▼静止状態から両腕を爆発的に伸展させ、メディシンボールを前方に投射する。
❹注意点
▼メディシンボールを投射する際に、上体を安定させて行う。
▼両腕の爆発的な伸展を強調して行う。
❺エクササイズの応用
▼座位姿勢または、立位姿勢で行う、チェストプッシュ。
▼片手で行う、チェストプッシュ。

2. 膝立ち姿勢でのメディシンボールチェストプッシュ（反動型）

❶目的・様式・形態
▼肩関節と肘関節の爆発的パワーの養成。
▼カウンタームーブメント型。
▼両側性、前方、単発的パワー。
❷用具－メディシンボール。
❸動作とポイント
▼両脚を腰幅か肩幅程度に開き、両膝を地面に着けるか、片膝立ち姿勢で構える。
▼両肘を若干屈曲させて、メディシンボールを胸の高さで持つ。
▼両腕を屈曲させた直後に素早く切り返し、両腕を爆発的に伸展させ、メディシンボールを前方に投射する。
❹注意点
▼メディシンボールを投射する際に、上体を安定させて行う。
▼両腕の素早い切り返し動作を意識して行う。
❺エクササイズの応用
▼座位姿勢または、立位姿勢で行う、チェストプッシュ（反動型）。
▼片手で行う、チェストプッシュ（反動型）。
▼パートナーからメディシンボールを両手で受け取った直後に素早く切り返して投射する、メディシンボールチェストプッシュ（リバウンド型）。

3. 膝立ち姿勢でのメディシンボールオーバーヘッドスロー

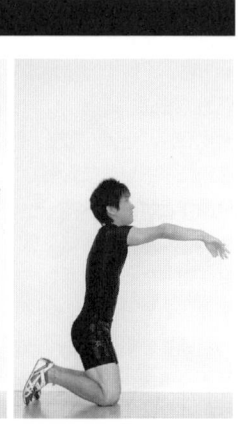

❶目的・様式・形態
▼オーバーヘッドからの爆発的パワーの養成。
▼スタティック型。
▼両側性、前方、単発的パワー。
❷用具－メディシンボール。
❸動作とポイント
▼両脚を腰幅か肩幅程度に開き、両膝を地面に着けるか、片膝立ち姿勢で構える。
▼両手でメディシンボールを持ち、両肘を若干屈曲させて頭上に構える。
▼静止状態から体幹と両腕の爆発的動作によって、メディシンボールを前方へ投射する。
❹注意点
▼体幹と両腕の運動で、メディシンボールを投げるように行う。
▼メディシンボールを投射する際は、上体を安定させて行う。
❺エクササイズの応用
▼座位姿勢または、立位姿勢で行う、オーバーヘッドスロー。
▼片手で行う、オーバーヘッドスロー。

4. 膝立ち姿勢でのメディシンボールオーバーヘッドスロー（反動型）

❶目的・様式・形態
▼オーバーヘッドからの爆発的パワーの養成。
▼カウンタームーブメント型。
▼両側性、前方、単発的パワー。
❷用具－メディシンボール。
❸動作とポイント
▼両脚を腰幅か肩幅程度に開き、両膝を地面に着けるか、片膝立ち姿勢で構える。
▼両手でメディシンボールを持ち、両肘を若干屈曲させて頭上に構える。
▼両腕および体幹を伸展させた直後に素早く切り返して、爆発的にメディシンボールを前方に投射する。
❹注意点
▼反動動作で、腰が反りすぎないように注意する。
▼体幹と両腕の素早い切り返し動作を強調して行う。
❺エクササイズの応用
▼座位姿勢、または立位姿勢で行う、オーバーヘッドスロー（反動型）。
▼片手で行う、オーバーヘッドスロー（反動型）。
▼パートナーからメディシンボールを両手で受け取った直後に素早く切り返して投射する、メディシンボールオーバーヘッドスロー（リバウンド型）。

5. メディシンボールプルオーバースロー

❶目的・様式・形態
▼プル動作における爆発的パワーの養成。
▼スタティック型。
▼両側性、前方、単発的パワー。
❷用具－メディシンボール。
❸動作とポイント
▼仰臥位の姿勢で両膝を曲げて、後頭部、背部、殿部、両足を地面に着ける。
▼両肘を若干屈曲させ、メディシンボールを頭上に構える。
▼静止状態から肩関節を爆発的に屈曲させ、メディシンボールを前方に投射する。
❹注意点
▼上体を安定させ、背中や殿部が地面から離れないように注意する。
▼両腕の爆発的な屈曲動作を強調して行う。
❺エクササイズの応用
▼片手で行う、プルオーバースロー。
▼フラットベンチやバランスボール上からの、プルオーバースロー。

6. メディシンボールプルオーバースロー（反動型）

❶目的・様式・形態
▼プル動作における爆発的パワーの養成。
▼カウンタームーブメント型。
▼両側性、前方、単発的パワー。
❷用具－メディシンボール。
❸動作とポイント
▼仰臥位の姿勢で両膝を曲げて、後頭部、背部、臀部、両足を地面に着ける。
▼両肘を若干屈曲させ、メディシンボールを頭上に構え、地面から少しだけ浮かせる。
▼肩関節を伸展させた直後に素早く切り返し、肩関節を爆発的に屈曲させ、メディシンボールを遠くに投射する。
❹注意点
▼上体を安定させ、背中や殿部が地面から離れないように注意する。
▼両腕の素早い切り返し動作を強調して行う。
❺エクササイズの応用
▼片手で行う、プルオーバースロー（反動型）。
▼フラットベンチやバランスボール上からのプルオーバースロー（反動型）。

7. メディシンボールプルダウン

❶目的・様式・形態
▼プル動作における爆発的筋力の養成。
▼スタティック型。
▼両側性、下方、単発的パワー。
❷用具－メディシンボール。
❸動作とポイント
▼両脚を腰幅程度に開き、上体をまっすぐに伸ばして立ち、両肘を伸ばして、メディシンボールを頭上に構える。
▼肩関節を爆発的に屈曲させ、メディシンボールを真下に投射する。
❹注意点
▼メディシンボールを投射した際に、股関節や腹部が曲がらないように注意する。
▼投射したメディシンボールがつま先に当たらないように注意する。
❺エクササイズの応用
▼反動動作を用いて行う、メディシンボールプルダウン（反動型）。
▼片手で行う、メディシンボールプルダウン。

8. 膝立ち姿勢でのメディシンボールトライセップススロー

❶目的・様式・形態
▼上腕三頭筋による爆発的パワーの養成。
▼スタティック型。
▼両側性、前方、単発的パワー。
❷用具－メディシンボール。
❸動作とポイント
▼両脚を腰幅か肩幅程度に開き、両膝を地面に着けるか、片膝立ち姿勢で構える。
▼両手でメディシンボールを持って、上腕を両耳の真横付近で固定する。
▼両肘を若干屈曲させた静止状態から、肘関節を爆発的に伸展させ、メディシンボールをできるだけ遠くに投射する。
❹注意点
▼メディシンボールを投射する際に、両腕が左右に開かないように注意する。
▼肘関節の爆発的な伸展動作を強調して行う。
❺エクササイズの応用
▼座位姿勢または、立位姿勢で行う、メディシンボールトライセップススロー。
▼片手で行う、メディシンボールトライセップススロー。

9. 膝立ち姿勢でのメディシンボールトライセップススロー（反動型）

❶目的・様式・形態
▼上腕三頭筋による爆発的パワーの養成。
▼カウンタームーブメント型。
▼両側性、前方、単発的パワー。
❷用具－メディシンボール。
❸動作とポイント
▼両脚を腰幅か肩幅程度に開き、両膝を地面に着けるか、片膝立ち姿勢で構える。
▼両手でメディシンボールを持って、上腕を両耳の真横付近で固定する。
▼両肘を若干屈曲させ直後に素早く切り返し、肘関節を爆発的に伸展させ、メディシンボールを投射する。
❹注意点
▼メディシンボールを投射する際は、上体と両肘の位置を固定して行うように注意する。
▼肘関節の素早い切り返し動作を強調して行う。
❺エクササイズの応用
▼座位姿勢または、立位姿勢で行う、メディシンボールトライセップススロー（反動型）。
▼片手で行う、メディシンボールトライセップススロー（反動型）。

2.2 上肢のプライオメトリクス

10. 膝立ち姿勢でのメディシンボールアンダースロー

❶目的・様式・形態
▼肩関節の爆発的伸展パワーの養成。
▼スタティック型。
▼両側性、前方、単発的パワー。
❷用具－メディシンボール。
❸動作とポイント
▼両脚を腰幅か肩幅程度に開き、両膝を地面に着ける。
▼両肘を伸ばして、メディシンボールを地面に置くか、大腿部の高さで構える。
▼静止状態から、肩関節を爆発的に伸展させ、メディシンボールを前方に投射する。
❹注意点
▼両腕を振り上げる際に、メディシンボールをやや早めに離すと、前方に投射しやすくなる。
▼肩関節の爆発的な伸展動作を強調して行う。
❺エクササイズの応用
▼片手で行う、メディシンボールアンダースロー。

11. 膝立ち姿勢でのメディシンボールアンダースロー（反動型）

❶目的・様式・形態
▼肩関節の爆発的伸展パワーの養成。
▼カウンタームーブメント型。
▼両側性、垂直方向、単発的パワー。
❷用具－メディシンボール。
❸動作とポイント
▼両脚を腰幅か肩幅程度に開き、両膝を地面に着ける。
▼両肘を伸ばして、メディシンボールを胸部か腹部の高さで構える。
▼メディシンボールをやや持ち上げた直後に素早く切り返し、肩関節を爆発的に伸展させ、メディシンボールを前方に投射する。
❹注意点
▼両腕を振り上げる際に、メディシンボールをやや早めに離すと、前方に投射しやすくなる。
▼肩関節の素早い切り返し動作を強調して行う。
❺エクササイズの応用
▼片手で行う、メディシンボールアンダースロー（反動型）。
▼メディシンボールを一旦、上方に投げて、両手で受け取った直後に素早く投射する、メディシンボールアンダースロー（リバウンド型）。

12. 膝立ち姿勢でのメディシンボールバーティカルスロー

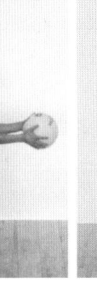

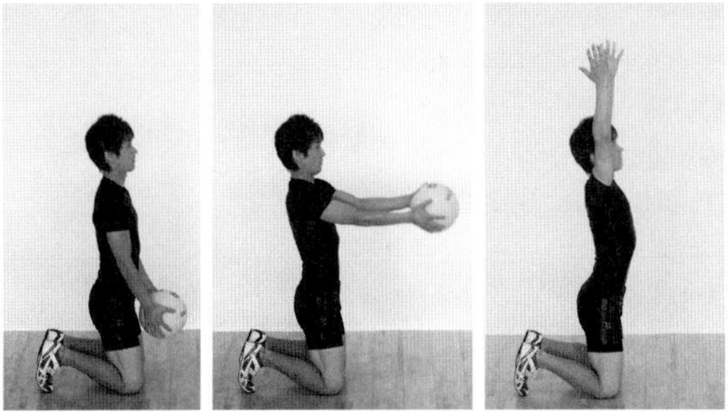

❶目的・様式・形態
▼肩関節の爆発的伸展パワーの養成。
▼スタティック型。
▼両側性、垂直方向、単発的パワー。
❷用具－メディシンボール。
❸動作とポイント
▼両脚を腰幅か肩幅程度に開き、両膝を地面に着ける。
▼両肘を若干屈曲させ、メディシンボールを腹部の高さで構える。
▼静止状態から、両肩関節を爆発的に伸展させ、メディシンボールを垂直方向に投射する。
❹注意点
▼両腕を振り上げる際に、メディシンボールをやや早めに離すと、垂直方向に投射しやすくなる。
▼肩関節の爆発的な伸展動作を強調して行う。
❺エクササイズの応用
▼メディシンボールを地面に置いた状態から行う、メディシンボールバーティカルスロー。
▼片手で行う、メディシンボールバーティカルスロー。

13. 膝立ち姿勢でのメディシンボールバーティカルスロー（反動型）

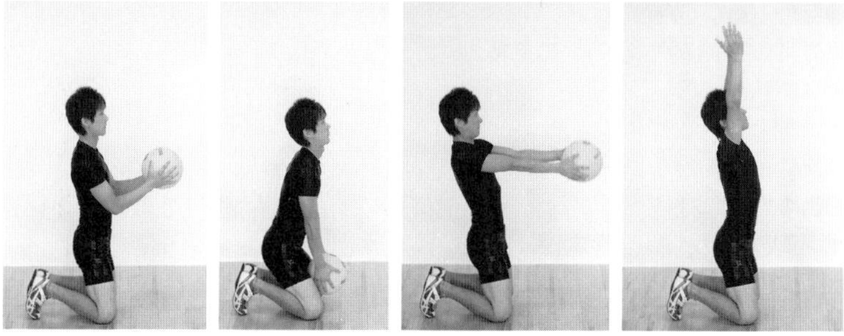

❶目的・様式・形態
▼肩関節の爆発的伸展パワーの養成。
▼カウンタームーブメント型。
▼両側性、垂直方向、単発的パワー。
❷用具－メディシンボール。
❸動作とポイント
▼両脚を腰幅か肩幅程度に開き、両膝を地面に着ける。
▼両肘を若干屈曲させ、メディシンボールを胸部か腹部の高さで構える。
▼メディシンボールをやや下ろした直後に素早く切り返し、肩関節を爆発的に伸展させ、メディシンボールを垂直方向に投射する。
❹注意点
▼メディシンボールをやや早めに離すと、垂直方向に投射しやすくなる。
▼肩関節の素早い切り返し動作を強調して行う。
❺エクササイズの応用
▼片手で行う、メディシンボールバーティカルスロー（反動型）。
▼メディシンボールを一旦、上方に投げて、両手で受け取った直後に素早く投射する、メディシンボールバーティカルスロー（リバウンド型）。

14. 膝立ち姿勢でのメディシンボールバックスロー

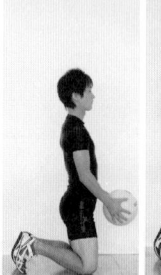

❶目的・様式・形態
▼肩関節の爆発的伸展パワーの養成。
▼スタティック型。
▼両側性、垂直方向、単発的パワー。
❷用具－メディシンボール。
❸動作とポイント
▼両脚を腰幅か肩幅程度に開き、両膝を地面に着ける。
▼両肘を若干屈曲させ、メディシンボールを腹部の高さで構える。
▼静止状態から、肩関節を爆発的に伸展させ、メディシンボールを垂直方向（やや後方）に投射する。
❹注意点
▼メディシンボールを最後まで持ち続けると、自然な状態でやや後方に投射されやすくなる。
▼肩関節の爆発的な伸展動作を強調して行う。
❺エクササイズの応用
▼メディシンボールを地面に置いた状態から行う、メディシンボールバックスロー。
▼片手で行う、メディシンボールバックスロー。

15. 膝立ち姿勢でのメディシンボールバックスロー（反動型）

❶目的・様式・形態
▼肩関節の爆発的伸展パワーの養成。
▼カウンタームーブメント型。
▼両側性、垂直方向、単発的パワー。
❷用具－メディシンボール。
❸動作とポイント
▼両脚を腰幅か肩幅程度に開き、両膝を地面に着ける。
▼両肘を若干屈曲させ、メディシンボールを胸部か腹部の高さで構える。
▼メディシンボールをやや下ろした直後に素早く切り返し、肩関節を爆発的に伸展させ、メディシンボールを垂直方向（やや後方）に投射する。
❹注意点
▼メディシンボールを最後まで持ち続けると、自然な状態でやや後方に投射されやすくなる。
▼肩関節の素早い切り返し動作を強調して行う。
❺エクササイズの応用
▼片手で行う、メディシンボールバックスロー（反動型）。
▼メディシンボールを一旦、上方に投げて、両手で受け取った直後に素早く投射する、メディシンボールバックスロー（リバウンド型）。

16. 膝立ち姿勢でのメディシンボールショルダープレススロー

❶目的・様式・形態
▼肩関節と肘関節の爆発的パワーの養成。
▼スタティック型。
▼両側性、垂直方向、単発的パワー。
❷用具－メディシンボール。
❸動作とポイント
▼両脚を腰幅か肩幅程度に開き、両膝を地面に着けるか、片膝立ち姿勢で構える。
▼両肘を若干屈曲させ、メディシンボールを肩の高さで持つ。
▼静止状態から、両腕を垂直方向に爆発的に伸展させ、メディシンボールを上方に投射する。

❹注意点
▼投げたメディシンボールが頭部や身体に当たらないように注意する。
▼両腕の爆発的な伸展動作を強調して行う。 
❺エクササイズの応用
▼座位姿勢または、立位姿勢で行う、メディシンボールショルダープレススロー。
▼片手で行う、メディシンボールショルダープレススロー。

17. 膝立ち姿勢でのメディシンボールショルダープレススロー（反動型）

❶目的・様式・形態
▼肩関節と肘関節の爆発的パワーの養成。
▼カウンタームーブメント型。
▼両側性、垂直方向、単発的パワー。
❷用具－メディシンボール。
❸動作とポイント
▼両脚を腰幅か肩幅程度に開き、両膝を地面に着けるか、片膝立ち姿勢で構える。
▼両肘を若干屈曲させ、メディシンボールを肩の高さで持つ。
▼メディシンボールをやや下ろした直後に素早く切り返し、両腕を爆発的に伸展させメディシンボールを上方に投射する。

❹注意点
▼投げたメディシンボールが頭部や身体に当たらないように注意する。
▼両腕の素早い切返し動作を強調し行う。 
❺エクササイズの応用
▼座位姿勢または、立位姿勢で行う、メディシンボールショルダープレススロー（反動型）。
▼片手で行う、メディシンボールショルダープレススロー（反動型）。

18. ベンチに両手を着いた姿勢でのプッシュアップジャンプ

❶目的・様式・形態
▼肩関節と肘関節の爆発的パワーの養成。
▼スタティック型。
▼両側性、垂直方向、単発的パワー。
❷用具－フラットベンチまたはボックス。
❸動作とポイント
▼両手を肩幅よりもやや大きく開き、フラットベンチ上に着き、身体をまっすぐに伸ばして、腕立て姿勢で構える。
▼両肘を若干屈曲させた静止状態から、両腕を爆発的に伸展させ、両手がベンチから離れるように跳び上がる。
▼身体をまっすぐに伸ばした姿勢を保持したまま、フラットベンチ上に両手で着地し、肘関節、肩関節を曲げて衝撃を緩衝させる。

❹注意点
▼体幹を固定し、身体をまっすぐに伸ばした姿勢を保持して行う。
▼運動中にフラットベンチやボックスが動かないように注意する。
❺エクササイズの応用
▼手幅を変化させて行う、プッシュアップジャンプ。
▼両手を床面に着けて行う、プッシュアップジャンプ。

19. ベンチに両手を着いた姿勢でのプッシュアップジャンプ（反動型）

❶目的・様式・形態
▼肩関節と肘関節の爆発的パワーの養成。
▼カウンタームーブメント型。
▼両側性、垂直方向、単発的パワー。
❷用具－フラットベンチまたはボックス。
❸動作とポイント
▼両手を肩幅よりもやや大きく開き、フラットベンチ上に着き、身体をまっすぐに伸ばして、腕立て姿勢で構える。
▼両肘を若干屈曲させた直後に素早く切り返し、両腕を爆発的に伸展させ、両手がベンチから離れるように跳び上がる。
▼身体をまっすぐに伸ばした姿勢を保持し、フラットベンチ上に両手で着地し、肘関節、肩関節を曲げて衝撃を緩衝させる。
❹注意点
▼体幹を固定し、身体をまっすぐに伸ばした姿勢を保持して行う。
▼運動中にフラットベンチやボックスが動かないように注意する。
❺エクササイズの応用
▼手幅を変化させて行う、プッシュアップジャンプ（反動型）。
▼両手を床面に着けて行う、プッシュアップジャンプ（反動型）。
▼連続的に行う、プッシュアップジャンプ。

20. プッシュアップボックスジャンプ

❶目的・様式・形態
▼肩関節と肘関節の爆発的パワーの養成。
▼カウンタームーブメント型。
▼両側性、垂直方向、単発的パワー。
❷用具－ボックス。
❸動作とポイント
▼10～20cm程度の高さの台を2台用意し、肩幅よりもやや広めの位置にボックスを設置する。
▼両手を肩幅よりもやや大きく開いて床面上に着き、身体をまっすぐに伸ばして、腕立て姿勢で構える。
▼両肘を若干屈曲させた直後に素早く切り返し、両腕を爆発的に伸展させ、両手が床面から離れるように跳び上がる。
▼身体をまっすぐに伸ばした姿勢を保持し、両サイドのボックス上に両手で着地し、肘関節、肩関節を曲げて衝撃を緩衝させる。
❹注意点
▼両膝を地面に着けて行うと、運動強度を低くすることができる。
▼体幹を固定し、身体をまっすぐに伸ばした姿勢を保持して行う。
❺エクササイズの応用
▼手幅を変化させて行うプッシュアップボックスジャンプ。
▼反動動作を用いないで行う、プッシュアップボックスジャンプ。

21. デプスプッシュアップジャンプ（ドロッププッシュアップジャンプ）

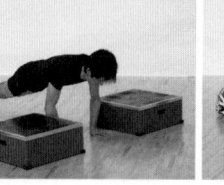

❶目的・様式・形態
▼上肢の爆発的パワーの養成。
▼リバウンド型。
▼両側性、垂直方向、単発的パワー。
❷用具－ボックス。
❸動作とポイント
▼10～20cm程度の高さのボックスを2台用意し、肩幅よりもやや広めの位置にボックスを設置する。
▼両手をボックスの上に乗せ、身体をまっすぐに伸ばした腕立て伏せの姿勢で構える。
▼両手を地面に下ろしたら、肩関節と肘関節の可動域を最小限にして、素早く切り返して跳び上がり、ボックス上に再び両手で着地する。
▼着地の際には、身体をまっすぐに伸ばし、両手の肘関節、肩関節を曲げて衝撃を緩衝させる。
❹注意点
▼両膝を地面に着けて行うと、運動強度を低くすることができる。
▼体幹を固定し、身体をまっすぐに伸ばした姿勢を保持して行う。
❺エクササイズの応用
▼手幅を変化させて行うデプスプッシュアップジャンプ。
▼連続的に行う、デプスプッシュアップジャンプ。

2.3 体幹部のプライオメトリクス

1. メディシンボールシットアップスロー

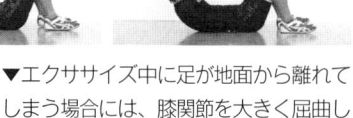

❶目的・様式・形態
▼体幹屈曲と肩関節伸展動作の爆発的パワーの養成。
▼スタティック型。
▼両側性、矢状面、単発的パワー。
❷用具－メディシンボール。
❸動作とポイント
▼仰臥位の姿勢で両膝を曲げて、後頭部、背部、殿部、両足を地面に着ける。
▼両肘を若干屈曲させ、メディシンボールを頭上に構える。
▼静止状態から、股関節と体幹の爆発的な屈曲動作で上体を起こし、両腕でメディシンボールを遠くに投射する。
❹注意点
▼股関節、体幹の屈曲動作からの運動エネルギーを利用してメディシンボールを投射する。
▼エクササイズ中に足が地面から離れてしまう場合には、膝関節を大きく屈曲して行う。
❺エクササイズの応用
▼片手で行う、メディシンボールシットアップスロー。

2. メディシンボールシットアップスロー（反動型）

❶目的・様式・形態
▼体幹屈曲と肩関節伸展動作の爆発的パワーの養成。
▼カウンタームーブメント型。
▼両側性、矢状面、単発的パワー。
❷用具－メディシンボール。
❸動作とポイント
▼仰臥位の姿勢で両膝を曲げて、後頭部、背部、殿部、両足を地面に着ける。
▼両肘を若干屈曲させ、メディシンボールを頭上に構える。
▼メディシンボールを少し持ち上げたら素早く切り返して、股関節と体幹の爆発的な屈曲動作で上体を起こし、両腕でメディシンボールを遠くに投射する。
❹注意点
▼股関節、体幹の屈曲動作からの運動エネルギーを利用してメディシンボールを投射する。
▼切り返し動作の際に、後頭部が地面に当たらないように注意する。
❺エクササイズの応用
▼片手で行う、メディシンボールシットアップスロー（反動型）。

3. メディシンボールシットアップスロー（リバウンド型）

❶目的・様式・形態
▼体幹屈曲と肩関節伸展動作の爆発的パワーの養成。
▼リバウンド型。
▼両側性、矢状面、単発的パワー。
❷用具－メディシンボール。
❸動作とポイント
▼仰臥位の姿勢で両膝を曲げて、後頭部、背部、殿部、両足を地面に着ける。
▼両肘を若干屈曲させ、メディシンボールを頭上に構える。
▼メディシンボールを、上方に軽く投射し、両手で受け取ったら素早く切り返して、股関節と体幹の爆発的な屈曲動作で上体を起こし、両腕でメディシンボールを遠くに投射する。
❹注意点
▼体幹の力強い固定を強調して行う。
▼エクササイズ中に足が地面から離れてしまう場合には、膝関節を大きく屈曲して行う。
❺エクササイズの応用
▼片手で行う、メディシンボールシットアップスロー（リバウンド型）。

4. メディシンボールシットアップパス

❶目的・様式・形態
▼体幹の爆発的切り返し能力の養成。
▼リバウンド型。
▼両側性、矢状面、単発的パワー。
❷用具－メディシンボール。
❸動作とポイント
▼両膝を90度程度に曲げて、地面に座り背中を伸ばしたら、上体をやや後傾させて座る。
▼両肘を若干屈曲させ、胸の高さで構える。
▼パートナーから、両手でメディシンボールを受け取ったら、素早く切り返して、両腕でメディシンボールを投げ返す。
❹注意点
▼償却局面（切り返し局面）で、股関節と肘関節の屈曲動作が起こらないように注意する。
▼体幹の力強い固定を強調して行う。
❺エクササイズの応用
▼メディシンボールを投げてもらう方向や距離を変化させて行う、メディシンボールシットアップパス。

5. メディシンボールスタンディングオーバーヘッドダウンスロー

❶目的・様式・形態
▼体幹屈曲と肩関節伸展動作の爆発的パワーの養成。
▼カウンタームーブメント型。
▼両側性、矢状面、単発的パワー。
❷用具－メディシンボール。
❸動作とポイント
▼両脚を腰幅か肩幅程度に開き、両膝をやや屈曲させ、上体をまっすぐに伸ばして立つ。
▼両肘を若干屈曲させ、メディシンボールを胸の高さで構える。
▼腰部・股関節を伸展させたら素早く切り返して、体幹と肩関節を爆発的に屈曲させ、両腕でメディシンボールを真下（やや前方）に投射する。
❹注意点
▼メディシンボールを、長く持ち続けると真下に投げやすくなる。
▼体幹部の屈曲動作を強調して行う。
❺エクササイズの応用
▼反動動作を用いないで行う、メディシンボールオーバーヘッドダウンスロー。  
▼片手で行う、メディシンボールオーバーヘッドダウンスロー。

6. メディシンボールレッグスロー

❶目的・様式・形態
▼体幹と股関節の爆発的屈曲パワーの養成。
▼スタティック型。
▼両側性、矢状面、単発的パワー。
❷用具－メディシンボール、鉄棒。
❸動作とポイント
▼鉄棒にぶら下がった際に、つま先が地面に触れない高さの鉄棒を握る。
▼両腕を肩幅程度に開き鉄棒を握り、身体を伸ばしたら両足でメディシンボールを強く挟む。
▼静止状態から、股関節の爆発的な屈曲動作と脚の振り上げ動作によって、メディシンボールを前方に投射する。
❹注意点
▼股関節の爆発的な屈曲動作を強調して行う。
▼メディシンボールを投射する前に両足から離れないように注意する。
❺エクササイズの応用
▼反動動作を用いて行う、メディシンボールレッグスロー（反動型）。
▼地面にメディシンボールを置き、両足でメディシンボールを挟んだ姿勢で行う、メディシンボールレッグスロー。

7. メディシンボールベントオーバーバックスロー

❶目的・様式・形態
▼体幹と股関節の爆発的伸展パワーの養成。
▼スタティック型。
▼両側性、矢状面、単発的パワー。
❷用具－メディシンボール。
❸動作とポイント
▼両脚を肩幅程度に広げて膝を若干曲げ、背中と腰部をまっすぐに伸ばした姿勢で、上体が床面と平行になる程度まで前傾させる。
▼両肘を若干屈曲させた状態で、メディシンボールを持ち、肩の真下で構える。
▼静止状態から、股関節・腰部を爆発的に伸展させると同時に、両腕を振り上げ、メディシンボールを後方に投射する。

❹注意点
▼股関節・腰部の爆発的な伸展動作を強調して行う。
▼腰が反りすぎないように注意する。
❺エクササイズの応用
▼反動動作を用いて行う、メディシンボールベントオーバーバックスロー（反動型）。
▼ツイスティング動作を伴う、ベントオーバーバックスロー（メディシンボールベントオーバーツイスティングバックスロー）。

8. メディシンボールツイストフロントスロー

❶目的・様式・形態
▼体幹の爆発的回旋パワーの養成。
▼カウンタームーブメント型。
▼両側性、水平面、単発的パワー。
❷用具－メディシンボール。
❸動作とポイント
▼両脚を腰幅か肩幅程度に開き、両膝をやや屈曲させ、上体をまっすぐに伸ばして立つ。
▼両手でメディシンボールを持ち、両肘を90度程度に曲げ、腹部の前で構える。
▼骨盤は正面に向けたままで、体幹部を回旋させたら素早く切り返して、体幹の爆発的な回旋動作で、メディシンボールを前方に投射する。

❹注意点
▼回旋中に身体の軸が崩れないように注意する。
▼骨盤は正面に向けて、上体だけで回旋するように注意する。
❺エクササイズの応用
▼座位姿勢、あるいは膝立ち姿勢で行う、メディシンボールツイストフロントスロー。
▼反動動作を用いないで行う、メディシンボールツイストフロントスロー。
▼パートナーからメディシンボールを受け取った直後に素早く投射する、メディシンボールツイストフロントスロー（リバウンド型）。

9. メディシンボールツイストサイドスロー

❶目的・様式・形態
▼体幹の爆発的回旋パワーの養成。
▼カウンタームーブメント型。
▼両側性、水平面、単発的パワー。
❷用具－メディシンボール。
❸テクニック
▼両脚を腰幅か肩幅程度に開き、両膝をやや屈曲させ、上体をまっすぐに伸ばして立つ。
▼両手でメディシンボールを持ち、両肘を90度程度に曲げ、腹部の前で構える。
▼骨盤は正面に向けたままで、体幹部を回旋させたら素早く切り返して、体幹の爆発的な回旋動作で、メディシンボールを側方に投射する。

❹注意点
▼回旋中に身体の軸が崩れないように注意する。
▼骨盤は正面に向けて、上体だけで回旋するように注意する。 
❺エクササイズの応用
▼座位姿勢、あるいは膝立ち姿勢で行う、メディシンボールツイストサイドスロー。
▼反動動作を用いないで行う、メディシンボールツイストサイドスロー。
▼パートナーからメディシンボールを受け取った直後に素早く投射する、メディシンボールツイストサイドスロー（リバウンド型）。

10. メディシンボールツイストバックスロー

❶目的・様式・形態
▼体幹の爆発的回旋パワーの養成。
▼カウンタームーブメント型。
▼両側性、水平面、単発的パワー。
❷用具ーメディシンボール。
❸動作とポイント
▼両脚を腰幅か肩幅程度に開き、両膝をやや屈曲させ、上体をまっすぐに伸ばして立つ。
▼両手でメディシンボールを持ち、両肘を90度程度に曲げ、腹部の前で構える。
▼骨盤は正面に向けたままで、体幹部を回旋させたら素早く切り返して、体幹の爆発的な回旋動作で、メディシンボールを後方に投射する。

❹注意点
▼体幹の回旋動作を十分に活用してメディシンボールを投射する。
▼回旋中に身体の軸が崩れないように注意する。

❺エクササイズの応用
▼座位姿勢、あるいは膝立ち姿勢で行う、メディシンボールツイストバックスロー。
▼反動動作を用いないで行う、メディシンボールツイストバックスロー。

11. メディシンボールベントオーバーツイストスロー

❶目的・様式・形態
▼体幹の爆発的回旋パワーの養成。
▼カウンタームーブメント型。
▼両側性、水平面、単発的パワー。
❷用具ーメディシンボール。
❸動作とポイント
▼両脚を肩幅程度に広げて膝を若干曲げ、背中と腰部をまっすぐに伸ばした姿勢で、上体が床面と平行になる程度まで前傾させる。
▼両肘を若干屈曲させた状態で、メディシンボールを持ち、肩の真下で構える。
▼体幹の素早い切り返し動作を用いて、体幹を爆発的に回旋させ、メディシンボールを投射する。

❹注意点
▼身体を水平にまっすぐに伸ばした姿勢を保持して行う。
▼体幹部の回旋動作で、腰が反りすぎたり、曲がったりしないように注意する。

❺エクササイズの応用
▼反動動作を用いないで行う、メディシンボールベントオーバーツイストスロー（スタティック型）。
▼上体の前傾角度を変えて行う、メディシンボールベントオーバーツイストスロー。

2.4 複合動作でのプライオメトリクス

1. メディシンボールバーティカルスロー

❶目的・様式・形態
▼下肢、上肢の複合動作における爆発的パワーの養成。
▼スタティックジャンプ型。
▼両側性、垂直方向、単発的パワー。
❷用具—メディシンボール。
❸動作とポイント
▼両手でメディシンボールを持ち、両脚を腰幅か肩幅程度に開く。
▼背中をまっすぐに伸ばして、股関節と膝関節を屈曲させ、地面にメディシンボールを置いた姿勢で構える。
▼爆発的に股関節、膝関節、足関節を伸展させ、両腕でメディシンボールを垂直方向に投射する。
❹注意点
▼下肢の爆発的な伸展動作の運動エネルギーを利用して、メディシンボールを投射するように行う。
▼メディシンボールをやや早めに離すと垂直方向に投射されやすくなる。
▼投射したメディシンボールが頭部や身体に当たらないように十分に注意する。
❺エクササイズの応用
▼メディシンボールを腹部や胸の高さから投射するメディシンボールバーティカルスロー。
▼反動動作を用いてから投射するメディシンボールバーティカルスロー（反動型）。

2. メディシンボールバックスロー

❶目的・様式・形態
▼下肢、上肢の複合動作における爆発的パワーの養成。
▼スタティックジャンプ型。
▼両側性、垂直方向、単発的パワー。
❷用具—メディシンボール。
❸動作とポイント
▼両手でメディシンボールを持ち、両脚を腰幅か肩幅程度に開く。
▼背中をまっすぐに伸ばして、股関節と膝関節を屈曲させ、地面にメディシンボールを置いた姿勢で構える。
▼爆発的に股関節、膝関節、足関節を伸展させ、両腕でメディシンボールを垂直方向（やや後方）に投射する。
❹注意点
▼下肢の爆発的な伸展動作の運動エネルギーを利用して、メディシンボールを投射するように行う。
▼メディシンボールを最後まで持ち続けると、自然な状態で後方に投射されやすくなる。
▼投射したメディシンボールが頭部や身体に当たらないように十分に注意する。
❺エクササイズの応用
▼メディシンボールを腹部や胸の高さから投射するメディシンボールバックスロー。
▼反動動作を用いてから投射するメディシンボールバックスロー（反動型）。

3. メディシンボールアンダースロー

❶目的・様式・形態
▼下肢、上肢の複合動作における爆発的パワーの養成。
▼スタティックジャンプ型。
▼両側性、前方、単発的パワー。
❷用具－メディシンボール。
❸動作とポイント
▼両手でメディシンボールを持ち、両脚を腰幅か肩幅程度に開く。
▼背中をまっすぐに伸ばして、股関節と膝関節を屈曲させ、地面にメディシンボールを置いた姿勢で構える。
▼爆発的に股関節、膝関節、足関節を伸展させ、両腕でメディシンボールを前方に投射する。
❹注意点
▼股関節、膝関節、足関節の爆発的な伸展動作を強調して行う。
▼メディシンボールをやや早めに離すと前方に投射されやすくなる。
❺エクササイズの応用
▼メディシンボールを地面から持ち上げた状態から投射するメディシンボールアンダースロー。
▼反動動作を用いてから投射する、メディシンボールアンダースロー（反動型）。

4. メディシンボールオーバーヘッドスロー

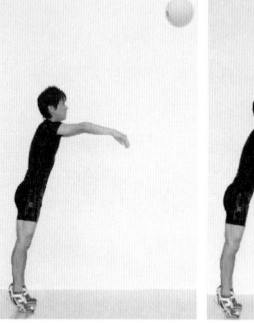

❶目的・様式・形態
▼下肢、上肢の複合動作における爆発的パワーの養成。
▼スタティックジャンプ型。
▼両側性、前方、単発的パワー。
❷用具－メディシンボール。
❸動作とポイント
▼両脚を腰幅か肩幅程度に開き、両手でメディシンボールを持ち、両肘を若干屈曲させて頭上に構える。
▼膝関節を軽度屈曲させた静止姿勢から、爆発的に膝関節の伸展動作と体幹の屈曲動作を行う。
▼下肢の爆発的伸展動作と体幹の屈曲動作で、肩関節も伸展させたら、メディシンボールを前方に投射する。
❹注意点
▼下肢の伸展動作と体幹の屈曲動作を強調して行う。
▼腰部を過度に反りすぎないように注意する。
❺エクササイズの応用
▼反動動作を用いて投射する、メディシンボールオーバーヘッドスロー（反動型）。
▼ステップ動作から行う、メディシンボールオーバーヘッドスロー。
▼横向きの姿勢から体幹を回旋させながらステップ動作を行う、メディシンボールオーバーヘッドスロー。

5. メディシンボールチェストプッシュ

❶目的・様式・形態
▼下肢、上肢の複合動作における爆発的パワーの養成。
▼スタティックジャンプ型。
▼両側性、垂直方向、単発的パワー。
❷用具－メディシンボール。
❸動作とポイント
▼両手でメディシンボールを持ち、背中をまっすぐに伸ばし、両脚を腰幅程度に開き、前後に広げた姿勢で構える。
▼上体をやや前傾させ、メディシンボールを胸の高さで構える。
▼爆発的に股関節、膝関節、足関節を伸展させ、両腕でメディシンボールを前方に投射する。
❹注意点
▼下肢からの運動エネルギーを、上肢に上手く連鎖させて投げるように注意する。
▼下肢からの運動エネルギーがうまく伝わるように、身体をまっすぐに伸ばして行う。
❺エクササイズの応用
▼反動動作を用いてから投射するメディシンボールチェストプッシュ（反動型）。
▼ステップ動作からのメディシンボールチェストプッシュ。
▼メディシンボールチェストプッシュを行った直後に、5～10m程度のダッシュを行う。

6. スクワットジャンプ&メディシンボールバーティカルスロー

❶目的・様式・形態
▼下肢、上肢の複合動作における爆発的パワーの養成。
▼カウンタームーブメントジャンプ型。
▼両側性、垂直方向、単発的パワー。
❷用具－メディシンボール。
❸動作とポイント
▼両脚を腰幅か肩幅程度に開き、上体をまっすぐに伸ばした姿勢で、両肘を若干屈曲させメディシンボールを胸部か腹部の高さで構える。
▼股関節と膝関節を若干屈曲したら素早く切り返して、下肢の爆発的な伸展動作で跳躍動作を行い、両腕でメディシンボールを垂直方向に投射する。
❹注意点
▼下肢からの運動エネルギーを、上肢に上手く連鎖させて投げるように注意する。
▼メディシンボールをやや早めに離すと垂直方向に投射されやすくなる。
▼投射したメディシンボールが頭部や身体に当たらないように十分に注意する。
❺エクササイズの応用
▼メディシンボールを地面に置いた状態から行う、スクワットジャンプ&メディシンボールバーティカルスロー。
▼反動動作を用いないで行う、スクワットジャンプ&メディシンボールバーティカルスロー（スタティックジャンプ型）。
▼スプリットスクワットジャンプ&メディシンボールバーティカルスロー。
▼シザーズジャンプ&メディシンボールバーティカルスロー。

7. スクワットジャンプ&メディシンボールバックスロー

❶目的・様式・形態
▼下肢、上肢の複合動作における爆発的パワーの養成。
▼カウンタームーブメントジャンプ型。
▼両側性、垂直方向、単発的パワー。
❷用具－メディシンボール。
❸動作とポイント
▼両脚を腰幅か肩幅程度に開き、上体をまっすぐに伸ばした姿勢で、両肘を若干屈曲させメディシンボールを胸部か腹部の高さで構える。
▼股関節と膝関節を若干屈曲したら素早く切り返して、下肢の爆発的な伸展動作で跳躍動作を行い、両腕でメディシンボールを垂直方向（やや後方）に投射する。
❹注意点
▼下肢からの運動エネルギーを、上肢に上手く連鎖させて投げるように注意する。
▼メディシンボールを最後まで持ち続けると、自然な状態で後方に投射されやすくなる。
▼投射したメディシンボールが頭部や身体に当たらないように十分に注意する。
❺エクササイズの応用
▼メディシンボールを地面に置いた状態から行う、スクワットジャンプ&メディシンボールバックスロー。
▼反動動作を用いないで行う、スクワットジャンプ&メディシンボールバックスロー（スタティックジャンプ型）。
▼スプリットスクワットジャンプ&メディシンボールバックスロー。
▼シザーズジャンプ&メディシンボールバックスロー。

8. スクワットジャンプ&メディシンボールチェストプッシュ

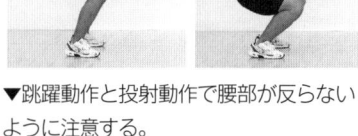

❶目的・様式・形態
▼下肢、上肢の複合動作における爆発的パワーの養成。
▼カウンタームーブメントジャンプ型。
▼両側性、垂直方向、単発的パワー。
❷用具ーメディシンボール。
❸動作とポイント
▼両脚を腰幅か肩幅程度に開き、上体をまっすぐに伸ばした姿勢で、両肘を若干屈曲させてメディシンボールを胸の高さで構える。
▼股関節と膝関節を若干屈曲したら素早く切り返して、下肢の爆発的な伸展動作で跳躍動作を行い、両腕でメディシンボールを前方に投射する。
❹注意点
▼下肢からの運動エネルギーを、上肢に上手く連鎖させて投げるように注意する。
▼跳躍動作と投射動作で腰部が反らないように注意する。
❺エクササイズの応用
▼反動動作を用いないで行う、スクワットジャンプ&メディシンボールチェストプッシュ(スタティックジャンプ型)。
▼ステップ動作からのスクワットジャンプ&メディシンボールチェストプッシュ。
▼スプリットスクワットジャンプ&メディシンボールチェストプッシュ。
▼シザーズジャンプ&メディシンボールチェストプッシュ。

9. スクワットジャンプ&メディシンボールショルダープレススロー

❶目的・様式・形態
▼下肢、上肢の複合動作における爆発的パワーの養成。
▼カウンタームーブメントジャンプ型。
▼両側性、垂直方向、単発的パワー。
❷用具ーメディシンボール。
❸テクニック
▼両脚を腰幅か肩幅程度に開き、上体をまっすぐに伸ばした姿勢で、両肘を若干屈曲させメディシンボールを胸の高さで構える。
▼股関節と膝関節を若干屈曲したら素早く切り返して、下肢の爆発的な伸展動作で跳躍動作を行い、両腕でメディシンボールを垂直方向に投射する。
❹注意点
▼下肢からの運動エネルギーを、上肢に上手く連鎖させて投げるように注意する。
▼メディシンボールを投げる際に、肘が外側に広がらないように注意する。
▼投射したメディシンボールが頭部や身体に当たらないように十分に注意する。
❺エクササイズの応用
▼反動動作を用いないで行う、スクワットジャンプ&メディシンボールショルダープレススロー(スタティックジャンプ型)。
▼スプリットスクワットジャンプ&メディシンボールショルダープレススロー。
▼シザーズジャンプ&メディシンボールショルダープレススロー。

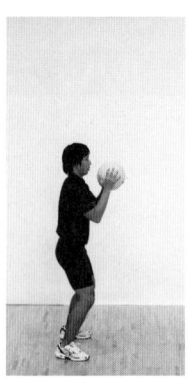

3. 持久力トレーニング
Endurance

実施と指導上の留意点

1. バックグラウンド(背景)を知る

持久力(有酸素性および無酸素性)トレーニングを実施する場合、指導者は実施者(選手、スポーツ愛好者、健康のための実施者等)のバックグラウンドをできるだけ正確に把握することが重要である。その上で実施者が最大のトレーニング効果を得られるように、最適なエクササイズ種目を選択し、適切なエクササイズ・テクニックを指導していくことが大切である。しばしば、指導者は成功した事例に頼り、トレーニングを指導していく傾向にある。参考にすることは重要であるが、実施者のバックグラウンドを踏まえ、幅広い視点からの指導・支援が求められる。

指導者が考慮すべきバックグラウンドとして、実施者の体力的特性、ライフスタイルやトレーニングに費やせる時間などが考えられる。場合によっては、身体的な制限(一時的あるいは慢性的な傷害など)や年齢や性別等を考慮することも必要である。なお、エクササイズ種目を選択する際、スポーツ・運動に対する嗜好性(どんなタイプのエクササイズを好むか)を考慮することも重要である。持久力トレーニングは、即時的効果が得られるものでなく、長期間にわたり取り組まないと効果を得ることはできない。嗜好性を取り入れることにより継続的に取り組みやすくなり、より長期的な効果が期待できる。

2. トレーニングの特異性と全面性

トレーニングの特異性を十分に考慮することが重要である。例えば、下肢筋群の持久的な適応が強く求められる長距離ランナーに、上肢筋群を中心とした水泳を課した場合、心肺機能の維持・向上には有益であるが、過度に実施し上肢筋群が発達しすぎると体重増加につながり、パフォーマンス低下につながる可能性がある。一方でトレーニングの特異性を重視しすぎると、特定の筋・関節に過剰な負荷がかかり、オーバーユースを原因とするスポーツ傷害を引き起こすことにもなる。学童期においては、トレーニングの全面性を重視し、遊びの要素を取り入れた運動・エクササイズを幅広く実施し、オーバーユースにならない工夫も必要である。

3. クロストレーニング

オーバーユースによる故障を抱えた実施者には、多様な筋群を用いたクロストレーニングの導入も検討する。例えば、脚部の故障を抱えた持久的なアスリートでは、上半身のトレーニングマシンや水泳を積極的に実施しながら心肺機能の維持向上を図るとともに、脚部の衝撃負荷のないエアロバイクやロードバイクやクロスバイクを用いて、脚筋群のトレーニングを段階的に実施していく。

4. 児童や高齢者に対する持久力トレーニングへの配慮

神経系の発達が著しい小学生の時期は、ゲーム性を取り入れた運動やスポーツを行い、自然に有酸素能力の向上をはかる。ハードな無酸素系持久力トレーニングは、小学生では避けるべきである。高齢になると徐々に有酸素能力が低下していくが、低下防止には低強度の有酸素性持久力トレーニングが効果的である。

5. シューズ・服装

持久力トレーニングを行うシューズには、快適さ、クッション性、安定性、柔軟性、耐久性が求められる。トレーニング時の服装は、気温・天候に合わせて選択する。暑熱環境では、軽くて通気性のよいウェアーを選択し、日差しが強い場合、帽子・サングラスを着用する。寒冷環境では、保温効果の高いウェアーを重ね着する。また、寒冷環境では、末梢の体温が失われがちなので、保温性の高い手袋と帽子を着用する。

6. 水分補給

　持久力トレーニングを実施する時、適切な水分補給が重要であり、のどが渇き始める前から水分補給を行う。特に暑熱環境では十分な水分補給が必要であり、熱中症予防につながる。冷たいスポーツドリンクは体温を下げる効果が期待でき、体内への吸収力も高いので水分補給に適している。

　ただし、過度の水分摂取は、低ナトリウム血症をまねく危険性も指摘されている。低ナトリウム血症は、発汗などで水分塩分を大量に失い、塩分を補給せず水分のみ大量に補給することで陥りやすい。低ナトリウム血症を避け、安全に水分補給をするためには1時間あたり400〜800mlのナトリウムが含まれているスポーツドリンクを摂取し、特に暑熱環境であれば塩分を含むサプリメントを定期的に摂取した方がよい。

7. ウォームアップとクールダウン、ストレッチング

　ウォームアップは、ゆっくりしたジョギング等を筋温が上昇するまで約5〜15分程度実施し、寒冷環境では長めに行う。徐々に強度・ペースを主運動に近づけ、最後にウインドスプリントを実施する場合もある。運動強度の高い無酸素性持久力トレーニング後には、ゆっくりしたジョギングや整理体操といったクールダウンを行う。なお、トレーニング直前、競技直前のスタティックストレッチングは、筋腱複合体のバネ作用を低下させることが指摘されており、特別な必要性がない限り避けた方がよい。

3.1 有酸素性持久力トレーニング

用器具を用いない有酸素性持久力トレーニング

1. ウォーキング

❶目的・効果
▼ウォーキングは、誰でも安全で手軽に実施でき、脂肪燃焼効果が高い低強度の有酸素性持久力運動である。特に運動不足で、メタボリックシンドローム傾向の者に勧められるトレーニング手段である。

❷準備
▼ウォーキングには特別な用器具は必要ないが、履き心地のよいウォーキングシューズの着用が勧められる。

❸動作とポイント
▼運動習慣のない者がウォーキングに取り組む場合、速く歩くことより、ゆっくり長く歩くことから始め、ウォーキングに慣れた上で漸進的に歩行速度を上げていく。ウォーキングの基本フォームは、背筋を伸ばし大きく腕を振りながら、なるべく大きな動作で歩く。接地は踵着地で、母指球から離地する。大きな速度を獲得するには、大きなストライドが必要となるため、骨盤の回転を利用して、腰を捻りながらストライドを広げる。

❹注意点
▼体力レベルが高いアスリートの減量プログラムとしては、特別な必要性がない限り、単位時間あたりの消費エネルギーが大きいランニングが勧められる。

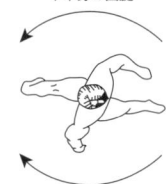

・歩幅を大きくとるために骨盤が前方脚側に回旋する。
・上部の体幹および上肢が逆側に回旋することでバランスが保たれる（＊1）。

2. ジョギング（低速ランニング）

❶目的・効果
▼ジョギングはゆっくり走るエクササイズで、体脂肪を燃焼させる効果が高い。ジョギング中のエネルギー消費量は、走速度に関係なく1km当たり約1cal/kgである。

❷準備
▼ジョギングでは体重の2～4倍の着地衝撃がかかる。ジョギングを行う際には、衝撃吸収材を用いクッション性が高められた専用のジョギングシューズを必ず着用する。トレーニングを継続するにつれ、シューズの性能は低下するため、500km以上用いたシューズは交換すべきである。

❸動作とポイント
▼一般の市民ランナーや専門外のアスリートに対してジョギングを指導する場合、踵着地を強調せず、自然な着地を指導する。また、ストライドを広げることよりもピッチを強調して、安全かつ長い距離が走れるフォームを指導する方が有効である。腕振りは90度程度に肘を曲げ、肩に力を入れずリラックスして行う。

❹注意点
▼ジョギングは着地衝撃が大きいため、肥満気味、膝など脚部に故障を持っている人には負荷が大きすぎるトレーニングであり、他の有酸素性持久力トレーニング（自転車エルゴメーター、水泳、ウォーキングなど）を実施した方がよい。

底がすり減ったシューズ（上）と新しいシューズ（下）

3. 中速ランニング

❶目的・効果
▼中速ランニングは、速めであるが比較的余裕のあるランニングスピードで、長い距離を走るエクササイズである。有酸素性持久力を向上させ、体脂肪を燃焼させる効果が高い。ランニング中のエネルギー消費量は、走速度に関係なく1km当たり約1cal/kgである。

❶準備
▼このエクササイズを行う際には、衝撃吸収材を用いクッション性が高められた専用のランニングシューズを必ず着用する。トレーニングを継続するにつれ、シューズの性能は低下するため、500km以上用いたシューズは交換すべきである。

❸動作とポイント
▼踵着地が常にランニングフォームの基本ではなく、中間部（ミッドフット）や前部（つま先）着地のランナーもいるので、自然な着地を指導する。特にランニングを主体とするアスリート（陸上競技、トライアスロン等）には、より高速走行に対応できるように、足の中間部（ミッドフット）、前部（つま先）で接地するフォームを勧める。腕振りは90度程度に肘を曲げ、肩に力を入れずリラックスして行う。上体は大きなねじれが生じないように前方に向け、固定気味の方がよい。

つま先からの着地
踵からの着地 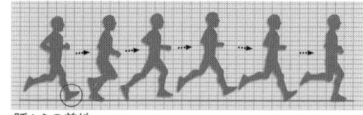
ランニングの着地

❹注意点
▼跳び跳ねる動きは上下動を大きくし、ランニング効率を低下させる。脚が後方へ流れる動きはピッチを低下させ、ランニング効率を低下させる。

＊1 左の図は、深代千之他編著『スポーツバイオメカニクス』（朝倉書店、2000年、P9-12）より

4. LSD

❶目的・効果
▼ＬＳＤはLong Slow Distanceの略語で、ゆっくりゆとりを持ったペース（ジョギングペース）で長時間走行するエクササイズである。主にＳＴ線維を動員した有酸素性持久力トレーニングとなるため、体脂肪を燃焼させる効果が高い。

❷準備
▼専用のランニングシューズを必ず着用することはもちろんであるが、トレーニング時間が長時間になるため、途中でスポーツドリンクを給水できるように準備することも大切である。

❸動作とポイント
▼乳酸が生じない低強度で長時間走行する。目安になるのが楽に会話のできるペースである。ＬＳＤのトレーニング量は、トレーニング時間で示されるのが一般的で、1時間以上3時間程度までがよく用いられる。

❹注意点
▼通常の競技時より運動強度が低くスピードが遅いため、強度不足・スピード不足のトレーニングに陥りやすい。特に、レース時に必要な無気的代謝（解糖系、ＡＴＰ－ＣＰ系）のトレーニングが不足する。

5. ペース走（低速）

❶目的・効果
▼ペース走（低速）は、比較的長めの距離をゆとりのあるペース（中速ランニングペース）で走行する持続性トレーニングである。主に有酸素性持久力の向上をねらい実施されるが、体脂肪を燃焼させる効果も高い。

❷準備
▼長時間にわたりランニングを継続するため、陸上競技場で実施すると単調になりすぎる。そのため、一般道路やサイクリングロードで実施することが多いので、靴底が厚めのランニングシューズが安全である。

❸動作とポイント
▼ＡＴ強度（ペース）以下の、乳酸が生じないランニング速度で長時間走行する。おおよそ会話ができる上限のペースである。走る距離は10km～20km（60分～120分程度）程度であるが、マラソンをねらったトレーニングでは30kmを用いることもある。

❹注意点
▼20km以上走る場合には、運動強度が低いとはいえ心身の疲労は大きいので、次回のトレーニングまで十分な回復の時間が必要である。

6. ＡＴペース走

❶目的・効果
▼ＡＴペース走は、有酸素性持久力の向上とＡＴレベルの向上を目的としたトレーニング方法であり、一定の距離または時間を、ＡＴ強度（ペース）を基準として実施する持続性トレーニングである。

❷準備
▼ペースを正確につかむために、陸上競技場あるいは、距離が測定してあるサイクリングロードで行う。信号待ちなどで中断する恐れのある、一般道路は避けた方がよい。

❸動作とポイント
▼5000m～10000m（20分～60分程度）程度の距離を用いる。ＡＴを実際に測定するのは困難なことから、トレーニング強度は心拍数をもとにして設定する。持久性アスリートでは85～90％強度程度で、タイム向上を目標とする持久性スポーツ愛好家では80％強度程度で実施する。

❹注意点
▼かなり高強度のトレーニングとなるため、持久性アスリートで週2回～3回、タイム向上を目標とする持久性スポーツ愛好家で週1回～2回実施にとどめた方がよい。

7. ビルドアップ走

❶目的・効果
▼ビルドアップ走は、中速ランニングからＡＴペースを超える高速ランニングまで、段階的にペースアップをしていく持続性トレーニングである。

❷準備
▼ペースを正確につかむために、400mまたは300mの陸上競技場で実施するのが一般的であるが、1kmごとに距離が測定してあるサイクリングロードで行うことも可能である。

❸動作とポイント
▼5000m〜10000m程度の距離を用いる。前半は有酸素性持久力向上トレーニングとなり、後半は無酸素性持久力向上トレーニングとなる。短い時間で効率的に、有酸素性パワーと無酸素性パワー両方を向上させ、特に体力レベルの異なるグループトレーニングで用いると有効である。

❹注意点
▼段階的にペースアップしていくが、設定されたペースを遂行できなくなった者は終了する。ビルドアップ走の前半で終了する者が多い場合には、最初のペース設定が速すぎる。逆に最後まで余裕を持って遂行できた者が多い場合には設定が遅すぎる。

ビルドアップ走の設定タイム例

初中級者	上級者	1000mラップ	400mラップ
	10000m	3分30秒	1分24秒
	9000m	3分40秒	1分28秒
	8000m	3分50秒	1分32秒
	7000m	4分00秒	1分36秒
	6000m	4分10秒	1分40秒
	5000m	4分20秒	1分44秒
10000m	4000m	4分30秒	1分48秒
9000m	3000m	4分40秒	1分52秒
8000m	2000m	4分50秒	1分56秒
7000m	1000m	5分00秒	2分00秒
6000m		5分10秒	2分04秒
5000m		5分20秒	2分08秒
4000m		5分30秒	2分12秒
3000m		5分40秒	2分16秒
2000m		5分50秒	2分20秒
1000m		6分00秒	2分24秒

8. ロングインターバル

❶目的・効果
▼ロングインターバルは、ＡＴ前後のペースで走る急走期とジョギングで行う緩走期を、繰り返し実施するトレーニング方法である。通常は十分なトレーニングを積んだアスリートが実施するが、継続的にトレーニングを積んだスポーツ愛好家でも実施可能である。

❷準備
▼ペースを正確につかむために、400mまたは300mの陸上競技場で実施するのが一般的であるが、1kmごとに距離が測定してあるサイクリングロードで行うことも可能である。実施する前に十分にウォームアップを行う。

❸動作とポイント
▼急走期2000m、緩走期600〜800mを3〜5セット、あるいは急走期3000m、緩走期800〜1000mを2〜3セット行うパターンがよく用いられる。急走期はおおよそ85〜95％強度になるが、5000mや10000mといった長距離走のレースペースを用いる場合が多い。この場合、レース距離を分割して実施するため、レースペースを体で把握することができる。

❹注意点
▼2セット目からペースを維持できない場合は、ペース設定が速すぎる。逆に最後まで余裕を持って遂行できる場合にはペース設定が遅すぎる。短所としては、レースペースが基準となるため、トレーニング強度が不足する懸念もある。また無酸素性持久力の向上は期待できない。

9. ファルトレク（クロスカントリー走）

❶目的・効果
▼ファルトレクは、自然の中で地形の変化等を利用しながら、強度や速度を変化させるトレーニング方法である。十分なトレーニングを積んだアスリートに有用で、走る速度を落とせば初心者にとっても有用である。

❷準備
▼車等が乗り入れてこない、大きな自然公園で実施することが望ましい。できればゴルフ場のような起伏のある芝生の上が一番よい。

❸動作とポイント
▼各自の判断で走る速度を変化させながら、一定の時間（60〜120分）を継続的に走る。平坦な場所や速度の遅い部分では、有酸素性持久力向上トレーニングとなり、登り坂や速度を上げた部分では無酸素性持久力向上トレーニングとなる。

❹注意点
▼自然環境の中で実施するので心理的な負担が少ないが、スピードの調整は各自の主観に任されるので、トレーニング強度が不足する危険性がある。

10. トレイルランニング

❶目的・効果
▼トレイルランニングは、自然歩道など主に山間地のトレイル（山道）を、ランニング主体で走り抜く持続的トレーニングである。最近ではトレイルランニング専門のランナーも現れ、レースもかなり実施されている。

❷準備
▼トレイルのコースには滑りやすい部分も含まれるので、ランニングシューズよりトレイルラン専用のシューズが望ましい。適切で安全なトレイルを選択することも重要であり、あらかじめ山岳地形図等で下調べをしておく。コンパスやGPS機能付きの携帯電話も持っていた方がよい。また、給水用のボトルにスポーツドリンクを入れ携帯する。

❸動作とポイント
▼地形に合わせてランニングとウォーキングを使い分ける。緩やかな地形はランニング主体で、急峻な地形はウォーキング主体となる。時には腕も動員する必要がある。急激な下り坂は十分に気をつけて降り、けがをしないように留意する。

❹注意点
▼自然環境の中で実施するので危険がつきまとう。単独よりも複数で実施し、経験が浅い者は経験者と同行した方がよい。

用器具を用いた有酸素性持久力トレーニング

11. トレッドミル

❶目的・効果
▼トレッドミルでのエクササイズには、ウォーキングとランニングがある。屋外でのウォーキングやランニングよりも着地衝撃が少なく、エクササイズの中断も容易で、狭い場所で安全に有酸素運動が実施できる。

❷準備
▼ランニングあるいはウォーキングに適したシューズを必ず着用させる。マシンを始動させる前に、ベルトを両脚にまたぎハンドレールを持たせる（写真1）。

❸動作とポイント
▼ベルトが動き始めたら、ハンドレールを持ちながら片脚ずつベルト上に乗せ、歩行を開始させる（写真2）。バランスを確認しながらハンドレールを離し、通常の歩行のように腕を自然に振らせる。前方に向かって歩き、なるべく中央部分でエクササイズを継続する。余裕を持って歩行を行うことができる者は、ランニングへ移行する（写真3）。

❹注意点
▼バランス能力の低い者には、まずハンドレールをつかんだ上でのウォーキングあるいはランニングに慣れさせ、徐々にハンドレールから卒業させる。トレッドミルランニングによるエネルギー消費は、屋外ランニングよりもやや少なくなるので、傾斜角度を1％程度つけることも勧められる。

12. 自転車エルゴメーター

❶目的・効果
▼自転車エルゴメーターは、室内での有酸素トレーニングマシンとして最も普及している。体重負荷がかからず、肥満者でも効果的にトレーニングが実施でき、着地衝撃がかからないため、リハビリ用のプログラムとしても有効である。

❷準備
▼母趾球をペダルに置いた時、膝が軽く曲がり（写真1）、ペダルが一番上（上死点）の位置にある時、大腿部が床と平行になるように（写真2）、シート高を適切に調整する。

❸動作とポイント
▼自転車エルゴメーターでの運動強度は、ペダルを踏み込む時の抵抗とペダル回転数（rpm）として決定される。一般的に、経済的なペダリングリズムは60〜100rpmの範囲である。ペダルは、足首は固定し大腿部中心で漕ぎ、楕円を描くようになめらかに回すようにする（写真3）。

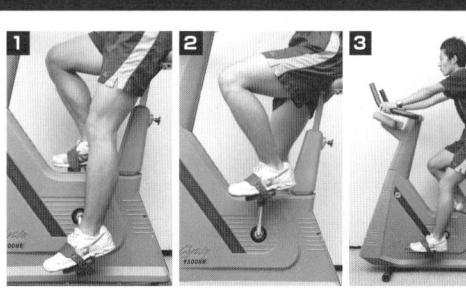

❹注意点
▼脚筋力の低い者では、局所的な筋疲労により、エクササイズの維持や適切な運動強度を保つことが困難になる。長時間バイクを漕ぐ場合、手首や手にかかる圧力を変えるためにハンドルを持つ位置を変化させる。

13. ステアクライマー

❶目的・効果

▼ステアクライマーは、階段昇りと同様の運動負荷で行う、有酸素トレーニングマシンである。階段昇りよりも膝へのストレスは軽減されるが、垂直方向の力発揮が必要とされるため、高強度のエクササイズとなる。

❷準備

▼つま先を前向きにし、足全体をそれぞれのペダルに置く。ハンドレールを軽く保持するが、ハンドレールに頼りすぎると適切な運動負荷がかからない。バランスがとれればハンドレールから手を離す。

❸動作とポイント

▼直立姿勢でペダルを前方に踏み込む。頭を起こし体幹は股関節の真上に置き、過度の前傾姿勢はとらない。曲がった脚の膝はつま先より前には出さず、伸ばした脚の膝は軽く曲げて過伸展させない。肘を直角に曲げ腕を自然に振る。ステップの深さは最大の可動域が確保できるように設定する。ステップスピードは1分間に40～95回の範囲である。初心者は、遅めのリズムで始め、慣れてきたらステップスピードを増加させる。

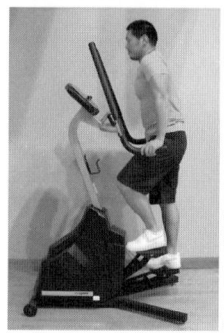

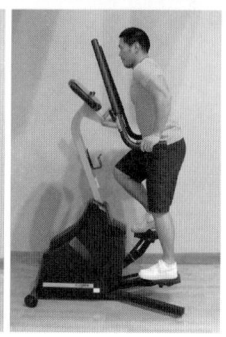

❹注意点

▼高強度のエクササイズなので、体力レベルの低い者では、最低レベルでさえ動作が継続できない可能性がある。一方、体力レベルの高い者では、ステップの深さを十分に大きくし、大腿四頭筋、ハムストリングス、臀筋を十分に動員させる。

14. エリプティカルクロストレーナー

❶目的・効果

▼エリプティカルクロストレーナーは、立った状態で歩行や走行を行うマシンである。ランニング動作に近い脚の楕円（エリプティカル）な動きを行い、脚の後方への動きも可能である。脚の動作と連動してハンドルが前後に動くことにより腕も同時に鍛えられるので、全身を動かす有酸素運動として有効である。

❷準備

▼足全体をそれぞれのペダルに置き、同時にハンドルをつかみ、全身を用いた歩行・走行動作を準備する（写真1）。

❸動作とポイント

▼頭は起こし、体幹は股関節の真上に置き、過度の前傾姿勢はとらない。曲がった脚の膝はつま先より前には出さず、伸ばした脚の膝は軽く曲げて過伸展させない。ペダルのリズムが遅い場合は、動作はウォーキングと同様である。リズムが速くなると、ランニングに近づいてくる。脚の動作と連動して、腕を用いてハンドルをリズミカルに動かす（写真2）。

❹注意点

▼エリプティカルクロストレーナーでは、前方と後方の両方向へのペダル動作が可能であり、これにより筋に異なる活動負荷をかけることができる。トレーニングの中で動作方向を変化させることは、オーバーユースの危険性を減少とともに、飽きの防止にもつながる。また、腕を用いた動作を強調することにより、上半身の有酸素運動としても効果的である。

15. ロウイングマシン

❶目的・効果

▼ロウイングマシンは、上半身と下半身両方を使った全身の有酸素トレーニングであり、体重負荷がかからず、着地衝撃もない安全なエクササイズである。

❷準備

▼開始姿勢では、頭を起こしまっすぐ前方を向き、腕は身体の前でまっすぐ伸ばし、下腿が垂直になるように股関節と膝関節を曲げる。

❸動作とポイント

▼股関節と膝関節を力強く伸展させながら体幹を後方に傾け、股関節と膝関節が伸展した後、腕でハンドルを腹部まで引き寄せる。完全に脚が伸展し、ハンドルが腹部まで達した後、リカバリー動作に移る。まず腕を前方に伸ばし、股関節から前傾しハンドルが膝を通り過ぎる時に膝を曲げて、下腿が垂直になるまで前方にスライドする。ロウイングのリズムは、初中級者では20～25ストローク／分で、上級者は25～35ストローク／分である。

❹注意点

▼初心者は上半身を使いすぎ、下半身を動員できない場合が多い。前傾や後傾は股関節で行い、背中を丸めることは避ける。腰部に問題を抱えている者には慎重に処方する。

写真提供：(株)スターラインジャパン

16. スポーツバイクサイクリング

❶目的・効果

▼近年、スポーツタイプの自転車（ロードバイク等）を用いたサイクリングや、トレーニングを行っている者が増加してきている。こうしたサイクリングは、体重負荷がかからず健康づくりやダイエットのために有効である。また、着地衝撃がかからないため、持久系アスリートのリハビリ用プログラム、そしてクロストレーニングとして有効である。

❷準備

▼スポーツバイクサイクリングでは、通常各自の体格に合ったフレームを持つスポーツ自転車（ロードバイクまたはクロスバイク）を用いる（写真1）。購入段階でサドルとハンドルの位置を適切に設定する。母趾球をペダルに置いた時、膝が軽く曲がる程度が通常のセッティングであり、ハンドルの高さはサドルの位置とほぼ同じである（写真2）。公道でトレーニングすることが多いので、ヘルメットを必ず着用し手袋も着用する（写真3）。また、車へアピールするため、なるべく鮮やかな色合いのウェアーを身につけた方がよい。ゴミや虫などが目に入るのを避けるため、サングラスや眼鏡も着用する。ロードバイクを本格的に行う場合には、ペダルを漕いだ力が効率的に伝達されるビンディングペダルと、クリートつきの専用シューズを用いる。

❸動作とポイント

▼ビンディングペダルを用いる場合には、通常右側のペダルからクリートを入れて少し漕いでからサドルに乗り、左側のペダルを着用する。自転車を降りる時には、左側のクリートからはずして左足から地面に着ける。ペダルを漕ぐ動作は楕円を描くように滑らかに回すようにし、足首は固定し大腿部中心でペダルを漕ぐ運動を行う。この時、体幹部は骨盤を立て背中を丸くしながら前傾し、ハンドルバーを軽く握る。

▼一般的に、平地を走っている時の経済的なペダリングリズムは、ケイデンス（1分間あたりの回転数）が60〜100rpmの範囲である。初中級者は60〜80rpmで、上級者は90〜100rpmのペダリングリズムが効果的かつ快適である。地形、風向きに応じて、適切にシフトレバーを操作して、一定のケイデンスで走行する。低いケイデンスで重いギアを用いて高速走行することは非効率的であり、早めの疲労をまねく。

▼登り坂はダンシング（たち漕ぎ−写真4）を併用しながら登っていくが、ヒルクライムなどの長い登り坂でのダンシングの多用はかえって疲労をまねく。下り坂はカーブの手前でブレーキをかけ十分に減速しておく。コーナーリングでは、内側の膝を上げ、外側のペダルに十分に力を加え、安全にコーナーを抜ける（写真5）。

❹注意点

▼公道でトレーニングする機会が多いので、安全対策には十分配慮する。道路交通法を遵守し、左側の車道を車に気をつけながら走行する。交差点は原則として2段階右折し、歩道を走らなければならない時には、歩行者優先で徐行しながら進む。夜間の走行は車から目につきにくいためなるべく避けた方がよいが、やむを得ない場合には点滅式ライトなどをつける。雨の時の走行はスリップしやすいため、なるべく避けた方がよい。

17. ノルディックウォーキング

❶目的・効果

▼ノルディックウォーキング（NW）のテクニックは、ヘルス、フィットネス、スポーツの3つのレベルに分けることができる。ヘルスレベルは、健康の維持増進をねらいとした低強度のNWであり、中高年者向きである。フィットネスレベルは、有酸素能力の向上をねらいとした中強度のNWであり、体力のある若年者やウォーカー向きである。スポーツレベルは、ポールを使用したジャンプやバウンディングなど、プライオメトリクスの要素を取り入れた高強度のNWであり、クロスカントリー・スキーヤーなど持久系アスリート向きのNWである。

▼NWでは、ポールの使用により上肢・体幹筋群の動員が促され、通常のウォーキングに比べてエネルギー消費量が20～30%アップする。また、膝関節への力学的負荷は、同じ速度のウォーキングに比べて若干増大するが、同速度のランニングとの比較では40～100%も低い。このような理由から、NWは中高年者や肥満者の健康増進目的だけでなく、持久系アスリートのオフトレーニングやリハビリテーションにも適している。しかし、テクニックが未熟な場合は、これらの効果が得られないばかりか関節障害を引き起こす可能性もあるため、正しいテクニックを習得することが重要である。

❷ポールの特徴

▼NWポールは、軽量で硬い材質であることが望ましい。NWでは腕を前後に大きくスイングするため、ポールが重いと下肢よりも上肢が先に疲労し自然なリズムで歩くことができなくなる。また、肩関節の障害防止の面からもポールは軽量であることが望ましい。近年では、軽量で硬いカーボン素材のシャフトが普及している。NWでは、身体後方で手を開きポールを押す動作が行われるため、グリップには手のスムーズな開閉が可能なストラップが付いている。また、ポールの先端にはコンクリートなど硬い路面を歩く際に、環境を保護するためのゴム製のパッドが付いている。

❸ポールの長さの選択

▼ポールの長さは、NWのテクニックに大きな影響を及ぼすため十分に検討されなければならない。国際ノルディックウォーキング連盟は、ポールの長さの選択基準として身長×0.68を推奨している。NWの指導現場では、上述の公式に相当する目安として、ポールを地面に垂直に立てグリップを握った時に肘の角度が90度になるような長さが推奨されている。

❹NWの基本テクニック

▼NWの初心者の多くが、ポールを持つとぎこちないフォームになり、同側の腕と足がそろう、行進のような腕振りをするなど、コーディネーションの悪い歩き方になってしまう（写真1）。NWでは、ポールを持っても持たない時と同じように自然なリズムで歩くことが重要である（写真2）。特に、腕振りは重要であり、人と握手をする位置（高さ）から振り始め、腰より後方へ大きくスイングする。

❺ヘルスレベルのNW（写真3、4）

▼ヘルスレベルのNWでも、基本は自然なウォーキングスタイルを崩さないことである。ポールは、足幅の真ん中あたりにやや斜め後ろに向けて突く。ポールを突いた時、グリップの位置と肘の角度は他人と握手をした時に似ている。ヘルスレベルのNWでは、少なくともポール（グリップ）を骨盤の横までは押すが、肘が完全に伸びるまでは押さない。ポールを押し先端が地面から離れたら、すばやくポールを前方へ引き上げる。

❻フィットネスレベルのNW（写真5、6）

▼フィットネスレベルのNWでも、基本テクニックはヘルスレベルと同じである。しかし、フィットネスレベルでは、ポールを骨盤の後方まで押し、肘を完全に伸展させる。このため、上腕三頭筋長頭や三角筋後部、菱形筋や僧帽筋など肩甲骨周囲筋の活動レベルが増す。また、フィットネスレベルでは、肘の最終伸展可動域で手のひらを反しながらストラップを伸展するテクニックにより、ポールへ圧力をかける。これにより、ポールをより後方まで押すことができるだけでなく、手の開閉が自然に起こり上腕筋をリラックスさせることができる。これらのテクニックが完成した者では、ストライドが自然に広がり、上体の前傾と骨盤の回旋が促される。

3.2 水中で行う有酸素性持久力トレーニング

1. 水中ウォーキング

❶目的・効果
▼水中での運動は浮力を受け、バランスを崩すことがある。水中での環境に慣れるためにも有効である。
▼水中環境での運動のための準備運動や、整理運動としても適している。
▼手で水を掻く時に要する力を活用して、身体のバランスを整える。

❷水深
▼通常は骨盤程度。深くても腹部。身長を考慮して浅目を選択すること。体が受ける浮力は、脂肪量の差によっても影響する。

❸準備
▼水に入ったら、まず頭まで水につかる。
▼生理的な環境変化に慣れる。
▼まれに自律神経反射に影響が見られる場合があるので、入水後の体調変化に注意する。
▼体を進行方向に少し傾けて、重心を前方に移動させることで、足を踏み出しやすくなる。
▼左足を踏み出す場合は、右手で水を前から後ろへ掻く。次に右足を踏み出す場合は、同じく左手で水を掻く。水を掻かない反対側の手は、水面上を前方へ運ぶことでも、身体のバランスを整えることができる。

❹動作とポイント
▼運動開始時は、足の踏み出し幅はゆっくりと、しかも大きく出さないで、大腿部を引き上げて、確実に踏み出すこと。
▼手の掻きは、身体バランスが取れるように、下や横方向に足の1歩のリズムに合わせてゆっくり確実に掻くこと。
▼身体バランス保持のため前方を見て、足元は見ないように気をつける。
▼有酸素運動であるので、呼吸は止めない。
▼運動動作に合わせて呼吸をする。例えば、右手を掻く時に吸気、左手を掻く時に呼気、というように合わせる。しかし、動作が速くなったり、疲労時には、呼吸が荒くなり、こういった動作に合わせられなくなる。その場合には、呼吸は自由でかまわない。

❺注意点
▼水底が滑りやすい場合には、歩幅が大きくできないこともある。また、水底がざらざらしている場合は、滑りやすくはないが、逆にふやけた足裏を傷つける場合もあるので、状況によって歩幅や速度の設定に注意する。

2. パドル水中ランニング

❶目的・効果
▼手に競泳選手が使うパドルを付けるので、水抵抗が増え、腕にかかる負荷はかなり強くなる。
▼素手で水を掻く運動に比較して、有酸素性、持久性の負荷強度を高くできる。
▼水中での最大心拍数は約10拍/分程度低下するといわれるので、負荷強度の設定には注意を要する。
▼速さを競うなどピッチを速めることで、さらに負荷強度は高くなる。

❷水深
▼通常は骨盤程度。この種目は腕筋群への作用も期待するので、骨盤から腹部程度が最適。

❸準備
▼水に入って、手に付けたパドルの扱いに慣れる必要がある。
▼パドルの角度を変化させると、手の運動方向が変化して、パドルの動きが流れることを知る。
▼体を進行方向に少し傾けて、重心を前方に移動させることで、足を踏み出しやすくできる。

❹動作とポイント
▼運動開始時は足の踏み出しは大きくしないで、大腿部を引き上げて、確実に踏

み出すこと。
▼パドルの掻きは、身体バランスが取れるように、下や斜め横方向に足のリズムに合わせてゆっくり確実に掻くこと。
▼両手を同時に掻いても、交互に掻いてもかまわないが、交互に掻いた場合には体幹部のねじれをともない、腰が前に出ることで足の運びがスムースに行えると同時に、歩幅が大きくとれる。
▼身体バランス保持のため前方を見て、足元は見ないようにする。
▼有酸素運動であるので呼吸は止めない。
▼運動動作に合わせて呼吸をする。例えば、右手を掻く時に吸気、左手を掻く時に呼気、というように合わせる。しかし、動作が速くなったり、疲労時には呼吸が荒くなり、こういった動作に合わせられなくなる。その場合には呼吸は自由でかまわない。

❺注意点
▼水底が滑りやすい場合には、歩幅が大きくできないこともある。また、水底がざらざらして逆にふやけた足裏を傷つける場合もあるので、状況によって歩幅や速度の設定に注意する。
▼パドルが周りの人に当たらないように注意する。

3. 後ろ向き水中ウォーキング

❶目的・効果
▼後ろ向きに歩くことで、前向きウォーキングとは異なる筋群を活用する。手で水を掻くことによって使う筋群も増えるので、負荷強度も高くなりやすい。

❷水深
▼通常は腹部程度。後方への移動運動であるので、前方向のウォーキングよりもやや深い場合がやりやすい。

❸準備
▼1つのコースを2人で使う場合には、衝突しないように注意する。例えば右側通行としたり、1コースを左右2人で分割して使うなどで衝突を避ける。
▼両膝はやや屈曲して、重心を落としての開始動作となる。

❹動作とポイント
▼歩幅は小さくしてもできるが、大きくした場合は上体の傾きを大きくして、水の抵抗を考える必要がある。したがって、深い水深では体が浮いて難しくなる。
▼手で水を掻く場合は、手を交互に使うことで体幹部のねじれをともない、その結果、動作が大きくなり、同時に使う筋群も増える。

▼呼吸は自由にできる。

❺注意点
▼後ろ向きで歩くために、プールの壁や他者との衝突に対する注意が必要になる。

4. パドル水中後ろ向きランニング

❶目的・効果
▼後ろ向きウォーキングに加えて、パドルを手に付けて腕筋力も活用する。
▼脚部だけでなく、上肢筋群の活用によって有酸素運動負荷が高まる。

❷水深
▼通常は腹部程度。パドルを使って腕筋群の負荷が伴うので、やや深い方がやりやすい場合がある。

❸準備
▼後ろ歩行と同じ。

❹動作とポイント
▼パドルが水抵抗を受けて角度を変化させることで、意図しない方向に流れる場合がある。パドル操作に慣れる必要がある。
▼負荷強度によって呼吸が速くなるので、呼吸を止めることがないように注意する。

❺注意点
▼パドル操作時に周りの人に当たることが予想されるので、コース内では1人を原則とする。複数の人が同じコースで行う場合は、安全に留意する。

5. パドル水中ランニングリレー

❶目的・効果
▼「2.パドル水中ランニング」でリレーを行うことで、より負荷強度が高まる。

❷水深
▼通常は骨盤程度のやや浅い水深とする。
▼腕筋群を活用したパドルで推進力を得るため、両膝を曲げて重心を落とした姿勢による負荷強度も期待できる。

❸準備
▼前歩きや後ろ歩きで慣れてから行うこと。

❹動作とポイント
▼リレー走者の交代によって、前歩き、後ろ歩きを、走者交代ごとに入れ替える。これを複数回行うことで、全員が前後方向の運動を行うことができる。
▼水深はあまり深くなく、腰骨辺りまでが競いやすい。
▼競争することで負荷強度は強くなり呼吸も激しくなる。

❺注意点
▼スタート時に飛び込みは危険なのでやらない。
▼リレーの引き継ぎの際にパドルが当たると、けがをする危険性があるので注意する。

6. 水中両足踏切ジャンプ

❶目的・効果
▼両足で水底を蹴って水上へジャンプすることで、脚筋力を活用して呼吸循環器への負担を増やす。
▼脚部のリハビリテーションとしても活用できる。陸上とは異なり、浮力を受けながら関節可動域を大きく使えるので、各関節の状態を意識しながらトレーニングが可能になる。

❷水深
▼通常は骨盤までのやや浅い目が最適。ジャンプしながら前方へ移動するので、深ければ動作が制限されてしまう。

❸準備
▼はじめは小さくジャンプして、やや斜め前に跳び出す程度で動作に慣れる。
▼軽く上方へジャンプすることで、次のジャンプのための脚エネルギーを得ることができるので沈みやすくなる。

❹動作とポイント
▼上方へ跳び上がることで膝をしっかり曲げることができ、大きなジャンプが得られ、その結果、前方への移動も大きくとれる。
▼しゃがんで水に潜る時に水中で息を吐き、ジャンプで水上へ跳び出した時に息を吸うことで、呼吸と運動が支障なくできる。
▼両腕は姿勢のバランスを取るために活用する。

❺注意点
▼この運動は前方への移動があまり期待できないので、腕を使ってジャンプ動作を助けたり、バランスを取るように工夫する。
▼水抵抗の影響で陸上でのキック動作とは異なるので、膝や足部などへの水底から受ける力を感じながら確実に蹴ること。陸上選手などは、陸上での感覚でキック動作をすることで傷害を受けることがあるので、軽いジャンプ動作から力感覚に慣れることが必要。

7. 水中片足踏切ジャンプ

❶目的・効果
▼水深が比較的深い場合は、膝の屈曲動作は大きくできないので、膝の障害を抱える選手には最適なリハビリとなる。

❷水深
▼通常は骨盤までのやや浅目が最適。ジャンプしながら前方へ移動するので、深ければ動作が制限されてしまう。

❸準備
▼浮力によってバランスが取りにくいケースが考えられる。腕の動作をうまく活用する練習が必要となる。

❹動作とポイント
▼片足を交互に使ってジャンプして、前方に移動する。
▼ジャンプと同時に腕を使って下方向に水を押して、ジャンプの補助動作でバランスを取る。
▼顔は鼻まで沈めて水中で息を吐き、ジャンプで空中に出て息を吸う。このように呼吸は動作に合わせて行う。
▼両腕で体のバランスを取る。

❺注意点
▼膝屈曲はあまりできないので、一度の前進距離は少なくなり、ジャンプの回数が多くなる。負荷強度を考慮する必要もある。
▼腓腹筋や足底筋に強い負荷を受けるので、脚筋のけいれんに注意する。特に水温が低い場合や、水中トレーニング前に陸上でのトレーニングを行った場合は注意を要する。

8. ビート板キック

❶目的・効果
▼競泳のキック動作を用いる。通常はクロール泳のバタ足で行う。
▼速い泳速を求めるとキック動作は速くする必要があるが、水泳に不慣れな者は短時間で筋の低酸素状態を招く恐れがあり長時間は続かない。したがって、ゆっくりとしたリズムで比較的長距離のキック動作が望ましい。

❷水深
▼水深は問わない。

❸準備
▼ビート板に両肘を伸ばして乗せ、肩などはリラックスする。
▼手から足先までを水平に伏して、浮力を活用して脚の運動を行う。

❹動作とポイント
▼スタート時に壁を両足で蹴って推進力を得ることで、姿勢は水平に保ちやすくなる。
▼顎はやや引き気味にし、鼻や口は水中に没している。
▼息は鼻や口から水中で吐き、息を吸う時は顔を上げて口から息を吸う。
▼最初からピッチを上げることなく、足を打ち下ろす時に大腿四頭筋に力を入れること。この場合、反対の足は特に意識しなくても、反動動作で次の打ち下ろす足として上がってくる。

❺注意点
▼足は打ち下ろし時と、打ち上げ時の双方に力を入れても、推進力にはつながらない。また、そのことによって下半身が沈むことにもつながる。

9. ビート板キック（高負荷）

❶目的・効果
▼ビート板キックに慣れてくるとキック時での力の入れ方に習熟してくるので、負荷を強めるため時々顔を水中に伏せて、息を鼻から水中で吐きながらキック動作を行う。
▼息を吐き切ったら顔を水上に出して空気を口から吸い、数回の呼吸を経て再度水中で息を吐く、といった呼気を水中で行うことで水抵抗を利用した呼吸筋への負荷をかけることができる。したがって肺機能トレーニングとしても期待できる。

❷水深
▼水深は問わない。

❸準備
▼ビート板に両肘を伸ばして乗せ、肩などはリラックスする。手から足先までを水平に伏して、浮力を活用して脚の運動を行う。

❹動作とポイント
▼スタート時に壁を両足で蹴って推進力を得ることで、姿勢は水平に保ちやすくなる。
▼最初からピッチを上げずに、足を打ち下ろす時に大腿四頭筋に力を入れること。この場合、反対の足は特に意識しなくても、反動動作で次の打ち下ろす足として上がってくる。
▼数回のキック動作の中で、息は口から吐き切る。
▼呼吸制限をかけることで、呼吸筋への負担が大きくなる。

❺注意点
▼脚筋群に負荷をかけるので、急激なトレーニングは避ける。

10. ビート板キックリレー

❶目的・効果
▼水面に対して水平な姿勢によって、推進力を得ることが分かるので、「9.ビート板キック（高負荷）」のトレーニングが活用できる。すなわち、脚筋力への負荷と呼吸循環系へのトレーニングが期待できる。

❷水深
▼水深は問わない。

❸準備
▼ビート板に両肘を伸ばして乗せ、肩などはリラックスすること。
▼手から足先までを水平に伏して、浮力を活用して脚の運動を行う。

❹動作とポイント
▼リレー形式で、25mの距離をビート板キックでダッシュする。
▼スタート時に壁を両足で蹴って推進力を得ることで、姿勢は水平に保ちやすくなる。
▼最初からピッチを上げることなく、足を打ち下ろす時に、大腿四頭筋に力を入れる。この場合、反対の足は特に意識しなくても、反動動作で次の打ち下ろす足として上がってくる。
▼数回のキック動作の中で、息は口から吐き切る。
▼呼吸制限をかけることで、呼吸筋への負担が大きくなる。

❺注意点
▼脚筋に対する遠心性収縮だけでなく、求心性収縮も強く作用するので、脚の筋けいれんが生じる可能性が高く、注意を要する。

3.3 無酸素性持久力トレーニング

用器具を用いない無酸素性持久力トレーニング

1. 高速ランニング

❶目的・効果
▼高速ランニングは、全力に近い速度で一定の距離を走るエクササイズである。無酸素性持久力を向上させる効果が高いが、有酸素性持久力もある程度向上させる。なお、ランニング中のエネルギー消費量は、走速度に関係なく1km当たり約1cal/kgである。

❷準備
▼高速ランニングを行う際には、専用のランニングシューズを必ず着用する。きわめて高強度で実施する場合には、ランニング用スパイクシューズを着用する。

❸動作とポイント
▼キック動作で膝を完全に伸ばすとピッチ低減につながるので、離地時にはやや膝は曲がっている。着地位置が体の前方に着きすぎると、ブレーキの要素が大きくなるので、着地位置は重心の少し前、股関節の真下に近い位置の方がよい。腕振りは90度程度に肘を曲げ、肩に力を入れずリラックスして行う。上体は、大きなねじれが生じないように、前方に向け固定気味にする。

❹注意点
▼高速ランニングエクササイズを行う前に、十分なウォームアップを行い、筋温を上げる。次にウインドスプリント（流し）を行い、下肢の関節可動域を広げておく。

■高速ランニング時は、体幹部がねじられない動作の方が効率的（＊1）

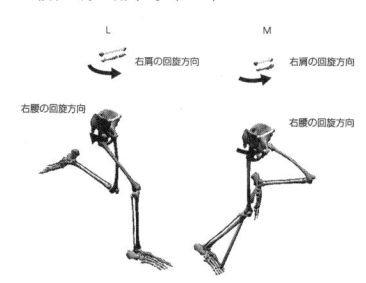

着地の前後に体幹部はややねじられる。接地期の後半には、ねじられないように、骨盤が肩の回旋動作に追従する。体幹部は、質量・慣性モーメントが大きいために素早い動きは困難であり、腰や肩を回旋させない方が効率的な動きと考えられる。

＊1 松尾彰文「走動作中の骨盤と肩の動き」（体育の科学 Vol.56、2006年、P162-167）より

2. ウインドスプリント（流し）

❶目的・効果
▼ウインドスプリント（流し）は、高速・高強度ランニングの実施前に行うウォームアップ最終段階のエクササイズである。高強度のトレーニングに対応できるように心拍数を一度上げておくことと、下肢の関節可動域を広げておくことが目的である。

❷準備
▼ジョギングで筋温を上げ、動的ストレッチ等を実施した後に実施する。通常は陸上競技場で行う。

❸動作とポイント
▼80m～100m程度の距離で実施する。徐々に加速し、中間付近でほぼ全力に達し、その後、次第に減速する。下肢の可動域を広げるため、なるべく大きなランニング動作で実施する。リラックスしながら、正確なランニング動作を意識する。通常は2～3本程度行い、休息は同等の距離をウォーキングまたはジョギングでつなぐ。

❹注意点
▼主に持久的なアスリート向けのエクササイズであり、800m、1500m、5000m、10000mのレース前には必ず行われる。一般のランニング愛好家では、高速で走る前には実施してもよいが、マラソンレースのようにあまり高速にならない場合には実施しない方がよい。

3. ショートインターバル

❶目的・効果

▼ショートインターバルは、ＡＴ以上での高強度（95％以上）のペースで走る急走期とジョギングで行う緩走期を、繰り返し実施するトレーニング方法である。ショートインターバルは、無酸素性持久力を高めるトレーニングとして有効である。

❷準備

▼適切なペースを正確につかむために、400mまたは300mの陸上競技場で実施する。実施する前に十分にウォームアップを行いウインドスプリント（流し）も行う。ランニングシューズ、またはランニング用スパイクシューズを着用する。

❸動作とポイント

▼トレーニング距離としては、400m×10〜20セット（100m or 200mjog）、200m×10〜20セット（100mjog）がよく用いられる。急走期は無酸素系代謝が中心で、暖走期に有酸素系代謝で回復させ、トレーニングを継続していく。レースペースを基準として実施する場合が多いが、無酸素性持久力トレーニングとしての強度が不足するので、レースペースよりも速めに設定する必要がある。なお、より無酸素性持久向上を狙うショートインターバルとして、300m×5〜8セット（100m歩行）等があり、無酸素性持久力が必要なアスリート（400m、800m）に有効である。

❹注意点

▼球技系アスリートでは、シャトルランなど競技特性に近い形でアレンジして、無酸素性持久力の向上を狙い、ショートインターバルを実施することが効果的である（写真参照）。

■シャトルラン（切り返し）

4. ミドルインターバル

❶目的・効果

▼ミドルインターバルは、ＡＴ強度をやや上回るペース（90〜95％強度）で走る急走期とジョギングで行う緩走期を、繰り返し実施するトレーニング方法である。ミドルインターバルは、無酸素性持久力および有酸素性持久力の向上をねらうトレーニングとして有効である。

❷準備

▼ペースを正確につかむために、400mまたは300mの陸上競技場で実施する。実施する前に十分にウォームアップを行い、ウインドスプリント（流し）も行う。ランニングシューズ、またはランニング用スパイクシューズを着用する。

❸動作とポイント

▼急走期1000m、緩走期200〜400mで、3〜10セット行うパターンがよく用いられる。急走期はおおよそ90〜95％程度の運動強度になるが、5000mのレースペースを用いる場合が多い。この場合、レース距離を分割して実施するため、レースペースを体で把握することができる。ミドルインターバルは、有酸素系アスリートによく用いられる方法であるが、球技系アスリートでは、基礎トレーニングの時期に、有酸素性持久力向上をねらった基礎トレーニングとして利用可能である。

❹注意点

▼レースペースを基準にしていると、無酸素性持久力トレーニングとしての強度が不足するので、レースペースよりもやや速めに設定すると効果的である。

5. レペティション

❶目的・効果
▼レペティションは、完全休息をとりながら、全力でトレーニングを繰り返すトレーニング形態で、主に無酸素性持久力を向上させるトレーニング手段として有効である。

❷準備
▼ペースを正確につかむために、400mまたは300mの陸上競技場で実施する。実施する前に十分にウォームアップを行い、ウインドスプリント（流し）も行う。ランニングシューズ、またはランニング用スパイクシューズを着用する。

❸動作とポイント
▼無酸素性持久力とスピードが必要なアスリート（200m、400m）には、150m〜300m×5〜10セット（5〜10分休息、全力走）がよく用いられる。無酸素性持久力が必要なアスリート（800m、1500m）には600m×3〜4セット（10分休息、全力走）や、1200m×2〜3セット（10分休息、全力走）がよく用いられる。全力走では無酸素系代謝（解糖系）が中心で、休息時間において有酸素系代謝で回復させ、トレーニングを継続していく。

❹注意点
▼運動強度がきわめて高いトレーニングなので、2日連続して実施しない。1週間に1〜2回の実施にとどめた方がよい。

6. タイムトライアル

❶目的・効果
▼タイムトライアルは一定距離の全力走であり、有酸素性持久力と無酸素性持久力両方の向上をねらったトレーニング方法である。5km以上のタイムトライアルは主に有酸素性持久力をねらい、1000m〜2000mでは有酸素性持久力と無酸素性持久力、600m以下では主に無酸素性持久力をねらうことになる。

❷準備
▼400mまたは300mの陸上競技場で実施する。実施する前に十分にウォームアップを行い、ウインドスプリント（流し）も行う。ランニング用スパイクシューズを着用するが、レース用のランニングシューズで実施する場合もある。

❸動作とポイント
▼レースを想定して行う。通常は目標レースペースか、それより少し遅めのペースで走行する。途中のラップタイムを選手に正確に伝え、なるべく一定ペースが維持できるようにする。パフォーマンスの向上を追求するアスリートにおいて、レース・競技場面に対応していくため、必要不可欠なトレーニング手段であり効果も高い。

❹注意点
▼運動強度がきわめて高いトレーニングなので、オーバートレーニングにつながりやすい。タイムトライアルは、トレーニング時期・段階を踏まえ、週1回を超えない範囲で実施していく。

7. ヒルトレーニング（坂道ダッシュ）

❶目的・効果
▼ヒルトレーニング（坂道ダッシュ）は、坂道を用いた有酸素性持久力と無酸素性持久力の両要素の向上をねらったトレーニングである。十分なトレーニングを積んだアスリートに有用だが、走る速度を落とせば初心者にとっても有用である。

❷準備
▼100m〜200m程度の極端でない坂道で実施する。できれば車が乗り入れてこない場所が望ましい。実施する前に十分にウォームアップを行い、ウインドスプリント（流し）も行う。

❸動作とポイント
▼登り坂では速度を増加させ、しっかり追い込むことで無酸素性持久力と有酸素性持久力の向上をねらう。登り坂はかなり追い込んでも着地衝撃は小さく、脚部の負担は小さいので安全性が高い。一方、下り坂はジョギングで回復をはかる。典型的なパターンは、坂ダッシュ150m、下り坂ジョギング150mを10セット実施する。

❹注意点
▼下り坂をダッシュした場合、遅発性筋肉痛の原因となり、故障する危険性が高いので、ジョギングペースが安全である。

用器具を用いた無酸素性持久力トレーニング

8. 自転車エルゴメーター（Power max）

❶目的・効果
▼主にアスリート向けの自転車エルゴメーター（Power max）を用いて、無酸素性持久力向上をねらったトレーニングを行う。体重負荷がかからず、着地衝撃もかからないため、アスリートのリハビリ用のプログラムとして有効である。

❷準備
▼母趾球をペダルに置いた時、膝が軽く曲がり、ペダルが一番上（上死点）の位置にある時、大腿部が床と平行になるように、シート高を適切に調整する（写真1）。ペダルと足をベルトで固定して、駆動力が十分に伝達されるようにする。

❸動作とポイント
▼90～100rpmのペダリングリズムで漕いだ時に、心拍数から見た強度が90～95%程度で、ほぼ全力に近くなるように抵抗値（kp）を調整する（写真2）。30～60秒程度ペダリングを行い、3～5分程度休息し、3～5セット程度繰り返す。または、無酸素パワーテストを実施し、ミドルパワートレーニング値を求め、ミドルパワートレーニング（30秒間全力ペダリング、2分休息、3セット）を実施する。

❹注意点
▼座った状態ではケイデンス90～100rpmを維持できない場合、立ち漕ぎを用いる。途中で気分が悪くなった場合には中止する。

9. サーキットトレーニング

クリーン 　　　　ダッシュ 　　　　リバウンドジャンプ

❶目的・効果
▼サーキットトレーニングは、持久力トレーニングとレジスタンストレーニングを組み合わせたものである。数種目から15種目ほどのエクササイズを、ジョギングや歩行といった不完全休息でつなぎながら、連続して実施する。

❷準備
▼様々なトレーニング器具（バーベル、ハードル等）を、グラウンドに配置する。トレーニングのねらいにより配置場所、エクササイズ種目を適切に選択する。

❸動作とポイント
▼比較的短時間で数多くのエクササイズを実施でき、バランスの取れた体力向上をはかることができる。全面性を重視したトレーニングであり、発育期の児童・青少年には有効である。心拍数が高い中でトレーニングを継続しているので、持久力の向上も期待できる。

❹注意点
▼各エクササイズの運動強度がやや低くなる傾向があるので、特異性が優先される成人のアスリートのトレーニングでは重要性が低い。また、サーキットトレーニングでは筋力はある程度向上するが、持久力向上の効果は低いことも指摘されている。

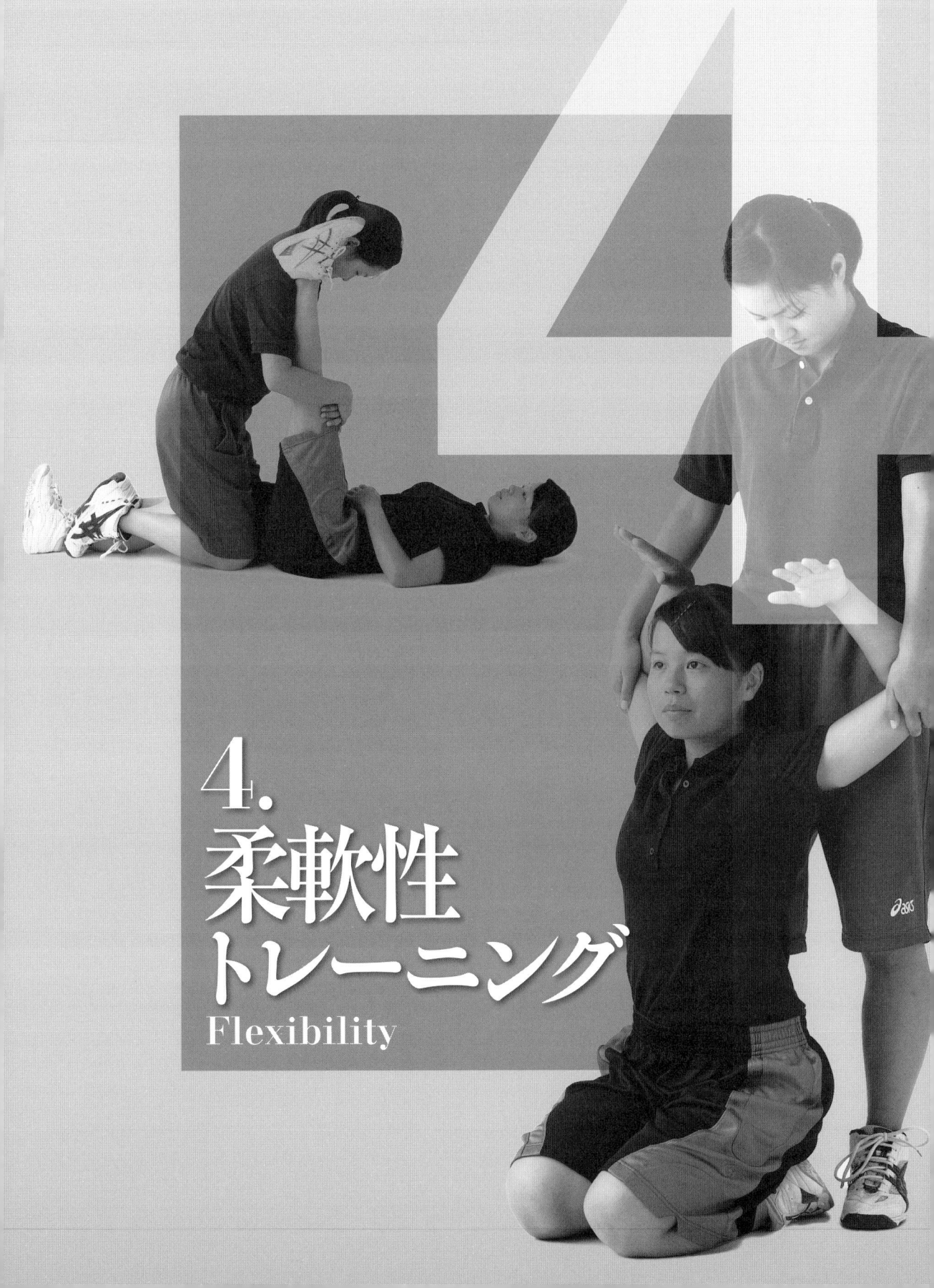

4. 柔軟性トレーニング
Flexibility

実施と指導上の留意点

1. ストレッチングの役割

スポーツパフォーマンスの向上において、ストレッチングはどのような役割を担うのだろうか。

パフォーマンスの向上に直接的に結びつくストレッチングは、近年の研究によりダイナミックストレッチングが有効であることが明らかとなってきた。以前から通常行われているスタティックストレッチングは、方法を間違えるとパフォーマンスを低下させるという報告も示されてきている。柔軟性を高めることによって可動域が増し、スムースなスキルに結びつくことも重要なポイントである。

また、スポーツ外傷や障害の予防のためにも、ストレッチングは有効である。究極のスポーツにおいて柔軟性が不足すれば、そのスポーツのフォームができなくなるばかりか、優秀なパフォーマンスに結びつけることはできないであろう。

さらに、柔軟性と関節の弛緩性について、その違いを知っていないと、ストレッチングによってさらなる弛緩性の増強となり問題となるであろう。

2. ストレッチングの種類

日頃からスポーツの現場でよく用いられるストレッチング方法は、1）スタティックストレッチング、2）ダイナミックストレッチング、3）PNFを応用した徒手抵抗ストレッチング、4）道具を利用したストレッチング、5）コンプレッションストレッチングなどがある。

また、自分自身で行うセルフ・ストレッチングと、対象者に対してパートナーが徒手を用いて他動的に行うパートナーストレッチングがある。

これらの各種ストレッチングをいつ、どのようなタイミングで行えば最適であるか、またなぜその方法を選択するのかという、目的をはっきりさせる必要がある。さらに、その方法を選択する時の方法論（時間やセット）についても知る必要がある。

すべてのコンディショニングに関連することであるが、ストレッチングにおいてもリスク管理を忘れてはならない。それぞれのストレッチングおいてリスクがあるとすれば、それは何なのかを知り、安全に効果的にストレッチングを行わなくてはならない。特にパートナーストレッチングを行う場合は、セルフストレッチング以上に、正しい知識とリスク管理について十分な理解と技術が必要となる。

1）スタティックストレッチング

急激に筋肉を伸張しようとすると伸張反射が起こり、筋肉は短縮する。スタティックストレッチングは静的ストレッチングと呼ばれ、伸張反射を起こさないようにゆっくりと筋を伸ばしていくストレッチングテクニックである。現在、行われているストレッチングにおける基本のストレッチングといえる。

スタティックストレッチングのパートナーストレッチングは、代償運動のコントロールおよびリスク管理を行うことが重要である。また、パートナー自身が合理的に力を発揮できるポジションで行うこと、対象者ごとに若干の調整をしながら行うことなども重要である。上肢のストレッチングでは、肩甲骨の代償が非常に大きく、効かない場合があり、ストレッチングにおいて追い込みすぎる危険があるので、特に注意しながら行う必要がある。

スタティックストレッチングは、主として運動前後、あらゆる時に用いられる。

2）ダイナミックストレッチング

相反神経支配を使用したストレッチングである。伸ばしたい筋の裏側にあたる筋肉を意識的に短縮しようとすると、伸ばしたい筋肉にはマイナスの命令（弛緩させる）が届き、筋をリラックスさせ、伸張しやすい状態とする。このメカニズムを応用して、全身のパートについて行っていく。

ダイナミックストレッチングには、スタンディングベースで行うパターン、ウォーキングベースで行うパターン、そしてフロアーベースで行うパターン

がある。

最近の研究では、スポーツパフォーマンスを向上させることのできるストレッチングとして認知され、ウォームアップにおいて多くの競技者が採用している。

このように、ダイナミックストレッチングは、主として運動前のウォームアップで用いられる。

3）PNFを応用した徒手抵抗ストレッチング

PNF（Proprioceptive Neuromuscular Facilitation：固有受容性神経筋促通法）とは、固有受容器を通して神経筋の働きを促進する方法で、いくつかの重要な神経生理学的なメカニズムに基づいている。

徒手抵抗ストレッチングは、このPNFを応用したストレッチングである。つまり、パートナーによるマニュアルレジスタンス（徒手抵抗）によって、伸ばしたい筋肉を最初に収縮させると、その後、その筋肉は弛緩するという、自己抑制の反応を応用したものである。

抵抗には、アイソメトリック法（関節の角度を変えずに力を入れる）と、アイソトニック法（筋肉の長さを変えながら力を入れる）が用いられる。

アイソトニック法における筋収縮には、コンセントリックとエキセントリックがある。エキセントリック法では、少ない筋力発揮で大きな効果が得られるメリットがある。

徒手抵抗ストレッチングは、主として柔軟性の改善を短期間で図りたい場合や、コンディショニングプログラムと合わせながら行う。

4）道具を利用したストレッチング

ストレッチングに利用する道具には、様々なものがある。

フレックスクッションは、斜めの傾斜を利用して骨盤を自然に立てることができることが最大のメリットである。そのメリットを活かして、効果的なストレッチングを行うことができる。

フォームローラーはその上に乗ったり、ころがしたり、時には圧迫に利用したりと、非常に多岐にわたる使い方ができる道具である。特に脊柱周囲の筋肉を弛緩させる効果は、他の道具とは異なる利用を可能にするものである。

こうしたストレッチングは、主として体が硬くて通常のポジションがうまく出せない場合や、特別な目的を持って行う場合に使われる。

5）スポーツ障害予防のコンプレッションストレッチング

筋腹に圧迫点を作り、筋肉を収縮・弛緩させながら、ダイナミックストレッチングを行うのが、コンプレッションストレッチングである。圧迫の刺激と相反神経支配による、筋の弛緩メカニズムを利用しながら行う。固くなり、スタティックストレッチングだけでは伸ばせない筋肉を、効果的に弛緩させていくことが可能となる。

セルフストレッチングで行う場合は、固形物（フォームローラーやソフトボール）などを利用して行う。パートナーストレッチングで行う場合は、徒手にてポイントを作りながら行う（本章ではセルフストレッチングを紹介する）。

コンプレッションストレッチングは、通常のやり方ではなかなか改善が見られない場合や、ストレッチングができない場合などに用いられる。

本章では、上記の各種ストレッチングにおける、具体的方法およびポイントについて解説している。読者はそれぞれのストレッチングを、最適なタイミングで、正確かつ安全に行うことができるようになるであろう。

4.1 上肢のスタティックストレッチング（セルフ）

1. 僧帽筋（上部）

【肢位】立位、座位　【機能】上部：肩甲骨の挙上

❶方法
▼対象筋側の肩甲骨を下制させながら前腕を背中側に回す。その状態から一方の手を頭部に乗せ、首を軽度屈曲、側屈させていく。

❷ポイント
▼対象筋側の肩甲骨は内転位とし、背中が丸まらないように胸椎を伸展させた姿勢で行う（写真1）。
▼起始部への刺激を強調する場合は、対象筋側を側屈させたまま、天井を向く方向に回旋させる（写真2）。

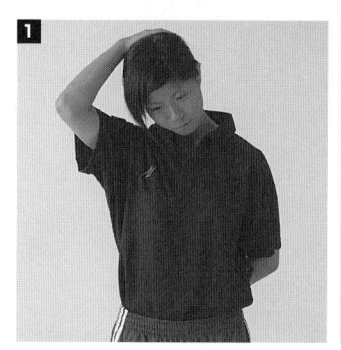

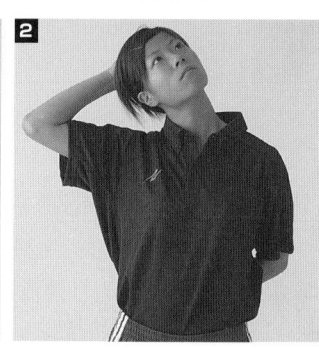

2. 僧帽筋（中部）

【肢位】座位　【機能】中部：肩甲骨の挙上、内転、上方回旋

❶方法
▼対象筋側の肩甲骨を外転させ、肩関節は水平屈曲位で内旋させたまま、テーブルの端などをつかむ。背中を丸めながら頸椎を屈曲させて、腰を後方に引くようにストレッチする。

❷ポイント
▼脊柱が後彎するように背中を丸め、体幹部を固定しながら腰部を後方にゆっくりと引き、対象筋へのストレッチを感じるようにする。

3. 肩甲挙筋

【肢位】立位、座位　【機能】肩甲骨の挙上

❶方法
▼肘屈曲、肩外転、肩甲骨上方回旋位にて下制させ、一方の手を頭に乗せる。その後、頸椎を屈曲、側屈させていく（写真1）。対象筋肩甲骨を下制させながら、頸椎を屈曲させていく方法（写真2）。

❷ポイント
▼肩甲骨を上方回旋させると、停止部はストレッチされやすいポジションとなる。対象筋の肩甲骨の下制がポイント。

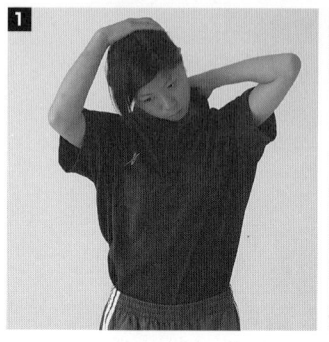

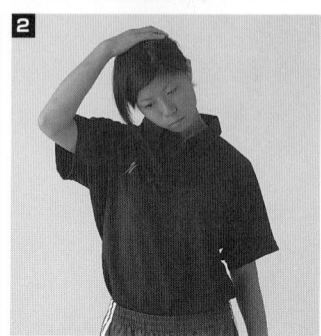

4. 三角筋中部／後部

【肢位】立位、座位　【機能】中部：肩関節の外転　後部：肩関節の外転、伸展、水平伸展

❶方法
▼対象筋の肘を伸展させ、肩を水平内転させる。一方の前腕で対象側の上腕を、体側に押さえ込むようにする。対象筋の内転角度を調整すると、刺激が変化する（写真1、2）。

❷ポイント
▼体幹を回旋させずに、肩甲骨を軽度外転位にロックしながら行う。

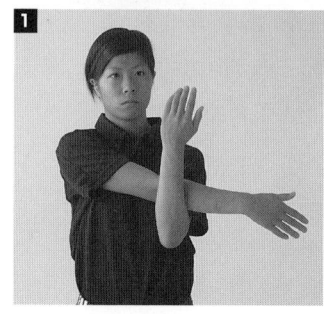

5. 前鋸筋

【肢位】四つ這い位　【機能】肩甲骨の外転

❶方法

▼両手・両膝を床に着けた姿勢をとり、肘を伸展させ、肩甲骨を内転位として、脱力するようにする（写真1）。肩甲骨の内側縁が浮き出るようなイメージで行う。片側の腕に体重を移動して行うと刺激が強まる（写真2）。

❷ポイント

▼脱力して行う。骨盤を前傾位とし腰椎胸椎を伸展させるようにする。

6. 上腕二頭筋

【肢位】立位、座位　【機能】肘の屈曲、肩の屈曲補助、前腕の回外

❶方法

▼肘を伸展させた状態で肩を外転90度、10度水平伸展位、肩甲骨は内転位で前腕を回内、やや尺屈させて手を壁にかける。その状態でストレッチを感じるポジションを探る（写真1）。
▼座位で椅子の背や、机を用いて行う方法。肘関節、肩関節を伸展させ、前腕を回内位として行う（写真2）。

❷ポイント

▼肩甲骨を内転位でロックすること。肘の過伸展に注意。

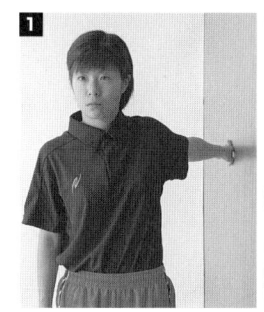

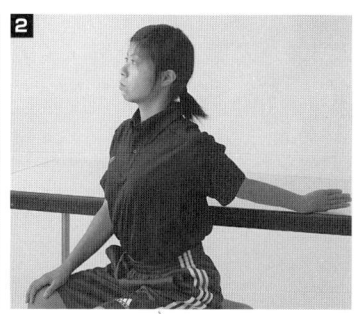

7. 上腕三頭筋

【肢位】立位、座位、四つ這い位　【機能】肘の伸展、肩の伸展、肩の内転

❶方法

▼肘を屈曲し、肩を屈曲させる。一方の手で対象側の手背を押さえながら行う（写真1）。
▼両手・両膝を床に着けた姿勢から、対象側の肘を屈曲、肩を屈曲しながら床に肘を着ける。一方の手で対象側の手背を押さえるようにする（写真2）。

❷ポイント

▼肩甲骨が後傾する動作や、腰椎が前彎する動作は代償運動であるので避ける。腰椎の前彎が強くなると、腰部にストレスとなるので注意。

8. 棘下筋／小円筋

【肢位】立位、座位、腹臥位　【機能】肩関節の外旋、水平伸展

❶方法

▼対象筋の肘を90度屈曲位、肩内旋位で手首を体幹部にかける。一方の手で肘を引きさらに内旋させていく（写真1）。
▼側臥位で対象筋の肩屈曲位、肘を90度屈曲させ、一方の手で手首をつかみ内旋させていく（写真2）。

❷ポイント

▼写真1は、三角筋前部のストレッチングにもなっている。痛みが出る場合があるのでゆっくりと行う。

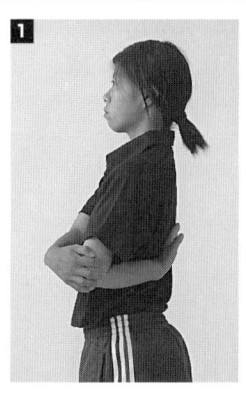

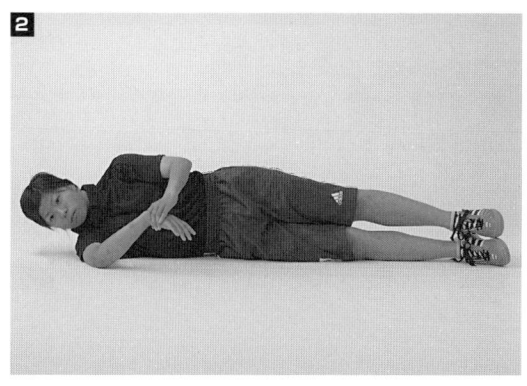

9. 肩甲下筋

【肢位】座位　【機能】肩関節の内旋、内転、伸展

❶方法
▼座位にて肘90度屈曲位で、手を机やテーブルにかけ肩関節を外旋させていく（写真1）。
▼座位にて対象筋の肘を屈曲し、肘を机に置く。その状態から一方の手で手首をつかみ外旋させていく（写真2）。

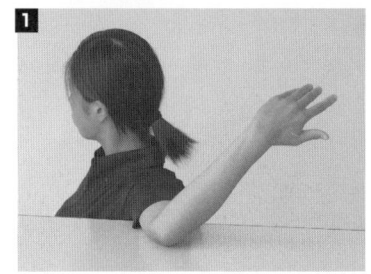

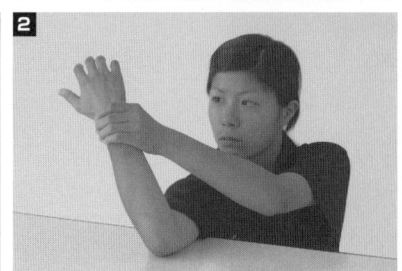

❷ポイント
▼肩が外転外旋位となるのは、肩の前方脱臼の肢位である。したがって、外転外旋位となる場合は、肩前方に骨頭が抜けないように圧迫を行ったりして注意する。

10. 胸鎖乳突筋

【肢位】立位、座位　【機能】両側：頸椎の屈曲　片側（右）：頸椎の左回旋、右側屈

❶方法
▼対象筋側（右の場合）に頸椎を左側屈し、その状態から右に回旋させる（写真1）。一方の手で顎を押さえながら右回旋を誘導すると刺激が強まる（写真2）。

❷ポイント
▼頸椎を伸展させる時や、回旋させる時はゆっくりと行う。手で誘導する時も力を入れすぎないように注意する。対象筋の肩を下制させながら行うと刺激が強まる。

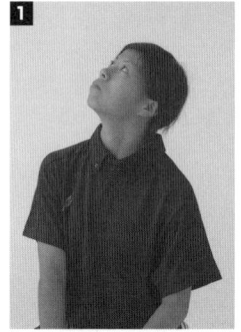

11. 斜角筋

【肢位】立位、座位　【機能】頸椎の側屈

❶方法
▼対象筋側（右の場合）に頸椎を左側屈し、その状態から右に回旋させ、頸椎を伸展させたり、屈曲させたりする（写真1、2）。

❷ポイント
▼斜角筋は前、中、後とあるので、伸展させたり、屈曲させたりして、刺激を変えていく必要がある。

12. 小胸筋

【肢位】立位、座位　【機能】肩甲骨の前傾、下方回旋

❶方法
▼テーブルに手を乗せて、肘を伸ばす。その状態からゆっくりと上体を伸展させながら膝を曲げて、肩が上方に挙上されるようにする。

❷ポイント
▼胸の前方の烏口突起付近にストレッチを感じられるように、ポジションを調整しながら行う。手が滑ると危険なので、滑らないように工夫しながら行う。

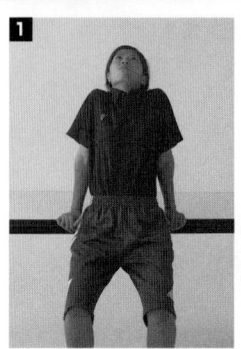

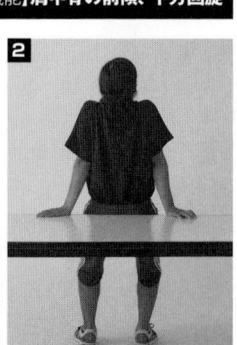

13. 大胸筋

【肢位】立位、座位　【機能】上部：肩関節の内旋、水平屈曲　中部：肩関節内転、外転　下部：肩甲骨の内旋、水平屈曲、伸展、内転

❶方法

▼対象筋の肘伸展、肩外転120度、やや水平伸展位で掌を壁に着け、胸を伸ばす。大胸筋の下部が伸ばされる（写真1）。

▼対象筋の肘伸展、肩外転90度で同様に胸を伸ばす。大胸筋中部が伸ばされる（写真2）。

▼対象筋の肘伸展、肩外転45度で同様に胸を伸ばす。大胸筋上部が伸ばされる（写真3）。

▼側臥位となり両股関節を屈曲位とし、対象筋の肩を肘を伸展位で、肩を水平伸展位に腕の重さで垂らすようにする。肩の外転の角度を変えて行うと、伸ばされる場所が変化する（写真4）。

❷ポイント

▼肩甲骨を内転位とし、胸を張るようにして行う。よくストレッチされるポジションを探りながら行う。肘を完全に伸展させる必要はない。

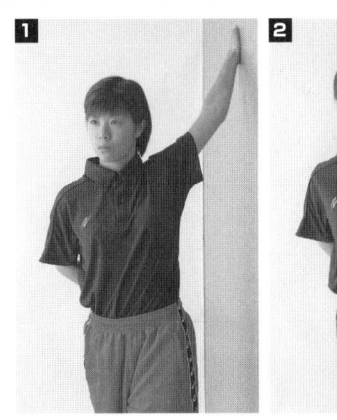

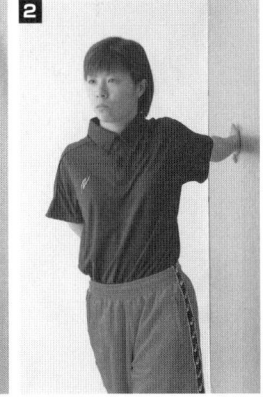

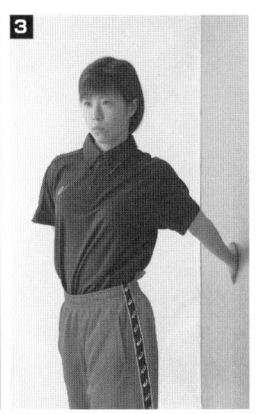

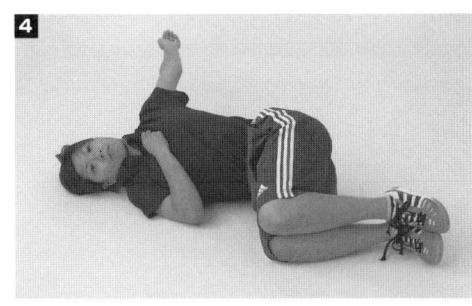

14. 広背筋

【肢位】立位、座位、四つ這い位　【機能】肩関節の伸展、内転、内旋、水平伸展

❶方法

▼両手・両膝を床に着けた姿勢から、対象筋側の腕を肘関節伸展位で肩関節を屈曲内旋させる。その状態から腰を後方に引くようにする（写真1）。

▼立位または座位で、対象筋側の腕を肘伸展位にて肩関節を屈曲内旋させた状態で、もう一方の手で対象筋の手首を把持し、遠方に引き伸ばすようにする。この時、腰部を屈曲させてストレッチ感を調整する（写真2）。

❷ポイント

▼対象筋側の骨盤を、筋が伸ばされる方向に移動させること。体幹の回旋を入れることによって、ストレッチ刺激は変化する。

15. 長橈側手根屈筋 【機能】手首の屈曲

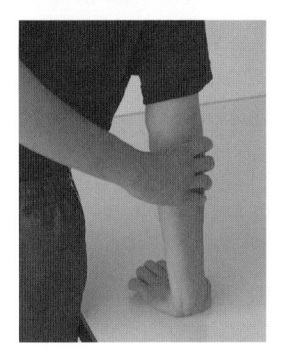

❶方法
▼対象筋の肘伸展位で手関節を背屈(伸展)させる。この時、手指はPIP関節にて屈曲させておく。一方の手で前腕を把持し、その状態から前腕を回外させ、手関節の背屈をさらに強めていく。

❷ポイント
▼肘の過伸展および手関節の過伸展には注意。

16. 長掌筋 【機能】手首の屈曲

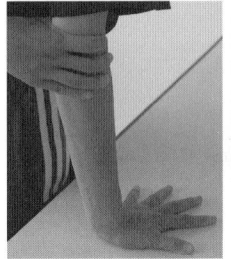

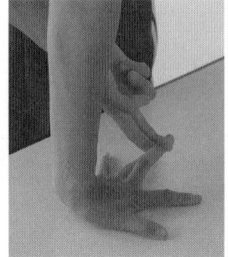

❶方法
▼対象筋の肘伸展位にて、手の平をできるだけ大きく開くようにする(写真1)。

❷ポイント
▼中指を抜いて行うと刺激が変化する(写真2)。

17. 浅指屈筋 【機能】手首の屈曲、手指の屈曲

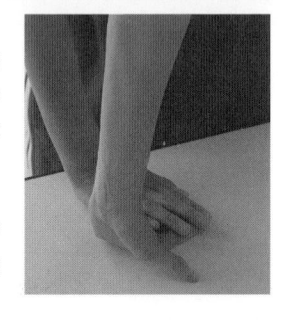

❶方法
対象筋の肘関節伸展位、手指伸展位とし一方の手で手掌からPIP関節を把持し前腕を回外、背屈させる。

❷ポイント
▼強く背屈させすぎると、手首を痛めることがあるので注意する。

18. 長橈側手根伸筋 【機能】手首の伸展、外転、橈屈

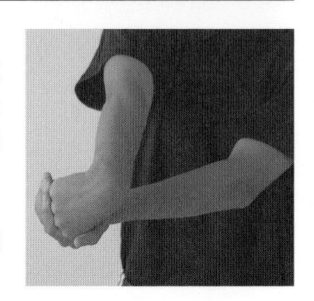

❶方法
▼対象筋の肘関節伸展、前腕回内位とし、一方の手で手を押さえ、手関節を掌屈、尺屈させていく。

❷ポイント
▼手首の過屈曲に注意。手根部に対するイメージを持つ。

19. 腕橈骨筋 【機能】肘関節の屈曲、回外位から中間位までの回内、回内位から中間位までの回外

❶方法
▼対象筋の肘伸展位とし、手関節を掌屈させながら前腕を回外位および回内位としてストレッチングを行う。

❷ポイント
▼肘が過伸展して痛みが出ないように注意する。

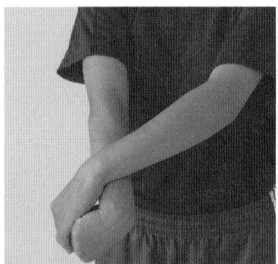

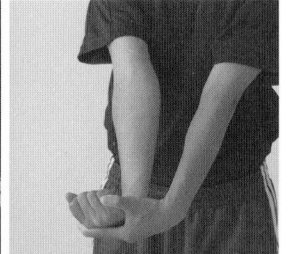

20. 総指伸筋 【機能】手首の伸展、MP関節での2-5指の伸展

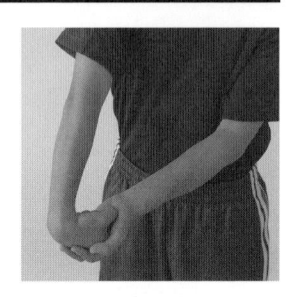

❶方法
対象筋の肘伸展位とし、MP関節までの2～5指を屈曲させる。その状態から手首を掌屈させていく。

❷ポイント
▼刺激が強いのでゆっくりと行う。

21. 長母指外転筋 【機能】母指の外転、手首の外転、橈屈

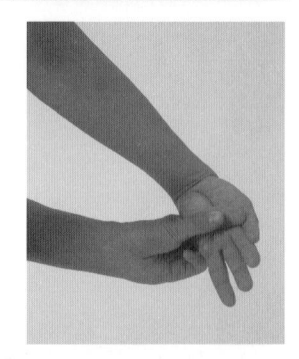

❶方法
▼対象筋の肘屈曲位にて、対象筋の母指を内転位に一方の手で押さえる。その状態から手首を掌屈、尺屈、前腕を回内させるようにする。

❷ポイント
▼母指の内転方向への押さえ込みをしっかりと行う。

22. 長母指／短母指伸筋 【機能】母指の伸展、手首の伸展

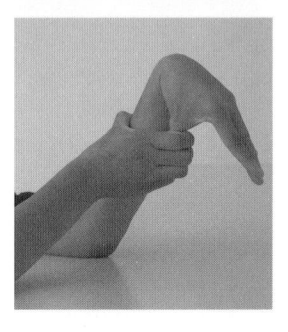

❶方法
▼対象筋を肘屈曲位で固定する。一方の手で対象筋の母指と手首を把持しながら、母指を手首に近づけるように掌屈させていく。

❷ポイント
▼刺激が強いので、ゆっくりと力を調整しながら行う。

4.2 体幹・下肢のスタティックストレッチング（セルフ）

体幹

1. 腰方形筋
【肢位】立位、座位、背臥位　【機能】体幹の側方傾斜、骨盤の側方挙上

❶方法
▼両手を腰にあて、骨盤をロックしたまま、対象筋と逆側に上体を側屈させる（写真1）。
▼その状態から上体を少し屈曲させる（写真2）。
▼背臥位で両上肢を上方に伸ばした状態で、対象筋側の骨盤を下側に回旋させるようにする（写真3）。

❷ポイント
▼骨盤が動きやすいので、対象筋側の骨盤が挙上しないように制御しながら行う。

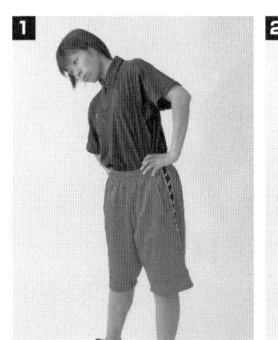

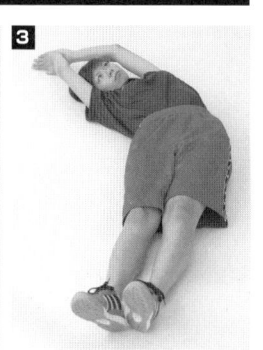

2. 内腹斜筋
【肢位】立位、座位　【機能】体幹の同側への側屈、体幹の同側への回旋

❶方法
▼立位で体幹を対象筋の逆側へ回旋させる（写真1）。
▼立位で体幹を対象筋の逆側へ側屈させる（写真2）。

❷ポイント
▼骨盤からの代償運動が起こりやすいので注意する。ドローインをしながら行うとよい。

3. 外腹斜筋
【肢位】立位、座位　【機能】体幹の同側への側屈、体幹の同側への回旋

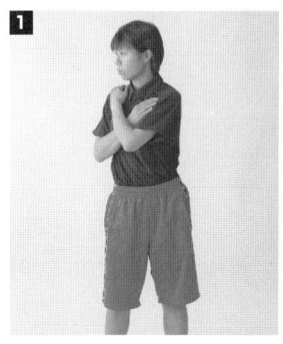

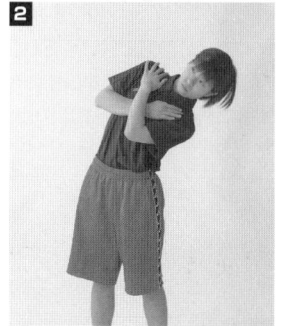

❶方法
▼立位で体幹を対象筋の同側へ回旋させる（写真1）。
▼立位で体幹を対象筋の同側へ側屈させる（写真2）。

❷ポイント
▼骨盤からの代償運動が起こりやすいので注意する。ドローインをしながら行うとよい。

4. 腹直筋
【肢位】立位、腹臥位　【機能】体幹の屈曲

❶方法
▼立位にて両手を胸骨にあて、体幹を伸展させる（写真1）。
▼腹臥位にて、肘伸展位で体幹を伸展させる（写真2）。

❷ポイント
▼腰椎の前彎が強くなると、腰部を痛める場合があるので注意する。胸郭を上部に持ち上げ、胸椎の伸展をイメージしながら行う。

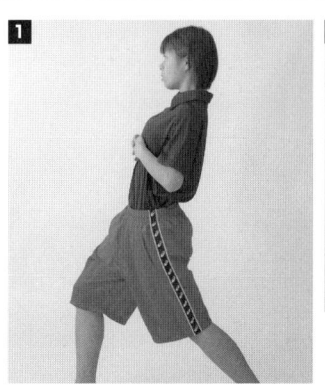

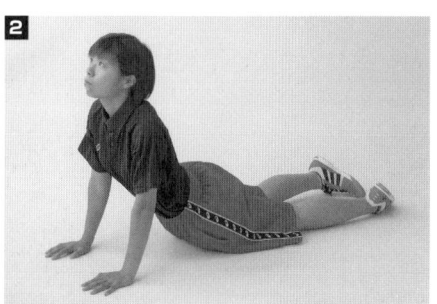

5. 腸腰筋

【肢位】背臥位、膝立ち位、立位　【機能】股関節の屈曲、それに伴う外旋

❶方法
▼立位で前後に脚を開脚する。対象筋側股関節を後方に伸展させ、膝を軽度屈曲させる。その状態から骨盤を前傾させないようにして、腰を下方に落とすようにする。片手を腰にあて、骨盤の後傾を促すようにする（写真1）。
▼正座から対象筋側の股関節を内旋、伸展させ後方に伸ばす。膝は伸展位とする。両手を着いてバランスを安定させ、体幹を伸展させる（写真2：後方、写真3：前方）。

❷ポイント
▼代償運動として骨盤の前傾が起こる。それによって刺激が出しにくくなる。また、腰椎前彎のリスクが高まる。骨盤は後傾位で股関節を伸展させるとよく伸びる。

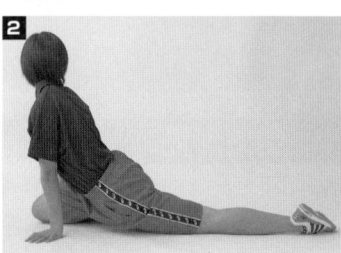

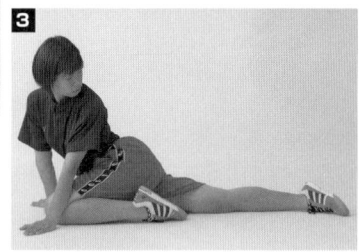

下肢

6. 大臀筋

【肢位】座位、背臥位　【機能】股関節の伸展、外転、外旋

❶方法
▼対象筋を前方にし、足を卍型に組むように座る。骨盤を立てたまま、股関節から上体を屈曲させる（写真1）。
▼後方側の脚の膝を伸展させ、股関節を中間位として骨盤を回旋させないようにしながら、上体を屈曲させる（写真2）。
▼体操座りから対象筋側を膝関節屈曲位のまま一方の腿にかけ、両手を後方に着いて体重を支える。骨盤を立てて腰椎胸椎を伸展させるようにする（写真3）。
▼背臥位で対象筋を一方の腿に乗せるように足を4の字に組み、膝の間から両手を伸ばし一方の膝を把持する（写真4）。

❷ポイント
▼骨盤が後傾してしまうとストレッチの刺激は弱まる。対象筋側の膝関節の屈曲角度を浅くすることで、刺激は変化する。

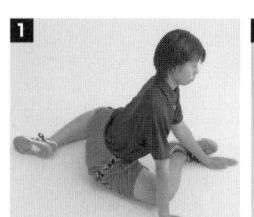

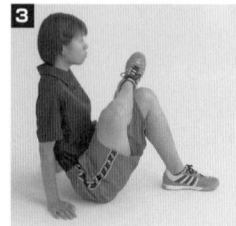

7. 中臀筋

【肢位】座位、立位　【機能】股関節の外転、それに伴う外旋

❶方法
▼胡座をかくように座り、対象筋の股関節を内転、膝屈曲位で胸の前で組むようにする。骨盤を立て、胸を張るようにして両手で膝を抱え込む（写真1）。
▼立位で対象筋を後方とし、脚を前後に軽く開脚して立つ。対象筋を内転方向にずらし、足裏を床に着ける。その状態から、対象筋側の骨盤を側方に押し出すようにする（写真2）。

❷ポイント
▼股関節を内転させ、骨盤を後傾しないようにする。立位の場合は骨盤が側方に傾斜して逃げてしまうと効き目が弱まる。姿勢が安定しない場合は壁の横に立ち、バランスを取りながら行う。

8. 大腿筋膜張筋

【肢位】立位　【機能】股関節の外転、屈曲、内旋

❶方法
▼立位で対象筋を後方とし、前後にやや大きく脚を開脚させて立つ。対象筋は股関節内転内旋位として、骨盤を側方に傾斜させないようにしながら股関節を外旋させていく（写真1：後方、写真2：前方）。
▼前後にやや大きく開脚したランジ姿勢をとる。対象筋は股関節を伸展、内転位とし、膝を屈曲させる。一方の手で足首を把持し、股関節を外旋させるようにする（写真3）。
❷ポイント
▼バランスが崩れやすいので、壁の横にポジションし、安定させながら行う。
▼膝の外側にストレスがかかり、痛みが出る場合があるので注意する。

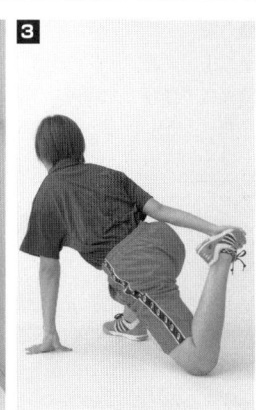

9. 縫工筋

【肢位】立位、膝着きランジ姿勢　【機能】股関節の屈曲、それに伴う外旋

❶方法
▼前後開脚ランジ姿勢から対象筋の膝を着き、股関節を伸展位とし、膝屈曲位にて足先を持ち、股関節を内旋させていく（写真1）。
▼椅子などに膝を着き、対象筋の股関節伸展、膝を屈曲位から一方の手でつま先を把持し、内旋させていく（写真2）。
❷ポイント
▼膝の内旋に際して、膝の内側にストレスがかかり、痛みが出る場合があるので注意する。

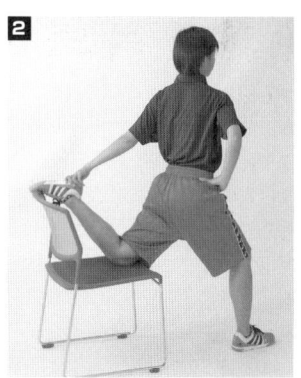

10. 大腿四頭筋

【肢位】立位、座位、側臥位　【機能】股関節の屈曲、膝関節の伸展

❶方法
▼立位で壁などに手をかけ、安定させたポジションで対象筋の膝を屈曲させ、股関節を伸展させる。骨盤の前傾が生じないようにロックしながら行う（写真1）。
▼長座位で対象筋の膝を屈曲させ、股関節を伸展させていく。骨盤の前傾が生じないように骨盤をロックしながら行う。肘が着くレベルまで股関節を伸展させる（写真2）。
▼側臥位で対象筋の膝を屈曲し、股関節を伸展させる。骨盤の前傾が生じないようにロックする（写真3）。
▼側臥位で一方の股関節を外転、膝関節屈曲位とし、対象筋の膝を屈曲させる。片手で足首を把持し、膝の屈曲を強めていく（写真4）。
❷ポイント
▼寝転がるようなポジションになると、骨盤の前傾が生じるので、腰椎の前傾が強まり腰部へのストレスが増大する。また、骨盤の前傾は代償運動となるので刺激が弱まる。

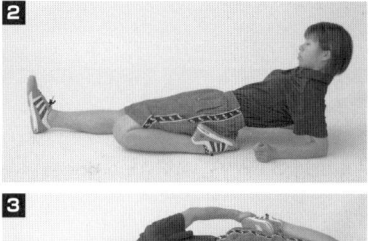

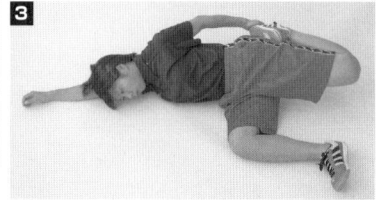

11. ハムストリングス

【肢位】立位、座位、背臥位

❶方法

▼立位で前後に股関節を開脚し、対象筋側の脚を膝関節伸展位、足関節底屈位で股関節を屈曲させていく。一方の脚の膝は軽度屈曲させバランスをとる（写真1）。

▼片膝立ち位で対象筋側の膝伸展、股関節を屈曲させる（写真2）。

▼片膝立ち位で対象筋の膝軽度屈曲位とし、骨盤を立てたまま、股関節を深く屈曲させる。その状態で対象筋の腿を抱え込むようにし、かつ臀部を後方に引くようにしながら膝を伸展させていく（写真3）。

▼片脚立ちとなり、壁などに対象筋側の脚をかけるようにして、バランスを安定させ股関節を屈曲させていく（写真4）。

▼長座位となり、一方の膝を曲げ、対象筋の内側側に置く。その状態から対象筋の骨盤を前傾位のまま股関節を屈曲させていく（写真5）。

▼背臥位で対象筋の膝伸展位で股関節を屈曲させていく。タオルやバンドまたは手で足首を把持し、股関節の屈曲を強める（写真6）。

❷ポイント

▼膝を伸展させるために押し込むことは、膝の過伸展となりリスクが高まる。股関節の屈曲時に、骨盤の前傾位をキープするようにする。

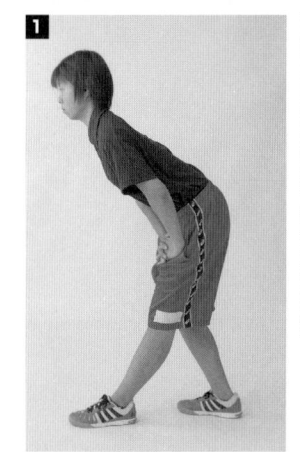

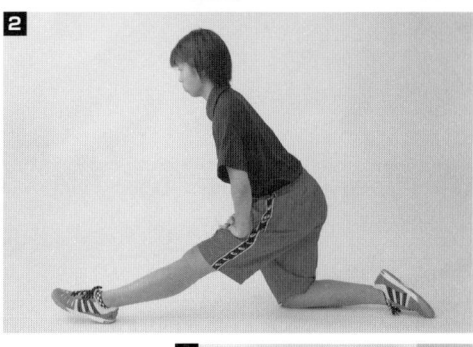

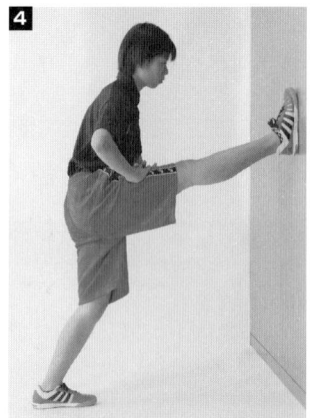

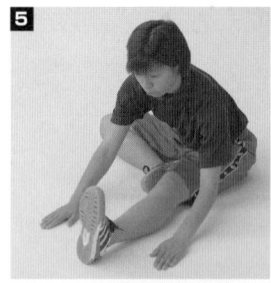

【機能】・大腿二頭筋：股関節の伸展、膝関節の屈曲、股関節の外旋、膝関節の外旋
・半膜様筋／半腱様筋：股関節の伸展
・膝関節の屈曲、股関節の内旋、膝関節の内旋

12. 恥骨筋

【肢位】立位、座位　【機能】股関節の内転、屈曲、内旋

❶方法

▼対象筋側を後方側に股関節外転、膝関節伸展位とし、一方の脚を前方に開脚して立ちストレッチを行う（写真1）。

▼正座の姿勢から対象筋側の脚を後方に膝関節伸展位にて股関節を外転させながら伸ばす（写真2）。

❷ポイント

▼足部の外転の角度を変えたり、股関節内旋の角度を調整して刺激を変化させる。

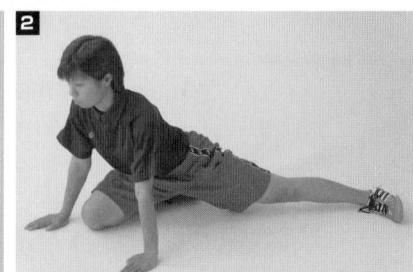

4.2 体幹・下肢のスタティックストレッチング（セルフ）

13. 大内転筋
【肢位】座位、背臥位　【機能】股関節の内転、それに伴う股関節の外旋

❶方法
▼片膝を着いてしゃがみ、対象筋の膝を伸展した状態で外転させる。股関節は中間位とし、つま先と膝の方向を合わせる。両手で体重を支え、ストレッチ感をコントロールする。

❷ポイント
▼股関節が外旋しないように行う。

14. 長内転筋
【肢位】座位、立位　【機能】股関節の内転、股関節屈曲の補助

❶方法
▼片膝を着いてしゃがみ、対象筋の膝を伸展した状態で外転させる。股関節は中間位とし、つま先と膝の方向を合わせる。両手で体重を支え、ストレッチ感をコントロールする（写真1）。
▼膝屈曲位で両股関節を外転し、蹲踞の姿勢をとる。膝と足先の方向を合わせ、臀筋でさらに外転方向に開くようにする（写真2）。

❷ポイント
▼膝伸展位で行う場合は、膝の内側にストレスがかかるので、体重のコントロールを上手に行う。

15. 薄筋
【肢位】座位、片膝立ち位、背臥位　【機能】股関節の内転、内旋、膝関節屈曲の補助

❶方法
▼片膝立ちとなり、対象筋の股関節を外転、外旋、膝伸展させる。両手を前に着いてバランスを取り、ストレッチ強度を調整する（写真1）。
▼背臥位で両膝伸展位で、両脚を壁にかけるようにポジションし、股関節を外転外旋させて、脚の重さでストレッチする（写真2）。

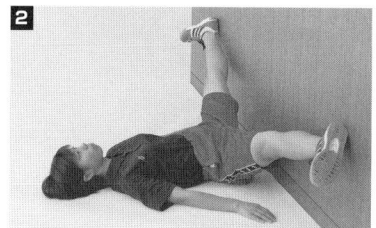

❷ポイント
▼膝立ち位の場合は、膝に過度のストレスがかからないように両手で体重をコントロールする。壁に脚をかけながら行う場合は、長いストレッチになると伸ばしすぎとなる場合があるので注意する。

16. ひらめ筋
【肢位】立位、膝立ち位　【機能】足関節の底屈

❶方法
▼立位で前後に股関節を開脚する。対象筋を後方に伸展、膝軽度屈曲にて、足関節を背屈させる。股関節はあまり屈曲させず、足関節の背屈強調に体重が真上から乗るように調整する（写真1）。
▼膝立ち位にて対象筋の膝を深く屈曲させた状態で、足関節を背屈させる。自分の体重が足関節の背屈強調に有効となるようにうまく調整しながら行う（写真2）。

❷ポイント
▼膝を屈曲位で背屈を強調するには、自分の体重をうまく利用する必要がある。足関節の背屈が強調されると、足関節の前面に痛みが生じる場合があるので注意しながら行う。

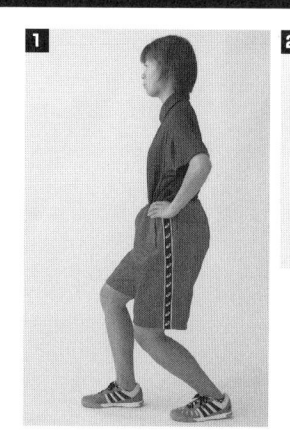

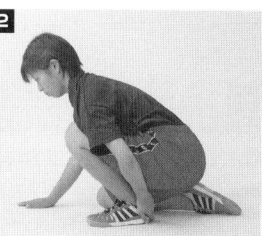

17. 腓腹筋

【肢位】立位　【機能】足関節の底屈、膝関節の屈曲

❶方法
▼立位で前後に股関節を開脚する。対象筋を後方に伸展、膝伸展、足関節を背屈させる。前方の膝は屈曲させ、股関節を深めに屈曲させてバランスを取る（写真1）。
▼股関節を屈曲させた姿勢で、両手を床に着き、バランスを取る。対象筋の膝伸展、足関節背屈位とし、一方の足のつま先で踵が浮かないように押さえる（写真2）。

❷ポイント
▼踵が床から浮かないように、しっかりと押し込むようにする。

18. 前脛骨筋

【肢位】立位、座位　【機能】足関節の背屈、足の回外

❶方法
▼対象筋の足関節を底屈させ、足趾を屈曲させて地面に着ける（写真1、2）。

❷ポイント
▼立位でバランスを崩すと、底屈位が強調されて危険である。立位で行う場合はバランスに注意して行う。壁などに手を着いたりして安定させる。椅子などに座って行う場合は問題なし。

19. 腓骨筋

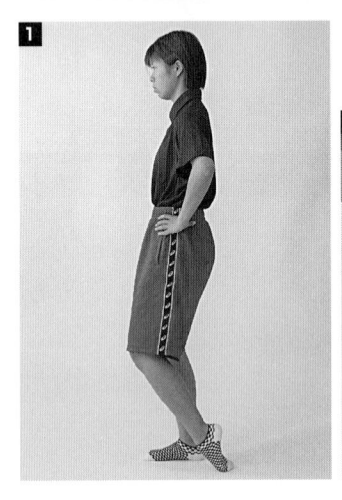

【肢位】立位　【機能】足関節の外転

❶方法
▼対象筋の股関節内転、膝関節伸展、足関節底屈内転回外位として、脛の外側にストレッチの刺激が生じるようにコントロールしながら行う（写真1）。
▼対象筋の膝屈曲位で足首を持ち、足関節を底屈、内転、回外させていく（写真2）。

❷ポイント
▼足関節の回外が強くなりすぎると、内反捻挫の肢位となりリスクが高まるので注意しながら行う。大腿二頭筋がストレッチされることで、腓骨を上方に引き上げるので刺激が強まる。

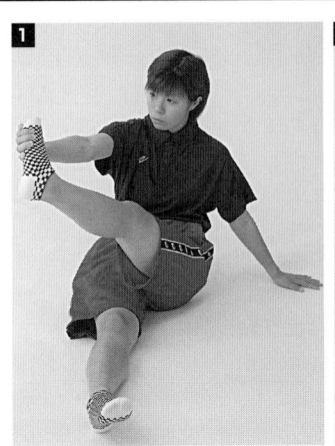

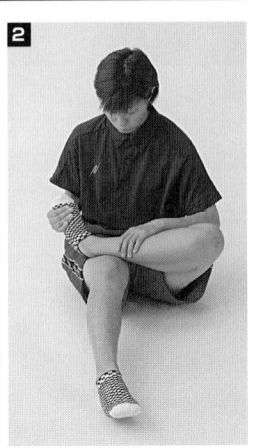

20. 後脛骨筋

【肢位】立位　【機能】足関節の底屈、足の回外

❶方法
▼立位で前後開脚し、対象筋の股関節後方に伸展させ、足部を背屈回内位として、膝伸展位で行う（写真1、2）。
▼膝屈曲位で行う（写真3）。

❷ポイント
▼足関節を回内位で固定するために、小さなブロック等を利用する。上体を安定させるためには、壁などを利用するとよい。

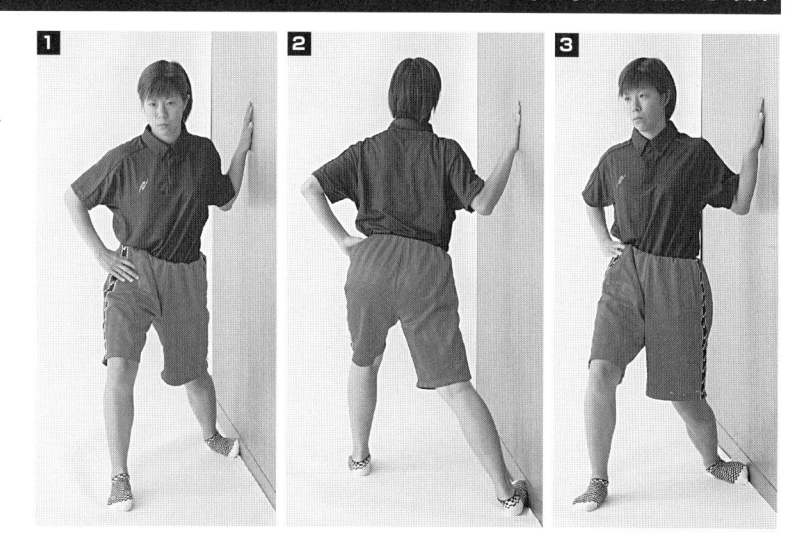

21. 足底筋膜

【肢位】立位　【機能】足趾の屈曲

❶方法
▼立位で壁に対象筋の足趾をかけて、伸展させる（写真1、2）。
▼立位で対象筋の足底にテニスボールなどを置き、踏むようにして伸ばす（写真3、4）。

❷ポイント
▼足底筋への刺激が強すぎないように、体重の乗せ方を調整しながら行う。

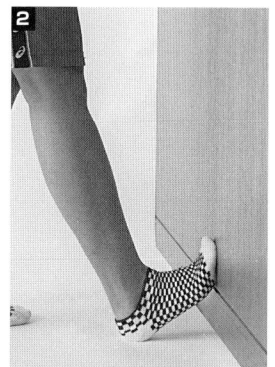

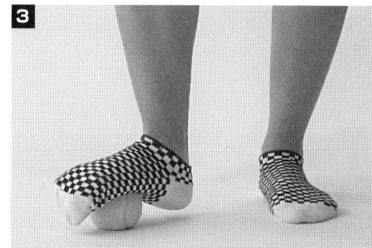

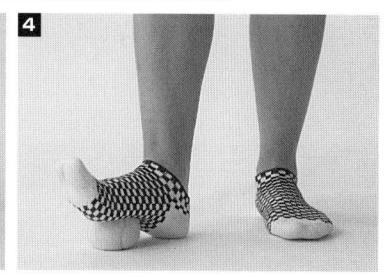

4.3 上肢のスタティックストレッチング (パートナー)

1. 僧帽筋上部

【肢位】背臥位、側臥位

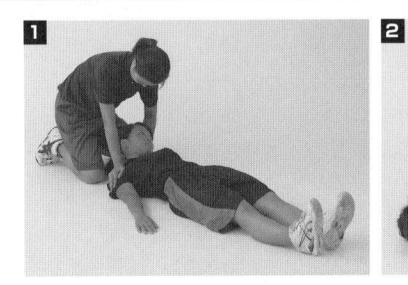

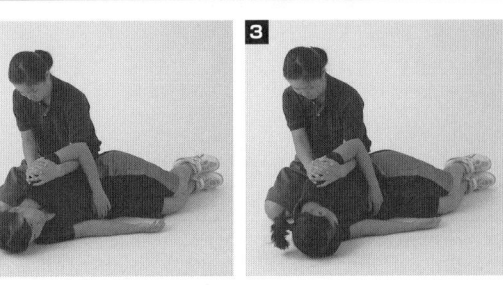

❶方法
▼対象筋の肩が挙上しないように、軽く押さえる。頭部を持ち、ゆっくりと逆側へ側屈させていく（写真1）。
▼側臥位で背中側に位置し、肩を包み込むように両掌で把持し、ゆっくりと肩を下方に下げるようにする。頭が床から持ち上がるレベルまで伸ばしていく（写真2）。

❷ポイント
▼首周囲のストレッチはリスクを伴うので、慎重にゆっくりと行う必要がある。
▼側屈させたまま頸椎の屈曲を入れると、刺激が変化する（写真3）。

2. 肩甲挙筋

【肢位】背臥位

❶方法
▼対象筋の肩甲骨を上方回旋位に固定し、一方の手で頭を支えながらゆっくりと頸椎を屈曲させていく（写真1）。

❷ポイント
▼首周囲のストレッチはリスクを伴うので慎重にゆっくりと行う必要がある。屈曲させたまま、頸椎の側屈を入れると刺激が変化する（写真2）。

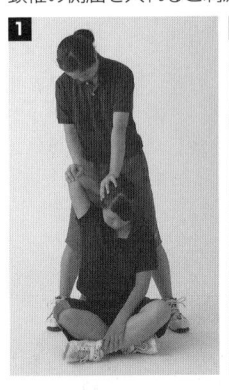

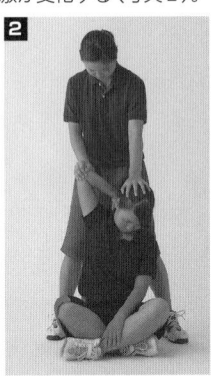

3. 上腕二頭筋

【肢位】側臥位、立位、座位

❶方法
▼パートナーは対象者の肩甲骨を下制、内転位に固定しながら、対象筋の肘伸展、前腕回内位でゆっくりと肩を水平伸展させていく（写真1）。
▼立位および座位にて対象者の肩甲骨を下制、内転位に固定する。対象筋の肘を伸展、回内、やや掌屈位でゆっくりと肩を伸展させていく（写真2）。

❷ポイント
▼肩甲骨が挙上していると、腕神経叢を圧迫したりする。また、肩甲骨の前傾が起きると、三角筋前部のストレッチとなるので注意。肘の過伸展および肩の痛みや脱臼感にも注意。

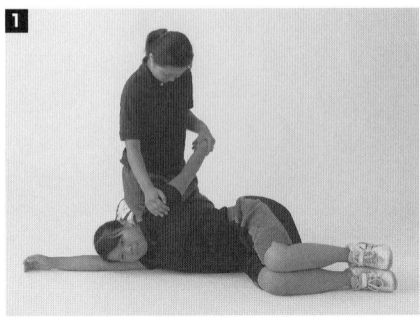

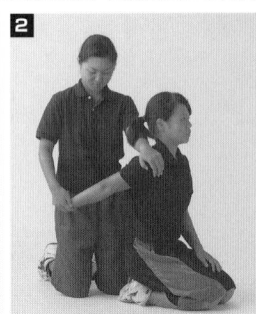

4. 上腕三頭筋

【肢位】側臥位、立位、座位

❶方法
▼パートナーは対象者の肘を屈曲、肩屈曲位にて手首を把持する。一方の手で肘を持ち、ゆっくりと肩を最大屈曲させていく（写真1）。
▼対象者は座位にて同様に行う（写真2）。

❷ポイント
▼肩甲骨の後傾が大きくなるにしたがい腰椎の前彎が強調され、腰部へのストレスとなるので注意する。
▼肘や肩が屈曲に伴い、痛みを発生させる場合があるので注意する。

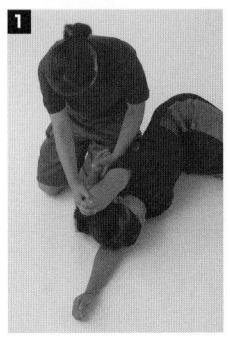

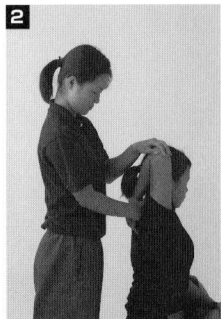

5. 棘下筋／小円筋

【肢位】背臥位、立位、座位

❶方法
▼対象者の肘を屈曲させ、手首を掌屈位で腰に当てさせながら、肘を把持し肩を内旋させていく。一方の手で肩の前方への飛び出しを押さえるようにして安定させる（写真1）。

▼背臥位で対象者の肘を90度屈曲位、肩外転90度で、ゆっくりと肩を内旋させていく。骨頭の前方への飛び出しを押さえるために、肩の前方部を手掌で軽く押さえながら行う（写真2）。

❷ポイント
▼肩の前方へのストレスがかかり、痛みが出る場合があるので注意する。

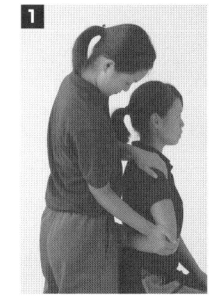

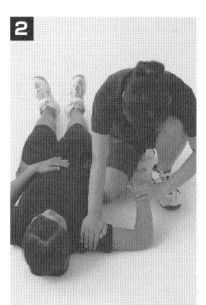

6. 肩甲下筋

【肢位】背臥位

❶方法
▼対象者の肘90度屈曲位、肩外転90度位で、肩の前方部を手掌で軽く押さえながら、手首をコントロールしつつ肩を外旋させる（写真1、2）。

❷ポイント
▼肩の前方へのストレスが強くなるので注意。痛みが出る場合は中止する。

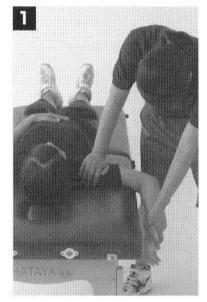

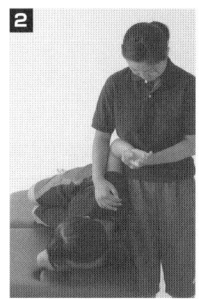

7. 大胸筋

【肢位】座位

❶方法
▼胡座または正座とし、対象者の肩甲骨内転位、肩外転90度、肘屈曲130度で上腕を把持する。パートナーの膝から腿にかけてを、対象者の背中に着けて安定させる。その状態から肩を水平伸展させていく（写真1）。

▼対象者の肩外転130度、肘屈曲130度で、同じように肩を水平伸展させていく（写真2）。

❷ポイント
▼肩の外転外旋位は前方脱臼の肢位であるので、外旋位固定が強調されないように、弛みを持たせるようにしながら行うことが重要である。肩甲骨の内転位からの肩の水平伸展によって、腰椎の前彎が強調されるので腰痛にも注意する。

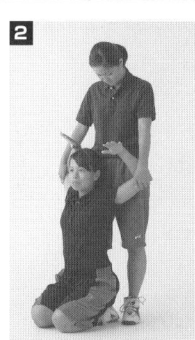

8. 広背筋

【肢位】座位、四つ這い位

❶方法
▼胡座位で対象筋側の膝を押さえ、手を回外位でパートナーの腿に乗せるようにする。非ストレッチ側の手は床に着き、バランスを取ってもらう。パートナーは掌を押さえながらゆっくりと体幹を屈曲させるよう、対象筋と逆側に牽引するようにコントロールする（写真1、2）。

▼対象者は両手・両膝を床に着いた姿勢で肩を屈曲、外転位とし、パートナーは手首を押さえる。その状態から対象者は臀部を後方に引くようにする。パートナーは骨盤がより遠方に伸ばされるように手で軽くサポートする（写真3）。

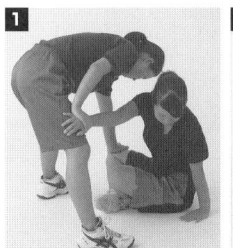

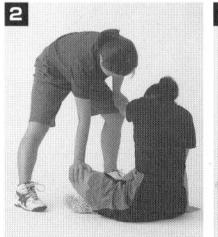

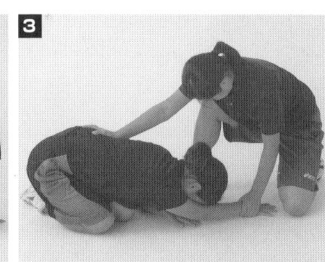

❷ポイント
▼胡座位でのやり方では非ストレッチ側の手を着き、バランスを安定させることで回転の軸が生まれ、ストレッチがやりやすくなる。

4.4 体幹・下肢のスタティックストレッチング（パートナー）

体幹

1. 腰方形筋　【肢位】側臥位、座位

❶方法
▼側臥位となり、腰のくびれの下にマットなどを丸めて敷く。その状態からパートナーは骨盤を下方に押し下げ、肋骨を上方に押し上げるようにする（写真1）。
▼胡座位となり、対象筋の膝をロックし、体側を側屈させるように脇を押していく（写真2）。
❷ポイント
▼股関節側と肋骨側を互いに引き離すようにコントロールする。その場合、脊柱は前額面での動きとなるように注意する。軽くドローインしながら行う。

2. 内外腹斜筋　【肢位】胡座位

❶方法 
▼胡座位で対象筋側の手を頭に添える。片手は床に着き、体が倒れないように安定させる。パートナーは膝を押さえ、肘に手を当て、体側を伸ばす。
❷ポイント
▼骨盤から倒れないように注意する。
▼ドローイングしながら行う。

3. 腹直筋　【肢位】胡座位

❶方法
▼対象者は胡座位で両手を屈曲させ万歳の姿勢となる。パートナーは対象者の後方に立ち、膝を肩甲骨の下角を結ぶラインに置く。その状態から上腕を持ち、膝を支点として後方に脊柱を伸展させるようにする。
❷ポイント
▼背中に当てる膝が痛い場合は、タオルなどを当てる。腰椎の前彎が強調されるため、腰痛が発生する場合があるので注意する。ドローインをして腰椎を安定させる。

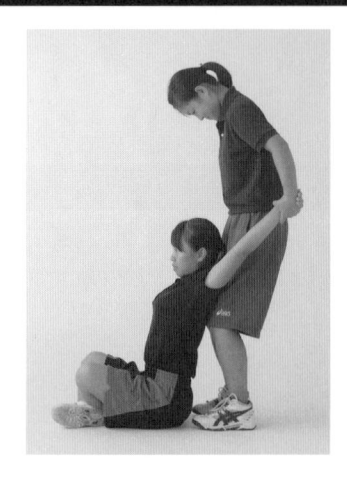

4. 腸腰筋　【肢位】仰臥位、膝立ち位

❶方法
▼非対象筋の股関節を屈曲させ、膝立ち位とする。対象筋の膝を着いたままで股関節を伸展させたポジションをとる。対象筋の骨盤を後傾させる方向に押しながら、股関節の伸展を強める（写真1）。
▼その状態から対象筋の膝を屈曲させながら、股関節を内旋させる（写真2）。
▼ベッドに背臥位となり、非対象筋の股関節を深く屈曲、膝関節も屈曲位とし、パートナーは対象者の足裏を体で支える。座骨結節付近がベッドの端にくるような位置。対象筋の腿をゆっくりと押しながら股関節を伸展させていく。股関節をやや内旋させるように、膝下をコントロールする（写真3）。
❷ポイント
▼仰臥位のベットにおけるストレッチングでは、対象筋を伸展させることで骨盤の前傾が発生し、腰椎の前彎を誘導し、腰にリスクが高いストレッチングとなる場合や、膝屈曲位での股関節の内旋誘導により、膝の外側にストレスがかかり痛みが出る場合があるので注意する。

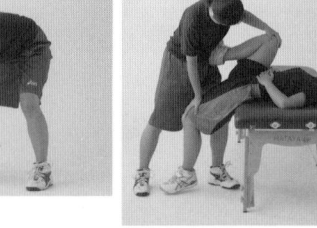

下肢

5. 大臀筋　【肢位】仰臥位

❶方法
▼パートナーは、非対象筋の股関節伸展位で外転しないように足で押さえる。対象筋の股関節を屈曲、外旋させる。90度屈曲位をスタート地点として、外旋位をキープしたままゆっくりと屈曲を強めていく（写真1）。
▼同様に股関節の外転位、内転位とポジションを変えながら行う（写真2、3）。

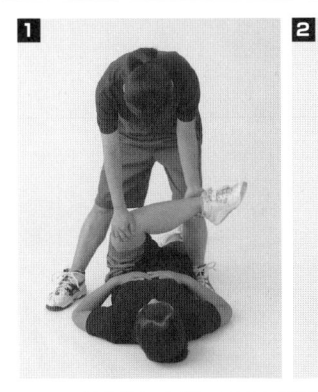

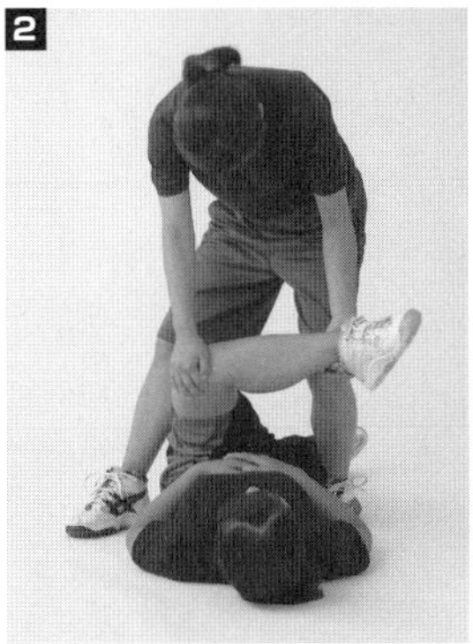

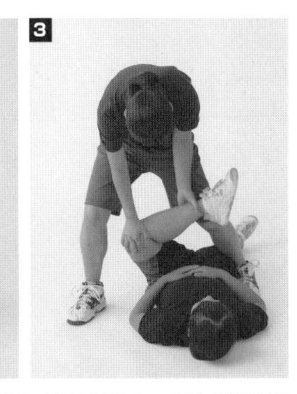

❷ポイント
▼股関節の外旋位をつくる場合、個人差が非常に大きいので力加減に注意する。
▼股関節を内転位にて屈曲させていくと鼠径部のつまりが発生し、痛みが出る場合があるので注意する。

6. 中臀筋　【肢位】仰臥位

❶方法
▼非対象筋の股関節伸展位で外転しないように、パートナーは足で押さえる。対象筋の股関節を屈曲、外旋させる。90度屈曲位をスタート地点として、外旋位をキープしたままゆっくりと内転を強めていく（写真1、2）。 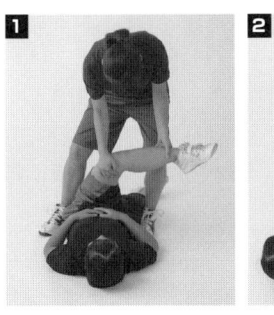 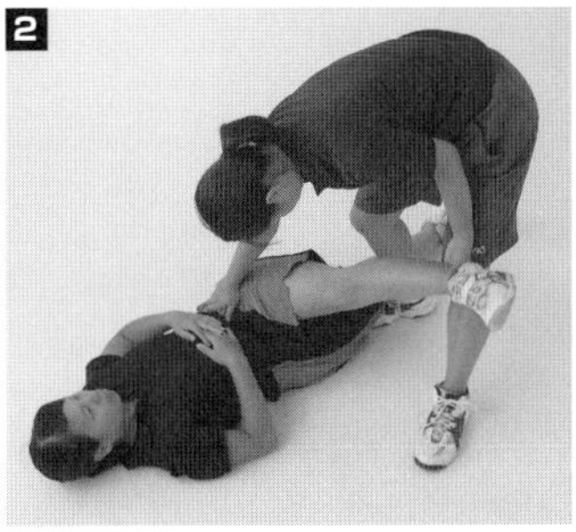 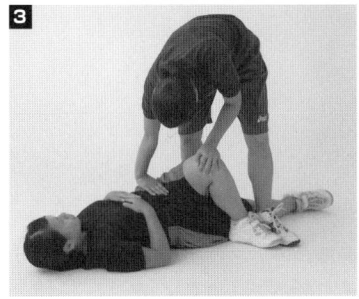
▼非対象筋の股関節が外転しないように足で押さえ、対象筋の膝関節屈曲、股関節を屈曲位で骨盤が動かないように掌で押さえながら、ゆっくりと股関節を内転させていく（写真3）。

❷ポイント
▼内転に伴って鼠径部のつまりが発生し、痛みが出る場合があるので注意する。バンドなどを用いて、股関節をやや牽引しながら行う方法もある。

7. 大腿筋膜張筋　【肢位】膝立ち位

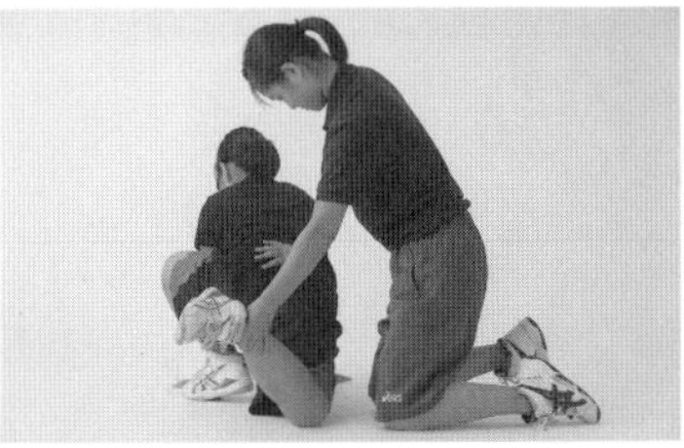

❶方法
▼非対象筋の膝屈曲位、股関節を屈曲外転位とし、膝を抱えるようにする。対象筋の膝屈曲位で股関節内転位とした状態からゆっくりと股関節を外旋させていく。

❷ポイント
▼膝の外側にストレスがかかり、痛みが出る場合があるので注意する。

8. 縫工筋　【肢位】腹臥位、膝立ち位

❶方法
▼非対象筋の膝屈曲位、股関節を屈曲外転位とし、膝を抱えるようにする。対象筋の膝屈曲位で股関節を外転位とした状態から、ゆっくりと股関節を内旋させていく（写真1）。
▼非対象筋側を膝立ち位とし、対象筋側の股関節を伸展位、膝軽度屈曲位とする。その状態からゆっくりと股関節を内旋させていくように足首を動かす（写真2）。

❷ポイント
▼膝の内側にストレスがかかり、痛みが出る場合があるので注意する。

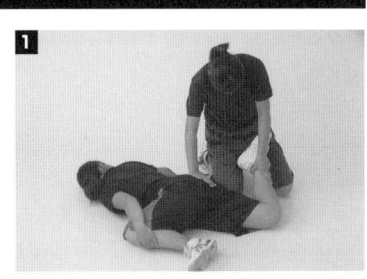

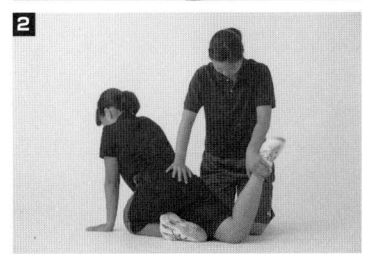

9. 大腿四頭筋 【肢位】腹臥位

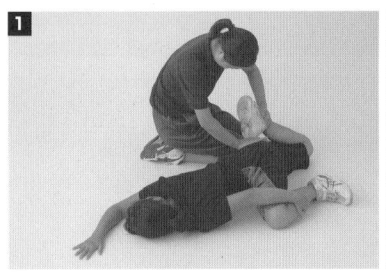

❶方法
▼腹臥位で非対象筋の膝屈曲位、股関節を外転位として、骨盤が前傾しないように仙骨付近または臀部を押さえる。対象筋の膝をゆっくりと曲げていく（写真1）。
▼ベッドで対象筋の股関節を伸展位とし、非対象筋の股関節を屈曲させてベッドの下に足を着ける。この状態から骨盤が前傾しないように、仙骨付近または臀部をしっかりと押さえながら、膝を屈曲させていく（写真2、3）。

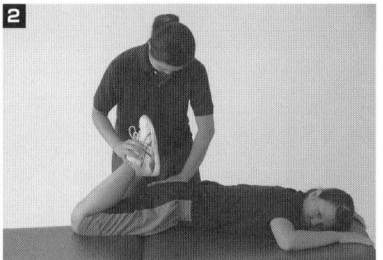

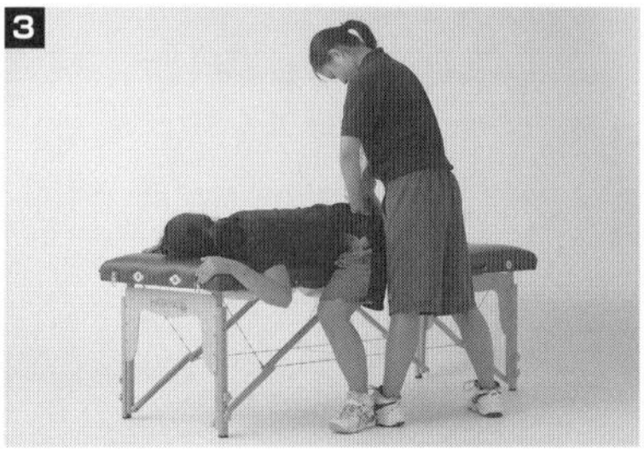

❷ポイント
▼骨盤が前傾してしまうと効きめが悪くなる。腰椎の前彎が強調されることもあり、危険なポジションとなる。骨盤のロックが重要となる。非対象筋の股関節の屈曲も重要なポイントである。

10. ハムストリングス 【肢位】背臥位

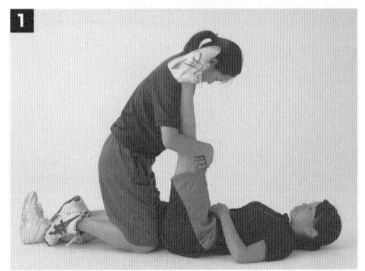

❶方法
▼対象筋の膝を伸展位として、足首を把持する。非対象筋の股関節の屈曲や外旋の動きが出ないように腿を固定し、対象筋の股関節をゆっくりと屈曲させていく（写真1）。
▼対象筋の膝屈曲位で股関節を最大に屈曲させた状態から、ゆっくりと膝を伸展させていく。非対象筋の股関節を伸展位として行う（写真2）。
▼非対象筋の股関節を屈曲位として行う（写真3）。

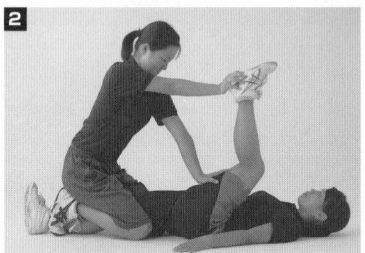

❷ポイント
▼非対象筋の股関節のコントロールによって、刺激は大きく変化する。腸腰筋などに対するストレスが強くなる場合は、股関節屈曲位として行うとよい。対象筋のストレッチングは腰椎の神経根圧迫刺激ともなり、痛みが出る場合があるので注意しながら行う。

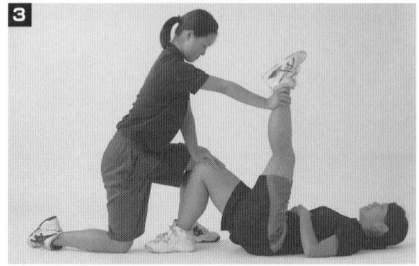

11. 薄筋 【肢位】背臥位

❶方法
▼背臥位で非対象側骨盤を固定し、対象筋の膝関節を伸展位とし、足首を把持する。ゆっくりと外転させていく（写真1）。
▼その状態から股関節の外旋を誘導するように、足関節から外旋を行っていく（写真2）。

❷ポイント
▼膝を伸展位とする。股関節の屈曲が大きくなると、ハムストリングスへの刺激が大きくなるので注意する。骨盤の代償が大きいストレッチングとなるので、骨盤のロックが重要である。

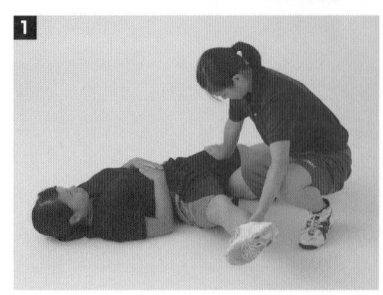

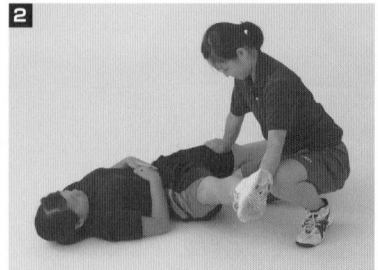

12. 大内転筋

【肢位】背臥位

❶方法
▼背臥位で非対象筋股関節軽度外転位で固定し、対象筋の股関節中間位にてゆっくりと外転させる（写真1：ベッドサイドパターン、写真2：フロアーベース）。

❷ポイント
▼股関節が外旋してしまうと、大内転筋への刺激が弱まる。代償運動が起こりやすいので、非対象側の股関節の固定は重要である。

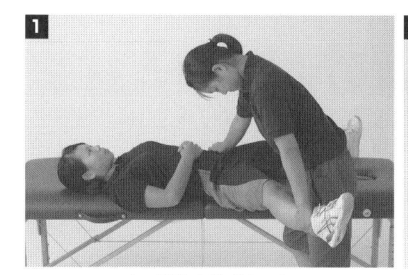

ベッドサイドパターン 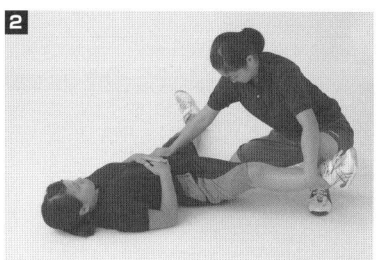　　　　フロアーベース

13. 長内転筋

【肢位】背臥位

❶方法
▼背臥位で非対象側股関節を軽度外転位で固定し（写真1）、対象筋の股関節外旋、膝屈曲位から外転および水平外転方向へ動かしていく（写真2）。

❷ポイント
▼骨盤の代償運動が起こりやすいので、できるだけ動かないようにロックする。対象筋の足裏をパートナーの骨盤にかけて行うと効率的に力を使える。

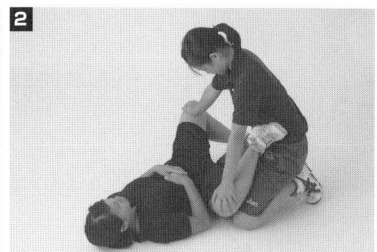

14. 腓腹筋

【肢位】背臥位

❶方法
▼背臥位で対象筋の足を、内果側から踵を包み込むように把持する。その状態からゆっくりと股関節を軽度屈曲させ、足の背屈を行っていく（写真1）。
▼対象筋の足底に片手を置き、その状態から一方の手で内果側から踵を包み込むように把持し、ゆっくりと背屈させていく（写真2）。

❷ポイント
▼体重を上手に使って行う。膝の過伸展に注意する。背屈によって前足部に痛みが出る場合があるので注意する。

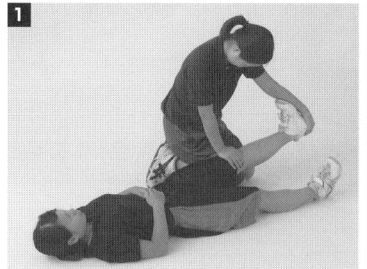

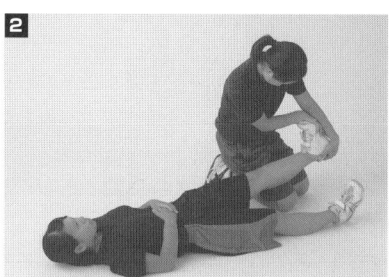

15. 恥骨筋

【肢位】背臥位、四つ這い位

❶方法
▼ベッド上で対象筋の股関節を、外転した状態からゆっくりと伸展させていく。非対象筋側の股関節が、内転および屈曲しないように手で押さえる。

❷ポイント
▼非常にゆっくりとしたスピードでストレッチングを行う。対象筋の股関節の回旋については外旋位、内旋位などと変化させながら行うことで刺激は変化する。

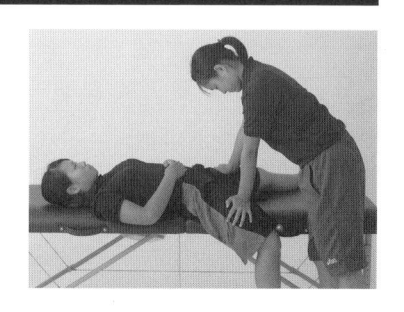

4.5 ダイナミックストレッチング（スタンディングベース）

1. 股関節の屈曲と伸展

❶方法

▼壁やパートナーの肩につかまり、安定させたポジションをつくり、膝を伸展位のままで股関節を屈曲させる。2秒に1回のリズムで、15回ほど繰り返す。この時、腸腰筋を意識して股関節を屈曲させていく。その後、直立姿勢に戻る。脚を下ろす時も、筋肉をエキセントリックに働かせるイメージで行う（写真1）。

▼屈曲筋で振り上げた後、直立姿勢に戻ったら、次に股関節を伸展させて同様に行う（写真2）。

▼次に屈曲と伸展を交互に行う。

▼次に膝を屈曲させた状態で、股関節の屈曲（写真3）および伸展（写真4）を同様に行う。

▼壁やパートナーの肩に、つかまらずに行う方法もある。

❷ポイント

▼動きに慣れてきたら、徐々にスピードアップしながら行う方法もある。ただし反動的な動作にならないように注意する。速くなっても、筋への命令をしっかりコントロールしながら行うことが重要である。

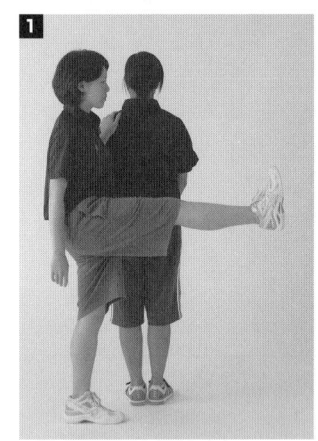

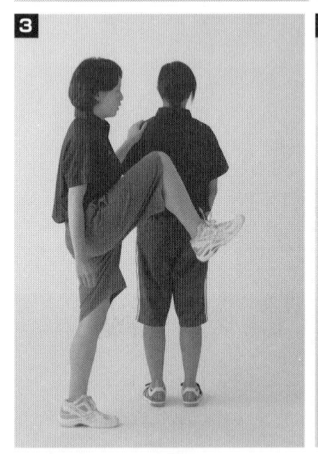

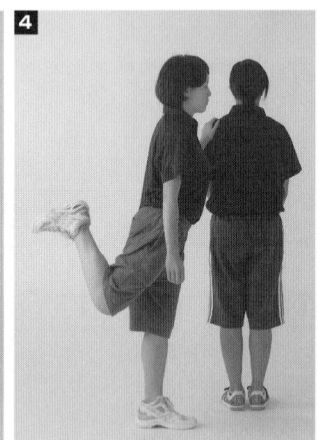

2. 股関節の外転と内転

❶方法

▼膝を伸展位のままで股関節を外転させる。2秒に1回のリズムで15回繰り返す。意識する筋は中臀筋。外転させる意識を強く持ち、コンセントリックな収縮で脚を外転させ、エキセントリックなイメージでゆっくりと元の位置に戻る（写真1）。

▼次に膝関節伸展位のまま、股関節を内転させる（写真2）。

▼両方の動きを交互に行う。

❷ポイント

▼外転筋や内転筋への明確なイメージを持って行う。バリスティックな動作になりすぎないようにする。

3. 股関節の屈曲からの外転／内転

❶方法
▼膝関節屈曲位で、股関節を屈曲させながら外転させる（写真1）。次に股関節を外転させながら内転させる（写真2）。これを10往復繰り返す。

❷ポイント
▼屈曲、外転、内転それぞれの動きを、しっかりと脳からの命令でコントロールしながら行う。体幹が傾かないように注意しながら行う。軽くドローインして体幹を締めながら行う。

4. 股関節の屈曲からの外旋／内旋

❶方法
▼股関節屈曲位で股関節を外旋させた後（写真1）、すぐに内旋させる（写真2）。この動きを10往復繰り返す。

❷ポイント
▼屈曲から外旋および内旋の動作を、しっかりとコントロールしながら行う。

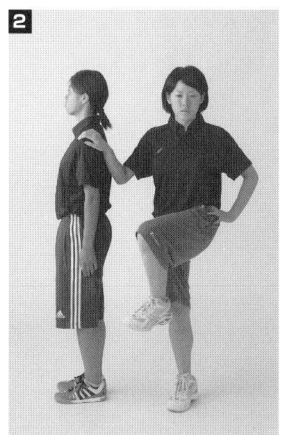

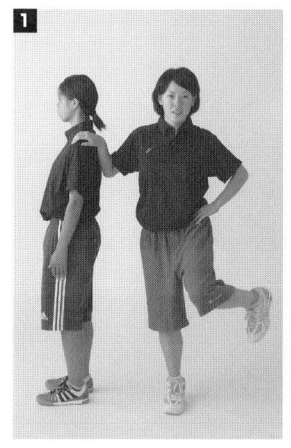

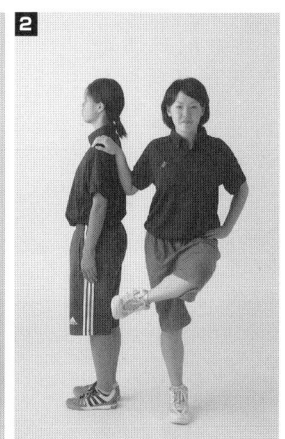

5. 膝関節の屈曲と伸展

❶方法
▼膝伸展位から膝を屈曲させ、臀部に踵が近づくようにする（写真1）。その後、膝を伸展する（写真2）。これを交互に10～15往復繰り返す。
▼股関節の屈曲と伸展をコントロールしながら、やや大きく動かす。

❷ポイント
▼股関節の伸展が入ると腰部の前彎が強調され、痛みが出ることがあるので注意する。
▼軽くドローインをして腰椎を安定させる。

6. 足関節の底屈と背屈

❶方法
▼膝伸展位での立位姿勢から、足関節を背屈し踵で立つ（写真1）。その後、踵を下ろし、つま先で立つ（写真2）。この運動を15往復ほど繰り返す。

❷ポイント
▼バランスが安定しない場合は、パートナーの肩や壁に手をかけながら行う。

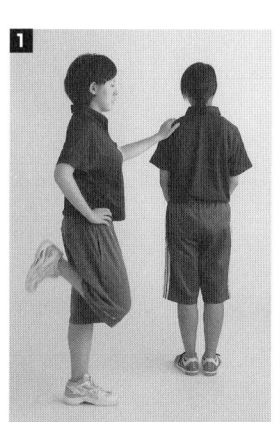

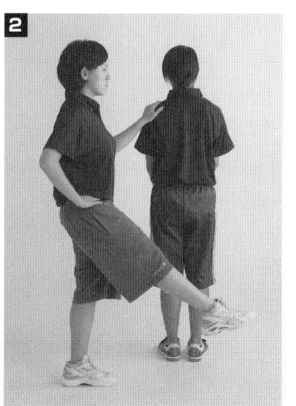

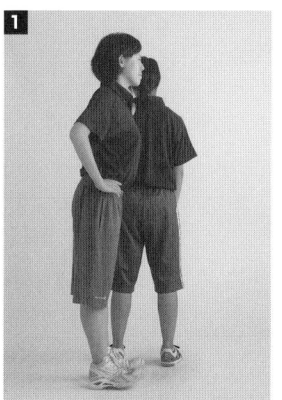

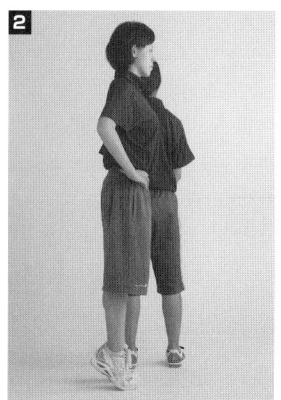

7. 体幹の屈曲と伸展

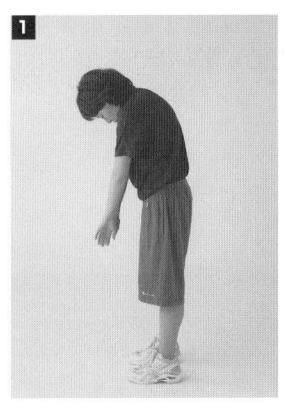

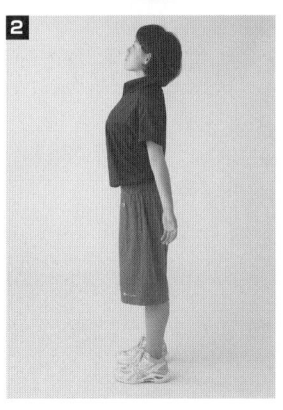

❶方法
▼膝伸展位で骨盤を動かさないように立ち、体幹を屈曲させる（写真1）。その後、伸展させる（写真2）。この動作をゆっくりと繰り返す。
❷ポイント
▼股関節の動きを入れないように注意する。ドローインをして腰椎を安定させる。
▼肩関節は屈曲時内旋、伸展時外旋させる。肩甲骨は屈曲時外転、伸展時内転させる。

8. 体幹の回旋

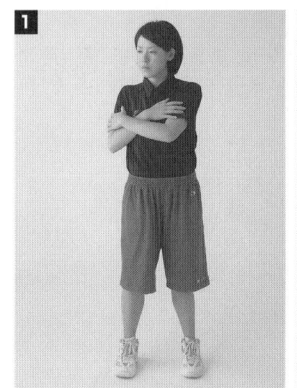

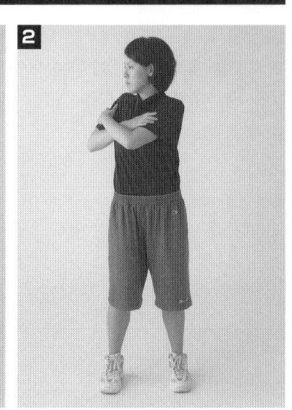

❶方法
▼骨盤をロックして立ち、両手を胸の前に組み、股関節を動かさないようにしながら体幹を回旋させる。逆側も行う。回旋は主に胸椎で起こる（写真1）。
▼回旋させる先を目線で追いかけると、頸椎の運動が関与する（写真2）。
❷ポイント
▼股関節の動きをロックすること、頸椎をロックすることなど、制限しながら動く。ドローインをして腰椎を安定させる。

9. 体幹の側屈

❶方法
▼骨盤をロックして立ち、側屈する側の手は頭の後ろに添える。一方の手は腰に回す。その状態から体幹を側屈させる。手を変えずに逆側にも側屈する。これを10回繰り返す（写真1）。
▼頭に当てる手と、腰に当てる手を変えて行う（写真2）。
❷ポイント
▼体の軸が崩れたり、骨盤が動いたりしないように行う。

10. 股関節の回旋と体幹の動き

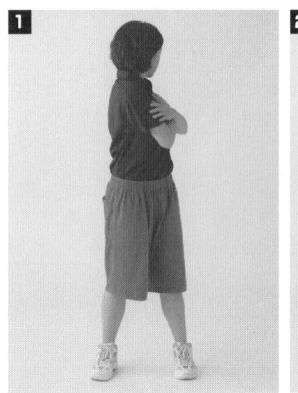

❶方法
▼股関節の動きを出しながら、体幹の屈曲および伸展を行う。大きな動作で行う。
▼股関節の動きを出しながら、体幹の回旋を行う（写真1）。
▼股関節の動きを出しながら、体幹の側屈を行う（写真2）。
❷ポイント
▼骨盤をロックせずに、股関節からの動きや骨盤の動きを、積極的に出しながら行う。

4.6 ダイナミックストレッチング (ウォーキングベース)

1. ハムストウォーク

❶方法
▼対象筋側を膝伸展位、足関節は中間位とし、股関節から屈曲させる。一方の膝は軽く曲げる。2〜3秒スタティックストレッチングを行ったら逆の足も行い、8歩前に出る。
❷ポイント
▼骨盤の前傾位としたままで、脊柱は伸展位のままで行う。

2. 臀筋ウォーク

❶方法
▼対象筋側の膝を屈曲位で、足首を一方の腿にかけるようにして股関節を外転屈曲させる。バランスを上手にとりながら、2〜3秒のスタティックストレッチングを交互に行う。これを8回行う。
❷ポイント
▼骨盤の前傾位で、脊柱は伸展位のままで行う。

3. ヒールタッチ

❶方法
▼膝を屈曲し、踵を臀部に近づける。ハムストリングスでよせた後、踵が臀部に触れるように片手でサポートして、大腿四頭筋のストレッチングを、左右交互に行いながら歩く。
❷ポイント
▼勢いをつけて踵を臀部にタッチするのではなく、ゆっくりと行う。

4. フロントキック

❶方法
▼膝を伸展位で前方に足を振り上げる。腸腰筋および大腿直筋を意識しながら交互に行う。
❷ポイント
▼勢いをつけて振り上げると、バリスティックになってしまうので注意する。

5. ツイストキック

❶方法
▼膝伸展位で斜め前方に脚を振り上げる。上半身はカウンターバランスを取るように、振り上げた脚と反対にツイストさせる。交互に行う。
❷ポイント
▼勢いをつけて振り上げると、バリスティックになってしまうので注意する。

6. 膝抱えからのランジウォーク

❶方法
▼膝を屈曲させながら、股関節を屈曲させていく。両手で膝を抱え込むようにして、深く胸に腿を密着させるように臀部をストレッチングする（写真1）。バランスを上手に取りながら行う。その後、前方に脚を踏み出し、ランジの姿勢をつくる。後方側に伸ばした脚の腸腰筋を、ストレッチさせるようにする（写真2）。2～3秒停止したら、脚を戻し繰り返す。
❷ポイント
▼股関節を屈曲させていく時は、腸腰筋への意識を持ちながら行う。またランジ姿勢になった時、腰が反りすぎないように注意する。

7. 股関節回しウォーク

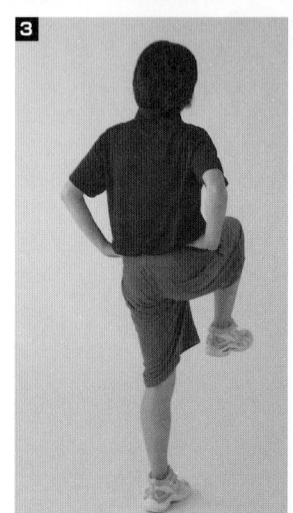

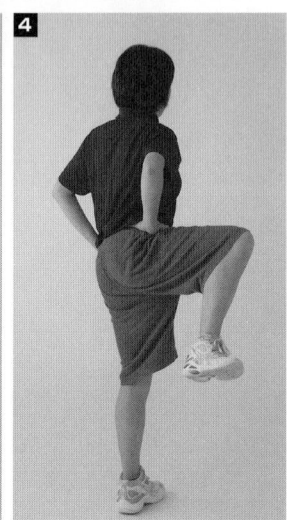

❶方法
▼股関節を屈曲外転から内転させるように回しながら、左右交互に8歩進む（写真1、2）。
▼次に屈曲から外転させるように回しながら8歩進む（写真3、4）。後方に進むやり方もある。
❷ポイント
▼股関節の筋への意識を明確にしながら、大きな関節の運動を表現しながら行う。

8. 骨盤と脊椎と肩のダイナミックウォーク１

❶方法
▼肘伸展位、肩関節外旋位、肩甲骨内転、下制位、頸椎、胸椎、腰椎伸展位、骨盤前傾位から肘伸展位、肩関節内旋位、肩甲骨外転位、頸椎、胸椎、腰椎、屈曲位、骨盤後傾位としながら歩く（写真１、２）。

❷ポイント
▼それぞれの動きは常に一定な動きで動かすようにし、基本動作として体に覚え込ませる。胸郭の開きをしっかりと行う。

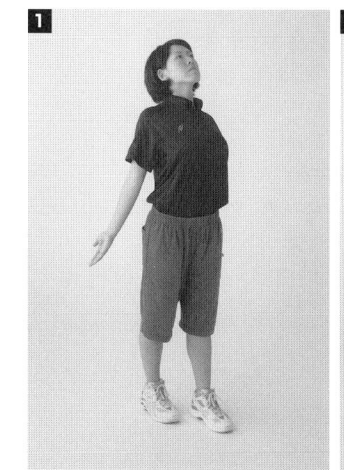

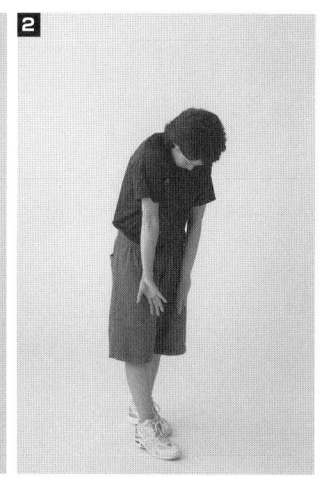

9. 骨盤と脊椎と肩のダイナミックウォーク２

❶方法
▼肘屈曲位、前腕回内位、肩外転90度、肩甲骨内転、下制位、頸椎、胸椎、腰椎伸展位、骨盤前傾位から肘屈曲、前腕回外位、肩外転、頸椎、胸椎、腰椎屈曲位、骨盤後傾とする動きを交互に繰り返す（写真１、２）。

❷ポイント
▼それぞれの動きは常に一定な動きで動かすようにし、基本動作として体に覚え込ませる。胸郭の開きをしっかりと行う。

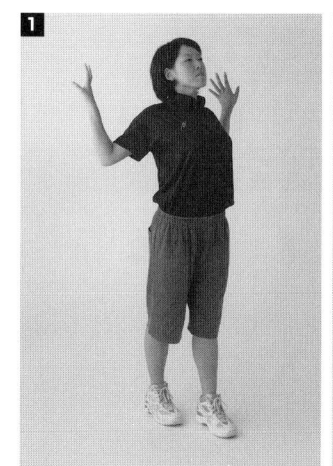

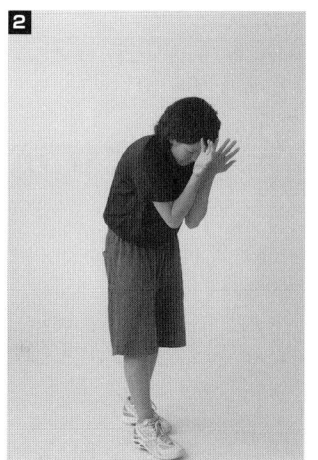

10. 骨盤と脊椎と肩のダイナミックウォーク３

❶方法
▼右手は肘軽度屈曲位、前腕回外位、肩外転90度、肩甲骨内転、下制、頸椎、胸椎、腰椎伸展位、左手は肘軽度屈曲位、前腕回内位、肩外転90度、肩甲骨外転位として、この動作を交互に繰り返す（写真１、２）。雑巾を絞るような動作となる。

❷ポイント
▼動作の入れ替え時には胸椎の伸展位を一度ゆるめて、再び伸展させるようにする。

11. ランジウォーク1

❶方法
▼肩甲骨内転位、肘屈曲、肩外転位として、前方に踏み出した脚側に体幹の回旋を入れながら歩く。
❷ポイント
▼肩甲骨内転位をキープしたまま行う。ドローインする。

12. ランジウォーク2

❶方法
▼肩を屈曲させ、上方で手を合わせる。前方に踏み出した脚側に、体幹の側屈を入れながら歩く。
❷ポイント
▼肩甲骨の上方回旋および胸郭を引き上げたまま行う。ドローインする。

13. ランジウォーク3

❶方法
▼片側の肩甲骨を上方回旋、もう一方の肩甲骨は下方回旋させて、肘を伸展させながら歩く。
❷ポイント
▼ドローインをしながらセンターから上に伸びるようなイメージで行う。

14. サイドランジウォーク1

1．方法
▼両脚を肩幅に開き、進行方向側の股関節を屈曲させた後、側方へ踏み出す。この時、体重をしっかりと両脚に乗せるようにしゃがむ。踏み出した脚に乗せるようにして腰を落とす。脚を戻し再び肩幅のスタンスに戻り、繰り返す（写真1、2）。
2．ポイント
▼つま先は前を向けながら行う。

15. サイドランジウォーク2

❶方法
▼両脚を肩幅に開き、進行方向側の股関節を屈曲させた後、側方へ踏み出す。この時、体重をしっかりと踏み出した脚に乗せるようにして腰を落とす。脚を戻し再び肩幅のスタンスに戻り、繰り返す（写真1、2）。
❷ポイント
▼つま先は前を向けながら行う。

4.7 ダイナミックストレッチング（フロアーベース）

1. 股関節の屈曲／伸展

❶方法
▼側臥位で上方の脚を屈曲、伸展させる。
❷ポイント
▼ドローインしながら行う。屈曲させる筋肉と、伸展させる筋肉を交互に意識しながら行う（10往復）。

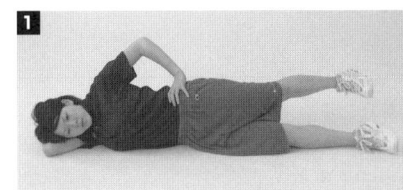

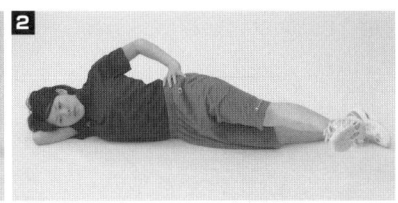

2. 股関節の内転／外転

❶方法
▼背臥位で一方の脚を膝伸展したまま屈曲させる。その後、左右に倒す。
❷ポイント
▼ドローインしながら行う。脚のスピードをコントロールしながら行う（10往復）。

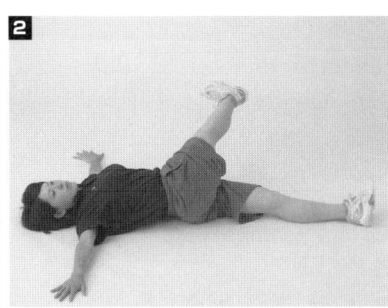

3. 股関節の複合運動（内旋／外旋／屈曲／伸展／外転／内転）

❶方法
▼背臥位で一方の脚の膝を軽度屈曲させ、股関節を動かす。内転、内旋した状態からゆっくりと屈曲させていく（写真1、2、3）。足関節は背屈させる。次に外転、外旋させた状態から伸展させていく（写真4、5、6）。足関節は底屈させる。
▼逆回しを行う。
❷ポイント
▼ドローインをしながらセンターを固定して行う。
▼センターから外に伸びていくイメージで行う。

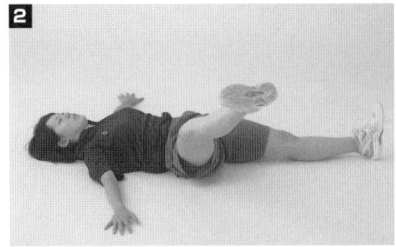

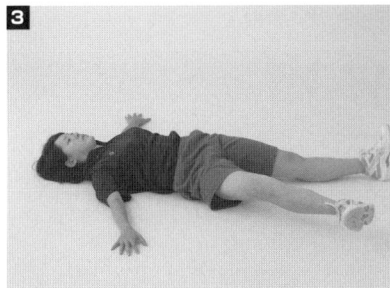

4. 骨盤と体幹の複合運動（肩甲上腕関節：内旋／外旋／伸展／屈曲／外転／内転　肩甲帯：内転／外転／上方回旋／下方回旋／挙上／下制）

❶方法
▼両手・両膝を床に着いた姿勢で骨盤を後傾させながら、腰椎、胸椎、頸椎を屈曲させながら息を吐く。背中がきれいな丸を描くようにして体幹後面を伸ばす（写真1）。その状態から骨盤を前傾させながら、腰椎、胸椎、頸椎を伸展させながら息を吸う。背中が反るようにして体幹前面を伸ばす（写真2）。

▼両手・両膝を床に着いた姿勢から片側の腕およびその対角側の脚を床から離し、互いの肘と膝を寄せるように骨盤を後傾させながら、腰椎、胸椎、頸椎を屈曲させる（写真3）。息を吐く。その状態から骨盤を後傾させながら、腰椎、胸椎、頸椎を伸展させる（写真4）。この時、息を吸いながら肘と膝を伸展させていく。

❷ポイント
▼すべてのポジションで、ドローインをしながら行う。特に、伸展位での腰椎の過度の前彎に注意する。

4. 柔軟性トレーニング

4.8 徒手抵抗ストレッチング

1. ハムストリングス

❶方法

▼背臥位で対象筋側の股関節を、膝伸展位で屈曲させる。パートナーは、ほどよいストレッチ感が得られるレベルの股関節屈曲位で、アキレス腱を踵にかけるようにして力を入れる（写真1）。力の加減は7～9割程度とし、股関節を伸展させるようにかける（写真2）。アイソメトリックで5秒ほどキープした後、リラックスする。リラックスした後、スタートポジションの可動域をやや広げたポジションにして、繰り返し行う。3～5セット。徐々に可動域が改善されることが感じられる。

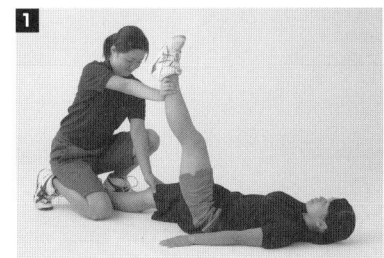

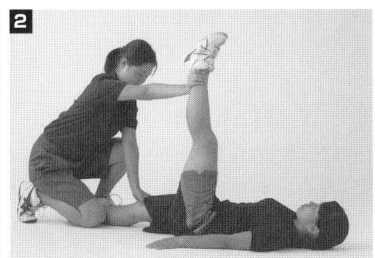

❷ポイント

▼いきなり力を入れると危険。ゆっくりと力を出すようにする。

2. 大腿四頭筋

❶方法

▼腹臥位で対象筋の股関節伸展位、膝最大屈曲位として、パートナーが足首と臀部を押さえるように位置する（写真1）。パートナーの合図で、ゆっくりと膝を伸展させるように力を入れる（写真2）。アイソメトリックで5秒ほどキープした後、リラックスする。その後、スタートポジションをやや広げた場所から、再びアイソメトリック収縮を繰り返す。3～5セット。

❷ポイント

▼腹臥位のポジションは、腰痛が出やすいので注意する。臀部をしっかり押さえ、骨盤の前傾を防ぐ。

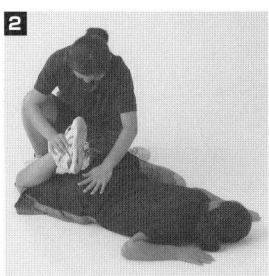

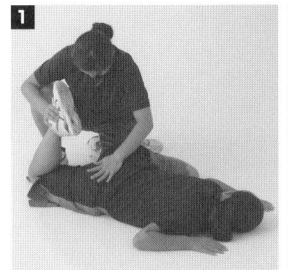

3. 内転筋群

❶方法

▼背臥位で両股関節を外転位、膝屈曲位とし、足裏を合わせるようにする。パートナーは膝を押さえる（写真1）。ストレッチポジションから、ゆっくりと内転するように力を入れる（写真2）。アイソメトリックで5秒ほどキープした後、リラックスする。その後、スタートポジションをやや広げた場所から、再び同じ収縮を繰り返す。3～5セット。

❷ポイント

▼恥骨結合部にストレスのかかりやすいポジションとなるので、力の加減に注意する。

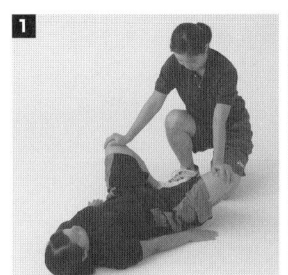

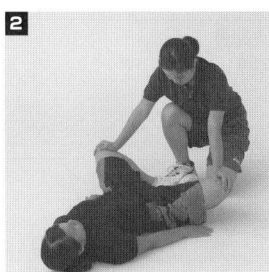

4. 外転筋群

❶方法

▼背臥位で対象筋の股関節内転位、膝関節伸展位とし、パートナーは骨盤と足首を押さえる（写真1）。その状態から股関節を外転させる方向に力を入れる（写真2）。アイソメトリックで5秒ほどキープした後、リラックスする。その後、スタートポジションをやや広げた場所から、再び同じ収縮を繰り返す。3～5セット。

❷ポイント

▼いきなり大きな力を出さないように注意する。

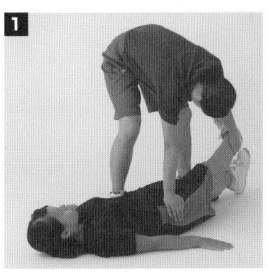

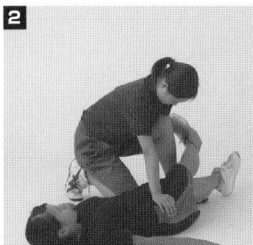

5. 背筋群

❶方法

▼開脚座位で膝を軽度屈曲して座る。背中を丸めたまま股関節を屈曲するようにする。パートナーは肩甲骨に手を置く（写真1）。その状態から肩甲骨に置かれた手を押し返すように、体幹を伸展させながら力を入れる（写真2）。アイソメトリックで5秒ほどキープした後、リラックスする。その後、スタートポジションをやや広げた場所から、再び同じ収縮を繰り返す。3～5セット。

❷ポイント

▼股関節からの伸展運動とならないように注意する。

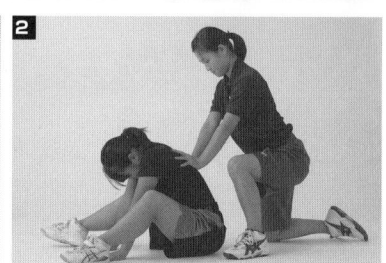

6. 臀筋群

❶方法

▼背臥位で対象筋の股関節屈曲、外旋位とし、一方の脚を股関節屈曲位で腿が踵にかかるようにする。パートナーは対象者の脚を押さえ、ストレッチポジションをとらせる（写真1）。対象者は股関節を伸展させる方向に力を入れる（写真2）。アイソメトリックで5秒ほどキープした後、リラックスする。その後、スタートポジションをやや広げた場所から、再び同じ収縮を繰り返す。3～5セット。

❷ポイント

▼骨盤が後傾しすぎないように注意する。

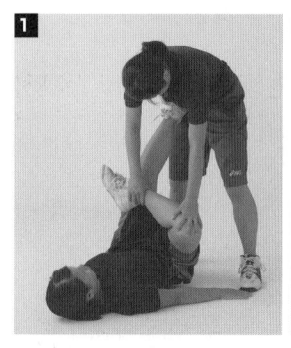

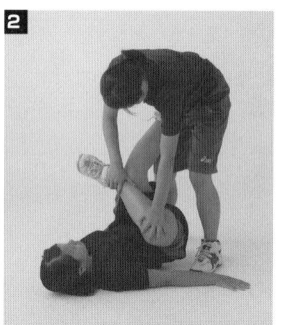

7. 大胸筋

❶方法

▼胡座位で肩甲骨内転位、肘屈曲位とする。パートナーは上腕を押さえながら、背骨に腿を密着させて、肩甲骨内転位としたポジションからゆっくりと外転させる（写真1、2）。アイソメトリックで5秒ほどキープした後、リラックスする。その後、スタートポジションをやや広げた場所から、再び同じ収縮を繰り返す。3～5セット。

❷ポイント

▼肩の前方脱臼の肢位となるので注意する。胸椎の伸展に伴い、腰椎の前彎が増強されるので注意する。

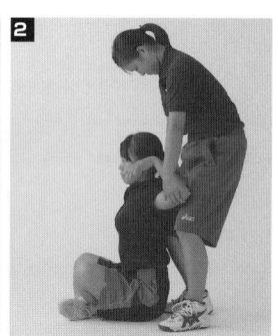

8. 広背筋

❶方法

▼正座から股関節を屈曲させ、対象筋側の肩を屈曲、外転、外旋、体幹の側屈を入れたポジションで、パートナーは手首を押さえる（写真1）。その状態から対象者は、腰を後方に引くようにゆっくりと力を入れる（写真2）。その後、スタートポジションをやや広げた場所から、再び同じ収縮を繰り返す。3～5セット。

❷ポイント

▼対象者はゆっくりと動作を行う。急な動作は肩や腰にストレスとなる。

4.9 道具を利用したストレッチング

フレックスクッション（FC）

1. 長座位体前屈

❶方法
▼膝屈曲位にてフレックスクッション（FC）に座り、骨盤を前傾させながら、股関節屈曲させる（写真1）。
▼膝伸展位にてFCに座り、同様に股関節を屈曲させる（写真2）。

❷ポイント
▼骨盤を立て、脊椎を伸展させるようにする。

2. 開脚座位体前屈

❶方法
▼股関節を外転位で膝軽度屈曲位にてFCに座り、骨盤を前傾させながら、股関節を屈曲させる（写真1）。
▼膝伸展位にてFCに座り、同様に股関節を屈曲させる（写真2）。

❷ポイント
▼骨盤を立て、できるだけ前傾させるように座り、脊椎を伸展させながら行う。脊椎を屈曲させないようにする。この時の肩甲骨は内転下制位とする。

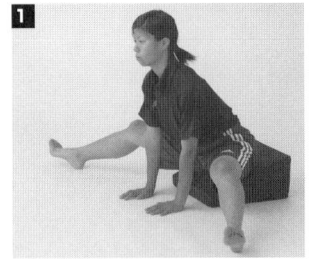

3. 内転筋群

❶方法
▼対象筋の膝を伸展位、股関節を外転位、一方の膝は屈曲位とし、FCに座る。骨盤を前傾させながら、股関節を屈曲させる。
▼対象筋の股関節を中間位、外旋位、内旋位と動かして刺激を変化させる（写真1～3）。

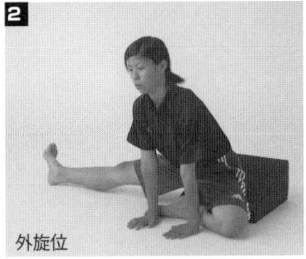

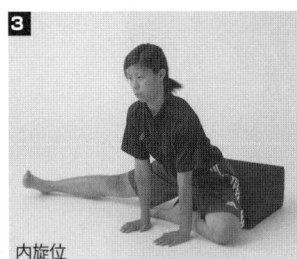

中間位　外旋位　内旋位

❷ポイント
▼股関節の内旋位では骨盤を前傾させ、また外旋位では骨盤を後傾させながら行う。

4. 臀筋群

❶方法
▼膝屈曲位にてFCに座り、骨盤を前傾させながら、股関節屈曲させる（写真1）。
▼膝伸展位にてFCに座り、同様に股関節を屈曲させる（写真2）。

❷ポイント
▼骨盤を立て、脊椎を伸展させるようにする。

5. 下腿前面

❶方法
▼FCに脛の前面が当たるように正座位となり、対象筋の膝を上方に持ち上げる。

❷ポイント
▼足首から足先は床に着けるようにする。

6. 骨盤体操

❶方法
▼両膝屈曲位にて、一方の股関節外旋位、もう一方を内旋位でFCに座る。この状態から骨盤を前傾させていく。この時、脊椎は伸展、肩甲骨内転、肩外旋位とする(写真1)。
▼次に骨盤を後傾させながら、脊椎の屈曲、肩甲骨外転、肩内旋位とする（写真2）。この2つの動作を交互に10～20回繰り返し、足の組み方を変えて行う。

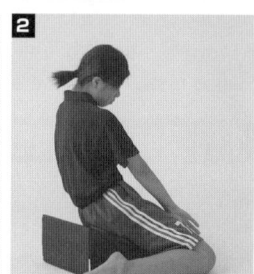

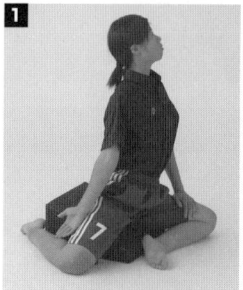

❷ポイント
▼骨盤の動きに脊椎と肩甲骨、肩甲上腕関節の動きを同調させながらの体操なので、動きを正しく行う必要がある。呼吸は脊椎の伸展で吸い、屈曲で吐く。

7. 下腿後面

❶方法
▼対象筋の足をFCに乗せ、足関節を背屈させる。膝伸展位で行う（写真1）。
▼膝屈曲位にて行う（写真2）。
▼足関節を回内させるように乗せる（写真3）。
▼足関節を回外させるように乗せる（写真4）。

❷ポイント
▼それぞれのストレッチング時には、体重の乗せ方をうまく調整しながら行う。

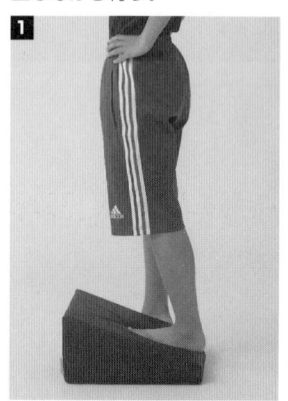

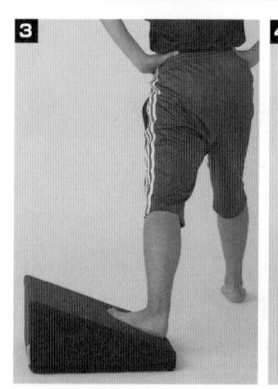

8. 肩甲骨体操

❶方法
▼側臥位でFCの上に肘着きで寝る。上方の肩甲骨と、肩甲上腕関節をぐるぐると回す。肩の伸展内旋では肩甲骨は外転、下制、下方回旋させ、屈曲外旋では肩甲骨は内転、挙上、上方回旋するように回す（写真1～4）。この時、脊椎や胸郭の運動を連動させる。

❷ポイント
▼脊椎の屈曲方向への動きで息を吐き、その逆で息を吸うようにする。

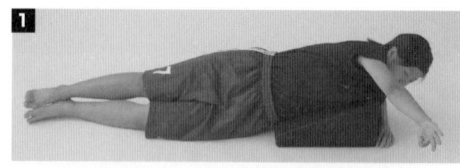

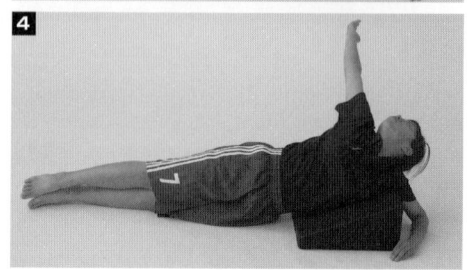

4.9 道具を利用したストレッチング

フォームローラー（FR）

9. 大腿部前面

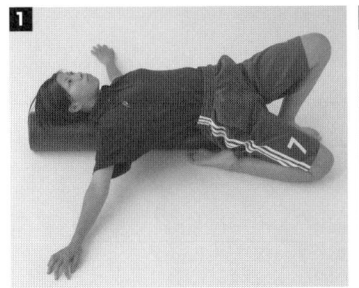

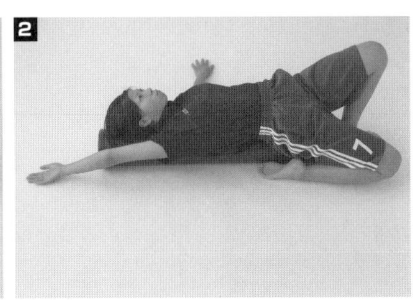

❶方法
▼フォームローラー（FR）の上に背臥位にて寝る。骨盤と頭を乗せる。対象筋の膝を屈曲させて折り畳む。一方の膝は屈曲させ足裏を床に着ける。FRから落ちないように、両手を床に着けてバランスを取る（写真1）。
▼対象筋側の上肢を屈曲させて、体幹の前面が伸びるようにする（写真2）。

❷ポイント
▼強度の強いストレッチングなので無理をしないで行う。骨盤の前傾から腰椎の前彎の代償運動が強調されることにより、腰痛が発生する場合があるので注意する。

10. 股関節周囲筋

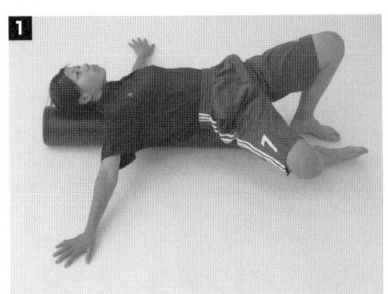

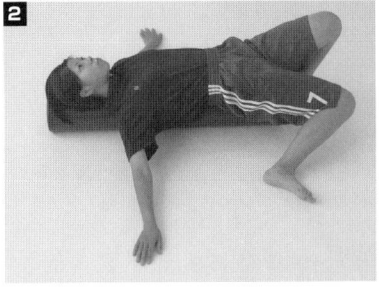

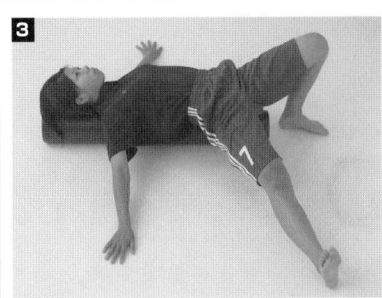

❶方法
▼FRの上に背臥位で寝る。一方の膝を屈曲させ、足裏を床に着ける。一方の膝を屈曲させ、股関節を外転外旋させる（写真1）。
▼膝を屈曲させたまま股関節を内旋、内転させるようにする（写真2）。
▼膝を伸展させて股関節外転位とする（写真3）。

❷ポイント
▼FR上でのセンターポジションが崩れやすいストレッチングとなるので、ドローインしてセンターバランスをうまく調整しながら行う。

11. 体幹上部

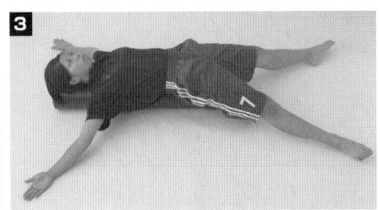

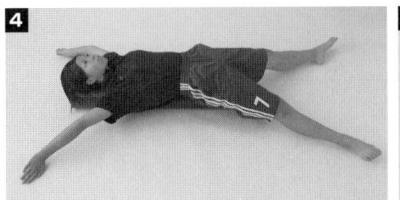

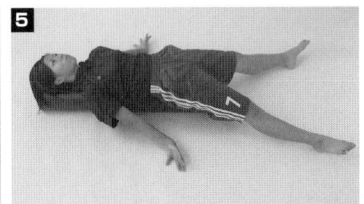

❶方法
▼FRの上に背臥位で寝る。膝を伸展させ、上肢を肘伸展位で肩を屈曲させる。体幹の中心から上方および下方に伸びるように、体全体を伸展させるようにする（写真1）。
▼背臥位の状態で肩甲上腕関節をゆっくりと外転させたり、内転させたりする（写真2、3）。
▼さらに肩甲上腕関節を外旋させたり内旋させたりする（写真4、5）。

❷ポイント
▼動作はゆっくりと行う。腰椎の前彎が強まると腰痛が発生することがあるので注意する。

12. 胸郭周囲筋群

❶方法
▼FRの上に背臥位で寝る。頭部はFRに乗せずに、肩甲骨の下角付近にFRの端がくるようにし、胸郭が上方に挙上されるようにする。この状態で両上肢を屈曲させる（写真1）。
▼FRを体に対して直角にし、肩甲骨下角部あたりが乗るように寝る。その状態で同様に行う（写真2）。

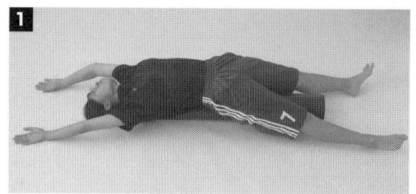

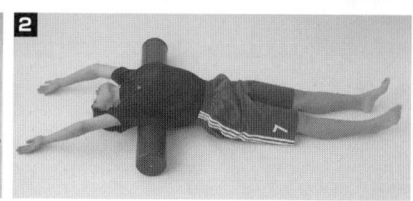

❷ポイント
▼腰椎の前彎が強調されすぎないように注意する。ドローインをして腰椎を安定させる。

13. 背部深層筋群

❶方法
▼FRの上に頭部と骨盤を乗せるように背臥位で寝る。両手を広げるようにして、ポジションを安定させる。その状態でゆっくりとFRを左右に小さく転がしながら揺らす。

❷ポイント
▼膝を伸展させて行うと腰椎前彎が強調されるので、腰が痛い場合は膝を屈曲させて骨盤が前傾しないようにする。

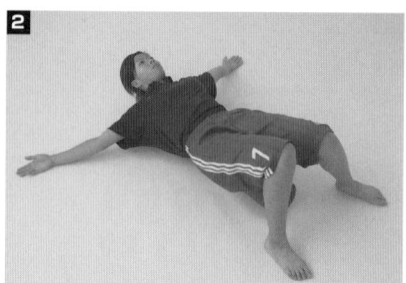

14. 股関節屈曲筋

❶方法
▼骨盤をFRに乗せるように背臥位で寝る。対象筋の股関節を伸展させる。一方の股関節と膝関節を屈曲させ、膝を両手で押さえる（写真1）。
▼正座から両手で体を支えながら、対象筋の股関節および膝関節伸展位で脛をFRに載せるようにする。できるだけ骨盤を立てたまま、FRを遠くに転がすように対象筋の股関節を伸展していく（写真2）。

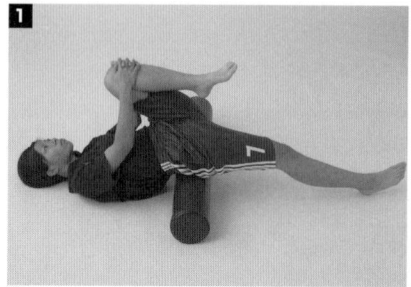

❷ポイント
▼骨盤はやや後傾するようなポジションで乗せる。FRへの乗せ方が骨盤が前傾するようなポジションになると腰椎前彎が強調され、腰痛のリスクが高まるだけでなくストレッチングが効かなくなる。

4.10 スポーツ障害予防のコンプレッションストレッチング

1. 下腿三頭筋

❶方法
▼下腿後面に膝を乗せ、底屈背屈の自動運動を10往復ほど行う。

❷ポイント
▼圧迫点を変えながら行う。

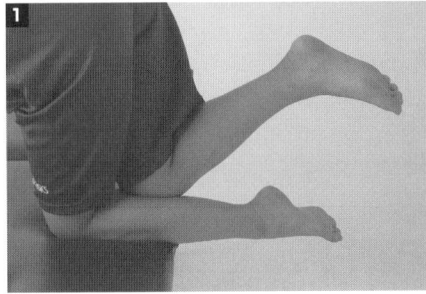

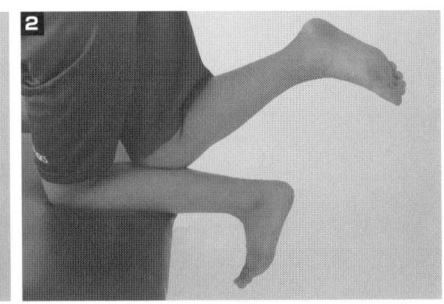

2. 前脛骨筋

❶方法
▼FRハーフカット等の圧迫点に下腿前面を乗せ、底屈背屈の自動運動を10往復ほど行う。

❷ポイント
▼圧迫するポイントを変えながら行う。

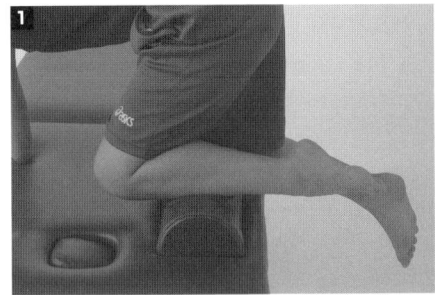

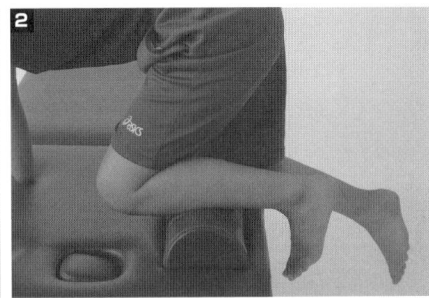

3. 腓骨筋

❶方法
▼圧迫点に下腿外側を乗せ、底屈背屈の自動運動を10往復ほど行う。

❷ポイント
▼圧迫点を変えながら行う。

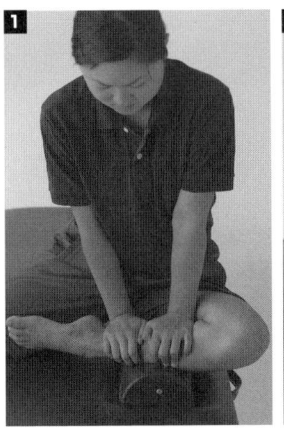

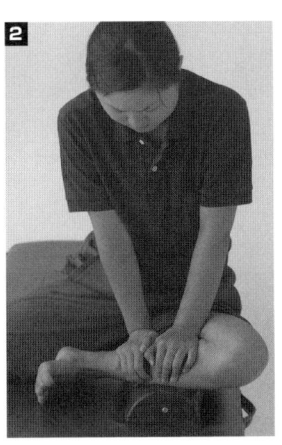

4. ハムストリングス

❶方法
▼圧迫点にハムストリングスを乗せ、膝屈曲伸展の自動運動を10往復ほど行う。

❷ポイント
▼椅子やベッドにおいて、圧迫の強さをコントロールしながら行う。

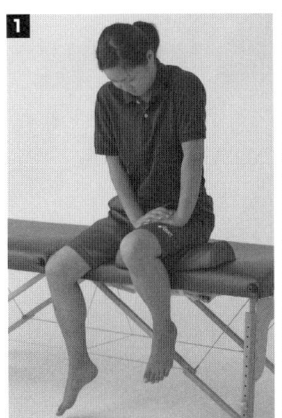

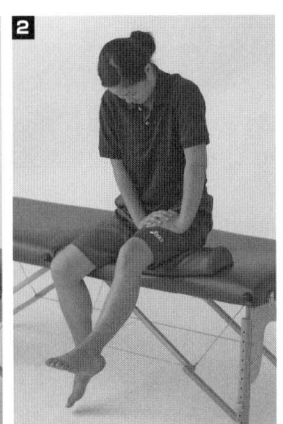

5. 大腿四頭筋

❶方法
▼腹臥位で圧迫点の上に大腿前面を乗せ、膝の伸展屈曲の自動運動を10往復ほど行う。

❷ポイント
▼圧迫点を適宜ずらして行う。刺激が足りない時は、対象筋の上に一方の脚を乗せながら行う。

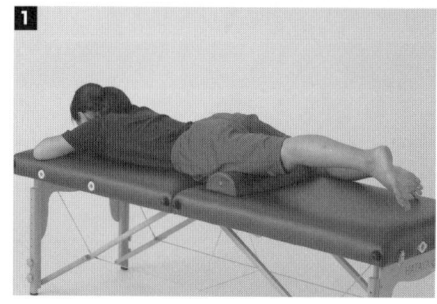

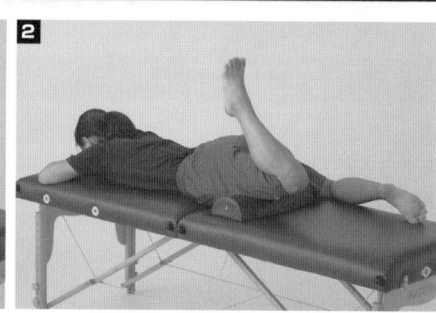

6. 腸脛靭帯

❶方法
▼圧迫点に腸脛靭帯を乗せ、膝の伸展屈曲の自動運動を10往復ほど行う。

❷ポイント
▼圧迫点を適宜ずらしながら行う。刺激が強いので、体重の乗せ方を調整しながら行う。

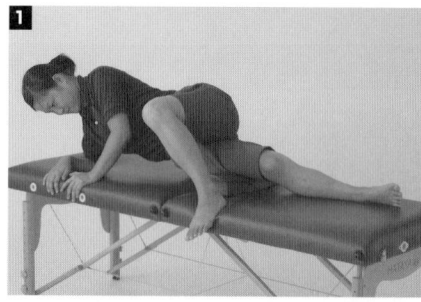

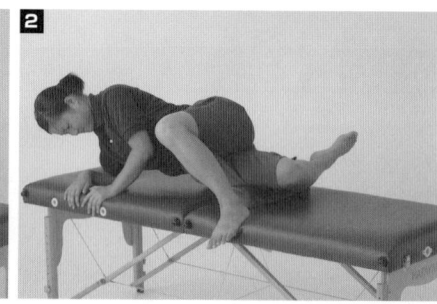

7. 内転筋群

❶方法
▼圧迫点に内転筋群を乗せ、膝の伸展屈曲の自動運動を10往復ほど行う。

❷ポイント
▼体重の乗せ方を調整しながら行う。

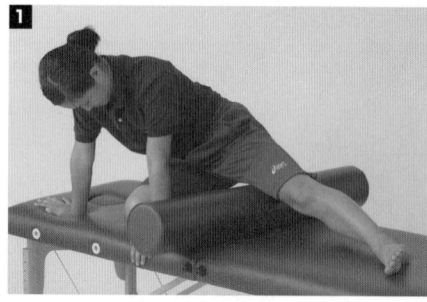

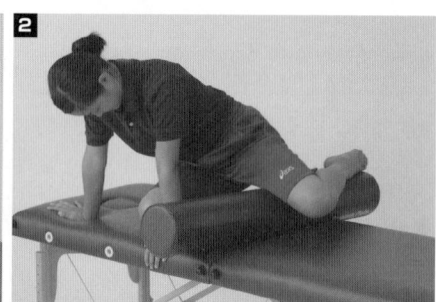

8. 臀筋群

❶方法
▼圧迫点に臀筋群を乗せ、股関節を内外旋および内転外転させる。10往復ほど行う。

❷ポイント
▼圧迫点をつくるために、ソフトボールなどを用いるとよい。

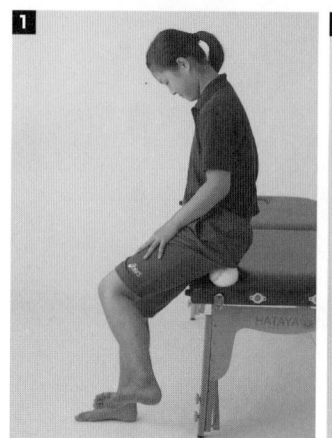

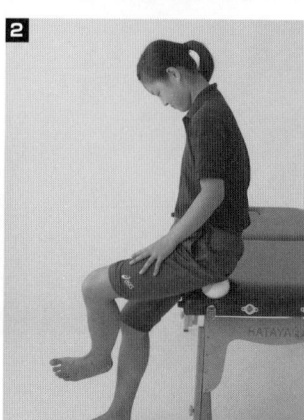

5.
スピードトレーニング
Speed

実施と指導上の留意点

現代のスポーツトレーニングにおいて、筋量を増加させることで筋力を強化し、より大きなパワーを養成することは重要なテーマとなっているが、それと同時に、いわゆる敏捷性やスピードを獲得することも、すべてのスポーツ競技において必要とされるものである。

1. ランニングスピード

スプリントパフォーマンスには、ピッチとストライドの関連性が大きく、様々な研究者や指導者がこれらに注目し、研究・指導をしている。一般的にスプリント能力向上には、走動作が中心とされるトレーニングが実施されるが、走動作の構造自体を十分に理解することが必要であり、それに併せて専門的筋群の収縮様式も留意していることが大切である。

昨今、スプリントドリルと称された数々のドリルエクササイズが多用されているが、中には実際のスプリント動作には関連しないようなドリルや、明らかにパフォーマンス向上が期待できないドリルに時間を費やす指導現場も少なくはない。スプリントドリルは、専門的筋群の強化と走動作のパターンを学習することを優先的に実施されるべきであり、スプリント時に要される股関節の屈曲・伸展の繰り返し動作やエキセントリックな筋収縮様式が含まれるようなドリルが行われることが望ましい。

2. アジリティ

1）アジリティとは

近年、敏捷性は、スピード、アジリティ、クイックネス等の言葉で呼ばれている。

物理学では、スピード（＝速度）は、距離÷時間と定義される。しかし、トレーニング科学やスポーツパフォーマンスにおいては、「スピード」とは単なる速度だけでなく、直線的移動能力全般を意味している。そのスピードの応用能力として「アジリティ」や「クイックネス」に分別される。

アジリティとは、加速・減速・停止を含んだ方向変換能力のことである。つまり、スピードを維持制御しつつ多方向へ移動する能力といえる。また、最近ではアジリティを、動作パターンの定型化された「クローズスキルアジリティ」と、状況判断能力を伴う「オープンスキルアジリティ」とに区別している。多くのスポーツ競技で特に要求されるものは、後者のオープンスキルアジリティであろう。

オープスキルアジリティとは、視覚および聴覚情報を判断し選択実行する方向変換能力のことである。周囲の情報を収集し判断するためには、状況を常に視野に入れ理解する必要がある。そのためにどのような場面でも常に顔を上げ、眼や耳から情報収集を継続できる姿勢を維持する必要がある。

つまり、スポーツ競技において要求とされるアジリティを発揮するには、動作を最大限に効率よく実施できる理想的な姿勢を保持することと、視覚、聴覚、触覚などを通して周辺情報を最大限に収集し、発現する動作を選択して実行できること、の2点が必要不可欠である。

理想的な姿勢の保持には、体幹の強化が重要となる。周辺情報収集のためには、顔を上げ首を回す（頸部を伸展・回旋）動作を強化すること、特に頸部や胸部の筋力強化が必要となる。

2）アジリティ向上のための基礎ドリル

5.2節のエクササイズを行う上での、基礎となる動きづくりのドリルを紹介する。

a）スタート姿勢づくり（前方移動）

水平方向への最大推進力を得るためには、体幹を固定し前傾できる理想的なスタート姿勢を体得することが必要である。体幹の伸展筋の筋力レベルにより前傾できる角度は変わるため、パートナーの補助により、各個人の前傾角度を確認する（写真1）。

スタートに必要な前傾角度はより鋭角となる方が、より少ない床反力と空気抵抗でスタートできるため、できる範囲の前傾角度を探る。前傾角度が鋭角にな

るほど、パートナーの補助の負荷は増えるので、最大努力で支えるように注意する（写真2、3）。

より安定した体幹姿勢の獲得のため、パートナーが額を押さえ、スタート姿勢を保持するようにする（写真4）。より強く安定した体幹づくりに有効である。

b）情報収集

周辺情報（味方や相手の位置、数、状況等）を常に収集するために姿勢を直立させ、顔を上げ、周りを眼や耳で確認できることが必要である。脊柱起立筋群、頸部周囲筋群の強化を行う。

c）方向変換

前方移動と同様の姿勢をとる（肩幅程度の足幅）。骨盤から脊柱を移動方向に向け、移動方向へ徐々に身体の重心点を動かすようにする（写真5）。

d）側方移動（ラテラルステップ－写真6）

重心移動による側方動作の改善を目的とする。その場で腕振りとニーアップを繰り返し、重心を移動方向へ徐々に動かし側方へステップしていく。

e）停止（トリプルフレクションストップ－写真7）

加速動作からの、3関節（股関節、膝関節、足関節）の脱力による停止。3関節の同時屈曲（トリプルフレション）が必要である。スプリントから、重心をやや後ろにかけながら、両脚をそろえトリプルフレション（3関節の同時脱力）を行う。

5.1 ランニングスピード向上のトレーニング

1. ヒールタッチ

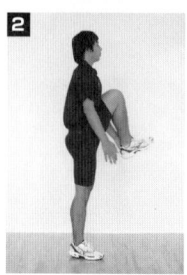

❶目的・効果
▼股関節の屈曲と骨盤の動きを協調させるエクササイズドリル。スプリント中、リード脚をできるだけコンパクトに操るために、動作を学習するきっかけ作りを目的とする。

❷用具－使用しない。

❸動作とポイント
▼右手（左手）で右足（左足）の踵をタッチしながら歩行（写真1、2）。
▼膝の真下で踵をタッチ。できる限り踵を股関節と同じ位の高さでタッチ（写真3、4）。困難な場合は、体側で踵をタッチ（写真5）。

❹起こりやすい誤り・注意点
▼膝よりも前方で踵をタッチすると上体が屈曲してしまうため（写真6）、踵をタッチする位置は膝下になるようにする。

2. バットキック

❶目的・効果
▼スプリント時の専門的筋群の1つであるハムストリングス（大腿二頭筋）を意識させるドリル。

❷用具－使用しない。

❸動作とポイント
▼身体より前方に両膝が先行しないように、踵で臀部をキックしながら進む。両腕は体側に垂らしてリラックス（写真1～5）。1m毎に3回程度キックするスピードで進む。移動速度よりも動作速度に意識しながら行う。

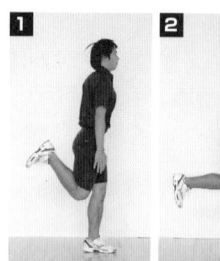

▼終始、足首は背屈させ、つま先が下がらないよう（底屈）にして実施する。

3. クィックバットキック

❶目的・効果
▼地面反力を得て跳ね返ってきた脚の股関節と、膝関節を素早くコンパクトにする動作を意識させるドリル。離脚後の脚の動作パターンを習得する。素早い股関節と膝関節の屈曲が求められるため、スプリント中の専門的筋群となるハムストリングス（大腿二頭筋）の強化も期待できる。

❷用具－使用しない。

❸動作とポイント
▼振り上げ脚（リード脚）の踵を素早く臀部の真下に引きつける。踵、または踝が支持脚を沿うように地面から臀部まで最短距離を通過させる（写真1、2、3、4）。
▼1m毎に3回キック程度のスピードで進む。移動速度よりも動作速度を意識。

❹起こりやすい誤り・注意点
▼踵が身体の後面に巻き上がるような動作を避ける。また、足首の背屈を意識すると膝、股関節を屈曲しやすい。腕は、手首が腰の横を通過する程度に、肘を曲げて振る。上体を前方に倒すと、踵の引きつけが容易になる（写真5）。

4. スモールフットバウンディング

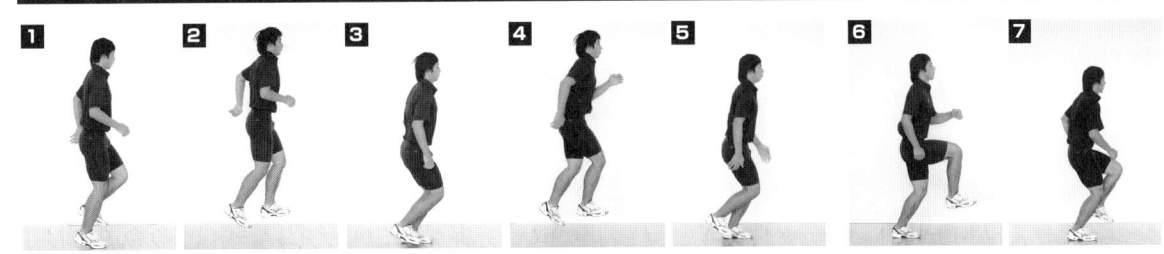

❶目的・効果
▼地面接地のタイミングと地面反力を確認することを目的としたドリル。通常のバウンディングと比べて移動距離（ストライド）が短いため、バウンド中にバランスを崩すことなく身体のコントロールが容易にできる。
❷用具－使用しない。
❸動作とポイント
▼1足長程度の移動距離（ストライド）でバウンディング（写真1〜5）。
▼接地（グラウンドコンタクト）時は、両手両脚が重なるようにし、接地脚に偏った負担が掛からないようにする（写真3、5）。接地脚の足裏と地面を平行にしながら足裏全体（フラット）、または踵からつま先に向かってスムーズなローテーション動作になるよう意識。
▼このドリルは跳躍距離よりも接地時の力量発揮のタイミングを確認することを目的としているため、ストレングス能力を向上させる場合、跳躍距離を強調させる方法も考えられる。
❹起こりやすい誤り・注意点
▼自ら接地脚を振り落としたり、地面を押しつけるような接地動作により緩衝動作を作らないようにする（写真6、7）。

5. ストレートレッグバウンディング

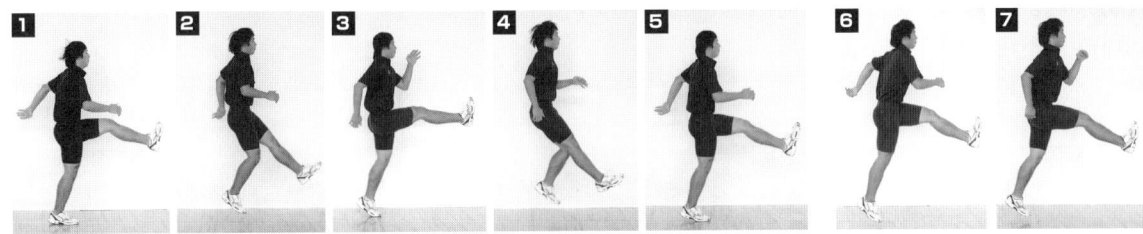

❶目的・効果
▼立位姿勢での頭と腰の高さを維持しながら、スプリント動作時に主に行われる股関節の屈曲・伸展動作を習得することを目的としたドリル。
❷用具－使用しない。
❸動作とポイント
▼足首、膝関節を固定。股関節を支点にして身体前面で脚を上下に振る動作（写真1〜5）。膝の後ろ、または太腿部後面で地面を叩くようなイメージでバウンディング（写真2、4）。
▼はじめは頭が放物線を描くような移動からスタートさせ、徐々に頭と腰の高さを一定にしながら前方にバウンディング（写真6、7）。

6. ストレートレッグバウンディング〜スプリント

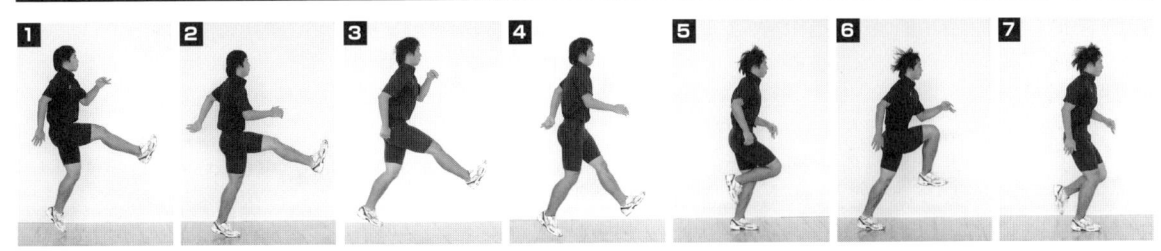

❶目的・効果
▼ストレートレッグバウンディングから徐々に動作スピードを上げながら固定していた膝関節を緩めて（屈曲）スプリント動作に展開していく。頭部を前傾させながら上体も前方に傾けるとバウンディングからランニング動作に移行しやすい。
❷用具－使用しない。
❸動作とポイント
▼ストレートレッグバウンディングからスタート。身体前面で両脚を交互に上下に振り回す動作（写真1〜3）。
▼身体前面での左右脚の上下動作速度を上げながら、徐々に振り回し動作を小さくしていく（写真3、4）。
▼動作スピードが上がってきたら、固定していた膝関節を緩めて、素早い足踏み動作に切り替える。最後に、足踏み動作からランニング動作に移行（写真5、6、7）。

7. マーチング

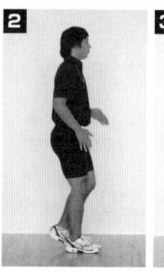

❶目的・効果
▼マーチング（marching＝行進）。歩行動作から接地場所や地面へのインパクトの与え方に変化を作りながらランニング動作、スプリント動作へと繋げていくための第一段階的ドリル。
❷用具－使用しない。
❸動作とポイント
▼立位姿勢から足踏みスタート。足の接地ポイントは、支持脚よりも半足長程度前に落とすことを意識（写真1、2、3）。
▼接地した同タイミングで逆脚（支持脚）の踵を支持脚に沿わせながら持ち上げる（写真3、4、5）。
▼接地足は、接地と同時に地面にインパクトを与えることを強調し、振り上げ動作が極端に大きくならないようにする。両腕はランニング時の動きを意識して、手首が腰を通過する程度に肘を屈曲させる。

8. マーチングシングルレッグ

❶目的・効果
▼持ち上げたリード脚を支持脚付近に素早く振り降ろす動作を強調し、接地時のインパクトを意識させるドリル。
❷用具－使用しない。
❸動作とポイント
▼立位姿勢からスタート。リード脚の踵を支持脚に沿って、支持脚の膝と同じ位の高さまで持ち上げる（写真1）。
▼支持脚の1足長、または半足長程度前横に地面インパクトを作る意識で接地（写真2、3）。接地と同時に支持脚が上がり足踏み動作になるようにする。
▼片側脚の振り上げから接地の動作を繰り返し歩行しながら実施（写真4、5）。
❹起こりやすい誤り・注意点
▼支持脚を引きずるような動作は避ける。

9. Aスキップ

❶目的・効果
▼1970年代、Gerald Mach 氏が提唱したスプリントドリルで、The A & B Running Drill（マック式ドリル）の名称で知られている。スプリント中の動作をいくつかの局面に分けて、各局面において強調すべき動作を繰り返し行うことで効率的な走動作の習得を目的としている。直接的に走能力を向上させるものではなく、走動作中に必要とされる専門的筋群の強化につとめたドリル。
❷用具－使用しない。
❸動作とポイント
▼頭が放物線を描くような移動動作の大きなスキップではなく、身体の上下動揺を極力抑えながらスキップをスタート。
▼「ターン・タ・ターン・タ・ターン・タ」のスキップのリズムではなく、「タン（写真1）・タ（写真2）・タン（写真3）・タ（写真4）・タン（写真5）・タ（写真6）」のリズム。このリズム中、「タ」の瞬間（2回目の接地）でパワーポジションを作り、支持脚で地面にインパクトを与え、リード脚の股関節と膝関節はコンパクトに屈曲させる。また、リード脚の接地時（写真3）と同時に支持脚を振り上げる。
❹起こりやすい誤り・注意点
▼リード脚と支持脚を左右踏み変える際、リード脚の膝下を前方に振り出すような動作は避け、身体の真下（支持脚の近く）に振り降ろす。リード脚の足首（つま先）は背屈させることで、股関節と膝関節の屈曲が容易になる。

10. ジャンプロープバウンディング

❶目的・効果
▼縄跳びを用いたトレーニングドリル。走動作中の効率的な脚の動きや接地動作と力量発揮のタイミングの習得が目的。
❷用具−縄跳び。
❸動作とポイント
▼縄を跳び越えながらバウンディング（写真1）。
▼縄を跳び越えることよりも、縄がリード脚の下を通過した後に接地動作（写真2、3）が行われるという本ドリルの一連動作の流れを感覚的につかみ、力量発揮のタイミングを獲得する。

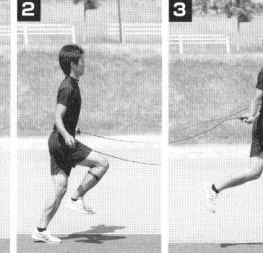

❹起こりやすい誤り・注意点
▼離脚時に自ら地面を押しつけたり、離脚後も支持脚で地面を蹴り続けるような動作を強調すると、リカバリーやターンオーバー局面の動作が遅れ、スムーズな重心の移動ができないことがあるので、ストライド長を獲得することよりも、身体全体が前方に移動することを意識する（写真4、5）。

11. ジャンプロープスプリント

❶目的・効果
▼リカバリー局面と呼ばれる支持脚の離脚期後に、踵が極端に身体後方に残ったり、臀部よりも上方に巻き上がる動作を回避させることを目的にしたドリル。
❷用具−縄跳び。
❸動作とポイント
▼縄を跳び越えながらスプリント。バウンディング時よりも縄を速く回すこと（写真1〜6）。
▼支持脚が地面を離れた後、素早く踵を臀部の下部に引きつける（写真4、6）。

12. ホッピング

❶目的・効果
▼障害物（スティック）を用いたトレーニングドリル。リカバリー局面と呼ばれる支持脚の離脚期後の動作において、脚が身体後方に極端に残るような動きを回避させるために行うドリル。
❷用具−スティック。
▼4〜5足長間隔でスティックを8〜10本程度並べる。スティックは選手が障害物と感じるような高さではなく、1〜2cm高で、踏んでもケガの心配のない柔らかい素材が望ましい。
❸動作とポイント
▼股関節の屈曲動作のみでスティックを跳び越えながらホッピング（写真1、2、3）。
▼接地時には、足首や膝関節のクッション動作（緩衝動作）を使うのではなく、股関節の屈曲動作を強調させて離脚動作につなげる（写真4、5）。
▼並べたスティックのインターバルが広いと接地脚のリカバリーが遅れる可能性があるので、多少、窮屈に感じる程度の間隔で設置するのが望ましい。

13. ハードルスクワット

❶目的・効果
▼股関節周囲の筋群の強化を目的としたエクササイズ。
❷用具－ハードル。
▼最も高いハードル（106cm）に設定。
❸動作とポイント
▼ハードルに対して体側を向けた姿勢からスタート。
▼スクワットをしながらハードルの下を通過し、ハードルの反対側に移動しながら立ち上がる（写真1～5）。できるだけハードルを素早く通過できるようにする。
▼再びハードルに近い脚をハードルの下をくぐらせ、スクワットしながらハードル下を通過し、立ち上がる。この繰り返し。
❹起こりやすい誤り・注意点
▼スクワット時に上体を前傾させて、お辞儀をするような姿勢にならないよう注意。

14. ハードルステップオーバー

❶目的・効果
▼股関節周囲の筋群を強化させることを目的としたトレーニングドリル。
❷用具－ハードル。
▼股関節と同じ、また少し低い高さのハードルを等間隔で設置。
❸動作とポイント
▼身体正面をハードルに向けた状態からスタート。片脚（リード脚）の股関節と膝関節をコンパクトにたたみ、膝頭が脇の下を通過するようにしながらハードルをまたぎ越える（写真1、2、3）。反対側（抜き脚）の脚も同様にコンパクトにしてハードルを跨ぎ越す（写真4、5、6、7）。
▼終始、同じ脚でハードルをまたぎはじめるか、または毎回リード脚と抜き足を交互に替えてもよい。

15. ハードルスクワットコンビネーション

❶目的・効果
▼股関節周囲の筋群強化を目的にしたトレーニングドリル。ハードルステップオーバーとハードルスクワットを交互に繰り返す、股関節と臀部周囲のエクササイズ。
❷用具－ハードル。
▼高いハードルと低いハードルを等間隔に並べて設置（写真1）。
❸動作とポイント
▼ハードルステップオーバーでハードルをまたぎ越えたら（写真2、3、4）、身体を反転させながら抜き脚を次のハードルの下を通してハードルスクワット（写真5、6、7）。
▼スクワットから立ち上がったら、再び身体を反転させて、ハードルステップオーバー。この繰り返しをしながら進む。

16. ラテラルハードルステップオーバー

❶目的・効果
▼スプリント動作中、接地した瞬間に逆脚（リード脚）の股関節の屈曲を素早く行わせる意識づけをねらったドリル。
❷用具－ハードル。
▼ハードルは股間と同高、またはそれ以下にして等間隔に並べる。

❸動作とポイント
▼体側をハードルに向けた姿勢からスタート（写真1）。ハードルに近い脚（リード脚）でハードルをまたぐ（写真2、3、4）。
▼ハードルをまたいだリード脚が接地したと同時に、逆脚（支持脚）の股関節と膝関節を素早くコンパクトにさせながら持ち上げる（写真5、6、7）。
▼ハードルを速くまたぎ越すことよりも、ハードルをまたいだ脚が接地したと同時に逆脚が素早くコンパクトにたためるように意識。
▼用意できるハードルの数に限りがある場合は、1台のハードルを左右にまたいでもよい。

17. ニーウォーク

❶目的・効果
▼立体的な骨盤の回転運動を意識づけることを目的としたドリル。
❷用具－使用しない。

❸動作とポイント
▼膝立ちの姿勢を保持したまま歩行（写真1、2）。両腕はランニング時と同様（写真1、2）。
▼足の甲を引きずるような動きからはじめ、徐々に膝を地面から離して1歩1歩前進（写真3、4、5）。

18. リバーススプリットジャンプ

❶目的・効果
▼股関節の素早い屈曲・伸展動作を意識することを目的としたトレーニングドリル。
❷用具－使用しない。
❸動作とポイント
▼レッグランジ姿勢からスタート。上方にジャンプし（写真1、2、3、4）、空中で前後の脚を入れ替えたら、再び素早くスタート時の脚に戻して着地（写真5、6、7）。
▼1回のジャンプで前後に開いた脚を入れ替える動作を、2回素早く繰り返す。

19. ボックスバウンディング

❶目的・効果
▼地面接地時の力量発揮のタイミングを計り、リアクティブ・ストレングスの強化を目的としたドリル。
❷用具−ボックス。
▼膝下高程度（20〜30cm）のボックスを等間隔（2.5〜3.0m）で数台並べる。
❸動作とポイント
▼ボックスの上からスタート（写真1）。
▼右脚（左脚）は地面でバウンド、左脚（右脚）はボックス上で接地。これを繰り返しながらバウンディング（写真4、5、6、7、8）。
▼ボックス上への接地は接地脚をボックスに添える程度の力でタッチ。グラウンド・コンタクト時に大きな地面反力を得られるように意識。
▼ボックスの間隔が広くなると、ストライド長への意識や動作が強調される可能性が考えられる。グラウンド・コンタクトのタイミングを得て、リアクティブ・ストレングスを強化させる本ドリルにおいては、ボックス間は広く設定する必要はない。

20. ボックススピードバウンディング

❶目的・効果
▼ボックスから降りる際の勢いによって、前方へのスムーズな身体移動を強調させることが目的のドリル。
❷用具−ボックス。
▼ボックスバウンディング同様、膝下高程度（20〜30cm）のボックスを等間隔（3.0〜3.5m）で数台並べる。
❸動作とポイント
▼ボックスの上からスタート。左右の脚は、それぞれボックスと地面に接地しながらバウンディングを行うが、可能な限り前方への移動スピードが出るように進む（写真1〜5）。
▼頭が放物線を描くような移動ではなく、頭と腰が地面と平行に移動するようなバウンディングを意識。

21. ステッピング

❶目的・効果
▼股関節の素早い屈曲動作よりも、骨盤の立体的な回転運動を強調させるトレーニングドリル。素早い動作スピードを行うことにより、接地時の地面へのインパクトと離脚期後の脱力、いわゆる「力のオン・オフ」を切り替える感覚を養う。
❷用具−ボックス。
▼20〜30cm高のボックスを設置。
❸動作とポイント
▼「スタート」の合図で可能な限り速く階段の昇降動作を繰り返す（写真2、3、4、5、6）。
▼ボックスの上に乗り切ってしまうと、重心の移動が大きくなり素早さが軽減されるので、ボックスへの接地足のタッチは、ボックスを跳ね返すような意識で行う（写真3、4）。

22. ニーアップⅠ

❶目的・効果
▼マーチング（＝行進）と同様、足踏み動作。スプリント動作中の専門的筋群強化の1つでもある。
❷用具－使用しない。
❸動作とポイント
▼膝下程度の高さで左右の脚が上下に交差するよう素早い足踏みを強調（写真1〜7）。特に接地時の力量発揮により（写真2、4、6）、脚が跳ね返ってくるような感覚を意識し、脚の振り上げ（引き上げ）動作は強調させない。
▼地面反力を得て跳ね返ってくる脚の股関節と膝関節は、可能な限り素早くコンパクトに（写真1、3、5、7）。
❹起こりやすい誤り・注意点
▼大腿部や膝を股関節よりも高く振り上げると上体が後傾してしまい、スムーズに重心移動しない現象に陥る。

23. ニーアップⅡ

❶目的・効果
▼スピードとインパクトのある地面接地を強調させることを目的としたドリル。
❷用具－使用しない。
❸動作とポイント
▼パートナー（補助者）は選手の膝高付近に両掌を出し前方に立つ（写真1）。
▼選手は足踏み動作をしながらパートナーの掌に向けてリード脚を当てる（写真2〜6）。
▼掌に当たった脚は支持脚付近に落とされ地面反力を作る（写真3、5）。実施者は足踏み動作を続けながら前方に進む。パートナーは選手の移動速度に合わせて一緒に移動する。

24. レッグランジウォーク

❶目的・効果・使用部位など
▼スプリント動作中に稼働する股関節や、臀部周囲の筋群強化を目的としたドリル。
❷用具－使用しない。
❸動作とポイント
▼本ドリルは、通常行われているようなレッグランジウォークよりもストライドは短くする（写真2）。
▼リード脚を前方に振り出し（写真3〜5）、お尻を真下に下げる（写真6）。
▼上体を起こしながら、後ろ脚は身体後面で踵を巻き上げるような動作を回避して、両脚の踝が交差する程度の軌道で前方に踏み出す（写真3、4、5）。

25. クイックレッグランジウォーク

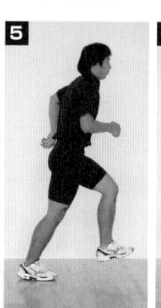

❶目的・効果
▼前出したランジウォーク同様、専門的筋群の強化を目的とするが、素早い股関節の屈曲と、リカバリー局面の動作パターンの習得も強調させるドリルでもある。
❷用具－使用しない。

❸動作とポイント
▼前出のレッグランジウォーク同様にスタート（写真1）。リード脚で地面を強く踏み込み、身体が沈み込んだ瞬間に後ろ脚を引きつけ前方に振り出す（写真3、4）。
▼通常のレッグランジのように身体を深く沈めるのではなく、リード脚の力強い踏み込みから得た地面反力によって身体を前方に移動させ、浅い沈み込みで次のステップに移行する（写真3、4、5、6、7）。

26. ステップダウン

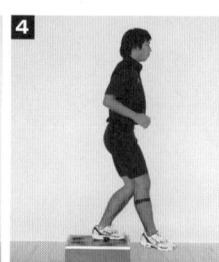

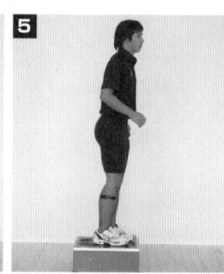

❶目的・効果
▼スプリント中の接地脚に求められるリアクティブ・ストレングスの強化と「力のオン・オフ」を強調させるドリル。
❷用具－ボックス。

❸動作とポイント
▼ボックス上から1歩踏み出して、地面で接地した瞬間に地面を跳ね返し、再びボックス上に脚を戻す（写真1、2、3、4、5）。毎回、踏み出す脚を替えてもよい。

❹起こりやすい誤り・注意点
▼接地のたびに股関節や、膝関節の緩衝動作が起きないようにする。

27. ステップアップ

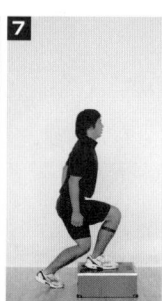

❶目的・効果
▼股関節の伸展動作を強調させたエクササイズ。
❷用具－ボックス。
▼膝下程度の高さのボックス1台。

❸動作とポイント
▼片脚をボックスの上で力強く踏み込み（写真1）、ボックス上の脚の股関節を素早く伸展させて上方にジャンプ（写真2、3）。
▼ボックス上に踏み込む脚はジャンプのたびに替えても、同じ脚で連続してジャンプをしてもどちらでもよい（写真4、5、6、7）。

5.1 ランニングスピード向上のトレーニング

28. スピードバウンディング

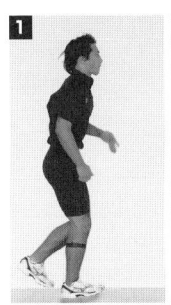

❶目的・効果
▼股関節の屈曲と伸展動作を強調させるドリル。
❷用具－使用しない。
❸動作とポイント
▼可能な限り頭が放物線を描きながら移動しないよう、頭と腰の位置を保ちながら移動スピードを強調させたバウィング（写真2、3、4、5）。地面を押す意識と、前後の脚が入れ替わる両脚の素早い切り返し動作を習得することを目的とする（写真3、5）。
❹起こりやすい誤り・注意点
▼支持脚の離脚後、地面を押し続けるような動きが強調されると脚のリカバリー動作が遅くなったり、膝関節が伸展しきるようなスプリント時には発生しない動作になるので注意。

29. ハンギングニーアップ

❶目的・効果
▼腹直筋、腸腰筋の強化を目的としたエクササイズ。上体を屈曲させて腹部の筋群を収縮させるような動きではなく、スプリント動作中のように上体を屈曲することなく腹部の筋群を収縮させるエクササイズ。
❷用具－高鉄棒。
❸動作とポイント
▼高鉄棒にぶら下がった姿勢で、身体が前後にふらつかないように静止する（写真1）。
▼骨盤を後傾させながら、両膝を抱え込むように引きつける（写真2）。これ以上に上がらない程度の高さまで両膝を引きつけたら（写真3）、腹部の力を緩めて両膝を下げる（写真4）。両膝が股関節程度の高さまで下がったら再び両膝を引きつける（写真5）。この繰り返し動作。
❹起こりやすい誤り・注意点
▼両膝を下げすぎると骨盤が前傾し、腰が反り返りやすくなるため腰部にストレスがかかるので、運動自体の可動範囲は狭い範囲で行う。

30. ハンギングニーエクステンション

❶目的・効果
▼腹直筋、腸腰筋、大腿四頭筋の強化を狙ったエクササイズ。
❷用具－高鉄棒。
❸動作とポイント
▼高鉄棒にぶら下がった状態で股関節を屈曲させ、両膝が股関節と同じ程度の高さで保持（写真1）。
▼この状態を保持しながら、両膝の伸展と屈曲の繰り返し（写真2、3、4、5、6）。
▼膝関節の屈曲時に、股関節の屈曲を維持しないと腰への負担が大きくなる。

31. ハンギングニーアップスイッチ

❶目的・効果
▼ハンギングニーアップ同様、腹直筋、腸腰筋らの強化を目的としたエクササイズ。
❷用具－高鉄棒。
❸動作とポイント
▼高鉄棒にぶら下がった姿勢で身体が前後にふらつかないように静止する。両膝を股関節と同じくらいの高さで保持（写真1）。
▼片脚（右側）の股関節のみをゆっくり伸展させ、再び股関節と同じ高さまで上げる（写真2、3）。
▼両脚が揃ったら、逆脚（左側）の股関節を再び緩める（写真4、5）。この繰り返し動作。

32. ジャイアントステップ

❶目的・効果
▼ステア（階段）エクササイズ。階段を利用して股関節の素早い屈曲や、スムーズな重心移動の習得を目的としたドリル。
❷用具－使用しない。
▼階段は30～40cm高で1足長半程度の幅で20段程度あるのが望ましい。
❸動作とポイント
▼上体を階段の傾斜と平行になる位前傾しながら大股で階段を昇る（写真1）。できる限り多くの段をとばして進む（写真2、3）。
▼後ろ脚は離脚後、素早く股関節と膝関節を屈曲させる（写真4、5）。
❹起こりやすい誤り・注意点
▼後ろ脚が臀部の方に向かって上がると、次の接地場所（段）への接地準備が間に合わなくなる。

33. ターンオーバー

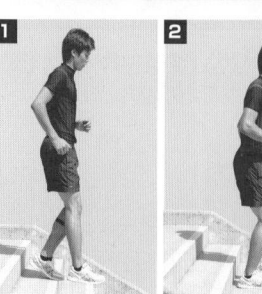

❶目的・効果
▼接地時に地面反力を得るための脚の動きと、「力のオン・オフ」を強調させるドリル。階段の段差を利用して接地時に必要とされる力量発揮のタイミングと、左右の脚の踏み替え動作の意識づけを目的としている。
❷用具－使用しない。
❸動作とポイント
▼ランニング動作をしながら階段を降りる（写真1～5）。接地のたびに緩衝動作をしないようにする。
▼接地と同時に逆脚の股関節と膝関節を緩めてマーチング（＝行進）動作になるよう意識。慣れてきたら徐々に階段を降りる速度を上げる。
❹起こりやすい誤り・注意点
▼自らの脚を階段に向かって迎えに行くような動作は避ける。

5.1 ランニングスピード向上のトレーニング

34. カリオカストレッチ

❶目的・効果
▼臀部周囲筋群のストレッチ。
❷用具－使用しない。
❸動作とポイント
▼立位姿勢から軸脚をまたいで反対側に接地（写真1、2、3）。
▼お尻を下げてストレッチ（写真4）。

35. ツースキップ

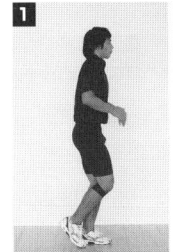

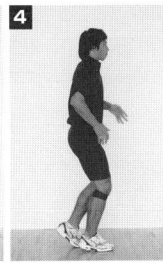

❶目的・効果
▼接地時の地面反力を作るために、地面方向に向けたリード脚の積極的なスイング動作を強調させるドリル。
❷用具－使用しない。
❸動作とポイント
▼頭と腰が放物線を描くような跳躍高の大きなスキップではなく、低いスキップ（写真2、3）。
▼2回目の接地の直後、リード脚を素早く支持脚付近に落として地面でインパクトを作る（写真4）。自転車の片方のペダルが下がると、反対のペダルが自動的に上がってくるのと同様に、同時に逆脚を持ち上げる（写真5、6）。

36. ベアクロウウォーク（フォワード）

❶目的・効果
▼腹部、肩、臀部周囲などの筋群のトレーニングドリル。
❷用具－使用しない。
❸動作とポイント
▼両脚と両掌で身体を支える（写真1）。
▼できる限り両膝は屈曲させずに、同側の手足を同時に前方に移動させて四肢歩行（写真2、3、4、5）。

37. ベアクロウウォーク（バックワード）

❶目的・効果
▼前出のベアクロウウォーク（フォワード）同様、腹部、臀部周囲などの筋群のトレーニングドリル。フォワードと比較して、臀部からハムストリングスにかけての筋群強化が期待できる。
❷用具－使用しない。
❸動作とポイント
▼両脚と両掌で身体を支えながら（写真1）、後方に歩行（写真2、3）。
▼同側の手足を同時に動かしながら四肢歩行を行う（写真3、4、5）。個人差はあるが、できる限り両膝を伸ばした状態で四肢歩行できるように意識。

38. ベアクロウウォーク（ラテラル）

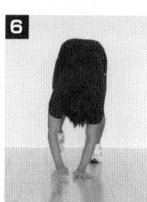

❶目的・効果
▼前出の前後に移動するベアクロウウォークと同様、腹直筋、肩、股関節周囲の筋群、臀部を使ったエクササイズ。
❷用具−使用しない。

❸動作とポイント
▼両脚、両掌で身体を支える（写真1）。
▼同側の手足（右手右足、左手左足）を同時に地面から離し、身体の側方向へ1歩移動（写真2、3）。反対側の両手足も移動（写真4、5）。
▼常に同側の手足が、同時に移動するようにする。

39. マーカー走Ⅰ

❶目的・効果
▼スプリント動作中の接地時の地面反力を作ることを意識させたり、支持脚の離脚期後のリカバリー、またはターンオーバー局面を強調させるドリル。直接的にパフォーマンス向上が期待できるドリルではないが、動作の意識づけとして紹介する。
❷用具−スティック（マーカー）。
▼1〜2cm高程度の（選手が高さを感じるような大きさのものは避ける）スティック（マーカー）。4〜5足長（26cmのシューズ）で等間隔にスティックを8〜10個並べる。

❸動作とポイント
▼助走をつけないで、1個目のスティック付近に前脚を置いてスタンディングスタート（写真1、2）。「動作は足踏み、意識は前方」でスティック間に接地をしながらスプリント（写真3）。

❹起こりやすい誤り・注意点
▼スティック間（インターバル）は意図的に短く設置されているため、離脚期後に身体の後方で脚が残っていたり、地面を押し続けるような動作をすると、次の接地ポイントに接地するための接地準備が遅れてしまう。したがって、地面反力を得たら素早く股関節と膝関節を屈曲させ、次の接地準備をする（写真3、4、5）。

40. マーカー走Ⅱ

❶目的・効果
▼前出のマーカー走と方法は同様だが、個人が慣れているストライド長よりも若干長い間隔のストライド長でスプリントすることによって、1歩の移動距離を獲得することを目的とする。

❷用具−スティック（マーカー）。
▼5〜6足長（26cmのシューズ）で等間隔に10〜12個のスティックを並べる。

❸動作とポイント
▼1個目のスティックから2足長程度後方に前脚を置き、スタンディングスタートでスタート（写真1、2）。または、1〜2歩助走を加えたスタートでもよい。
▼必ずスティック間で接地し（写真3）、地面反力が得られるよう接地時にはインパクトを作る（写真5、6）。

41. チェンジオブペースⅠ

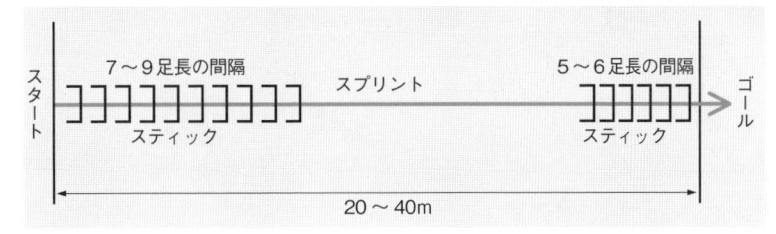

❶目的・効果
▼スプリント中、可能な限り減速期を短くし、高い疾走速度を維持させるためにストライド長やピッチに変化を作ることを意識させるドリル。また、サッカーやラグビーのように、競技特性上、移動速度が一定であっても不規則的なピッチやストライド長の変化が求められるようなスポーツにも対応できる。
❷用具－スティック。
▼20～40m程度の直線距離を確保。スタート地点から7～9足長（26cmのシューズ）間隔でスティックを10～12個並べる。ゴール地点からスタート地点に向かって5～6足長程度の間隔で6～8個スティックを設置。
❸動作とポイント
▼ストライド長の大きなスプリントをしながらスティックを通過。最後のスティックを通過後、スティックを通過している時と同じストライド長、ピッチで疾走速度を保ちながらスプリント。
▼ゴール付近で再びスタート後のスティックよりも短い間隔で設置されたスティックを、ピッチに変化をつけながらも（ピッチを上げながらも）疾走速度は維持して通過。

42. チェンジオブペースⅡ

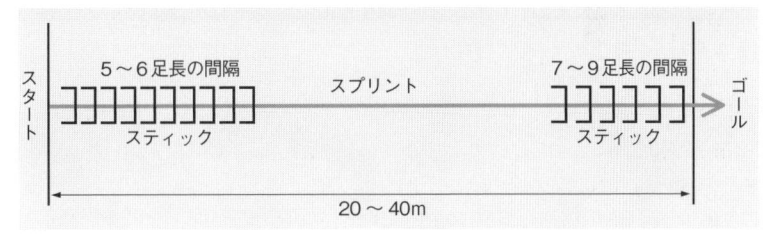

❶目的・効果
▼チェンジオブペースⅠと同様。
❷用具－スティック。
▼20～40m程度の直線距離を確保。スタート地点から5～6足長（26cmのシューズ）間隔でスティックを10～12個並べる。ゴール地点からスタート地点に向かって7～9足長程度の間隔で6～8個スティックを設置。
❸動作とポイント
▼スタート後、ストライドが短く、高いピッチのスプリントをしながらスティックを通過。最後のスティックを通過後、スティックを通過している時と同じストライド長、ピッチで疾走速度を保ちながらスプリント。
▼ゴール付近でスタート後のスティックよりも広い間隔で設置されたスティックを疾走速度は維持しながらピッチを落とし、ストライド長を伸ばして通過する。
❹起こりやすい誤り・注意点
▼ストライド長はあくまでも移動距離なので、リード脚の膝下を前方に振り出すような動作によって獲得しないように注意する。

43. チェンジオブペースⅢ

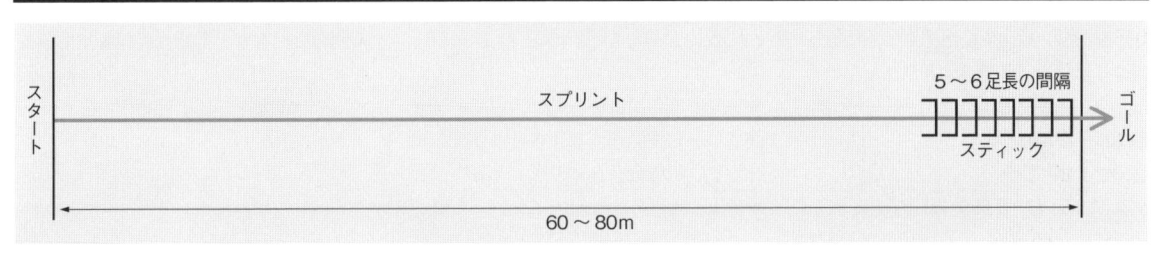

❶目的・効果
▼チェンジオブペースⅠ、Ⅱと同じ要領だが走行距離を長くして実施する。
❷用具－スティック。
▼60～80m程度の直線距離を確保。ゴール地点からスタート地点に向かってスティックを5～6足長（26cmのシューズ）間隔で6～8個設置。
❸動作とポイント
▼スタート後、可能な限り疾走速度を上げてゴール付近に接地したスティックでは、疾走速度は落とさずピッチを上げて通過する。
▼スティック間が狭くても可能な限り素早いターンオーバーとリカバリー局面のコンパクトな脚の操作をすることによって、地面の真上から接地できるようにする。

44. ヒルスプリント

❶目的・効果
▼10～20m程度の登り坂で実施するドリル。スプリント動作に必要とされる股関節周囲の筋群強化を目的とする。また、離脚期後の脚を素早くコンパクトにするリカバリー局面を強調させる。
❷用具－使用しない。
❸動きとポイント
▼後ろ脚（離脚後の脚）の踵を身体後方に巻き上げないよう素早いリカバリー動作をする（写真3、4、5）。
▼離脚期後、踵を身体後方に巻き上げるリカバリー動作。
▼平地を走るよりも足と地面の距離が短いため、接地の準備、いわゆる速いターンオーバーとリカバリー動作をしないと接地時に緩衝動作（写真6、7）を回避できない。

45. スプリント

❶目的・効果
▼スプリント時の脚操作は、スタート後から加速期、疾走期に至るまで各局面において異なる。その違いを強調しながらのスプリントドリル。
❷用具－使用しない。
❸動きとポイント
▼スタンディングスタートの姿勢から、後ろ足が前足の踝高を素早く跨ぎ越えて（写真1、2）地面でインパクトを作り、地面反力を得ながらスタート（写真3、4）。
▼地面反力を得たら、前脚のふくらはぎ高をリード脚の踵が通過するよう脚を操作する（写真5、6）。
▼徐々に地面反力が大きくなり、移動距離を獲得できるようになったら、地面から跳ね返ってくる脚を臀部の真下に素早く引きつけながら前脚（支持脚）の膝高をまたぐ（写真7、8）。この一連の流れによって最高速度に至る。

5.2 アジリティ向上のトレーニング

> ファンダメンタル

1. 4種のファーストステップドリル — ラテラル(オープン/クローズ)、バック(ドロップ/ピボット)

❶目的・効果
▼横方向と後方への素早い動き出しの獲得。

❷用具
▼マーカー。

❸開始姿勢
(1) ラテラル(横方向)
▼スタート位置で進行方向に対して、横向きにパワーポジションで構える。
(2) バック(後ろ方向)
▼スタート位置で進行方向に対して、後ろ向きにパワーポジションで構える。

❹動作とポイント
(1) ラテラル(横方向)
① オープンステップ
▼進行方向に近い足と肩を、進む方向に素早く開き、逆の足でしっかり地面を蹴りスタートを行う。
② クロスオーバーステップ
▼進行方向に近い足を軸足にして地面を蹴り、進行方向に身体が素早く向くように、後方の足と腰を捻りながら前方へもっていく。
(2) バック(後ろ方向)
① ドロップ
▼後方へ向きを変える時に、身体を開く側と逆の足を軸として地面を蹴り、素早く進行方向へ身体を向ける。
② ピボット
▼後方へ向きを変える時に、身体を開く側と同側の足を軸として地面を蹴り、素早く進行方向へ身体を向ける。
※どのステップに関しても、最初の1歩となるサイドのつま先、膝、肩が動作中同じ方向を向いていることが好ましい。

❺起こりやすい誤り・注意点
▼スタート時、軸足となる股関節の伸展で動き出しの力を得るようにする。決して足首や膝だけの動きにならないように注意する。

■オープンステップ

■クロスオーバーステップ

■ドロップ

■ピボット

2. 減速停止ドリル（フォワード、バックワード、ラテラル）

❶目的・効果
▼多方向の急停止時のボディーバランスの獲得。

❷用具
▼マーカー。

❸開始姿勢
▼スタート位置でそれぞれの進行方向に対して、パワーポジションで構える。

❹動作とポイント

(1) フォワード
▼前方向にスタートし、決められた距離の地点で踏み出した足でしっかり減速し停止する。
▼減速停止を行う足のつま先と膝が、まっすぐに位置しているように行う。
▼上体が踏み出した足よりも、前のめりにならないように注意する。

(2) バックワード
▼後ろ向きで後方へスタートし、決められた距離の地点でしっかり減速し停止する。
▼上体が減速をする足よりも後方へ、のめらないように注意する。

(3) ラテラル
▼横向きにスタートし、決められた距離の地点で進行方向側の足でしっかり減速し停止する。
▼減速停止を行う際、両足のつま先と膝がまっすぐに位置しているように行う。
▼減速の際、身体が進行方向へ横向きに、のめらないように注意する。
※バックワード、ラテラル方向へのステップについては、次項「3．ステップドリル」で紹介するもので行う。

■フォワード

■バックワード

■ラテラル

3. ステップドリル

❶目的・効果
▼移動動作時の各種正しいステップの獲得。

❷用具
▼マーカー。

❸開始姿勢
▼スタート位置でそれぞれの進行方向に対して、パワーポジションで構える。

❹動作とポイント

(1) ドジング(タッピング)
▼パワーポジションを維持しながら、左右の足の細かい上下動のステップで横方向へ移動(前方、後方への移動もあり)。

(2) シャッフル
▼パワーポジションを維持しながら、腰幅程度の足幅を保ちながら身体の上下動を抑えて横方向へ移動。

(3) サイドステップ
▼パワーポジションを維持しながら横へ1歩移動する際に、足と足がそろう局面が発生するが、その分シャッフルよりも速く横方向への移動が可能となる。
▼身体の上下動を抑えて横方向へ移動するパターンと、移動速度を重視して上下動を気にしないパターンとがある。

(4) キャリオカ
▼横方向への進行方向から遠い足を、ステップごとに前方へのクロスと後方へのクロスを交互に行って進む。
▼腰の回転でステップ行い、両肩は進行方向に対し並行を維持させる。

(5) クロスオーバーステップ
▼進行方向と逆側の足を、常に身体の前方でクロスさせて進む。身体は横向きであるが、顔は進行方向と逆を見続ける。

(6) バックペダル

■ドジング(タッピング)

■シャッフル

■サイドステップ

■キャリオカ

▼パワーポジションを維持しながら後方へステップ。
▼上体を進行方向へ倒して進むのではなく、あくまでパワーポジションを維持して下半身の力発揮で後方へ進む。
▼進行方向に速く行くことを意識しなければならないが、常に逆方向への方向転換ができるかを意識して実施。

❺起こりやすい誤り・注意点
▼スピードを意識するあまり、身体の上下動が起こり目線が安定しない（ドジング、シャッフル、バックペダル）。
▼足幅がステップするごとに変わる（ドジング、シャッフル）。
▼進行方向に速く行くことを意識するあまり、上体が進行方向にのめる。

■クロスオーバーステップ

■バックペダル

4. カッティングドリル（45度、90度、135度、180度）

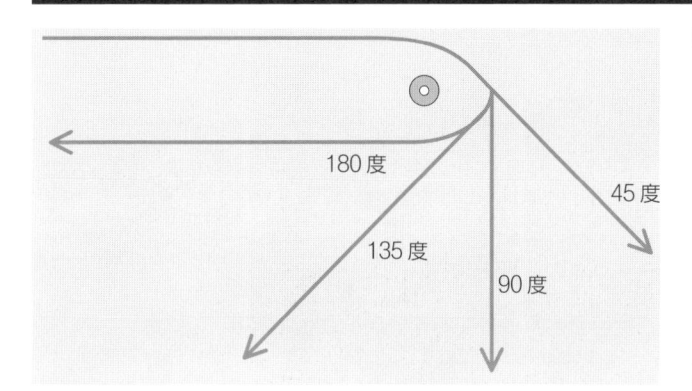

■スピードカット

■パワーカット

❶目的・効果
▼方向を変える際のステップとボディーバランスの獲得。
❷用具
▼マーカー。
❸開始姿勢
▼進行方向に向かい、パワーポジションで構える。
❹動作とポイント
▼前方に置いたマーカーに対し、スピードを減速することなく各々の角度（45度、90度、135度、180度）に方向を変える。
▼方向を変える際の足を、マーカーに近い足と遠い足、それぞれ行う（スピードカットとパワーカット）。
▼方向を変える角度は鈍角から鋭角（45度、90度、135度、180度）に、難易度を上げて実施するとよい。
❺起こりやすい誤り・注意点
▼方向を変える際に急な減速を行ったり、大きく膨らんで弧を描くことがないように注意する。

5. タンブリングドリル—フォワードロール(前転)、バックワードロール(後転)、ショルダーロール(受け身)

■フォワードロール(前転)

■バックワードロール(後転)

■ショルダーロール(受け身)

❶目的・効果
▼運動時の体性感覚の向上。
❷用具
▼使用しない。
❸開始姿勢
▼すべての種目共通でパワーポジションをとる。
❹動作とポイント
(1) フォワードロール
▼スタートポジションから顎を引き、両手を地面に着き、頭の後方から上背部、腰へと順次床に接地していきながら前方向へ回転する。
▼回転中から起き上がるまで身体を丸め続け、パワーポジションに戻る。
(2) バックワードロール
▼スタートポジションから顎を引いてお尻から着き、腰から順次回転していき、上背部が着くと同時に両手を地面に着いて後ろ方向へ回転する。
▼回転中から起き上がるまで身体を丸め続け、パワーポジションに戻る。
(3) ショルダーロール
▼スタートポジションから回る方の肩を出し、腕の外から順次肩にかけて地面に着けながら回転して、パワーポジションへ戻る。
❺起こりやすい誤り・注意点
▼回転中に身体が伸びてしまい、パワーポジションへ戻れない(特に下肢)。

6. 両足ジャンプ（縄跳び）

❶目的・効果
▼神経系機能の向上。
▼筋-腱の機能向上。

❷用具
▼縄跳び。

❸開始姿勢
▼膝関節を若干曲げ、両足をそろえて、やや開いて立つ。
▼上体をまっすぐ伸ばして縄跳びを持つ。

❹動作とポイント
▼縄跳びを使って、その場での連続両足ジャンプを行う。
▼足関節を固定し、つま先側に重心をかけ、踵が地面に着かないように注意する。
▼足関節を固定し、短い接地時間を心がけながら連続で高く跳ぶ。

❺起こりやすい誤り・注意点
▼周囲に縄が当たらないように注意する。
▼アキレス腱への負担が考えられるため、ウォームアップをしっかり行う。

❻バリエーション
▼片足ジャンプ。

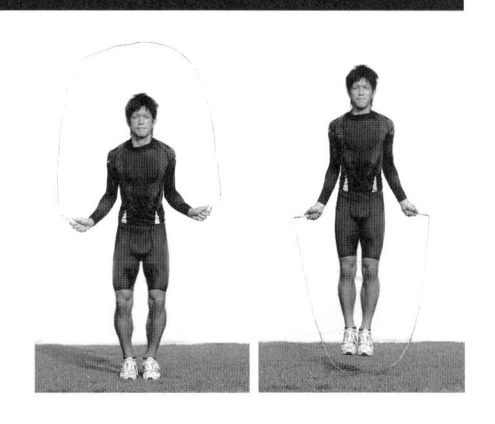

7. スプリットジャンプ（縄跳び）

❶目的・効果
▼コーディネーション能力の向上。
▼筋-腱の機能向上。

❷用具
▼縄跳び。

❸開始姿勢
▼膝関節を若干曲げ、両足をそろえて、やや開いて立つ。
▼上体をまっすぐ伸ばして縄跳びを持つ。

❹動作とポイント
▼縄跳びを使って、その場での連続ジャンプを行う。
▼連続ジャンプを行う時、足を前後に開いた状態で着地する。
▼次のジャンプの時、空中で足を前後に交差させ、先程と反対の足が前になるように前後に開いて着地する。
▼これらの動作を連続して行う。
▼足関節を固定し、つま先側に重心をかけ、踵が地面に着かないように注意する。
▼足関節を固定し、短い接地時間を心がけながら連続で跳ぶ。

❺起こりやすい誤り・注意点
▼周囲に縄が当たらないように注意する。
▼アキレス腱への負担が考えられるため、ウォームアップをしっかり行う。

8. 開閉ジャンプ（縄跳び）

❶目的・効果
▼コーディネーション能力の向上。
▼筋-腱の機能向上。

❷用具
▼縄跳び。

❸開始姿勢
▼膝関節を若干曲げ、両足をそろえて、やや開いて立つ。
▼上体をまっすぐ伸ばして縄跳びを持つ。

❹動作とポイント
▼縄跳びを使って、その場での連続ジャンプを行う。
▼連続ジャンプを行う時、まず両足を閉じた状態で着地する。
▼次のジャンプでは足を左右に開いて着地する。
▼これらの動作を連続して行う。
▼足関節を固定し、つま先側に重心をかけ、踵が地面に着かないように注意する。
▼足関節を固定し、短い接地時間を心がけながら連続で跳ぶ。

❺起こりやすい誤り・注意点
▼周囲に縄が当たらないように注意する。
▼アキレス腱への負担が考えられるため、ウォームアップをしっかり行う。

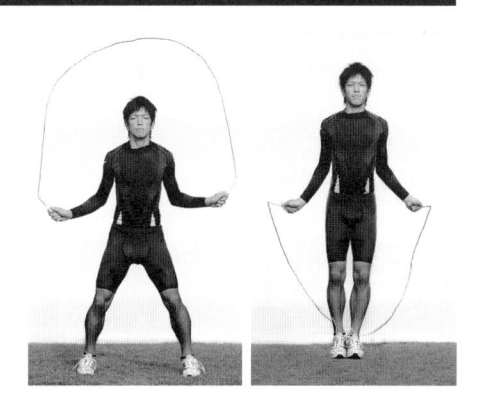

9. スクエアジャンプ（縄跳び）

❶目的・効果
▼コーディネーション能力の向上。
▼筋－腱の機能向上。
▼下肢の素早い切り返し能力の養成。

❷用具
▼縄跳び。十字クロスライン。

❸開始姿勢
▼膝関節を若干曲げ、両足をそろえて、やや開いて立つ。
▼上体をまっすぐ伸ばして縄跳びを持つ。

❹動作とポイント
▼縄跳びを使って、片足ずつ左右交互での連続ジャンプを行う。
▼最初のジャンプ後、右足を十字クロスラインの右前に着地する。
▼次のジャンプ後、左足を十字クロスラインの左前に着地する。
▼次のジャンプ後、右足を十字クロスラインの左後ろに着地する。
▼次のジャンプ後、左足を十字クロスラインの右後ろに着地する。
▼次のジャンプ後、また戻って右足を十字クロスラインの右前に着地する。
▼これらの動作を繰り返し連続して行う。
▼足関節を固定し、つま先側に重心をかけ、踵が地面に着かないように注意する。
▼足関節を固定し、短い接地時間を心がけながら連続で跳ぶ。

❺起こりやすい誤り・注意点
▼周囲に縄が当たらないように注意する。
▼アキレス腱への負担が考えられるため、ウォームアップをしっかり行う。

10. ダブルバニーホップ（縄跳び）

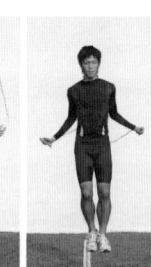

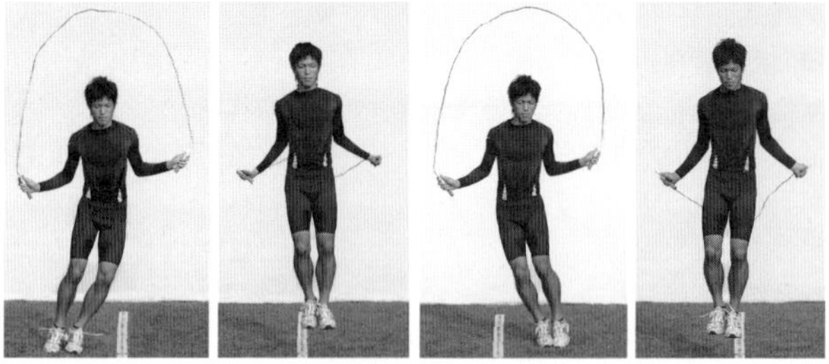

❶目的・効果
▼神経系機能の向上。
▼筋－腱の機能向上。
▼下肢の素早い切り返し能力の養成。
▼バランス能力の向上。

❷用具
▼縄跳び。ライン（1本）。

❸開始姿勢
▼膝関節を若干曲げ、両足をそろえて、やや開いて立つ。
▼上体をまっすぐ伸ばして縄跳びを持つ。
▼地面に引いたラインの端に、ラインに対して横向きに立つ。

❹動作とポイント
▼縄跳びをしながら、両足ホップで前進する。
▼ラインを左右交互に跳び越えながら、ジグザグにジャンプして前進する。
▼足関節を固定し、つま先側に重心をかけ、踵が地面に着かないように注意する。
▼足関節を固定し、短い接地時間を心がけながら連続で高く跳ぶ。

❺起こりやすい誤り・注意点
▼周囲に縄が当たらないように注意する。
▼アキレス腱への負担が考えられるため、ウォームアップをしっかり行う。

11. ラテラルダブルバニーホップ（縄跳び）

❶目的・効果
▼神経系機能の向上。
▼筋－腱の機能向上。
▼下肢の素早い切り返し能力の養成。
▼バランス能力の向上。

❷用具
▼縄跳び。ライン（1本）。

❸開始姿勢
▼膝関節を若干曲げ、両足をそろえて、やや開いて立つ。
▼上体をまっすぐ伸ばして縄跳びを持つ。
▼地面に引いたラインの端に、ラインに正対して立つ。

❹動作とポイント
▼縄跳びをしながら、両足ホップで横に進む。
▼ラインを前後に跳び越えながら、ジグザグにジャンプして横に進む。
▼足関節を固定し、つま先側に重心をかけ、踵が地面に着かないように注意する。
▼足関節を固定し、短い接地時間を心がけながら連続で高く跳ぶ。

❺起こりやすい誤り・注意点
▼周囲に縄が当たらないように注意する。
▼アキレス腱への負担が考えられるため、ウォームアップをしっかり行う。

12. シャッフルステップ（縄跳び）

❶目的・効果
- ▼神経系機能の向上。
- ▼筋−腱の機能向上。
- ▼下肢の素早い切り返し能力の養成。
- ▼バランス能力の向上。

❷用具
- ▼縄跳び。ライン（1本）。

❸開始姿勢
- ▼膝関節を若干曲げ、両足をそろえて、やや開いて立つ。
- ▼上体をまっすぐ伸ばして縄跳びを持つ。
- ▼地面に引いたラインの端に、ラインに正対して立つ。

❹動作とポイント
- ▼縄跳びをしながら、ライン上をシャッフルで横に進む。
- ▼ライン上から外れないように注意する。
- ▼足関節を固定し、つま先側に重心をかけ、踵が地面に着かないように注意する。
- ▼足関節を固定し、短い接地時間を心がけながら連続で高く跳ぶ。

❺起こりやすい誤り・注意点
- ▼周囲に縄が当たらないように注意する。
- ▼アキレス腱への負担が考えられるため、ウォームアップをしっかり行う。

13. 両足ジャンプ（ミニハードル）

❶目的・効果
- ▼神経系機能の向上。

❷用具
- ▼ミニハードル6〜10個。
- ▼ミニハードルを進行方向に対して横向きに一定の間隔で並べる。

❸開始姿勢
- ▼ミニハードルに対して正面を向き、膝関節を若干曲げ、両足をそろえて、やや開いて立つ。

❹動作とポイント
- ▼ミニハードルを両足を揃えて1つずつ、前向きにジャンプして前進する。
- ▼速いリズムで跳び越しながら、できるだけ速く前進する。

❺起こりやすい誤り・注意点
- ▼ミニハードルばかり気にして下を向いてしまう。
- ▼ミニハードルに足を絡めて転倒しないように注意する。
- ▼万一転倒した場合に備えて、周りに不要なものを置かない。

14. ラテラル両足ジャンプ（ミニハードル）

❶目的・効果
- ▼神経系機能の向上。

❷用具
- ▼ミニハードル6〜10個。
- ▼ミニハードルを進行方向に対して横向きに一定の間隔で並べる。

❸開始姿勢
- ▼ミニハードルに対して横を向き、膝関節を若干曲げ、両足をそろえて、やや開いて立つ。

❹動作とポイント
- ▼ミニハードルを両足を揃えて1つずつ、横向きにジャンプして前進する。
- ▼速いリズムで跳び越しながら、できるだけ速く前進する。

❺起こりやすい誤り・注意点
- ▼ミニハードルばかり気にして下を向いてしまう。
- ▼ミニハードルに足を絡めて転倒しないように注意する。
- ▼万一転倒した場合に備えて、周りに不要なものを置かない。

15. 開閉ジャンプ（ミニハードル）

❶目的・効果
▼神経系機能の向上。

❷用具
▼ミニハードル6～10個。
▼ミニハードルを進行方向に対して、横向きに一定の間隔で並べる。

❸開始姿勢
▼ミニハードルに対して正面を向き、両足をそろえて、やや開いて立つ。

❹動作とポイント
▼ミニハードルを1つ跳び越えるごとに、開く・閉じるを交互に行い、前向きにジャンプして前進する。
▼速いリズムで跳び越しながら、できるだけ速く前進する。

❺起こりやすい誤り・注意点
▼ミニハードルばかり気にして下を向いてしまう。
▼ミニハードルに足を絡めて転倒しないように注意する。
▼万一転倒した場合に備えて、周りに不要なものを置かない。

16. スクエアジャンプ（ミニハードル）

❶目的・効果
▼コーディネーション能力の向上。
▼下肢の敏捷性向上。
▼多方向への連続での切り返し能力の向上。

❷用具
▼ミニハードル4個を四角に置く。

❸開始姿勢
▼ミニハードルの内側に立つ。
▼膝を軽く曲げ、上体をまっすぐ伸ばす。
▼肘を軽く曲げ、軽く拳を握る。

❹動作とポイント
▼前のミニハードルを跳び越えたら、素早く元の位置に戻る。
▼元に位置に戻ったら、すぐに側方のミニハードルを跳び越え、再び元の位置に戻る。
▼この要領で、すべてのミニハードルを順番に跳び越していく。
▼これをできるだけ素早い動作で繰り返す。
▼足関節を固定し、つま先側に重心をかけ、踵が地面に着かないように注意する。
▼足関節を固定し、短い接地時間を心がけながら連続で多方向に跳ぶ。
▼上体がブレないようにする。

❺起こりやすい誤り・注意点
▼膝と足首を使いすぎることにより、接地時間が長くなる。
▼ハードルに足をかけないように注意する。
▼アキレス腱への負担が考えられるため、ウォームアップをしっかり行う。
▼足首を捻挫する可能性があるため、足首をしっかり固定する。

17. ヘクサゴンステップ

❶目的・効果
▼コーディネーション能力の向上。
▼下肢の敏捷性向上。
▼多方向への素早い切り返し能力の向上。

❷用具
▼1辺約60cmの六角形。ストップウォッチ。

❸開始姿勢
▼六角形のマスの中央に立つ。
▼膝を軽く曲げ、上体をまっすぐ伸ばす。
▼肘を軽く曲げ軽く拳を握る。

❹動作とポイント
▼六角形のマスの中央から、各辺を跳び越えるようにジャンプし、素早く中央にジャンプして戻る。
▼各辺を1辺ずつ順番に跳び越えていき、六角形を回る。
▼それを3周し、タイムを計測する。
▼できるだけ素早く動く。
▼着地時にバランスを崩さない。
▼止まらず連続で行う。

❺起こりやすい誤り・注意点
▼バランスを崩さないように注意。

18. シャッフル（ラダー）

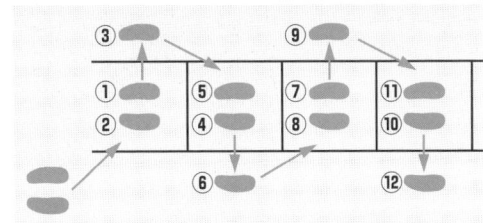

❶目的・効果
▼神経系機能の向上。
❷用具
▼ラダー。
❸開始姿勢
▼ラダーに対して正面を向き、パワーポジションまたはスタートしやすい姿勢で立つ。
❹動作とポイント
▼1つのマスに片足ずつ交互にステップする。
▼次にそのマスの外側の真横にステップする。
▼次に先程と反対の足から、1つ前のマスに片足ずつステップする。
▼次にそのマスの、先程と反対の外側の真横にステップする。
▼この動作を繰り返し、「中・中・外」のリズムで前進する。
▼この動作をできるだけ速く連続して行う。
❺起こりやすい誤り・注意点
▼ラダーのマス目ばかり気にして下を向いてしまう。
▼ラダーに足を絡めて転倒しないように注意する。
▼万一転倒した場合に備えて、周りに不要なものを置かない。
❻バリエーション
▼バックシャッフル。
▼サイドシャッフル。

19. シャッフル前（ラダー）

❶目的・効果
▼神経系機能の向上。
❷用具
▼ラダー。
❸開始姿勢
▼ラダーに対して正面を向き、パワーポジションまたはスタートしやすい姿勢で立つ。
❹動作とポイント
▼1つのマスに片足ずつ交互にステップする。
▼次に1つ前のマスの、外側の真横にステップする。
▼次に先程と反対の足から、1つ前のマスに片足ずつステップする。 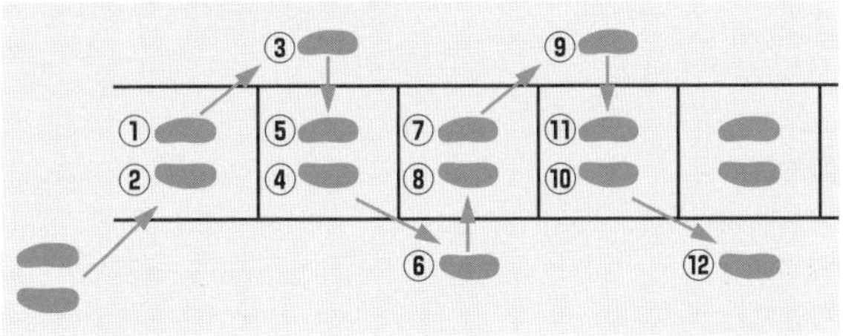
▼次に1つ前のマスの、先程と反対の外側の真横にステップする。
▼この動作を繰り返し、「中・中・外」のリズムで前進する。
▼この動作をできるだけ速く連続して行う。
❺起こりやすい誤り・注意点
▼ラダーのマス目ばかり気にして下を向いてしまう。
▼ラダーに足を絡めて転倒しないように注意する。
▼万一転倒した場合に備えて、周りに不要なものを置かない。

20. シャッフル後（ラダー）

❶目的・効果
▼神経系機能の向上。
❷用具
▼ラダー。
❸開始姿勢
▼ラダーに対して正面を向き、パワーポジションまたはスタートしやすい姿勢で立つ。
❹動作とポイント
▼1つのマスに片足ずつ交互にステップする。
▼次に1つ後ろのマスの、外側の真横にステップする。
▼次に先程と反対の足から、1つ前のマスに片足ずつステップする。 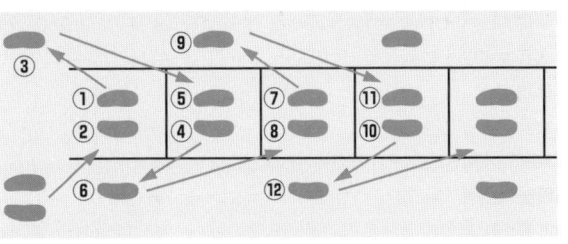
▼次に1つ後ろのマスの、先程と反対の外側の真横にステップする。
▼この動作を繰り返し、「中・中・外」のリズムで前進する。
▼この動作をできるだけ速く連続して行う。
❺起こりやすい誤り・注意点
▼ラダーのマス目ばかり気にして下を向いてしまう。
▼ラダーに足を絡めて転倒しないように注意する。
▼万一転倒した場合に備えて、周りに不要なものを置かない。

21. インアウトアウトイン（ラダー）

❶目的・効果
▼神経系機能。

❷用具
▼ラダー。

❸開始姿勢
▼ラダーに対して横を向き、パワーポジションまたはスタートしやすい姿勢で立つ。

❹動作とポイント
▼1つのマスに片足をステップする。
▼次のマスの手前外側で交互に2歩ステップする。
▼次のマスに先程と反対の足をステップする。
▼この動作を繰り返し、「中・外・外」のリズムで横に進む。
▼この動作をできるだけ速く連続して行う。

❺起こりやすい誤り・注意点
▼ラダーのマス目ばかり気にして下を向いてしまう。
▼ラダーに足を絡めて転倒しないように注意する。
▼万一転倒した場合に備えて、周りに不要なものを置かない。

クローズスキルドリル

22. 反復横跳び

❶目的・効果
▼横方向への方向変換能力の向上（筋力依存タイプ）。

❷用具
▼ストップウォッチ。
▼100cm間隔のラインを3本引く（90cm間隔でもよい）。

❸開始姿勢
▼真ん中のラインを左右均等にまたいで立つ。

❹動作とポイント
▼スタートの合図で開始（スタートの方向は規定しない）。
▼1本ずつラインをまたぎながら、外側のラインに触れるかまたぐまでサイドステップする。
▼試技は2回とし、20秒でできるだけ速く、サイドステップで外側のラインを往復する。
▼外側のラインは、触れていればよいものとするが、届いていなければカウントしないものとする。
▼サイドステップではなく、足を交差させた場合や、ジャンプして跳び越えた場合は、その都度1点のペナルティを科す。
▼切り返し局面で、つま先と膝が同じ方向を向く。
▼切り返しの局面で身体が流されない。
▼身体の上下動を少なくする。

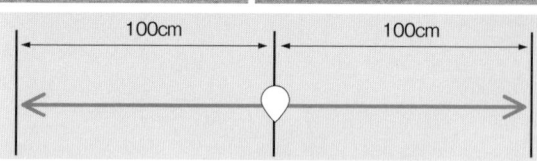

❺起こりやすい誤り・注意点
▼外側のラインに触れるか、またいでいない。

23. エドグレンサイドステップ

❶目的・効果
▼横方向への方向変換能力の向上（テンポ、タイミング依存タイプ）。

❷用具
▼ストップウォッチ。
▼90cm間隔のラインを5本引く。

❸開始姿勢
▼真ん中のラインを左右均等にまたいで立つ。

❹動作とポイント
▼スタートの合図で開始（スタートの方向は規定しない）。
▼1本ずつラインをまたぎながら、一番外側のラインに触れるかまたぐまでサイドステップする。
▼試技は2回とし、10秒でできるだけ速く、サイドステップで外側のラインを往復する。
▼外側のラインは、触れていればよいものとするが、届いていなければカウントしないものとする。
▼サイドステップではなく、足を交差させた場合や、ジャンプして跳び越えた場合は、その都度1点のペナルティを科す。
▼つま先と膝を同じ方向に向けてシャッフル動作を行う。
▼切り返し局面でつま先と膝が同じ方向を向く。
▼切り返しの局面で身体が流されない。
▼身体の上下動を少なくする。

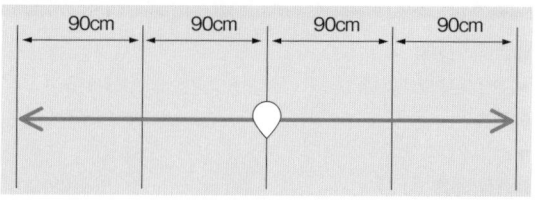

❺起こりやすい誤り・注意点
▼足を交差させてしまう。
▼すべてのラインに触れるか、またいでいない。

24. プロアジリティ

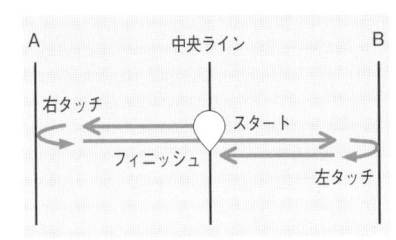

❶目的・効果
▼横方向への方向変換能力の向上。
❷用具
▼3本のライン（室内はラインテープ）。
❸開始姿勢
▼中央ラインをまたいで、前を向いて位置する。
❹動作とポイント
▼合図でスタートし、Aのラインを右手でタッチする。
▼すぐにターンして中央ラインを通り過ぎて、Bのラインを左手でタッチする。
▼さらにターンして中央ラインを駆け抜けフィニッシュ。
※左向きは上記の逆を行う。
▼必ずAは右手で、Bは左手でラインをタッチする。
▼切り返し局面で、つま先と膝が同じ方向を向く。
▼切り返しの局面で身体が流されない。
❺起こりやすい誤り・注意点
▼効率的に減速、停止、再加速ができないことにより、スピードを緩めて切り返し動作を行う。
▼切り返し局面で、つま先と膝が同じ方向を向かない。
▼下半身の柔軟性不足により、直線的な切り返しができない。
❻バリエーション
▼移動方法を、サイドステップやバックペダルに替えてもよい。
▼発展的に、指示者による笛や動作指示において、方向変換するパターン。

25. 4コーナーダッシュ

❶目的・効果
▼ダッシュ動作からの素早い方向転換の習得。
▼減速・再加速能力の向上。
❷用具
▼マーカー4個。笛。
❸開始姿勢
▼進行方向に向かい、パワーポジションまたはスタートしやすい姿勢で位置する。
❹動作とポイント
▼図の順番に従い、進んで行く。
▼切り返し足を事前に決定しておき、それに応じて1ステップで切り返す（スピードカットとパワーカット）。
▼各マーカー到達時の、スムーズな減速からの方向転換を意識する。
▼方向転換時は重心を低く保ち、身体が伸び上がらないようにする。
❺起こりやすい誤り・注意点
▼オーバースピードにより、マーカーから切り返し地点が遠くなってしまう。
▼切り返しに2ステップ以上かかってしまう。
▼切り返し動作が多く含まれるため、サーフェース・シューズの状態をよく確認し、滑りや転倒に注意する。

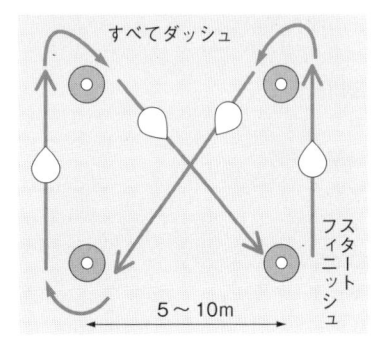

26. スクエアーインドリル

❶目的・効果
▼ダッシュ動作からの素早い方向転換の習得。
▼減速・再加速能力の向上。
❷用具
▼マーカー5個。笛。
❸開始姿勢
▼進行方向に向かい、パワーポジションまたはスタートしやすい姿勢で位置する。
❹動作とポイント
▼図の順番に従い、進んで行く。
▼切り返し足を事前に決定しておき、それに応じて1ステップで切り返す（スピードカットとパワーカット）。
▼各マーカー到達時の、スムーズな減速からの方向転換を意識する。
▼方向転換時は重心を低く保ち、身体が伸び上がらないようにする。
❺起こりやすい誤り・注意点
▼オーバースピードにより、マーカーから切り返し地点が遠くなってしまう。
▼切り返しに2ステップ以上かかってしまう。 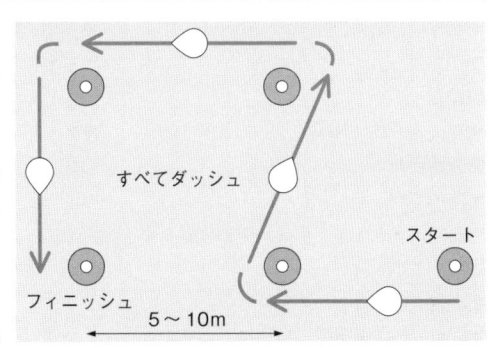
▼切り返し動作が多く含まれるため、サーフェース・シューズの状態をよく確認し、滑りや転倒に注意する。

27. 5コーンドリル

❶目的・効果
▼ダッシュ動作からの素早い方向転換の習得。
▼減速・再加速能力の向上。

❷準備
▼コーン5つ。

❸開始姿勢
▼中央のコーンに向かって位置する。

❹動作とポイント
▼スタートの合図で中心のコーンまで走り、カットをきってBのコーンめがけて走る。
▼BのコーンでカットをきりCのコーンめがけて走る。
▼Cのコーンでカットをきり、中央のコーンをめがけて走る。
▼中央のコーンでカットをきり、Dのコーンまで走りフィニッシュ。
▼切り返し足を事前に決定しておき、それに応じて1ステップで切り返す(スピードカットとパワーカット)。
▼各コーン到達時の、スムーズな減速からの方向転換を意識する。
▼方向転換時は重心を低く保ち、身体が伸び上がらないようにする。

❺起こりやすい誤り・注意点
▼オーバースピードにより、コーンから切り返し地点が遠くなってしまう。
▼切り返しに2ステップ以上かかってしまう。
▼室内で行う場合、滑らないように床をよく拭いておく。

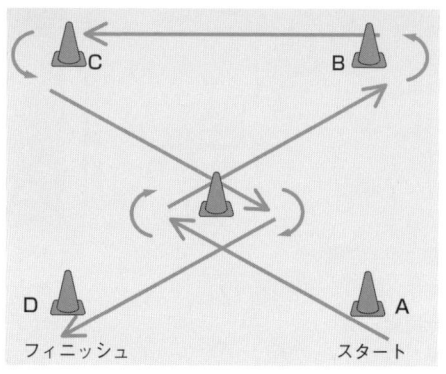

❻バリエーション
▼BからCの移動方法を、サイドステップに替えてもよい。
▼移動中、常に正面を向いていてもよい。

28. 4コーナーロール

❶目的・効果
▼方向転換能力の向上。
▼減速・再加速能力の向上。
▼ボディバランスの向上。

❷用具
▼ミニコーン4個。笛。

❸開始姿勢
▼進行方向に向かい、パワーポジションまたはスタートしやすい姿勢で位置する。

❹動作とポイント
▼スタート地点より、目的のコーンまでダッシュし、コーンを時計周りに回って次のコーンまでダッシュする。これを繰り返しゴールまで走る。
▼スムーズな方向転換のために、しっかりと重心を下げてコーナーに入る。
▼回転中は、素早く顔を進行方向に向ける。

❺起こりやすい誤り・注意点
▼オーバースピードにより、コーンから切り返し地点が遠くなってしまう。
▼回転中にバランスを崩し、手が地面に着いてしまう。
▼切り返し動作が多く含まれるため、サーフェース・シューズの状態をよく確認し、滑りや転倒に注意する。

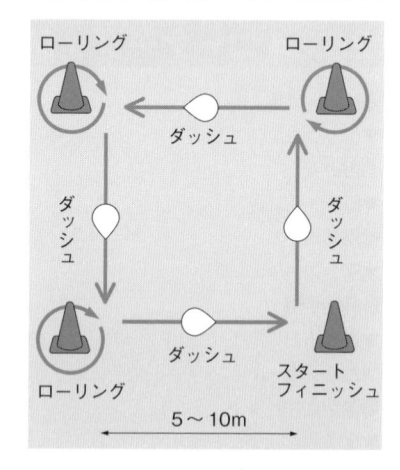

29. ジグザグラン1

❶目的・効果
▼切り返し動作の向上。
▼切り返しスピードの強化。

❷用具
▼マーカー6〜10個。笛。

❸開始姿勢
▼進行方向に向かい、パワーポジションまたはスタートしやすい姿勢で位置する。

❹動作とポイント
▼図の順番に従い、進んで行く。
▼切り返し足を事前に決定しておき、それに応じて1ステップで切り返す(スピードカットとパワーカット)。
▼切り返し距離が短いので、正面を向いたまま切り返しを行う。
▼素早く切り返すために、重心を低く保って動作を行う。

❺起こりやすい誤り・注意点
▼オーバースピードにより、マーカーから切り返し地点が遠くなってしまう。
▼切り返しに2ステップ以上かかってしまう。
▼切り返し動作が多く含まれるため、サーフェース・シューズの状態をよく確認し、滑りや転倒に注意する。

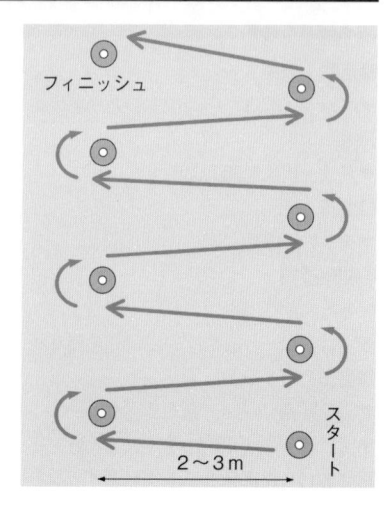

30. ジグザグラン2

❶目的・効果
▼切り返し動作の向上。
▼切り返しスピードの強化。

❷用具
▼マーカー6〜10個。笛。

❸開始姿勢
▼進行方向に向かい、パワーポジションまたはスタートしやすい姿勢で位置する。

❹動作とポイント
▼図の順番に従い、進んで行く。
▼切り返し足を事前に決定しておき、それに応じて1ステップで切り返す（スピードカットとパワーカット）。
▼マーカー間は1m位の距離より設置し、徐々に距離を広げていく（角度はより鋭角に設置）。
▼比較的切り返しの容易なスタート直後は、正面を向いたまま切り返しを行う。

❺起こりやすい誤り・注意点
▼オーバースピードにより、マーカーから切り返し地点が遠くなってしまう。
▼切り返しに2ステップ以上かかってしまう。
▼切り返し動作が多く含まれるため、サーフェース・シューズの状態をよく確認し、滑りや転倒に注意する。

❻バリエーション
▼逆方向より行う（マーカー間が広い方）パターン。

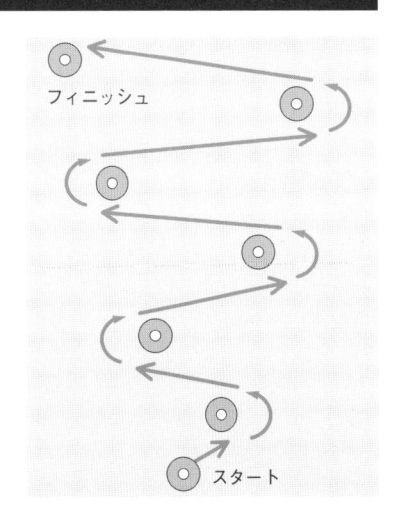

31. ダッシュ&バック

❶目的・効果
▼切り返し動作の向上。
▼切り返しスピードの強化。

❷用具
▼マーカー6〜10個。笛。

❸開始姿勢
▼進行方向に向かい、パワーポジションまたはスタートしやすい姿勢で位置する。

❹動作とポイント
▼図の順番に従い、前はダッシュ、後ろはバックペダルで進んで行く。
▼切り返し足を事前に決定しておき、それに応じて1ステップで切り返す（スピードカットとパワーカット）。
▼切り返し距離が短いので、正面を向いたまま切り返しを行う。
▼素早く切り返すために、重心を低く保って動作を行う。

❺起こりやすい誤り・注意点
▼オーバースピードにより、マーカーから切り返し地点が遠くなってしまう。
▼切り返しに2ステップ以上かかってしまう。
▼切り返し動作が多く含まれるため、サーフェース・シューズの状態をよく確認し、滑りや転倒に注意する。

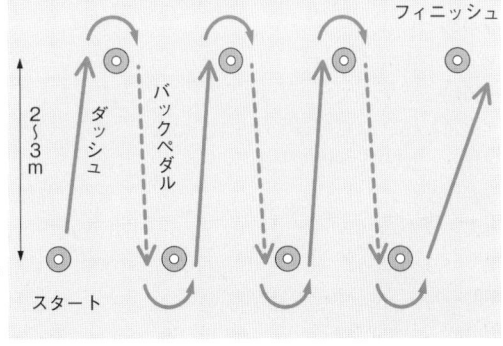

32. Lドリル

❶目的・効果
▼方向転換能力の向上。
▼切り返し動作の向上。

❷用具
▼マーカー1個。コーン2個。笛。

❸開始姿勢
▼進行方向に向かい、パワーポジションまたはスタートしやすい姿勢で位置する。

❹動作とポイント
▼図の順番に従い、進んで行く。
▼すべてダッシュで行う。
▼8の字ではスムーズな方向転換を行うため、しっかりと重心を下げてコーナーに入る。
▼後半の切り返しはマーカーにタッチ。
▼方向転換時は、素早く顔を進行方向に向ける。

❺起こりやすい誤り・注意点
▼コーンを回る時にバランスを崩し、手が地面に着いてしまう。
▼オーバースピードにより、マーカーから切り返し地点が遠くなってしまう。
▼切り返し動作が多く含まれるため、サーフェース・シューズの状態をよく確認し、滑りや転倒に注意する。

❻バリエーション
▼常に一定方向を向いて行うパターン。

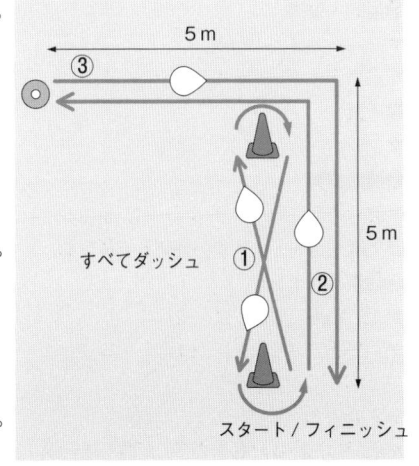

33. 4コーナードリル

❶目的・効果
▼各ステップ動作変換の効率化の向上。
❷用具
▼マーカー4個。笛。
❸開始姿勢
▼進行方向に向かい、パワーポジションまたはスタートしやすい姿勢で位置する。
❹動作とポイント
▼図の順番に従い、進んで行く。
▼各マーカー到達時の動作切り替えを素早く行う。
▼動作切り替え時は重心を低く保ち、身体が伸び上がらないようにする。

❺起こりやすい誤り・注意点
▼各コーナーでの動作変換にもたつき、余分なステップが起きる。
▼各ステップ本来の過ち(例：シャッフル時、足幅を一定に保てない)。
▼切り返し動作が多く含まれるため、サーフェース・シューズの状態をよく確認し、滑りや転倒に注意する。

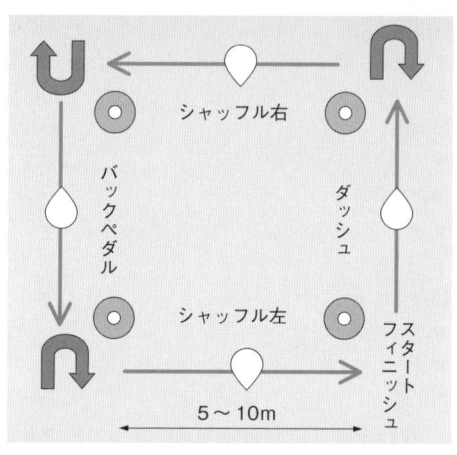

34. Vドリル

❶目的・効果
▼方向転換能力の向上。
▼各ステップ動作変換の効率化の向上。
❷用具
▼マーカー3個。笛。
❸開始姿勢
▼正面を向き、パワーポジションまたはスタートしやすい姿勢で位置する。
❹動作とポイント
▼図の順番に従い、進んで行く。
▼マーカーには必ず手でタッチを行う。
▼前方向はダッシュ、後方向はクロスオーバーステップで実施。
▼ダッシュ〜クロスオーバーステップへの動作変化を、できるだけ意識して素早く行う。
▼方向転換時は重心を低く保ち、身体が伸び上がらないようにする。

❺起こりやすい誤り・注意点
▼オーバースピードにより、マーカーから切り返し地点が遠くなってしまう。
▼マーカーへのタッチが十分でない。
▼クロスオーバーステップ時、進行方向からはずれてしまう。
▼切り返し動作が多く含まれるため、サーフェース・シューズの状態をよく確認し、滑りや転倒に注意する。

❻バリエーション
▼前方向：ダッシュ
　後方向：シャッフル 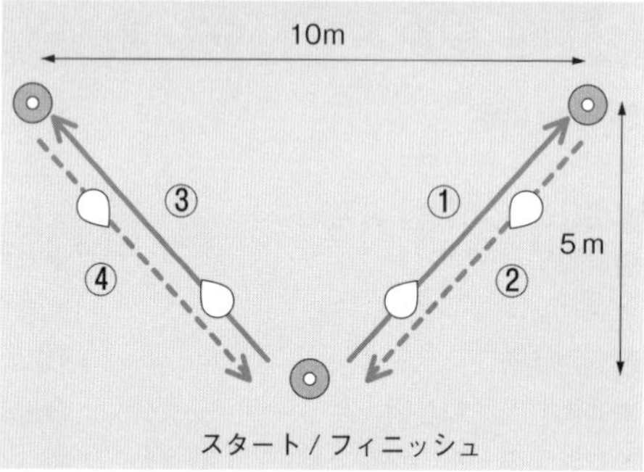
▼前方向：キャリオカ
　後方向：バックペダル　etc

35. V8ドリル

❶目的・効果
▼方向転換能力の向上。
▼各ステップ動作変換の効率化の向上。
❷用具
▼マーカー2個。コーン2個。笛。
❸開始姿勢
▼進行方向に向かい、パワーポジションまたはスタートしやすい姿勢で位置する。
❹動作とポイント
▼図の順番に従い、進んで行く。
▼①②はスプリント、③⑤はシャッフル、④はキャリオカを行う。
▼8の字ではスムーズな方向転換を行うため、しっかりと重心を下げてコーナーに入る。
▼方向転換時は、素早く顔を進行方向に向ける。
▼各マーカー到達時の動作変化を素早く行う。

❺起こりやすい誤り・注意点
▼コーンを回る時にバランスを崩し、手が地面に着いてしまう。
▼切り返し動作が多く含まれるため、サーフェース・シューズの状態をよく確認し、滑りや転倒に注意する。

❻バリエーション
〈常に一定方向を向いて行うパターン〉
▼①ダッシュ/②バックペダル/③ダッシュ/④シャッフル/⑤バックペダル 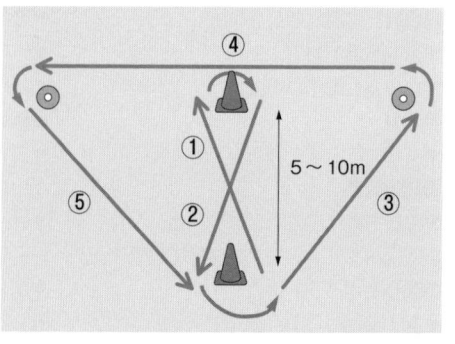
▼①②ダッシュ/③④⑤キャリオカ
　etc

36. Tドリル

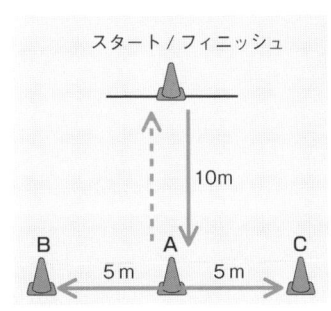

❶目的・効果
▼各ステップ動作変換の効率化の向上。
❷用具
▼コーンまたはマーカー4個（ラインでもよい）。
❸開始姿勢
▼進行方向に向かい、パワーポジションまたはスタートしやすい姿勢で位置する。
❹動作とポイント
▼スタートラインからAのコーンめがけて走る。
▼Aのコーンをターンして、サイドステップでBのコーンを左手でタッチする。
▼すぐに切り返して、サイドステップでCのコーンを右手でタッチする。
▼さらに切り返して、Aのコーンまで戻り、スタートラインまでバックペダルで走る。
▼必ずBは左手で、Cは右手でコーンをタッチする。
❺起こりやすい誤り・注意点
▼タイムを競うあまり、各ステップの正しい動作ができなくなる。
▼勢い余って、動作が変わるポイントでボディバランスを崩す。
▼室内で行う場合、ターンで滑らないよう床をよく拭いておく。
❻バリエーション
▼すべての移動方法をスプリントに変えてもよい。

37. クロスドリル

❶目的・効果
▼各ステップ動作変換の効率化の向上。
❷用具
▼マーカー4個。笛。
❸開始姿勢
▼進行方向に向かい、パワーポジションまたはスタートしやすい姿勢で位置する。
❹動作とポイント
▼図の順番に従い、進んで行く。
▼①②③シャッフル、④キャリオカ、⑤スプリント。
▼各マーカー到達時の動作切り替えを素早く行う。
▼動作切り替え時は重心を低く保ち、身体が伸び上がらないようにする。
❺起こりやすい誤り・注意点
▼各ステップ本来の過ち（例：シャッフル時、足幅を一定に保てない）。
▼切り返し動作が多く含まれるため、サーフェス・シューズの状態をよく確認し、滑りや転倒に注意する。
❻バリエーション
▼①〜⑤すべてスプリント。①②③キャリオカ/④キャリオカ/⑤スプリント etc

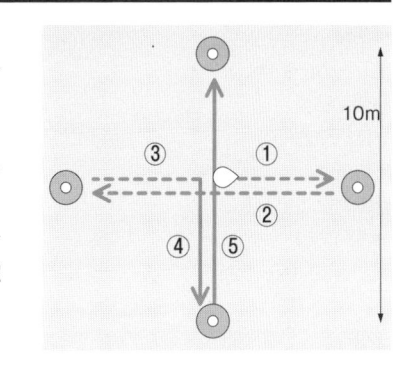

38. スラロームラン

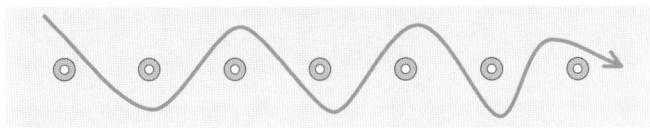

❶目的・効果
▼角度の浅いコーナにおける、スピードを落とさない方向変換の習得。
❷用具
▼マーカー。
❸開始姿勢
▼正面を向いて位置する。
❹動作とポイント
▼スタートの合図でコーンの間をスピードを減速させずに滑らかに走る。
❺起こりやすい誤り・注意点
▼カットをきって回ってしまう。
▼室内で行う場合、滑らないように床をよく拭いておく。
❻バリエーション
▼バックペダルで行ってもよい。

39. サークルラン

❶目的・効果
- 曲線上でのスピード強化。
- 動的バランスの強化。

❷用具
- 直径5～10mの円を描くライン、もしくはマーカー。笛。

❸開始姿勢
- 進行方向に向かい、スタートしやすい姿勢で位置する。

❹動作とポイント
- 円のラインに従い滑らかに走る。
- 遠心力に抵抗できるよう、上体は円の中心に向けて傾ける。
- 2つ以上の円では、比較的カーブの緩やかなゾーンが存在するので、そこではしっかりと加速を意識する。
- カーブの強弱に合わせ、加速・減速・再加速をしっかり行う。

❺起こりやすい誤り・注意点
- オーバースピードにより、コースより膨らみ、離れてしまう。
- ラインの内側を走ってしまう。
- 遠心力により外側にふられやすいので、サーフェース・シューズの状態をよく確認し、滑りや転倒に注意する。

❻バリエーション
- 2つの円で行うパターン。
- 4つの円で行うパターン。
- 円の大きさを変えるパターン。

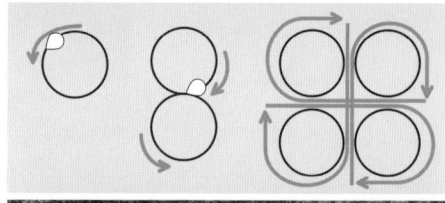

40. ネブラスカアジリティ

❶目的・効果
- 方向転換能力の向上。
- 各ステップ動作変換の効率化の向上。

❷用具
- マーカー2個。

❸開始姿勢
- 進行方向に向かい、パワーポジションで位置する。

❹動作とポイント
- 5m先のマーカーめがけてスタートし、最初のマーカーを右回りでターンする。
- スタートラインに戻り、次のマーカーを左回りでターンする。
- 5m先のラインにタッチし、その後バックペダルでスタートラインに戻る。
- スタートラインをバックペダルで走り抜けて終了。
- 素早い切り返しのため、重心は低く保ち、動作を行う。

❺起こりやすい誤り・注意点
- オーバースピードにより、マーカーから切り返し地点が遠くなってしまう。 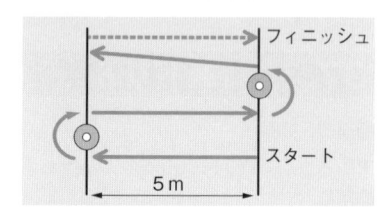
- 切り返しに2ステップ以上かかってしまう。

41. 3コーンドリル

❶目的・効果
- 短い距離での多方向への切り返しの習得。
- 短い距離での減速・再加速能力の向上。

❷用具
- コーン3個。

❸開始姿勢
- スタートラインに対して、正面を向いて位置する。

❹動作とポイント
- 合図でスタートラインから、Aコーンのラインに向かって走る。
- Aコーンのラインを必ず右手でタッチしてターンする。
- その後、スタートラインに戻り、再び右手でタッチしてターンし、Aコーンの外側を回る。
- Aコーンを回ったら、Cコーンを内側から回る。
- その後、再びAコーンの外側を回って、スタートラインを走り抜ける。
- タッチする手や切り返し足を、事前に決定しておく（スピードカットとパワーカット）。

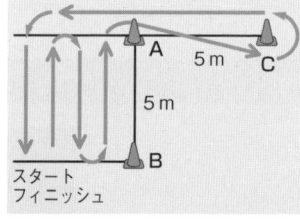

❺起こりやすい誤り・注意点
- 短い距離の中で頻繁に切り返しが起きるため、スピードにのらない。
- 切り返しに、2ステップ以上かかってしまう。

❻バリエーション
- 左右を反対で行う。
- ステップを、シャッフルやキャリオカ、バックペダルなどを織り交ぜて行う。

42. 5-10-5 シャトル

❶目的・効果
▼距離の違う直線の切り返し能力向上。

❷用具
▼5m間隔の3本のラインを引く。

❸開始姿勢
▼進行方向に向かい正面に立ち、パワーポジションまたはスタートしやすい姿勢で位置する。

❹動作とポイント
▼5m・10m・5mを各1往復する。
▼スタート後、5mのラインを右足で踏んでターンし、スタートラインに戻る。
▼スタートラインを左足で踏んでターンし、10mのラインに向かって走る。
▼10mのラインを右足で踏んでターンし、スタートラインに戻る。
▼スタートラインを左足で踏んでターンし、5mのラインに向かって走る。
▼5mのラインを右足で踏んでターンし、スタートラインに戻る。
▼スタートラインを走り抜けて終了。
▼切り返し局面でつま先と膝が同じ方向を向く。
▼切り返しの局面で身体が流されない。
▼足をターンポイントに合わせずターンする。

❺起こりやすい誤り・注意点
▼各切り返し時の動作にもたつき、余分なステップが起きる。
▼短い距離での加速不足や、長い距離でのオーバースピードによるタイムロス。

❻バリエーション
▼ラインを踏む足の順を変える。
▼ダッシュ、バックペダル、シャッフル、キャリオカなど、さまざまな動きを組み合わせる。

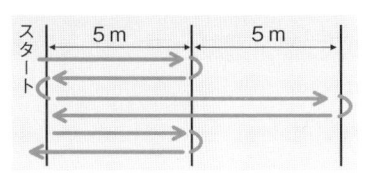

43. リニアアジリティ ダッシュ＆バック

❶目的・効果
▼前後の方向転換能力の向上。

❷用具
▼4m間隔の5本のラインを引く。または5個のコーンを置く。

❸開始姿勢
▼進行方向に向かい正面に立ち、パワーポジションまたはスタートしやすい姿勢で位置する。

❹動作とポイント
▼4m間隔にラインを引き（またはコーンを置き）、図のようにスプリントとバックペダルを繰り返す。 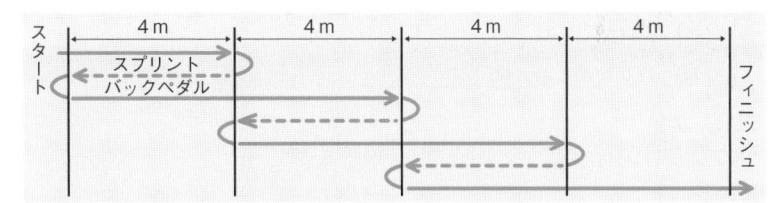
▼切り返し局面で、つま先と膝が同じ方向を向く。
▼切り返しの局面で、身体が流されない。

❺起こりやすい誤り・注意点
▼各切り返し時の動作にもたつき、余分なステップが起きる（減速と加速動作の未習熟）。
▼短い距離での加速不足や、長い距離でのオーバースピードによるタイムロス。

❻バリエーション
▼ダッシュ、バックペダル、シャッフル、キャリオカなど、さまざまな動きを組み合わせる。

44. ラダーバックペダルスプリント

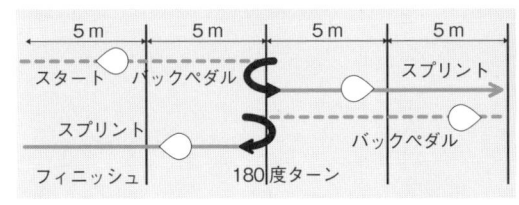

❶目的・効果
▼ターン局面でのさまざまな方向転換能力の向上。
▼動的バランスの向上。

❷用具
▼5m間隔の5本のラインを引く。

❸開始姿勢
▼進行方向に向かい後ろ向きに立ち、パワーポジションまたはスタートしやすい姿勢で位置する。

❹動作とポイント
▼20mの往復。バックペダルで10m進み、10mの地点で180度ターンする。
▼その後10m走り、20m地点でターンしバックペダルで戻る。
▼10mの地点で180度ターンし、残りの10mを走りスタートラインを走り抜けて終了。
▼180度ターン時のピボット動作がポイント。

❺起こりやすい誤り・注意点
▼動作の変換時にもたつき、余分なステップが起きる。
▼180度ターン時の軸足での回転がうまくいかず、バランスを崩す場合が多い。
▼180度ターン時にバランスを崩し、下肢の外傷が起きる場合があるので、事前にターンの練習を行う。

❻バリエーション
▼各ステップを織り交ぜて行う。

オープンスキルドリル

45. 4コーナータッチ

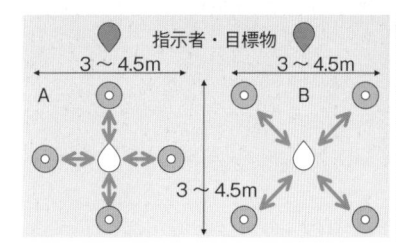

❶目的・効果
▼リアクション（確認してからの反応）能力の強化。
▼切り返し動作の向上。

❷用具
▼マーカー4個。笛。

❸開始姿勢
▼進行方向に向かい、パワーポジションで位置する。

❹動作とポイント
▼スタートと同時に、指示されたマーカーにタッチし中央に戻る。
▼右回り・左回りで行う。
▼動作中、常に指示者・目標を確認して動く。
▼素早い切り返しおよび効率の良いタッチが行えるよう、重心は低く保ち動作を行う。

❺起こりやすい誤り・注意点
▼マーカーへのタッチが十分でない。
▼指示者・目標を目視できていない。

❻バリエーション
▼指示者の指示に反応するパターン（写真）。

46. スパイダー

❶目的・効果
▼リアクション（確認してからの反応）能力の強化。
▼切り返し動作の向上。

❷用具
▼マーカー8個。笛。

❸開始姿勢
▼行方向に向かい、パワーポジションで位置する。

❹動作とポイント
▼開始の笛の合図でドジングを行い、指示者の指示の方向のマーカーにタッチし中央に戻る。
▼指示に合わせ、数回繰り返す。
▼次の指示を待つ間は、中央にてドジングを行う。
▼終了の合図で正面のマーカーまでダッシュを行う。
▼動作中は常に指示者の方に体を向けて実施する。

❺起こりやすい誤り・注意点
▼マーカーへのタッチが十分でない。

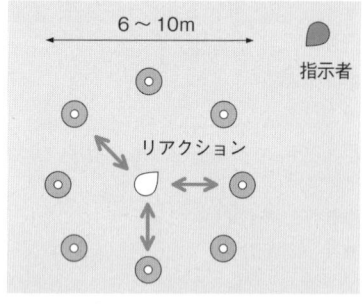

▼衝突を避けるため、指示者はマーカーより十分な距離を保ち、配置する。

47. ミラードリル

❶目的・効果
▼リアクション（確認してからの反応）能力の強化。
▼切り返し動作の向上。

❷用具
▼10m四方のグリットを仕切るラインもしくはマーカー。笛。

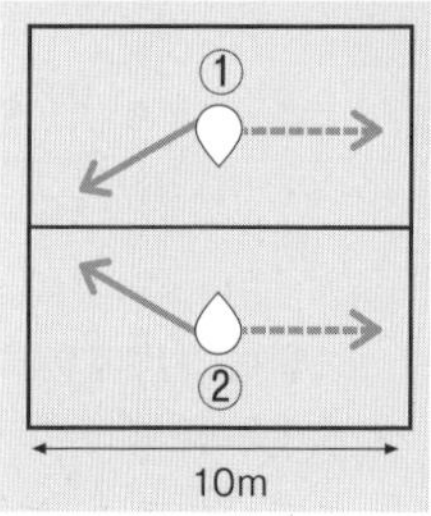

❸開始姿勢
▼パワーポジションで、お互いに向き合って対峙する。

❹動作とポイント
▼図の①の動きに合わせて、②は同様のリアクションを行う（写し鏡のように）。
▼1つのリアクションが終わった後、より早く、次の動作に移れる体勢をとる（パワーポジション）。

❺起こりやすい誤り・注意点
▼グリットからはみ出して動いてしまう。
▼衝突が起きないよう、しっかりと距離をとって対峙し、動作を確実に確認してから動く。

❻バリエーション
▼前後の動作のみ反転して、リアクションを行うパターン（前後の距離は常に一定を保っている）。

48. コーナーリアクション

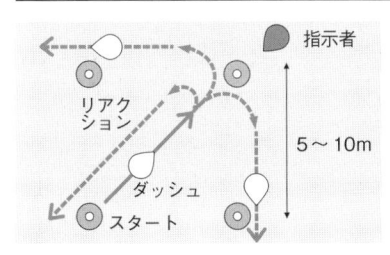

❶目的・効果
▼ダッシュ動作からの素早い方向転換の習得。
▼リアクション（確認してからの反応）能力の強化。

❷用具
▼マーカー4個。笛。

❸開始姿勢
▼進行方向に向かい、パワーポジションまたはスタートしやすい姿勢で位置する。

❹動作とポイント
▼スタート地点から指示者のいるマーカーまでダッシュし、指示者の合図に応じて進行方向を決定し、素早く走り抜ける（左／右／後）。
▼動きを止めることなく、指示者の合図を認識し、リアクションする。

❺起こりやすい誤り・注意点
▼指示者の合図が出る前に、減速を行わない。
▼衝突を避けるため、指示者はマーカーより十分な距離を保ち、位置する。

49. 4コーナーダッシュ（バタフライラン）

❶目的・効果
▼指示者の動きに対して、各ラテラルステップを使い分けられるようにする。
▼ダッシュ動作からの素早い方向転換の習得。

❷用具
▼マーカー4個。笛。

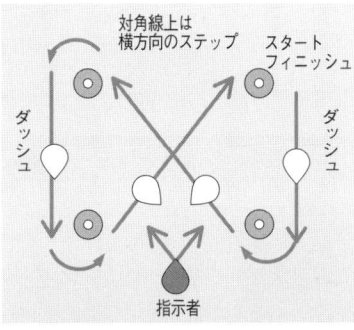

❸開始姿勢
▼進行方向に向かい、パワーポジションまたはスタートしやすい姿勢で位置する。

❹動作とポイント
▼実施者は指示者を追いかける際、互いの距離に応じて各ラテラルステップを素早く使い分ける。

(1) 対角線上
▼指示者は対角線状で左右緩急をつけて動き、ある一定時間動いたら実施者に次のコーナーを指示する。
▼実施者は指示者との距離に応じてドジング、シャッフル、サイドステップを使い分け、指示者と常に半身の位置関係を維持する（写真1〜5）。

(2) 直線上
▼図の順番に従い、進んで行く。
▼切り返し足を事前に決定しておき、それに応じて1ステップで切り返す。
▼各マーカー到達時の、スムーズな減速からの方向転換を意識する。
▼方向転換時は重心を低く保ち、身体が伸び上がらないようにする。

❺起こりやすい誤り・注意点
▼指示者に反応して追いかける際、半身の位置関係が崩れる（オーバーラン：写真6、7）。
▼オーバースピードにより、マーカーから切り返し地点が遠くなってしまう。
▼切り返しに2ステップ以上かかってしまう。

50. クロスオーバー&シャッフル

❶目的・効果
▼相手との距離を推し量りながら、相手の動作に合わせて、瞬時にステップを変化させることができるようにする。

❷用具
▼マーカー。笛。

❸開始姿勢
▼指示者を見つつ、スタート地点に対し横向きにパワーポジションにて位置する。

❹動作とポイント
▼実施者は指示者との距離を詰めていく際、指示者のジョグにはシャッフル、ダッシュにはクロスオーバーと、状況に応じて使い分ける。
▼実施者は指示者と常に、半身の位置関係を維持する。
▼事前に決めた距離の間で、2人の間隔を詰め切る。

❺起こりやすい誤り・注意点
▼指示者に反応して距離を詰める際、半身の位置関係が崩れる(オーバーラン)。

❻バリエーション
▼移動距離の変更。
▼指示者、実施者の動作の組み替え(指示者のジョグに対して実施者はドジング、指示者のダッシュに対して実施者のサイドステップ等)。

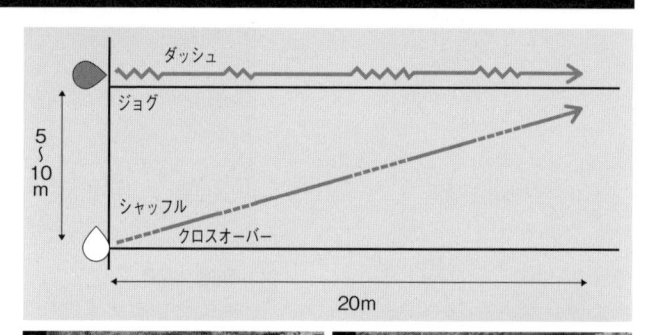

51. 反応ランニングドリル

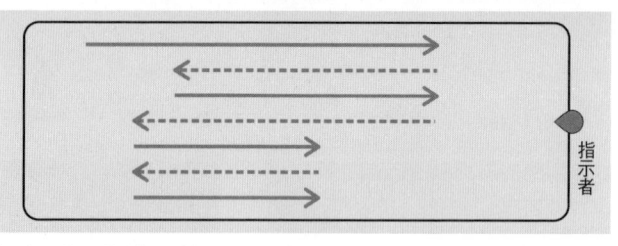

❶目的・効果
▼さまざまな合図による反応と方向転換能力の向上。

❷用具
▼笛。

❸開始姿勢
▼進行方向に向い正面に立ち、パワーポジションまたはスタートしやすい姿勢で位置する。

❹動作とポイント
▼決められたスペースの中で、さまざまな合図(指示者による笛や動作)に対して反応し、方向転換を繰り返し行う。
▼時間を決めて実施。

❺起こりやすい誤り・注意点
▼各切り返し時の動作にもたつき、余分なステップが起きる(減速と加速動作の未習熟)。
▼合図を意識しすぎて、ランニングスピードが低下する。
▼反応による切り返し動作が多く含まれるため、サーフェース・シューズの状態をよく確認し、滑りや転倒に注意する。
▼減速停止ドリルを習得させておくことが好ましい。

❻バリエーション
▼ダッシュ、バックペダル、シャッフル、キャリオカなど、さまざまな動きを組み合わせる。

6. バランス能力・姿勢支持能力向上のトレーニング
Balance

実施と指導上の留意点

1. バランス能力とは

バランスとは、身体の平衡感覚調節機能のことであり、動作を効率的に発揮できるような姿勢を保つ能力のことである。

ヒトは、2足歩行であるため2本の脚で立って重力に抗して身体の長軸を支持し、直立姿勢を保持しなければならない。立位姿勢においては、重力に対抗して首や上体を起こす頸部筋、脊柱起立筋、脚の伸展位を保持する脚伸展筋が持続的に活動する。これらの筋肉は、いわゆる抗重力筋群と呼ばれている。立位でのバランス能力には、抗重力筋群の調節が重要だと考えられる。

2. バランス能力の種類と指導のポイント

安定した姿勢（静止した物体）の条件は、一般的に以下の3点があげられる[1]。
① 基底面が広い
② 重心が低い
③ 重い

これらの条件は、正確に言えば静的バランスに関するものである。しかし、スポーツ競技においては静的バランスだけでなく、むしろ連続した動きの中で効率のよい姿勢を保持し続ける動的バランスが要求されることも多いだろう。

そこで本章では、6.1節「静的なバランス能力・姿勢支持能力向上のトレーニング」、6.2節「動的なバランス能力・姿勢支持能力向上のトレーニング」に区分し、それぞれの能力向上に役立つ数多くのエクササイズを紹介する。さらにその他に役立つエクササイズを、6.3節「その他のバランス能力・姿勢支持能力向上のトレーニング」で取り上げた。

トレーニングの実施や指導にあたっては、あらかじめどの種類のバランス能力を鍛えることが主な目標となるのか、専門とする種目特性を勘案してよく考えておく必要がある。そして適切なエクササイズを選択してトレーニング内容を構成する。また、トレーニングの実施者に、鍛えようとするバランス能力の種類をイメージさせておくことも重要である。

3. 基礎的なバランス能力養成ドリル

詳しい内容は6.1～6.3節に譲り、ここではごく基礎的なドリルを簡単に紹介しておく。

1) 基本ドリル

立位でのバランス能力を向上させるには、重力感覚を意識し、重力方向に対してバランスを維持するために効率的な姿勢をとることが必要である。

a) 重力感覚を意識するドリル

基本姿勢（肩幅程度のスタンスで立つ）をとる（写真1）。股関節、膝関節、足関節の3関節の同時屈曲による脱力を何回か繰り返し、重力感覚を意識する（写真2）。

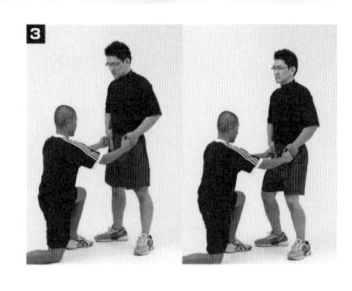

b) 股関節の脱力を意識するドリル

パートナーに鼠蹊部を軽く押してもらうと効果的である（写真3）。股関節の脱力が意識できれば、3関節の脱力が同時に実施できるようになる。

2) バランスボールを使ったドリル

バランス能力を向上させるツールとして、バランスボールやバランスディスク等がよく用いられる。バランスボールは元々スイスボールと呼ばれ、約40年前にスイスの理学療法において使用され、その後ヨーロッパや米国において、フィットネスやトレーニングの分野へ普及してきたものである。

バランスボールは、不安定な状況を利用してバランス維持能力を向上させる目的で利用される。ボー

ルの上に乗っても、3関節の脱力感により重心感覚が意識できれば、比較的に容易に立位姿勢をとることが可能である。難易度の低いドリルから高いドリルへ段階的に進めていく。難易度は、基底面の広さや不安定度により設定していく。

ここでは、いくつかの例をあげておく。

a）シングルニーリング

片膝はボールにおき、片脚で立つ。徐々に体重をボール側へ移し、バランスを取る（写真4）。

b）ダブルニーリング（両膝立ち）

両膝でボールの上で立ち、両手を横に伸ばしバランスを取る（写真5）。

c）4ポイントシングルニーリング

両手を着いた状態で片膝で立ち、4点でバランスを取る（写真6）。

d）3ポイントシングル・ニーリング

片手を離し、3点でバランスを取る（写真7）。

e）スタンディングオンボール

両脚・立位でバランスを取る（写真8）。

f）ダブルニーリングサイドレイズ

両膝立ちでダンベルを持ち、サイドレイズを行い、動的バランスを養う（写真9）。

g）キャットストレッチングオンボール

両手と両膝で姿勢を維持しながら、脊柱の伸展と屈曲を繰り返す（写真10）。

h）ダイアゴナルオンボール

バランスボール上でのダイアゴナル（後述）を行う（写真11）。

i）オン2ボール

2個のバランスボールに、それぞれ両手と両膝をおき姿勢を保持する（写真12）。

j）ロールアウトオン2ボール

安定度が増したら、姿勢を維持したまま、ボールの距離を離したり近づけるようにして、不安定の状態をつくる（写真13）。

3）その他のドリル

バランスボールを使用しなくても、マット上で脊柱周囲の深層筋群を刺激して、バランスの強化を行うことができる。脊柱を保持する多裂筋等の深層筋群を刺激するドリルが効果的である。

a）ダイアゴナル（対角線）

対角線上の腕と脚を上げ、バランスを保持する（写真14）。同側（右腕と右脚、左腕と左脚）へと難易度を上げる。

b）2ポイントエアプレーン

うつ伏せの姿勢で両手を広げ、脊柱をまっすぐに維持し、膝とつま先で姿勢を維持する（写真15）。

【文献】

1）金子公宥：スポーツ・バイオメカニクス入門－絵で見る講義ノート（第3版）、p.30、杏林書院、2006

6.1 静的なバランス能力・姿勢支持能力向上のトレーニング

1. バランスディスクワンレッグスタンド

❶目的・効果
▼主に足関節周囲の筋を中心とした、片脚でのバランス保持に係る神経-筋の調整力の向上。

❷動作とポイント
▼バランスを大きく崩しても支持できるように、動作に邪魔にならいような柱の近くで実施する。
▼片脚でバランスディスクに乗り、膝や股関節をやや曲げてバランスを保つ。
▼低い姿勢でのバランスが必要な場合は、膝や股関節をさらに曲げて実施する方法がある。

❸起こりやすい誤り
▼足底のつま先や踵などの偏った部分に荷重をかけてバランスを取ろうとする。

2. バランスディスクサイドスタンド

❶目的・効果
▼主に足関節周囲の筋や中臀筋を中心とした、片脚でのバランス保持に係る神経-筋の調整力の向上。

❷動作とポイント
▼バランスを大きく崩しても支持できるように、動作に邪魔にならいような柱の近くで実施する。
▼片脚でバランスディスクに乗り、膝や股関節をやや曲げ、反対の脚を真横に開いてバランスを保つ。
▼支持が困難なチェーンを用いた方法もある（写真右）。また、実施が難しすぎる場合は、バランスディスクを使用しないで実施する方法がある。

❸起こりやすい誤り
▼足底のつま先や踵などの偏った部分に荷重をかけてバランスを取ろうとする。

3. バランスディスクフロントスタンド

❶目的・効果
▼主に足関節周囲の筋や中臀筋を中心とした、片脚でのバランス保持に係る神経-筋の調整力の向上。

❷動作とポイント
▼バランスを大きく崩しても支持できるように、動作に邪魔にならいような柱の近くで実施する。
▼片脚でバランスディスクに乗り、膝や股関節をやや曲げ、反対の脚は臀部の筋群を動員して真後ろに引いてバランスを保つ。
▼支持が困難なチェーンを用いた方法もある（写真右）。また、実施が難しすぎる場合は、バランスディスクを使用しないで実施する方法がある。

❸起こりやすい誤り
▼足底の偏った部分に荷重をかけてしまう。

4. ピックアップスポジション

❶目的・効果
▼主に足関節周囲やハムストリングス、臀部周囲の筋を中心とした、片脚でのバランス保持に係る神経-筋の調整力の向上。

❷動作とポイント
▼バランスを大きく崩しても支持できるように、動作に邪魔にならいような柱の近くで実施する。
▼片脚でバランスディスクに乗り、膝をやや曲げ、股関節を90度屈曲させる。反対の脚は臀部の筋群を動員して床と平行になるようにバランスを保つ。

❸起こりやすい誤り
▼足底の偏った部分に荷重をかけてしまう。

5. バランスボールシットニーアップ

❶目的・効果
▼主に股関節周囲や体幹部の筋を中心とした、バランス保持に係る神経－筋の調整力の向上。

❷動作とポイント
▼バランスを失い体勢を崩しても危険性の低い、障害物のない場所で行う。
▼バランスボールの中心に座り、片側の脚を床から離してバランスを保つ。
▼座った際に、膝と股関節が90度くらいに曲がるボールを選ぶ。

❸起こりやすい誤り
▼骨盤が大きく左右前後に傾いたまま、バランスを保とうとする。
▼体を側屈させたままバランスを取ろうとする。
▼腰や背中を丸めすぎる。
▼床に着いている脚の膝を、内側や外側に傾ける。

6. バランスボールウォールシットニーアップ

❶目的・効果
▼主に股関節周囲や体幹部の筋を中心とした、バランス保持に係る神経－筋の調整力の向上。

❷動作とポイント
▼バランスを失い体勢を崩しても危険性の低い、障害物のない場所で行う。
▼バランスボールを壁と背中で挟み、ボールを落とさないように膝と股関節を90度に曲げる。
▼片側の脚を床から離して、バランスを保つ。
▼床に着いている足先は壁と垂直に構え、足部の真上に膝がくるようにする。

❸起こりやすい誤り
▼骨盤が大きく左右前後に傾けたまま、バランスを保とうとする。
▼腰や背中を丸めすぎる。

7. バランスニースタンドポジションC

❶目的・効果
▼主に股関節周囲や片側の体側部の筋を中心とした、バランス保持に係る神経－筋の調整力の向上。

❷動作とポイント
▼バランスを失い体勢を崩しても危険性の低い、障害物のない場所で行う。
▼バランスボールを両手で持ち、柔らかいマットの上に膝を着いてつま先を床から離し、側屈しながらバランスを保つ。

❸起こりやすい誤り
▼腰が引けた姿勢になる。
▼胸郭が回旋する。
▼写真の姿勢の場合に、右脚に体重をかけてバランスを取ろうとする。

8. バランスニースタンドポジションZ

❶目的・効果
▼主に股関節周囲や腰背部の筋を中心とした、バランス保持に係る神経－筋の調整力の向上。

❷動作とポイント
▼バランスを失い体勢を崩しても危険性の低い、障害物のない場所で行う。
▼バランスボールを両手で持ち、柔らかいマットの上に膝を着いてつま先を床から離し、脊椎の自然なカーブを保ったまま上半身を前傾させ、上肢を前方遠くに伸ばし、バランスを保つ。

❸起こりやすい誤り
▼腰椎が後湾する。
▼腰や背中を丸めすぎる。

9. Vバランス

❶目的・効果
▼主に股関節屈筋群や体幹部の筋を中心とした、バランス保持に係る神経-筋の調整力の向上。

❷動作とポイント
▼床に長座の姿勢で座り、バランスを取りながら両脚を床から離す。
▼両手は胸に構え、体幹部の可動性により姿勢を保つ(写真1)。
▼上記の姿勢から、骨盤を後傾させて脊椎を後湾させて保持すると腹部の筋群が主に動員される(写真2)。
▼最初に示した例から、片側の座骨を床から離して保持すれば体幹側部の筋群が主に動員される(写真3)。

❸起こりやすい誤り
▼上肢や下肢の曲げ伸ばしでバランスを取ってしまい、体幹部や股関節周囲の筋の動員が少なくなってしまう。

10. バランスボールシット

❶目的・効果
▼主に体幹部の筋を中心とした、バランス保持に係る神経-筋の調整力の向上。

❷動作とポイント
▼バランスを失い体勢を崩しても危険性の低い、障害物のない場所で行う。
▼バランスボールに座り、床から両脚を離してバランスを保つ。
▼両手は胸で交差させて構え、体幹部の可動性により姿勢を保つ。

❸起こりやすい誤り
▼上肢の曲げ伸ばしでバランスを取ってしまい、体幹の筋の動員が少なくなってしまう。

11. 3点倒立

❶目的・効果
▼主に脊椎や股関節周囲の筋を中心とした、バランス保持に係る神経-筋の調整力の向上。

❷動作とポイント
▼動作に慣れて、転倒の危険性がなくなるまでは補助者の立会いのもと実施する。
▼前腕部を床に密着させて、頭頂部と左右の前腕部の3つの部位に体重を分散させて構える。
▼全身の筋に力を入れて固定するのではなく、体の重心を意識しながら、必要でない筋力を排除しながら姿勢を保つ。

❸起こりやすい誤り
▼頸部を伸展または屈曲させすぎる。

12. バランスボールシャクトリーポジション

❶目的・効果
▼主に体幹部と股関節屈曲筋群を中心とした、バランス保持に係る神経-筋の調整力の向上。

❷動作とポイント
▼バランスを失い体勢を崩しても危険性の低い、障害物のない場所で行う。
▼腕立て伏せの姿勢で両足首をバランスボールに乗せ、股関節のみを屈曲させて構える(写真1)。
▼腰椎を後湾させると、腹筋群の動員が高まる(写真2)。
▼足による支持を片足にすると、体幹側部の動員が高まる(写真3)。
▼肘をロックして、不意な落下を防止する。
▼下腿前面部をボールに触れておく。

❸起こりやすい誤り
▼骨盤や胸郭を回旋させない。

13. ソフトギムボールスーパインダンベルキープ

❶目的・効果
▼特に腹部前面を中心とした体幹部の固定を行いながら、肩甲帯の可動性を分離し、主に肩甲上腕関節を中心とした、上肢のバランス保持に係る神経−筋の調整力の向上。

❷動作とポイント
▼仰臥位になりソフトギムボールを腰の下に入れ、上半身を床から浮かし、脊椎を自然なカーブに保つ。
▼ダンベルを肩甲上腕関節の真上で、力を用いずに支持する。
▼ダンベルの微細な傾きを感じ取りながら、高い精度でバランスを保つ。

❸起こりやすい誤り
▼骨盤や胸郭が回旋する。 
▼ダンベルをバランスで保持せず、力で保持しようとする。

14. バランスボールラテラルダンベルキープ（ワンレッグ）

❶目的・効果
▼特に体幹側面を中心とした体幹部の固定を行いながら、肩甲帯の可動性を分離し、主に肩甲上腕関節を中心とした、上肢のバランス保持に係る神経−筋の調整力の向上。

❷動作とポイント
▼側臥位になりバランスボールを腰の下に入れ、上半身を床から浮かし、脊椎を自然なカーブに保つ。
▼ダンベルを肩甲上腕関節の真上で、力を用いずに支持する（写真1）。
▼床に近い脚の股関節をやや屈曲させて床から離し、片脚で支持すると難易度が増す（写真2）。
▼骨盤や胸郭を床と垂直に保つ。

❸起こりやすい誤り 
▼ダンベルをバランスで保持せず、力で保持しようとする。

15. ブリッジ

❶目的・効果
▼特に腹部前面を中心とした体幹部の固定および、姿勢保持に係る神経−筋の調整力の向上。

❷動作とポイント
▼腹臥位になり脊椎を自然なカーブに保ったまま肘を床に着き、つま先で支持する（写真1）。
▼頸部を大きく屈曲または伸展させないように保つ。
▼両肘をバランスボールの上に乗せて支持すると、肩甲上腕関節周囲の調整力と体幹支持の難易度が増す（写真2）。
▼同様の姿勢で片脚支持にすると、体幹側面が動員される（写真3）。
▼骨盤や胸郭を床と水平に保つ。

❸起こりやすい誤り
▼上背部が丸まる。
▼下背部が反ってしまう。

16. バランスボールスーパインベントニーワンレッグ

❶目的・効果
▼特に腰背部を中心とした体幹部の固定を行いながら、股関節の可動性を分離し、主に股関節周囲の筋を中心とした神経−筋の調整力の向上。

❷動作とポイント
▼バランスボールの上に背中を着けて仰臥位になり、脊椎の自然なカーブを保ったまま片脚を床から離す。
▼股関節を常に伸展させて保持するが、腹部から力が抜けて腰背部が反らないように注意する。
▼動作中は骨盤を常に床と水平に保つ。
▼両手は胸の前で構え、体幹部や股関節でのバランス調整を促す。
▼骨盤や胸郭を床と水辺に保つ。
▼床に着いた足の膝は開いたり閉じたりせず、足部の真上に保つ。

❸起こりやすい誤り
▼体幹部が側屈してしまう。

17. バランスボールウォールチェストプッシュブリッジ

❶目的・効果
▼特に腹部前面を中心とした体幹部の固定を行い、ランニング姿勢保持に係る骨盤と股関節周囲の筋を中心とした神経－筋の調整力の向上。

❷動作とポイント
▼バランスボールを壁と胸で挟むようにし、態勢が前傾するように構え、脊椎を自然なカーブに保持する。
▼両手を体側に沿って伸ばし、腕以外の部位でバランスを保つ（写真1）。
▼片膝を引き上げると、骨盤の前後左右の動揺を抑制する調整力が必要となり難易度が増す（写真2）。
▼骨盤が後傾しないように、膝を引き上げ保持する。
▼骨盤が左右に傾かないように保持する。

18. バランスボールヒップリフト

❶目的・効果
▼特に臀部や腰背部を中心とした、体幹部の固定に必要なバランスのとれた神経－筋の調整力の向上。

❷動作とポイント
▼仰臥位になりバランスボールに両足を乗せて構え、股関節を伸展させて膝を90度に保持する（写真1）。
▼臀部と腹部の調和のとれた力発揮で、脊椎を自然なカーブに保つ。
▼片足で保持すると、骨盤の左右の動揺を抑制する調整力が必要となり難易度が増す（写真2）。
▼骨盤を左右に傾けないように保持し、体幹を側屈させない。

19. ソフトギムスーパインレッグレイズ

❶目的・効果
▼特に腹部前面を中心とした体幹部の固定を行い、骨盤の左右の動揺性を保持する神経－筋の調整力の向上。

❷動作とポイント
▼仰臥位になりソフトギムボールを腰の下に入れ両足を床から浮かし、脊椎を自然なカーブに保つ（写真1）。
▼骨盤が左右に動揺しないように保持する。
▼骨盤が傾いたままバランスを取らないようにする。
▼両手を床の上に置いて支持せず、胸に交差しておくと難易度が増す（写真2）。
▼両手を床から離し、胸に交差して背中で支えるようにすると体幹部の調整力が増す。

20. スイッチオフウィズバー

❶目的・効果
▼特に腹部前面を中心とした体幹部の固定を行い、骨盤の左右の動揺性を保持する神経－筋の調整力の向上。

❷動作とポイント
▼立位でシャフトを床に立てて握り、両腕を伸ばし脊椎を自然なカーブに保つ。
▼重心を前方に傾けて、バーに寄りかかるようにする。
▼肩に力が入りすぎないようにし、肘をロックさせて腕にも力が入りすぎないようにする。
▼肩甲骨を下制させた意識が持てると、前鋸筋下部の動員も同時に促せる。

6. バランス能力・姿勢支持能力向上のトレーニング

6.2 動的なバランス能力・姿勢支持能力向上のトレーニング

1. シングルレッグスタンディング

❶目的・効果
▼足関節、股関節周囲の筋を中心としたバランス保持能力、神経-筋の調整力の向上。

❷動作とポイント
▼平らな床の上などに両脚で立つ。
▼片脚だけ床から離した状態で立つ。
▼床から離した側の股関節、膝関節は軽く屈曲させる。
▼接地している側の臀部、大腿部、下腿部、足部で姿勢を支持する。

❸起こりやすい誤り
▼腹部や下背部の固定ができずに、上体を支持脚側に倒してバランスを保とうとする。

2. シングルレッグスタンディングスイング

❶目的・効果
▼動きを伴った上での、足関節、股関節周囲の筋を中心としたバランス保持能力、神経-筋の調整力の向上。

❷動作とポイント
▼平らな床の上などに、片脚だけ床から離した状態で立つ。
▼床から離した側の股関節、膝関節は90度屈曲させ、股関節から前後に脚を大きくスイングする。
▼接地している側の臀部、大腿部、下腿部、足部で姿勢を支持する。
▼できるだけ、スイングしている脚以外の部位は動かさないようにする。

❸起こりやすい誤り
▼腹部や下背部の固定ができずに、上体を支持脚側に倒してバランスを保とうとする。
▼身体がスイングしている脚に同調して前後に倒れそうになる。

3. シングルレッグスクワットポジションキープ

❶目的・効果
▼大腿部の関与を増した姿勢での、足関節、股関節周囲の筋を中心としたバランス保持能力、神経-筋の調整力の向上。

❷動作とポイント
▼平らな床の上などに両脚で立つ。
▼片脚だけ床から離した状態で立つ。
▼床から離した側の股関節、膝関節は軽く屈曲させる。
▼接地している側の膝関節を軽く曲げ、上体をやや前傾させた状態で静止する。その際、つま先(親指と人差し指側)と膝関節が同じ方向に向かうように注意する。

❸起こりやすい誤り
▼骨盤が左右どちらかに傾く、回旋することでバランスを崩す。
▼接地している側の脚の膝が内側に入る。

4. シングルレッグスクワットポジションスイング

❶目的・効果
▼大腿部の関与を増した姿勢に動きを伴った、足関節、股関節周囲の筋を中心としたバランス保持能力、神経-筋の調整力の向上。

❷動作とポイント
▼平らな床の上などに、片脚だけ床から離した状態で立つ。
▼接地している側の膝関節を軽く曲げ、上体をやや前傾させた状態で静止する。その際、つま先(親指と人差し指側)と膝関節が同じ方向に向かうように注意する。
▼床から離した側の股関節、膝関節は軽く屈曲させ、前後にスイングする。

❸起こりやすい誤り
▼骨盤が左右どちらかに傾く、回旋することでバランスを崩す。
▼接地している側の膝が内側に入る。
▼接地している側の膝が伸びきってしまう。

5. シングルレッグスタンディングフットオンバランスパッド

❶目的・効果
▼不安定な状況を作る器具を用いた上で、足関節、股関節周囲の筋を中心としたバランス保持能力、神経－筋の調整力の向上。

❷動作とポイント
▼バランスパッドを平らな床の上に置く。
▼片脚だけ床から離した状態で、バランスパッドの上に立つ。
▼床から離した側の股関節、膝関節は軽く屈曲させ、そのまま固定する。
▼バランスパッドに立ったまま、その姿勢を維持する。

❸起こりやすい誤り
▼骨盤が左右どちらかに傾く、回旋することでバランスを崩す。

6. シングルレッグスタンディングスイングフットオンバランスパッド

❶目的・効果
▼不安定な状況を作る器具を用いて、動きを伴った、足関節、股関節周囲の筋を中心としたバランス保持能力、神経－筋の調整力の向上。

❷動作とポイント
▼バランスパッドを平らな床の上に置く。
▼片脚だけ床から離した状態で、バランスパッドの上に立つ。
▼床から離した側の股関節、膝関節は軽く屈曲させ、股関節から脚全体を前後にスイングする。
▼バランスパッドに立ったまま、その姿勢を維持する。

❸起こりやすい誤り
▼骨盤が左右どちらかに傾く、回旋することでバランスを崩す。
▼身体を前後・左右に倒して、バランスを保とうとする。

7. シングルレッグスクワットポジションキープフットオンバランスパッド

❶目的・効果
▼不安定な状況を作る器具を用いた上で、大腿部の関与を増した姿勢での、足関節、股関節周囲の筋を中心としたバランス保持能力、神経－筋の調整力の向上。

❷動作とポイント
▼バランスパッドを平らな床の上に置く。
▼片脚だけ床から離した状態で、バランスパッドの上に膝を曲げた状態で立つ。
▼床から離した側の股関節、膝関節は軽く屈曲させ、そのまま固定する。
▼股関節も屈曲させ上体を前傾させる。
▼バランスパッドに立ったまま、その姿勢を維持する。

❸起こりやすい誤り
▼骨盤が左右どちらかに傾く、回旋することでバランスを崩す。
▼身体を前後・左右に倒して、バランスを保とうとする。

8. シングルレッグスクワットポジションキープスイングフットオンバランスパッド

❶目的・効果
▼不安定な状況を作る器具を用いた上で、大腿部の関与を増した姿勢に動きを伴った、足関節、股関節周囲の筋を中心としたバランス保持能力、神経－筋の調整力の向上。

❷動作とポイント
▼バランスパッドを平らな床の上に置く。
▼片脚だけ床から離した状態で、バランスパッドの上に膝を曲げた状態で立つ。
▼床から離した側の股関節、膝関節は軽く屈曲させ、そのまま固定する。
▼股関節も屈曲させ上体を前傾させる。
▼床から話した側の脚を股関節を中心に、前後にスイングする。
▼バランスパッドに立ったまま、その姿勢を維持する。

❸起こりやすい誤り
▼骨盤が左右どちらかに傾く、回旋することでバランスを崩す。
▼身体を前後・左右に倒して、バランスを保とうとする。
▼スクワット姿勢が維持できずに、バランスパッド上で膝を伸ばしたポジションをとってしまう。

9. ベントニーポジションフォワードムーブ

❶目的・効果
▼前方方向への動きを伴った、足関節、股関節周囲の筋を中心とした片脚でのバランス保持能力、神経－筋の調整力の向上。

❷動作とポイント
▼片脚で平らな床の上に立つ。
▼上体をやや前傾させ、地面に接地している側の膝を軽く屈曲させる。
▼上に大きく跳び上がるのではなく、水平方向にジャンプしながら前方方向に進む。
▼進んだところで3～5秒、その姿勢を維持する。同じ脚で動作を繰り返す。
▼15～20m進んだら、反対側の脚でも同様に実施する。

❸起こりやすい誤り
▼骨盤が左右どちらかに傾く、回旋することでバランスを崩す。
▼身体を前後・左右に倒して、バランスを保とうとする。
▼接地している側の膝が伸びきってしまう。

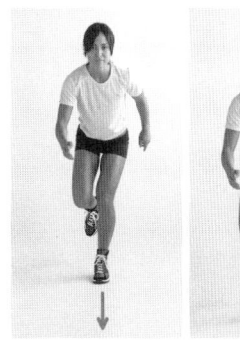

10. ベントニーポジションバックワードムーブ

❶目的・効果
▼後方方向への動きを伴った、足関節、股関節周囲の筋を中心とした片脚でのバランス保持能力、神経－筋の調整力の向上。

❷動作とポイント
▼進行方向とは逆向きに、片脚で平らな床の上に立つ。
▼上体をやや前傾させ、地面に接地している側の膝を軽く屈曲させる。
▼上に大きく跳び上がるのではなく、水平方向にジャンプしながら後方方向に進む。
▼進んだところで3～5秒、その姿勢を維持する。同じ脚で動作を繰り返す。
▼15～20m進んだら、反対側の脚でも同様に実施する。

❸起こりやすい誤り
▼骨盤が左右どちらかに傾く、回旋することでバランスを崩す。
▼身体を前後・左右に倒して、バランスを保とうとする。
▼膝が伸びきってしまう。

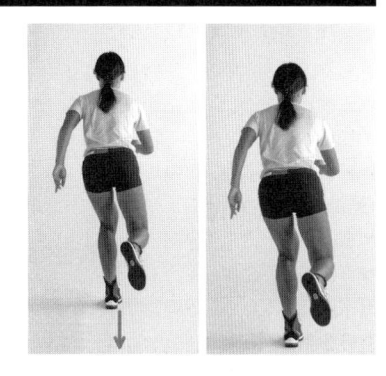

11. ベントニーポジションラテラルムーブ

❶目的・効果
▼側方方向への動きを伴った、足関節、股関節周囲の筋を中心とした片脚でのバランス保持能力、神経－筋の調整力の向上。

❷動作とポイント
▼進行方向に対して横向きに、片脚で平らな床の上に立つ。
▼上体をやや前傾させ、地面に接地している側の膝を軽く屈曲させる。
▼上に大きく跳び上がるのではなく、水平方向にジャンプしながら側方方向に進む。
▼進んだところで3～5秒、その姿勢を維持する。同じ脚で動作を繰り返す。
▼15～20m進んだら、反対側の脚でも同様に実施する。

❸起こりやすい誤り
▼骨盤が左右どちらかに傾く、回旋することでバランスを崩す。
▼身体を前後・左右に倒して、バランスを保とうとする。
▼膝が伸びきってしまう。

12. ベントオーバーポジションフォワードムーブ

❶目的・効果
▼臀部の関与が増した姿勢で、前方方向への動きを伴った、足関節、股関節周囲の筋を中心とした片脚でのバランス保持能力、神経－筋の調整力の向上。

❷動作とポイント
▼床に対して上体が平行になるよう身体を前傾させて、片脚で平らな床の上に立つ。
▼上に大きく跳び上がるのではなく、水平方向にジャンプしながら前方方向に進む。
▼進んだところで3～5秒その姿勢を維持する。同じ脚で動作を繰り返す。
▼15～20m進んだら、反対側の脚でも同様に実施する。

❸起こりやすい誤り
▼骨盤が左右どちらかに傾く、回旋することでバランスを崩す。
▼身体を前後・左右に倒して、バランスを保とうとする。
▼膝が伸びきってしまう。

13. ベントオーバーポジションバックワードムーブ

❶目的・効果
▼臀部の関与が増した姿勢で、後方方向への動きを伴った、足関節、股関節周囲の筋を中心とした片脚でのバランス保持能力、神経−筋の調整力の向上。

❷動作とポイント
▼進行方向に対して逆向きに立つ。
▼床に対して上体が平行になるよう身体を前傾させて、片脚で平らな床の上に立つ。
▼上に大きく跳び上がるのではなく、水平方向にジャンプしながら後方方向に進む。
▼進んだところで3～5秒その姿勢を維持する。同じ脚で動作を繰り返す。
▼15～20m進んだら反対側の脚でも同様に実施する。

❸起こりやすい誤り
▼骨盤が左右どちらかに傾く、回旋することでバランスを崩す。
▼身体を前後・左右に倒して、バランスを保とうとする。
▼膝が伸びきってしまう。

14. ベントオーバーポジションラテラルムーブ

❶目的・効果
▼臀部の関与が増した姿勢で、側方方向への動きを伴った、足関節、股関節周囲の筋を中心とした片脚でのバランス保持能力、神経−筋の調整力の向上。

❷動作とポイント
▼進行方向に対して横向きに立つ。
▼床に対して上体が平行になるよう身体を前傾させて、進行方向側の片脚で平らな床の上に立つ。
▼上に大きく跳び上がるのではなく、水平方向にジャンプしながら側方方向に進む。
▼進んだところで3～5秒その姿勢を維持する。同じ脚でその動作を繰り返す。
▼15～20m進んだら反対側の脚でも同様に実施する。

❸起こりやすい誤り
▼ジャンプの着地後に骨盤が左右どちらかに傾く、回旋することでバランスを崩す。
▼接地している側の膝が伸びきってしまう。

15. スプリットスクワットフットオンバランスパッド

❶目的・効果
▼不安定な状況を作る器具を用いた上で、上下の重心移動を伴った、足関節、股関節周囲の筋を中心としたバランス保持能力、神経−筋の調整力の向上。

❷動作とテクニック
▼平らな床にバランスパッドを置き、その上に前後に開いた片脚を置いて立つ。
▼上体を垂直に保ったまま、重心を真下に下げながら前後の膝を曲げる。
▼バランスパッド上の脚の大腿が、床と平行になるところまで膝を曲げたら元の位置に戻る。

❸起こりやすい誤り
▼上体が左右のどちらかに傾く。

16. フォワードランジフットオンバランスパッド

❶目的・効果
▼不安定な状況を作る器具を用いた上で、前方方向への踏み込み動作を伴った、足関節、股関節周囲の筋を中心としたバランス保持能力、神経−筋の調整力の向上。

❷動作とテクニック
▼前方方向に踏み出した脚の下にバランスパッドがくるように、平らな床の上にバランスパッドを置く。
▼上体を床に垂直に保ちながら、前方に置いたバランスパッドを踏むように片脚を動かす。
▼バランスパッドを踏み込む。
▼バランスパッドを踏み込んだ側の脚の大腿が、床と平行になる位置まで膝を曲げる。
▼踏み込んだ位置から最初の位置まで戻る。

❸起こりやすい誤り
▼上体が前後左右に倒れる。
▼元の位置に戻る時にバランスを崩す。

17. サイドランジフットオンバランスパッド

❶目的・効果
▼不安定な状況を作る器具を用いた上で、側方方向への踏み込み動作を伴った、足関節、股関節周囲の筋を中心としたバランス保持能力、神経－筋の調整力の向上。

❷動作とテクニック
▼側方に踏み出した脚の下にバランスパッドがくるように、平らな床の上にバランスパッドを置く。
▼上体を床に垂直に保ちながら、側方に置いたバランスパッドを踏むように片脚を動かす。
▼バランスパッドを踏み込む。
▼踏み込んだ側の脚の大腿が床と平行になる位置まで膝を曲げ、上体をやや前傾させる。
▼踏み込んだ位置から、最初の位置まで戻る。

❸起こりやすい誤り
▼元の位置に戻る時にバランスを崩す。

▼しっかり膝を曲げられない。

18. スイングランジフットオンバランスパッド

❶目的・効果
▼不安定な状況を作る器具を用いた上で、前後への重心移動を伴った、足関節、股関節周囲の筋を中心としたバランス保持能力、神経－筋の調整力の向上。

❷動作とポイント
▼平らな床の上にバランスパッドを置いて片脚で立つ。
▼上体を床に対して垂直に保ち、バランスパッドに置いていない側の脚を前方向に動かす。
▼前に踏み出した側の脚の大腿が、床と平行になるまで膝を曲げる。
▼踏み出した脚を後方に動かす。
▼バランスパッド上の脚の大腿が床と平行になるまで、後ろについた側の脚の膝を曲げる。
▼この動作を繰り返す。

❸起こりやすい誤り
▼脚を前方方向、後方方向に動かした時、床に足を接地した時に、上体が左右に倒れる。

19. ボウスレッグジャンプインプレイス

❶目的・効果
▼両脚でのジャンプ動作から着地動作を伴った、足関節、股関節周囲の筋を中心としたバランス保持能力、神経－筋の調整力の向上。

❷動作とポイント
▼平らな床の上に股関節、膝関節を屈曲させて（パワーポジション）両脚で立つ。
▼その場で垂直方向にジャンプする。
▼着地する時に片脚で接地する。
▼再び両脚を床に着けて動作を繰り返す。

❸起こりやすい誤り
▼着地時に膝と足部が一直線上に位置しない。
▼着地時に床に接地しない脚側の骨盤が下がってしまう。
▼着地時に上体が回旋する。

20. シングルレッグジャンプインプレイス

❶目的・効果
▼片脚でのジャンプ動作から着地動作を伴った、足関節、股関節周囲の筋を中心としたバランス保持能力、神経－筋の調整力の向上。

❷動作とポイント
▼平らな床の上に股関節、膝関節を屈曲させて（パワーポジション）片脚で立つ。
▼その場で垂直方向にジャンプする。
▼着地する時に片脚で接地する。
▼同じ動作を繰り返す。

❸起こりやすい誤り
▼着地時に膝と足部が一直線上に位置しない。
▼着地時に床に接地しない脚側の骨盤が下がってしまう。
▼着地時に上体が回旋する。

6.3 その他のバランス能力・姿勢支持能力向上のトレーニング

1. プローンブリッジ＋ヒップアブダクション

❶目的・効果
▼主に体幹部、股関節周囲を中心とした、運動中のバランス保持に係る神経－筋の調整力の向上。

❷動作とポイント
▼胸、腰背部を適度に張り、臀部、下腹部に力を入れて、身体を一直線に保持しながら、どちらかの脚を床から離して、膝を伸ばしたまま股関節を外転させる。

▼骨盤が左右どちらかに傾かないよう、床に対して平行になるように保持しながら、ていねいに脚の開閉動作を行う。

❸起こりやすい誤り
▼腰部、臀部の位置が高く、身体を一直線に保持できていない。

▼下腹部、臀部の力が抜けて、腰が反っている。

▼脚の動作に体幹部が影響されて、安定感がない。

▼弾みをつけて動作を行っている。

2. プローンブリッジ＋リーチアウト

❶目的・効果
▼主に体幹部、股関節周囲を中心とした、運動中のバランス保持に係る神経－筋の調整力の向上。

❷動作とポイント
▼胸、腰背部を適度に張り、臀部、下腹部に力を入れて、身体を一直線に保持しながら、どちらかの腕を床から離して、前方へ伸ばす。

▼骨盤や上体が左右どちらかに傾かないよう、床に対して平行になるように保持しながら、ていねいに腕の動作を行う。

❸起こりやすい誤り
▼腰部、臀部の位置が高く、身体を一直線に保持できていない。

▼腕の動作に体幹部が影響されて、安定感がない。

▼下腹部、臀部の力が抜けて、腰が反っている。

▼弾みをつけて動作を行っている。

3. スパインブリッジ＋アブダクション

❶目的・効果
▼主に体幹部、股関節周囲を中心とした、運動中のバランス保持に係る神経－筋の調整力の向上。

❷動作とポイント
▼胸、腰背部を適度に張り、臀部、下腹部に力を入れて、身体を一直線に保持しながら、どちらかの脚を床から離し、膝を伸ばして股関節を外転させる。

▼骨盤が左右どちらかに傾かないよう、床に対して平行になるように保持しながら、ていねいに床から離れている脚の開閉動作を行う。

❸起こりやすい誤り
▼腰部、臀部の位置が低く、身体を一直線に保持できていない。

▼下腹部、臀部の力が抜けて、腰が丸まっている。

▼脚の動作に体幹部が影響されて、安定感がない。

▼弾みをつけて動作を行っている。

4. スパインブリッジ＋フレクション

❶目的・効果
▼主に体幹部、股関節周囲を中心とした、運動中のバランス保持に係る神経－筋の調整力の向上。

❷動作とポイント
▼胸、腰背部を適度に張り、臀部、下腹部に力を入れて、身体を一直線に保持しながら、どちらかの脚を床から離して、股関節と膝関節を曲げて、上体を引き寄せる。

▼骨盤が左右どちらかに傾かないよう、床に対して平行になるように保持しながら、ていねいに床から離れている脚の動作を行う。

❸起こりやすい誤り
▼腰部、臀部の位置が低く、身体を一直線に保持できていない。

▼下腹部、臀部の力が抜けて、腰が丸まっている。

▼弾みをつけて動作を行っている。

▼脚の動作に体幹部が影響されて、安定感がない。

6.3 その他のバランス能力・姿勢支持能力向上のトレーニング

5. サイドブリッジ+アブダクション

❶目的・効果
▼主に体幹部、股関節周囲を中心とした、運動中のバランス保持に係る神経-筋の調整力の向上。

❷動作とポイント
▼胸、腰背部を適度に張り、臀部、下腹部に力を入れて、身体を一直線に保持しながら、上側の脚の膝を曲げないようにして上下に動かす。

❸起こりやすい誤り
▼体幹部周辺の力が抜けて、身体を一直線に保持できていない。
▼脚を十分に上げていない。
▼弾みをつけて動作を行っている。
▼脚の上下動作に体幹部が影響されて、安定感がない。
▼脚を上げる際、上体、体幹部が上を向いてしまう。
▼脚を真上ではなく、前方斜め上方向に上げている。
▼脚を下ろす際、脱力して下ろしている。

6. サイドブリッジ+レッグスウィング

❶目的・効果
▼主に体幹部、股関節周囲を中心とした、運動中のバランス保持に係る神経-筋の調整力の向上。

❷動作とポイント
▼胸、腰背部を適度に張り、臀部、下腹部に力を入れて、身体を一直線に保持しながら、膝を曲げないようにして上脚を前後に動かす。

❸起こりやすい誤り
▼体幹部周辺の力が抜けて、身体を一直線に保持できていない。
▼上脚の前後動作が極端に小さい。
▼弾みをつけて動作を行っている。
▼上脚の動作に体幹部が影響されて、安定感がない。

7. サイドブリッジ+フィギュア8

❶目的・効果
▼主に体幹部、股関節周囲を中心とした、運動中のバランス保持に係る神経-筋の調整力の向上。

❷動作とポイント
▼胸、腰背部を適度に張り、臀部、下腹部に力を入れて、身体を一直線に保持しながら、膝を曲げないようにして上脚で8の字を描く。

❸起こりやすい誤り
▼体幹部周辺の力が抜けて、身体を一直線に保持できていない。
▼上脚で描く8の字が極端に小さい。
▼弾みをつけて動作を行っている。
▼上脚の動作に体幹部が影響されて、安定感がない。

8. デッドバグ

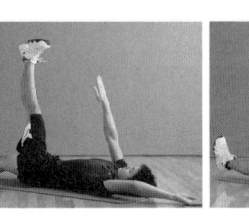

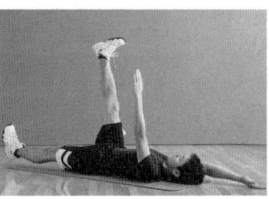

❶目的・効果
▼主に体幹部、股関節周囲を中心とした、運動中のバランス保持に係る神経-筋の調整力の向上。

❷動作とポイント
▼仰臥位で両腕、両脚を真上に上げた状態から胸、腰背部を適度に張り、臀部、下腹部に力を入れて、どちらかの腕とその対角にある脚(右腕と左脚、左腕と右脚)を同時に下ろす。
▼腕と脚を十分に下ろしたら(床には着かない)、最初の位置まで戻し、逆側の腕と脚を下ろす。
▼体幹部周辺にしっかりと力を入れたまま、対角の腕と脚の動作を左右交互に、ていねいに行う。

❸起こりやすい誤り
▼動作中、体幹部、臀部の力が抜けている。
▼弾みをつけて動作を行っている。
▼四肢の動作に体幹部が影響されて、安定感がない。

9. 手押し車

❶目的・効果
▼主に体幹部、股関節周囲、また肩関節周囲を中心とした、運動中のバランス保持に係る神経ー筋の調整力の向上。

❷動作とポイント
▼パートナーに、両脚を保持してもらう。
▼胸、腰背部を適度に張り、臀部、下腹部に力を入れて、身体を一直線に保持しながら、交互に手を前へ着いて、身体を前進させる。
▼骨盤が左右どちらかに傾かないよう、床に対して平行になるように保持しながら、ていねいに動作を行う。

❸起こりやすい誤り
▼身体を一直線に保持できていない。
▼腰が反っている。
▼弾みをつけて動作を行っている。
▼前進動作に体幹部が影響されて、安定感がない。

10. リニアロード&リフト

❶目的・効果
▼主に体幹部、股関節周囲を中心とした胴体固定と、前方移動動作中の姿勢保持に係る神経ー筋の調整力の向上。

❷動作とポイント
▼両腕の肘を伸ばした状態で両手を壁に着き、脚をやや前後に開いて、股関節、膝関節、足関節を曲げて前傾姿勢を作る。
▼胸、腰背部を適度に張り、臀部、下腹部に力を入れ、股関節、膝関節、足関節を伸ばして、頭からつま先までが一直線になるところまで身体を上方へ押し上げる。
▼その際、床に接地している脚は、母趾球を中心に片脚でしっかりと床を踏み込んで身体の一直線を保持し、もう一方の脚は股関節が90度になるあたりまで引き上げる。
▼反対側の脚は、大腿部の上端面が床と平行になるところまで膝を引き上げる。

❸起こりやすい誤り
▼下腹部、臀部の力が抜けて、腰が反っている。
▼床に対する十分な踏み込みがなく、安定感がない。

11. リニアエクスチェンジ

❶目的・効果
▼主に体幹部、股関節周囲を中心とした胴体固定と、前方移動動作中の姿勢保持に係る神経ー筋の調整力の向上。

❷動作とポイント
▼両腕の肘を伸ばした状態で両手を壁に着き、脚をやや前後に開き、後脚を股関節が90度になるあたりまで引き上げる。
▼床に接地している脚はしっかりと伸ばして、頭からつま先が一直線になる姿勢を作る。
▼床に着いている脚の股関節と膝関節を伸ばしたまま、上げている脚を床に下ろし、その脚が床に着く直前に反対側の脚を股関節が90度になるあたりまで引き上げる。

❸起こりやすい誤り
▼下腹部、臀部の力が抜けて、腰が反っている。
▼床に対する十分な踏み込みがなく、安定感がない。

12. ラテラルロード&リフト

❶目的・効果
▼主に体幹部、股関節周囲を中心とした胴体固定と、側方移動中の姿勢保持に係る神経ー筋の調整力の向上。

❷動作とポイント
▼肘を伸ばした状態で片手を壁におき、脚をやや前後に開き（壁に近い方の脚を前へ）、両脚を曲げて内傾姿勢でよりかかる。
▼胸、腰背部を適度に張り、臀部、下腹部に力を入れ、股関節、膝関節、足関節を伸ばして、頭からつま先が一直線になるところまで身体を上方へ押し上げる。
▼床に接地している脚は母趾球を中心に、片脚でしっかりと床を踏み込んで身体の一直線を保持し、もう一方の脚は股関節が90度になるあたりまで引き上げる。

❸起こりやすい誤り
▼身体を一直線に保持できていない。
▼下腹部、臀部の力が抜けて、腰が反っている。
▼床に対する十分な踏み込みがなく、安定感がない。

6.3 その他のバランス能力・姿勢支持能力向上のトレーニング

13. ラテラルエクスチェンジ

❶目的・効果
▼主に体幹部、股関節周囲を中心とした胴体固定と、側方移動中の姿勢保持に係る神経-筋の調整力の向上。

❷動作とポイント
▼肘を伸ばした状態で片手を壁におき、脚をやや前後に開いて(壁に近い方の脚を前へ)内傾姿勢でよりかかり、後脚を股関節が90度になるあたりまで引き上げる。
▼床に接地している脚はしっかりと伸ばして、頭からつま先が一直線になる姿勢を作る。
▼床に着いている脚の股関節と膝関節を伸ばしたまま、上げている脚を床に下ろし、その脚が床に着く直前に反対側の脚を股関節が90度になるあたりまで引き上げる。

❸起こりやすい誤り
▼下腹部、臀部の力が抜けて、腰が反っている。
▼床に対する十分な踏み込みがなく、安定感がない。

14. バランスボールプローンブリッジ+エルボームーブ

❶目的・効果
▼主に体幹部、股関節周囲、また肩関節周囲を中心とした、運動中のバランス保持に係る神経-筋の調整力の向上。

❷動作とポイント
▼胸、腰背部を適度に張り、臀部、下腹部に力を入れて、身体を一直線に保持しながら、両肘をバランスボールに着けたまま前方へ押し出す。
▼骨盤が左右どちらかに傾かないよう、床に対して平行になるように保持しながら、ていねいに動作を行う。
▼姿勢が崩れない範囲で肘を前へ押し出したら引き寄せて、開始姿勢に戻る。

❸起こりやすい誤り
▼下腹部、臀部の力が抜けて、腰が反っている。
▼弾みをつけて動作を行っている。
▼腕の前後動作に体幹部が影響されて、安定感がない。

15. バランスボールレッグカール

❶目的・効果
▼主に体幹部、股関節周囲を中心とした、運動中のバランス保持に係る神経-筋の調整力の向上。

❷動作とポイント
▼胸、腰背部を適度に張り、臀部、下腹部に力を入れて、身体を一直線に保持しながら、踵をバランスボールに着けたまま膝関節を曲げて、ボールを臀部へ引き寄せる。
▼骨盤が左右どちらかに傾かないよう、床に対して平行になるように保持しながら、ていねいに動作を行う。

❸起こりやすい誤り
▼下腹部、臀部の力が抜けて、腰が丸まっている。
▼弾みをつけて動作を行っている。
▼膝関節の屈伸動作に体幹部が影響されて、安定感がない。

16. バランスボールシングルレッグカール

❶目的・効果
▼主に体幹部、股関節周囲を中心とした、運動中のバランス保持に係る神経-筋の調整力の向上。

❷動作とポイント
▼胸、腰背部を適度に張り、臀部、下腹部に力を入れて、身体を一直線に保持しながら片脚をバランスボールから離し、もう片方の脚の踵をバランスボールに着けたまま膝関節を曲げて、ボールを臀部へ引き寄せる。
▼骨盤が左右どちらかに傾かないよう、床に対して平行になるように保持しながら、ていねいに動作を実施する。

❸起こりやすい誤り
▼下腹部、臀部の力が抜けて、腰が丸まっている。
▼弾みをつけて動作を行っている。
▼膝関節の屈伸動作に体幹部が影響されて、安定感がない。

17. ベアークロール

❶目的・効果
▼主に体幹部、股関節周囲、また肩関節周囲を中心とした、運動中のバランス保持に係る神経－筋の調整力の向上。

❷動作とポイント
▼胸、腰背部を適度に張り、臀部、下腹部にしっかりと力を入れて、交互に対角の手足を前へ動いて前進する
▼臀部、下腹部に力を入れて、骨盤が左右どちらかに傾かないよう、床に対して平行になるように保持しながら、ていねいに前進動作を行う。

❸起こりやすい誤り
▼肩から腰の一直線ができていない。
▼下腹部、臀部の力が抜けて、腰が反っている。
▼骨盤が床に対して平行ではない(どちらかに傾いている)。
▼弾みをつけて動作を行っている。
▼前進動作に体幹部が影響されて、安定感がない。

18. グルトハムレイズ＋フィギュア8

❶目的・効果
▼主に体幹部、股関節周囲を中心とした、運動中のバランス保持に係る神経－筋の調整力の向上。

❷動作とポイント
▼床に片脚の踵を着け、上体を固定して臀部を真上に持ち上げ、身体が一直線になるようにする。
▼伸ばしている脚で8の字を描く。

❸起こりやすい誤り
▼肩から腰の一直線ができていない。
▼下腹部、臀部の力が抜けて、腰が丸まっている。
▼骨盤が床に対して平行ではない(どちらかに傾いている)。
▼動作に体幹部が影響されて、安定感がない。

19. エアプレーン

❶目的・効果
▼主に体幹部、股関節周囲を中心とした、運動中のバランス保持に係る神経－筋の調整の向上。

❷動作とポイント
▼立位で両腕を左右に伸ばし、胸、腰背部を適度に張り、膝をわずかに曲げた姿勢を作る。
▼その姿勢を保持して、左右どちらかの脚を床から離し、後方へ引きながら股関節を曲げて、上体を前傾させる。
▼胸、腰背部を適度に張り、床に接地している脚の膝をわずかに曲げた姿勢を保持して、床に着いている脚にしっかりと荷重しながら上体、骨盤を左右に回旋する。
▼左右交互に回旋する。

❷起こりやすい誤り
▼下腹部、臀部の力が抜けて、安定感がない。
▼上体が丸まっている。
▼骨盤が回旋していない。
▼弾みをつけて動作を行っている。

20. フラミンゴ

❶目的・効果
▼主に体幹部、股関節周囲を中心とした、運動中のバランス保持に係る神経－筋の調整力の向上。

❷動作とポイント
▼立位で両腕を前方に伸ばし、胸、腰背部を適度に張り、膝をわずかに曲げた姿勢を作る。
▼片脚を床から離し、膝を引き上げて開始姿勢を作る。
▼床に接地している脚の股関節を曲げて、上体が床と平行になるところまで前傾する。
▼両腕は前方へしっかりと伸ばし、床から離れている脚は後方へ伸ばす。
▼骨盤が左右どちらかに傾かないよう、床に対して平行になるように保持しながら、ていねいに動作を行う。

❷起こりやすい誤り
▼下腹部、臀部の力が抜けて、安定感がない。
▼弾みをつけて動作を行っている。
▼骨盤が床に対して平行ではない(どちらかに傾いている)。
▼上体が丸まっている。

7. ウォームアップのための運動
Warm-up

実施と指導上の留意点

1. ウォームアップの変遷

ウォームアップを行う目的は、一般的に以下の項目が挙げられている。

①体温、筋温を上昇させる
②心拍数を上昇させる
③柔軟性を向上させる
④神経－筋の協調性を高める
⑤精神的な準備をする

旧来は、3番目までの要素が重視されてきたため、ジョギングや自転車漕ぎ等によって体温を高め、スタティックストレッチングをして、関節可動域を拡大するのがウォームアップとされてきた。しかしスタティックストレッチングを行うと筋出力が低下するという科学的データが示され、ウォームアップでは、スタティックストレッチングを行わない方がよいと言われるようになった。そして、ダイナミックストレッチングが、神経－筋の協調性を高める上でも有効であるとして、ウォームアップとしては、ダイナミックストレッチングが推奨されるようになった。

その後、指導現場での経験から、スタティックストレッチングが見直され、スタティックとダイナミックを組み合わせた方が、ウォームアップとしては、より効果的であるという意見が出てくるようになった。さらに、筋出力が低下するのは、筋肉をかなり長い時間（90秒程度）伸長させた場合だという科学的データが示され、通常のウォームアップで行う10秒から20秒間のスタティックストレッチングは、筋出力の面からは問題がないと考えられるようになった。そのため、ウォームアップでは、スタティックストレッチングとダイナミックストレッチングを組み合わせて行うのが、現在の主流の考え方となっている。

また最近では、ウォームアップを行う目的を拡大して、「傷害予防、再発防止」と「パフォーマンスアップ」の項目が挙げられている。

傷害予防、再発防止に関しては、競技特有の負荷がかかりやすい部分の強化や動作の改善、また個人の弱点部位の克服のためのエクササイズが行われる。チームスポーツの場合、これらのエクササイズについては、全体のウォームアップが行われる前に、個人で行われることが多い。

パフォーマンスアップに関しては、ウォームアップにトレーニング要素の一部である、アジリティ、バランス、コーディネーションを高めるエクササイズが含まれるようになってきた。これは、ウォームアップで、競技動作に近い筋力発揮をさせることにより、その競技に対する準備の状態が整い、技術練習に良い効果があると考えるからである。またウォームアップは、毎日行われるものなので、毎日行った方が効果的である神経系のエクササイズをウォームアップに組み込むことは、パフォーマンスアップに非常に効果的である。

フィットネスにおいても、レジスタンストレーニングの準備のために、主動筋以外の補助的な働きをする筋肉を活性化（アクティベーション）させるエクササイズが行われている。また、姿勢を保持するために、体幹部の筋肉もアクティベーションさせた方がトレーニング効果が上がるとされ、基本的なコアエクササイズをウォームアップに取り入れているケースも多く見られる。

このように、どこまでがウォームアップで、どこからがトレーニングだという明確な線引きは難しくなってきているが、少なくとも語源である『身体を温める』だけでは、十分なウォームアップをしているとは考えられなくなってきている。

2. ウォームアップの基本的な流れ

競技スポーツにおけるウォームアップは、一般的ウォームアップと専門的ウォームアップに分けるこ

とができる。一般的ウォームアップは、ジョギング等の有酸素運動とストレッチングで構成される。ストレッチングに関しては、前述のように、ダイナミックストレッチングを中心とするが、スタティックストレッチングも組み合わせた方がよい（種目の詳細については、「4章　柔軟性トレーニング」を参照）。

専門的ウォームアップは、実際の競技動作に近い運動形式で行われるもので、前述のパフォーマンスアップのためのエクササイズは、専門的ウォームアップに含まれる。徐々にスピードや難易度を上げていき、さらに精神面も徐々に高揚させていく。全体としては、20分程度で行うことが望ましい。

本章では、ウォームアップで行うエクササイズを以下のカテゴリーに分類して、複数の種目を提示した。

> 1．セルフエクササイズ系
> 2．ウォーキング系
> 3．スキップ系
> 4．ステップ系
> 5．バランス系
> 6．スピード系

それぞれの競技特性を分析して、これらの中から自分の環境に合ったエクササイズを選択する必要がある。特に移動方向については、横方向や後ろ方向へ移動するエクササイズを組み合わせる必要がある。選択するエクササイズの数は、導入段階では少なめにして、各エクササイズのスキルをチェックする必要がある。慣れてきたら、繰り返し数を減らして、エクササイズの数を増やしていくのがよい。

基本的な流れとして、セルフエクササイズ系の後に、ウォーキング系から始まり、スキップ系、スピード系と徐々にスピードを上げていく。ただし、一直線に心拍数を上げていくのではなく、その間に、各競技に必要なステップ系やバランス系のエクササイズを組み込んで、心拍数を調整した方がよい。

セルフエクササイズ系は、フィットネスの現場で行うのにも適している。また、トレーニングを行う場所によっては、ウォーキング系のエクササイズも行った方がよい。ただし、パーソナルで指導できる場合は、個人の身体的特性をチェックして、個別のプログラムを提示することが望ましい。

3．ウォームアップの指導のポイント

競技スポーツにおいてウォームアップを指導する場合、各自で行うウォームアップ（個別アップ）と、全体で行うウォームアップ（全体アップ）を組み合わせるのが望ましい。個別アップを行うことで、自分の身体の状態を把握し、現在の状態に合わせて自分のコンディションを調整する能力を身につけることができる。全体アップは、チーム全体の士気を高めるという目的があるが、指導者の観点からは、チームの状態を把握するのに役立つ。

また、競技スポーツとフィットネスに共通して、毎日同じエクササイズを行う部分と、状況によって変える部分を提示する必要がある。毎日同じエクササイズを行うことにより、その日の身体の状況を把握することができる。ただし、毎日同じエクササイズだけ行っていると、どうしても『マンネリ化』してしまい、ウォームアップの質が低下してしまう。そのため、競技スポーツの場合は、年間計画に対応して変化をさせたり、その後に続く技術練習の内容に応じて行う部分も提示する必要がある。フィットネスの場合は、その日のトレーニング内容に応じて、変える部分も提示する必要がある。

最後に、ウォームアップというのは、練習やトレーニング前の儀式ではないので、正しいスキルで動けているかをチェックする必要がある。ウォームアップで正しい動きができていれば、その後に続く、練習やトレーニングにも必ず良い影響を与えるはずである。トレーニング指導者は、ウォームアップから細かい点をチェックしなければならない。

7.1 セルフエクササイズ系

1. ショルダーエクササイズ

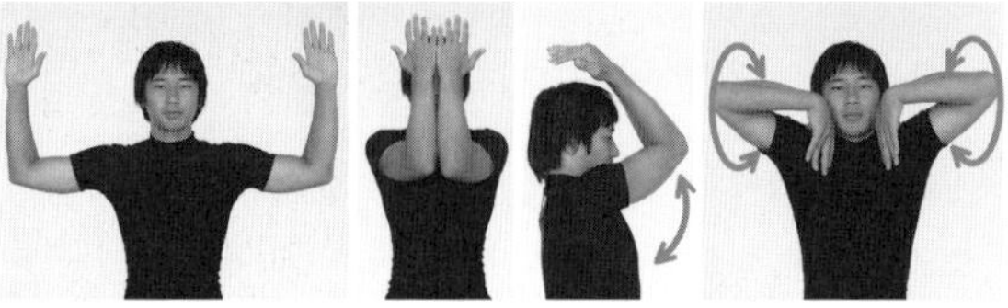

❶目的・効果
▼肩関節周囲の可動性向上。
❷動作とポイント
▼肩の高さで肘を90度に曲げ、手のひらを正面に向けて腕を開く。
▼肩甲骨も一緒に動かすように、肘を水平に動かし、腕を閉じる（10回）。
▼小指を合わせて、肘がなるべく開かないように腕を上下させる（10回）。
▼親指を肩に当てたまま、前廻し、後廻しをする（各10回）。

2. ショルダー：インナーチューブ

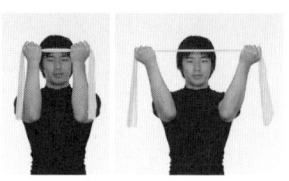

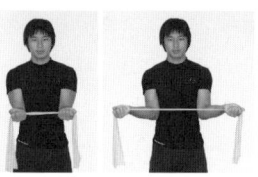

❶目的・効果
▼肩インナーマッスルのアクチベーション。
❷動作とポイント
▼弱めのゴムチューブを両手に持ち、肘を90度に曲げる。
▼肘を体側に着けた状態で、肩を外旋させて元に戻す（10回）。
▼上腕が地面と水平になるように肩を屈曲し、再び外旋させて元に戻す（10回）。

3. ショルダー：スキャプラチューブ

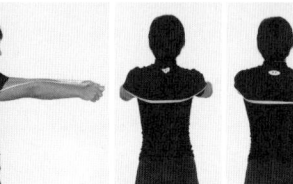

❶目的・効果
▼肩甲骨の可動性向上。
❷動作とポイント
▼中程度の強度のゴムチューブを背部に当て、両端を持つ。
▼肘を伸ばした状態を保持して、肩を前方に突き出して肩甲骨を外転させる。
▼胸を張りながら、肩甲骨を内転させ、肩を後方へ戻す（10回）。

4. ソラシックムーブ

❶目的・効果
▼胸椎の可動性向上。
❷動作とポイント
▼椅子に座り、両手を頭の後ろに当てる。
▼なるべく腰椎が動かないように、背中を丸めてから（屈曲）、反らす（伸展）。10回。
▼上体を左右に捻る（回旋）。10回。
▼上体を左右に倒す（側屈）。10回。

5. 90／90

❶目的・効果
▼胸椎の可動性向上。
❷動作とポイント
▼横向きに寝て、下になる脚は伸ばす。
▼上の脚は、股関節と膝関節を90度に曲げる。
▼肘を伸ばして、胸の前で両手を合わせる。
▼お腹は正面を向けたまま、上の腕を開いて上体を捻る（10回）。
▼下の腕を床と垂直になるまで閉じて上方に突き出す（バリエーション）。

6. クアドラプト

❶目的・効果
▼脊柱の可動性向上と、股関節の可動性向上。
❷動作とポイント
▼両手・両膝を床に着いた状態で、腰背部全体を丸める。
▼顔を上に向け、腰背部全体を反らす（10回）。
▼骨盤をニュートラルポジションに戻し、お尻を後ろに引き、元に戻す（10回）。
▼体幹部を固定して、股関節を内外旋させる（各10回）。

7. ヒップローテーション

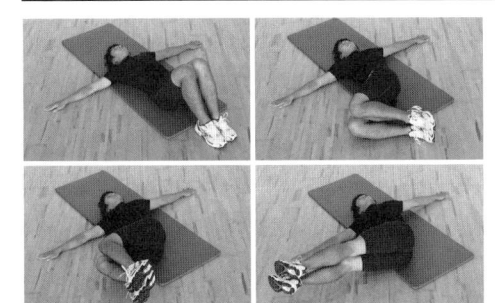

❶目的・効果
▼腰椎、股関節の可動性向上。
❷動作とポイント
▼仰向けに寝て、足を地面に着けたまま、膝を90度曲げる。
▼両肩が地面から浮かないように、腰を左右に捻る（10回）。
▼膝を90度に保ったまま足を地面から浮かして、腰を左右に捻る（10回）。
▼膝を完全に伸ばして、腰を左右に捻る（10回）。

8. スコーピオン

❶目的・効果
▼腰椎、股関節の可動性向上。
❷動作とポイント
▼うつ伏せに寝て、両手を肩の高さに広げる。
▼腰を後ろに捻って、片方の脚をクロスさせる。
▼逆方向にも捻る（10回）。
▼腰椎に負担のかからない範囲で動かす。

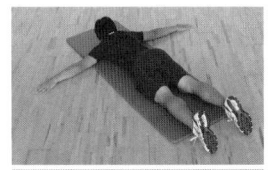

9. トゥタッチ&ヒールタッチ

❶目的・効果
▼股関節周囲の筋群と背筋群との連動。
❷動作とポイント
▼膝を曲げずに前屈して爪先をタッチする。
▼身体を起こして、頭上で手を合わせる（10回）。
▼脚を肩幅程度に開き、しゃがんで踵をタッチする。
▼身体の横を通るように腕を振りながら立ち上がり、頭上で手を合わせる（10回）。

10. ピラーエクササイズ

❶目的・効果
▼体幹部のインナーユニットの活性化。
❷動作とポイント
▼前腕部とつま先で、うつ伏せの姿勢を保持する（60秒）。
▼前腕部と足の外側部で、横向きの姿勢を保持する（60秒）。
▼両肩と踵で、お尻を上げた仰向けの姿勢を保持する（60秒）。
▼すべての動作の最中、腹部を引き締めることを意識する。

11. ミニバンド

❶目的・効果
▼股関節外旋筋群、屈筋群の活性化。
❷動作とポイント
▼肩幅より広めのスタンスをとり、膝の上部に中程度の強度のミニバンドを巻く。
▼腰を捻らずに、股関節だけ動かすことを意識して、内外旋させる（20回）。
▼片足でミニバンドを踏み、別の足の甲にミニバンドをかける。
▼バランスを崩さないように股関節を屈曲させ、元に戻す（20回）。

12. パワーウォーク

❶目的・効果
▼股関節の外旋筋群の活性化、体幹部の保持。
❷動作とポイント
▼肩幅より広めのスタンスをとり、膝の上部に中程度の強度のミニバンドを巻く。
▼スタンスを維持しながら、前方に移動し、元に戻る（10歩×3往復）。
▼スタンスを維持しながら、側方に移動し、元に戻る（10歩×3往復）。
▼動作中、股関節から動かすことを意識し、頭部が動かないように注意する。

7.2 ウォーキング系

1. ニーハグ

❶目的・効果
▼臀筋の柔軟性向上、片脚支持でのバランスの向上。

❷動作とポイント
▼ももを胸に着けるように、片方の膝を両手で抱える。
▼膝を抱える脚の、股関節の屈筋群の収縮を意識する。
▼その際に、上体が後ろに反らないようにする。
▼立っている脚はつま先立ちになり、膝が曲がらないようにする。
▼立っている脚の臀筋の収縮を意識する。
▼片脚立ちの際に、バランスを崩さないようにする。
▼3歩前に歩いて、逆側で同じ動作を繰り返す。

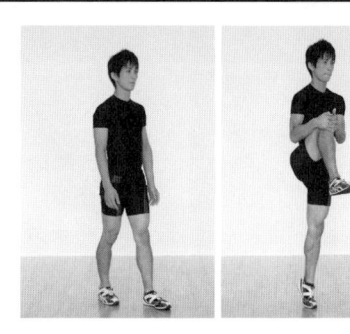

2. フィギュアフォー

❶目的・効果
▼股関節の外旋筋の柔軟性向上、片脚支持でのバランスの向上。

❷動作とポイント
▼片方の脚で4の字を作り、両手で足首を持ち、腰の高さまで引き上げる。
▼脚を引きつける時に、股関節の内旋筋群の収縮を意識する。
▼その際に、上体が後ろに反らないようにする。
▼立っている脚はつま先立ちになり、膝が曲がらないようにする。
▼立っている脚の臀筋の収縮を意識する。
▼3歩前に歩いて、逆側で同じ動作を繰り返す。

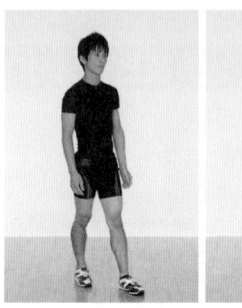

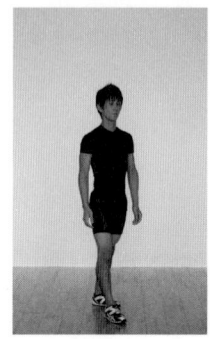

3. ハイキック

❶目的・効果
▼ハムストリングスの柔軟性向上、片脚支持でのバランスの向上。

❷動作とポイント
▼対角線上の手とつま先をタッチするように、脚を高く振り上げる。
▼脚を振り上げる時、股関節の屈筋群の収縮を意識する。
▼その際に、上体が前方に倒れないようにする。
▼3歩前に歩いて、逆側で同じ動作を繰り返す。

4. ヒールアップ

❶目的・効果
▼大腿前部、体幹部、胸部の柔軟性向上、片脚支持でのバランスの向上。

❷動作とポイント
▼片方の膝を後ろに曲げ、片手で足首を手で持つ。
▼足首を持たない方の手を真上に上げる。
▼膝を曲げる時、膝関節屈筋群の収縮を意識する。
▼手を上げる際、身体前面がストレッチされるように真上に伸びる。
▼立っている脚はつま先立ちになり、膝が曲がらないようにする。
▼立っている脚の臀筋の収縮を意識する。
▼3歩前に歩いて、逆側で同じ動作を繰り返す。

5. ランジ&ツイスト

❶目的・効果
▼股関節屈筋群、体幹側部の柔軟性向上。
❷動作とポイント
▼脚を1歩前に踏み出し、下に沈み込む。
▼後ろ脚の付け根のストレッチングを意識する。
▼踏み出した脚の方向に上体を捻る。
▼上体を捻る時、体幹の回旋筋群の収縮を意識する。
▼上体を元に戻しながら、後脚を前足に揃えるように立ち上がる。
▼3歩前に歩いて、逆側で同じ動作を繰り返す。

6. ランジ&エルボーイン

❶目的・効果
▼股関節周囲の筋群の柔軟性向上。
❷動作とポイント
▼脚を1歩前に踏み出し、下に沈み込む。
▼上体を前に倒し、踏み出した脚の内側に肘を入れる。
▼内側に入れた手を、膝の外側に出して、お尻を上に上げて前脚の膝を伸ばす。
▼この時、つま先を上に上げる。
▼上体を元に戻しながら、後ろ脚を前脚に揃えるようにして立ち上がる。
▼3歩前に歩いて、逆側で同じ動作を繰り返す。

7. バックランジ&サイドベント

❶目的・効果
▼股関節屈筋群、体幹側部の柔軟性向上。
❷動作とポイント
▼進行方向に後ろ向きで立ち、脚を1歩後ろに踏み出し、下に沈み込む。
▼後ろ脚の付け根のストレッチングを意識する。
▼踏み出した側の手を真上に上げ、上体を横に倒す。
▼後ろ脚の付け根から体側にかけてストレッチングを意識する。
▼上体を元に戻しながら、前足を後ろ足に揃えるようにして立ち上がる。
▼3歩後ろに歩いて、逆側で同じ動作を繰り返す。

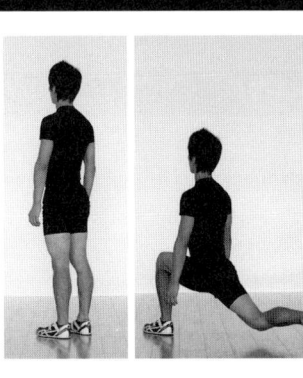

8. エアプレーン

❶目的・効果
▼ハムストリングスの柔軟性向上、片脚支持でのバランスの向上。
❷動作とポイント
▼進行方向に後ろ向きに立ち、両手を真横に上げる。
▼上体を前方に倒して、足から頭まで一直線上になるようにする。
▼立っている脚のハムストリングスのストレッチングを意識する。
▼体幹部の固定を意識して、バランスを崩さないようにする。 
▼立っている脚のハムストリングスの収縮を意識して上体を戻す。
▼3歩後ろに歩いて、逆側で同じ動作を繰り返す。

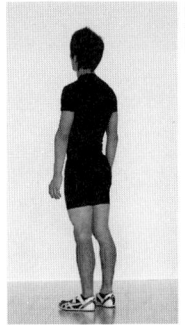

9. サイドランジ

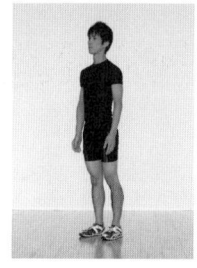

❶目的・効果
▼内転筋群の柔軟性向上。

❷動作とポイント
▼進行方向に対して横向きに立ち、脚を横に1歩踏み出し、下に沈み込む。
▼沈み込んだ時、後ろ脚の内転筋群のストレッチングを意識する。
▼後ろ脚を半歩引きつけてから、立ち上がる。
▼脚を引きつける際には、両脚の内転筋群の収縮を意識する。
▼この動作を決められた距離の半分まで繰り返し、方向を変えて同じ動作を繰り返す。

10. クロスランジ

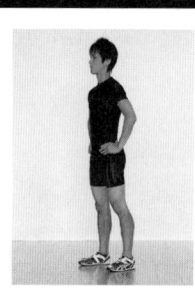

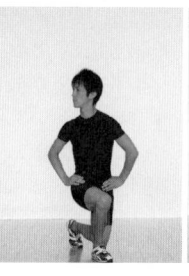

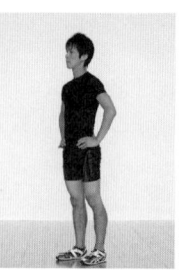

❶目的・効果
▼臀筋群の柔軟性向上。

❷動作とポイント
▼進行方向に対して横向きに立ち、後ろ脚を身体の前方でクロスさせ、下に沈み込む。
▼沈み込んだ時、クロスさせた脚の臀筋群のストレッチングを意識する。
▼立ち上がりながら、軸足を進行方向に移動させて、平行のスタンスに戻る。
▼後ろ脚を身体の後方で軸足とクロスさせ、下に沈み込む。
▼沈み込んだ時、軸足の臀筋群のストレッチングを意識する。
▼脚をクロスさせて沈み込む際には、上体をまっすぐに保つように注意する。
▼この動作を決められた距離の半分まで繰り返し、方向を変えて同じ動作を繰り返す。

11. ハンドウォーク

❶目的・効果
▼大腿後面から下腿後面の筋群の柔軟性向上、体幹筋群の活性化。

❷動作とポイント
▼脚を揃えて立ち、前屈して両手を身体のできるだけ近くに着く。
▼少しずつ手を前方に移動させて、腕立ての姿勢をとる。
▼体幹部の収縮を意識して、姿勢を保持する。
▼できるだけ遠くまで行ったら、脚を少しずつ前方に移動させる。
▼大腿後面から下腿後面の筋群のストレッチングを意識する。
▼この動作を繰り返す。

12. スパイダー

❶目的・効果
▼股関節周囲の筋群の柔軟性向上、手と脚の協調性の向上。

❷動作とポイント
▼両手を床に着き、脚を広めに開いてしゃがむ。
▼左手を前方に出し、左脚はやや後方に引き、開始姿勢を取る。
▼開始姿勢から、右手をできるだけ前方に出す。
▼少しタイミングをずらして、左脚を前方に出す。
▼前方に出す脚は同側の手の外側に着き、肩と膝が接するようにする。
▼1動作ごとに、股関節周囲の筋群のストレッチングを意識する。

7.3 スキップ系

1. スキップ

❶目的・効果
▼心拍数の向上、肩関節周囲の動的柔軟性向上。

❷動作とポイント
▼肩関節を中心に腕を大きく振って、スキップをして進む。
▼股関節の動きも徐々に大きくする。
▼決められた距離の半分までできたら、水平に腕を大きく振りながらスキップする。
▼腕を水平に振る時には、肩関節は内外旋を繰り返し行う。
▼決められた距離までできたら、後ろ向きで同じ動作を行う。

2. スキップ（アームローテーション）

❶目的・効果
▼心拍数の向上、手と脚の協調性の向上。

❷動作とポイント
▼左右の腕を逆回転させながら、スキップで進む。
▼肩関節を中心に腕を大きく振って、スキップをする。
▼腕の振りを徐々に大きくしていき、勢いをつける。
▼勢いにまかせて、右手は後ろ回し、左手は前回しをする。
▼腕を1周させたら、逆回しをする。
▼決められた距離までできたら、後ろ向きで同じ動作を行う。

3. ハイスキップ

❶目的・効果
▼心拍数の向上、下肢の爆発的筋力発揮の準備。

❷動作とポイント
▼腕を大きく振って、高さを意識したスキップで前方に進む。
▼足の裏全体で、地面をしっかりと捉えてスキップをする。
▼高さを出すために、臀筋の収縮を意識する。
▼腕の振りと脚の振り上げのタイミングを合わせる。
▼決められた距離までできたら、後ろ向きで同じ動作を行う。

4. クイックスキップ

❶目的・効果
▼心拍数の向上、足関節周囲の筋群の反応を高める。

❷動作とポイント
▼速さを意識したスキップで、細かくスキップしながら前方に進む。
▼足関節の伸張反射を利用して、脚を速く引き上げることを意識する。
▼肩をリラックスさせて、腕をできるだけ速く振るようにする。
▼決められた距離までできたら、後ろ向きで同じ動作を行う。

5. サイドステップ

❶目的・効果
▼心拍数の向上、側方移動の準備、肩関節周囲の動的柔軟性向上。

❷動作とポイント
▼進行方向に対して横向きに立ち、腕を大きく振りながら、サイドステップで側方へ進む。
▼腕を振る時には、身体の横で肘をしっかりと伸ばして動かす。
▼サイドステップは、後ろ脚で地面をしっかりと捉えて進む。
▼決められた距離の半分までできたら、腕を内回し、外回しと交互に回す。
▼腕を回す時は、肩甲骨も一緒に動かすことを意識する。
▼決められた距離までできたら、逆向きで同じ動作を行う。

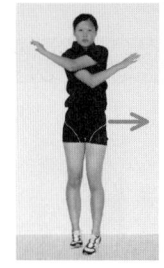

6. サイドスキップ

❶目的・効果
▼心拍数の向上、側方移動の準備、股関節内転筋群の動的柔軟性向上。

❷動作とポイント
▼進行方向に対して横向きに立ち、横向きでスキップをしながら、側方へ進む。
▼後ろ脚でスキップしながら、前脚のももを上げる。
▼前脚を振り下ろしてスキップする時に、後ろ脚を横に開く。
▼スキップする時は、地面を捉えて、側方へしっかりと蹴る。
▼決められた距離までできたら、逆向きで同じ動作を行う。

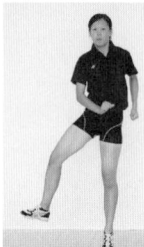

7. クロススキップ

❶目的・効果
▼心拍数の向上、股関節周囲筋群の動的柔軟性向上。

❷動作とポイント
▼股関節を身体の横から内側に回しながら、スキップをして前に進む。
▼回した脚を地面に着ける時には、腰を捻って、軸足とクロスさせる。
▼クロスする時に、上体は常に正面を向くようにする。
▼スキップしている時に、身体が左右に振れないように、軸をしっかりと意識をする。
▼決められた距離の半分まできたら、膝をできるだけ伸ばして行う。

8. オープンバックスキップ

❶目的・効果
▼心拍数の向上、股関節周囲筋群の動的柔軟性向上。

❷動作とポイント
▼進行方向に後ろ向きに立ち、股関節を身体の前から外側に回しながら、スキップをして後ろに進む。
▼回した脚を地面に着ける時には、腰を開く。
▼腰を開く時、上体は常に正面を向くようにする。
▼スキップしている時に、身体が左右に振れないように、軸をしっかりと意識をする。
▼決められた距離の半分まできたら、膝をできるだけ伸ばして行う。

7.4 ステップ系

1. サイドステップ＆ピボット

❶目的・効果
▼側方への移動、股関節の内外旋の動き。
❷動作とポイント
▼進行方向に対して横向きに立ち、サイドステップを3回して側方へ進む。
▼腰を落としてストップする。
▼両脚同時にツイスティング動作をして、再びサイドステップで進む。
▼ツイスティングは、拇指球を軸にして、つま先と膝の向きを一致させる。
▼決められた距離まできたら、逆向きで同じ動作を行う。

2. サイドステップ＆バック

❶目的・効果
▼側方への移動、方向変換能力の向上。
❷動作とポイント
▼進行方向に対して横向きに立ち、サイドステップを3回して側方へ進む。
▼腰を落としてストップする。
▼進行方向と反対側に1回ステップして、しっかりとストップしてから、再びサイドステップで進む。
▼切り返しをする時、後ろ脚でしっかりと地面を捉えてキックをする。
▼決められた距離まできたら、逆向きで同じ動作を行う。

3. キャリオカ

❶目的・効果
▼体幹部の捻りの動的柔軟性向上。
❷動作とポイント
▼進行方向に対して横向きに立ち、腰を捻りながら、クロスステップで側方に進む。
▼ゆっくり大きなステップから、徐々に速く細かいステップに変えていく。
▼腰を捻る時、肩のラインが進行方向と平行な状態を保つことを意識する。
▼特に、後ろでクロスする動きが小さくならないように注意する。
▼決められた距離まできたら、逆向きで同じ動作を行う。

4. キャリオカハイニー

❶目的・効果
▼体幹部の捻りと股関節の連動性。
❷動作とポイント
▼進行方向に対して横向きに立ち、腰を捻りながら、クロスステップで側方に進む。
▼前でクロスする時に、片脚でジャンプしながら、股関節を外側から内側に大きく回す。
▼ジャンプと股関節を捻る動きのタイミングをうまく合わせる。
▼腰を捻る時、肩のラインが進行方向と平行な状態を保つことを意識する。
▼決められた距離まできたら、逆向きで同じ動作を行う。

5. フロント&サイド

❶目的・効果
▼手足の協調性、股関節周囲および肩関節周囲の動的柔軟性向上。

❷動作とポイント
▼2ステップしながら、同じ脚を連続して前・横に上げて前に進む。
▼腕を大きく動かしながら、同側の手で膝をタッチする。
▼脚を切り換えて同じ動作を行う。
▼ステップしている時、体幹の固定を意識して、上体が動かないように注意する。
▼決められた距離まできたら、後ろ向きで同じ動作を行う。

6. イン&アウト

❶目的・効果
▼手足の協調性、股関節周囲の動的柔軟性向上。

❷動作とポイント
▼2ステップしながら、同じ脚を連続して股関節を外旋・内旋させて前に進む。
▼腕を大きく振りながら、外旋する時は、対角の手で踵をタッチする。
▼内旋する時は、同側の手で踵をタッチする。
▼脚を切り換えて同じ動作を行う。
▼ステップしている時、体幹の固定を意識して、上体が動かないように注意する。
▼決められた距離まできたら、後ろ向きで同じ動作を行う。

7. インイン&アウトアウト

❶目的・効果
▼手足の協調性、アジリティ。

❷動作とポイント
▼1ステップで、左右の脚を交互に、脚を外旋・内旋させて前に進む。
▼外旋する時も、内旋する時も、すべて同側の手で踵をタッチする。
▼ゆっくりした動きから、スピードを徐々に上げていく。
▼ステップしている時、体幹の固定を意識して、上体が動かないように注意する。
▼決められた距離まできたら、後ろ向きで同じ動作を行う。

8. ジャンピングジャックス

❶目的・効果
▼手足の協調性、股関節周囲および肩関節周囲の動的柔軟性向上。

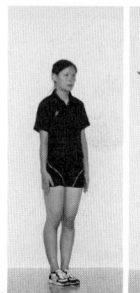

❷動作とポイント
▼ジャンプをして、脚を開くのと同時に、手を肩の高さまで上げる。
▼ジャンプをして腕と脚を同時に閉じる。
▼再度ジャンプして脚を開く時に、手のひらを頭の上で合わせる、
▼ジャンプをして腕と脚を同時に閉じる。
▼ジャンプする際は、すべて前方に移動する。
▼決められた距離まできたら、後ろ向きで同じ動作を行う。

7. ウォームアップのための運動

7.5 バランス系

1. 回転ジャンプ

❶目的・効果
▼バランス器官への刺激、水平面の回転。
❷動作とポイント
▼ケンパーのステップでジャンプして、180度回転する。
▼着地をしたら、すぐに逆方向に180度回転する。
▼着地をしたら、逆のパターンで行う。
▼決められた距離の半分まできたら、360度回転ジャンプを行う。

2. 側転&前回り受け身

❶目的・効果
▼バランス器官への刺激、前額面、矢上面での回転。
❷動作とポイント
▼左手、右手の順に地面に着いて、側転を行う。
▼左脚が着地をしたら、低い姿勢をとる。
▼右手を地面に着いて、左肩を入れるようにして前回り受け身を行う。
▼決められた距離の半分まできたら、逆側も行う。

3. ストップ&バック

❶目的・効果
▼停止能力の向上、前後方向の切り替え能力の向上。
❷動作とポイント
▼両脚平行のスタンスからスタートして、5m走ったら両脚ストップをする。
▼ストップする際は、踵から着地をして、膝がつま先より前に出ないようにする。
▼ストップしたら、すぐにバックランで2.5m戻り、再びスタートする。
▼決められた距離まで、この動作を繰り返す。

4. ストップ&ゴー

❶目的・効果
▼停止能力の向上、前後方向の切り替え能力の向上。

❷動作とポイント
▼両脚平行のスタンスからスタートして、5m走ったらワンツーストップ（スプリットスタンス）をする。
▼ストップする際は、踵から着地をして、膝がつま先より前に出ないようにする。
▼ストップしたら、前脚を1歩後ろに引いて、平行スタンスに戻してから前方にスタートする。
▼決められた距離まで、この動作を繰り返す。

5. バックターン

❶目的・効果
▼停止能力の向上、方向変換能力の向上。

❷動作とポイント
▼2m程度走り、左・右のリズムでストップする。
▼ストップした後、右脚を軸に背中側にターンをしてスタートする。
▼右・左のリズムでストップして、左脚を軸に背中側にターンする。
▼決められた距離まで、この動作を繰り返す。

6. バックターン&フロントターン

❶目的・効果
▼停止能力の向上、方向変換能力の向上。

❷動作とポイント
▼2m程度走り、左・右のリズムでストップする。
▼ストップした後、右脚を軸に背中側にターンをする。
▼左脚を着地した後、すぐにお腹側にターンをしてスタートをする。
▼逆パターンでの動作も行い、決められた距離まで、この動作を繰り返す。

7.6 スピード系

1. ハイニー〜クイックラン

❶目的・効果
▼ランニングスピード、フットアジリティ。

❷動作とポイント
▼上体をまっすぐに保ち腕を振り、もも上げをしながら前方に進む。
▼脚を上げる時には、股関節の動きを意識して、必要以上に膝を上げない。
▼脚を振り下ろす時には、地面をしっかりと捉える。
▼決められた距離の半分まできたら、ステップを細かくする。
▼ステップを細かくしても、股関節の動きを意識して、接地時は地面をしっかり捉えることを忘れないように注意する。

2. ラテラルハイニー〜ラテラルシャッフル

❶目的・効果
▼横方向への移動スピード。

❷動作とポイント
▼進行方向に対して横向きに立ち、もも上げをしながら側方に進む。
▼脚を振り下ろす時には、地面をしっかりと捉えて、後ろ脚でしっかり蹴って進む。
▼脚幅を一定に保ち、脚を絶対にクロスさせない。
▼決められた距離の半分まできたら、ステップを細かくする。
▼上体が左右に動かないように、体幹をしっかり固定する意識を持つ。

3. ジグザグバウンズ

❶目的・効果
▼片脚でのバランス保持から、爆発的筋力発揮。

❷動作とポイント
▼左脚で地面を蹴って、右斜め前に移動する。
▼右脚で着地して完全に静止した後、右脚で蹴って左斜め前に移動する。
▼徐々に接地時間を短くしていき、弾むように進んでいく。
▼股関節、膝関節、足関節をタイミングよく動かすように意識する。

4. カッティング

❶目的・効果
▼方向変換能力。

❷動作とポイント
▼ジグザグに方向変換をしながら、前方に進む。
▼方向変換する際に、外側の脚で地面を蹴るオープンカットと、脚をクロスさせながら内側の脚で地面を蹴るクロスオーバーカットを組み合わせて行う。
▼オープンカット、クロスオーバーカットともに、つま先と膝の方向が同じになるように意識をする。
▼徐々に接地時間を短くしていき、走るスピードを上げていく。

■オープンカット
■クロスオーバーカット

5. ホットフットスタート

❶目的・効果
▼フットアジリティ、リアクション。
❷動作とポイント
▼肩幅のスタンスをとり、腰を落として構える。
▼指導者の合図で、接地時間をできるだけ短くして素早く足踏みをする(ハーキー)。
▼指導者の次の合図で、できるだけ素早くスタートする。

■ハーキー

■ツイスト

▼ハーキーの替わりに、腰を連続して捻る(ツイスト)場合や、前後にステップ踏むパターンなどのバリエーションがある。

6. バックターンスタート

❶目的・効果
▼リアクション、回転動作。
❷動作とポイント
▼進行方向に対して後ろ向きで立ち、肩幅のスタンスをとり、腰を落として構える。
▼指導者の合図でターンをして、できるだけ素早くスタートをする。
▼反時計回りにターンをする際に、右脚を軸にして左脚を後ろに引いてターンするドロップステップと、左脚を軸にして右脚を移動させるピボットステップを組み合わせて行う。
▼時計回りにターンしてスタートするパターンも行う。

▼指導者の指示した方向にターンをしてスタートするバリエーションもある。

7. 3ポイントスタート

❶目的・効果
▼リアクション、スタートスピード。
❷動作とポイント
▼脚を前後に開き、後ろ脚側の手を地面に着いて、お尻を浮かせる。
▼前脚側の手は、肘を伸ばして後ろに引く。
▼前脚の下腿を前傾させ、頭を低くして、前脚に体重を乗せる。

▼指導者の合図で爆発的にスタートする。
▼スタート時に身体が浮かないように注意し、できるだけ前傾姿勢を維持する。

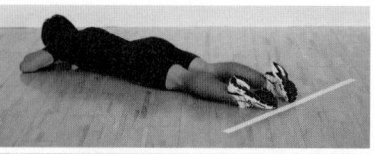

8. 変形スタート

❶目的・効果
▼リアクション、多様な姿勢からのスタート。
❷動作とポイント
▼スタートラインに頭の位置を合わせてうつ伏せで寝る。
▼手の甲の上に顎を乗せて、合図を待つ。
▼指導者の合図で、スムーズに起き上がり、スタートする。
▼仰向けの場合は、お腹の上に手を置いた姿勢からスタートする。

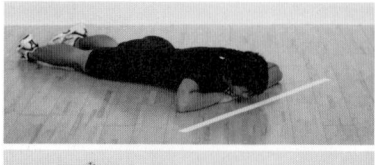

▼バリエーションとしては、進行方向に脚を向けて寝るパターンや、起き上がる時に手を地面に着かずに起き上がるパターンがある。

8. 形態・体力測定
Test

実施と指導上の留意点

1. トレーニング指導にとって必要な測定とは？

　トレーニング指導者にとっての測定は、指導をより科学的に、そして効果的に、確実に根拠を持って進めていくための必要不可欠な手段である。

　測定が重要だといわれているからとか、なんとなくとりあえず何か測ってみようといった測定は、何の役にも立たないばかりか時間の無駄である。測定を実施する以上は、その目的と内容と方法が、いかにトレーニング指導の効果を高められるのかという点から明確にされていなければならず、決して測定のための測定であってはならない。

　さもなければ、「科学的」という言葉とは裏腹に、トレーニング科学やスポーツ科学を有効に活用しようという意欲を削ぎ、トレーニング指導の合理性や効率性を低下させてしまう原因となりうる。その結果、結局は、古い常識や権威的な理論にとらわれたままの指導、まだ仮説でしかない1つの理論にとらわれた指導、うわさや自分の経験と勘だけに頼った指導を蔓延させてしまうことにもなりかねない。

2. 現場指導者がトレーニング指導を科学的・効率的に進めていくための測定のあり方

1）数値データを得ることが測定の目的

　トレーニング指導を科学的に行うということは、「なんとなく……という感じ」といった感覚やフィーリングではなく、また権威的な決めつけでもなく、これから行うトレーニングの目指す方向の妥当性や、トレーニングの進捗状況や成果の確認、計画や方法が間違っていないかどうかといったチェックのために、客観的な数値データを用いるということに他ならない。

　スポーツやフィットネスに関する事象をすべて何でも数値で測ることはできない、という理由で測定に対して消極的になることは、そもそもスポーツ科学というものが数値データの収集と統計学的推論およびそこから得られる情報の積み重ねによって発達してきたことを自ら否定することにつながり、トレーニングを科学的に進めるべきだと考える指導者としては正しい態度とは言えない。

　したがって、トレーニング指導者が測定を行う目的は、さまざまな判断に必要な客観的な数値データを得るということに尽きる。

2）妥当性のある数値データを収集する

　しかし、的確な判断を下すためには、数値データであれば何でもいいというものではない。指導する選手の特性やクライアントの生活上の目標などを踏まえて、さまざまな判断を下すために必要な意味のある数値が得られなければ、いくら精度の高い測定を行っても無駄となる。このように、意味のあるデータが得られているかどうかという基準を、測定における「妥当性」という。

　一般に実験室で行われる測定は、研究対象となる部分的な要素の特性を明確にするため、他の要素の影響をできるだけ制限しようとする。例えば、ある筋群の働きを見るために他の筋群の働きができるだけ関与しない姿勢をとらせる。それによってその筋群の個別特性は明らかとなるが、他の関節も含めた身体全体の特性については不明のままである。

　ある特定の部分的な要素の状態や変化を多角的に詳しく検討するためにはこうした測定も必要となるが、日常のトレーニングにおいて、トレーニングの過程をコントロールするためには、実際のスポーツ場面や生活で発揮される身体全体の運動によって得られる数値データが必要となることの方が多い。

　特に、トレーニング指導者が現場でさまざまな判断を的確に下していくためには、その判断材料として使っていくための妥当性のある測定が不可欠となる。

3）判断材料としてのデータに求められる信頼性

　スポーツ特性や日常生活の特徴を踏まえた現場で行う測定であるからといっても、得られる数値がいい加減なものであってよい理由はない。トレーニング指導者によって日常的に実施される測定において

も、収集されるデータが信頼できるものでなければならい。これを測定の「信頼性」という。

信頼性とは、測定によって得られた数値の再現性と言い換えてもよい。例えば皮下脂肪厚など、1週間程度の短期間では大きく変化しないはずの数値が測定のたびに大きく異なる場合や、2回実施した同じテストの測定値間の相関関係が著しく低いといったことが生じた場合、どの数値も信頼できないことになる。

また、実験室の精密な機器による測定値とあまりにもかけ離れた値しか得られない場合も、重要な決断を下すためのデータとしては信頼できないことになる。

信頼性のあるデータを得るためには、適切な測定機器の選択と測定の実施方法についてのノウハウが必要とされる。

4）簡便性と反復性

指導現場で妥当性と信頼性のある測定を定期的に実施することによって、さまざまな指導上の判断に利用することをモニタリングという。モニタリングを行うには、その測定ができるだけ簡単で、しかも繰り返し実施することが容易であるということも重要な条件となる。いつでも簡単に準備が可能で、毎日でも繰り返し反復することが可能な測定を選択することが重要である。それによって、年に数回しか実施できない測定では知ることのできない問題点が見つかったり、トレーニング過程における変化を詳しくフォローしたりすることが可能となる。

5）速やかなフィードバック

測定によって得られたデータは、できるだけ速やかにフィードバックする必要がある。過去の測定値との比較や、簡単な基準値や指標などはその場でわかるようにしておくことも必要である。そのためには、データは生の数値だけではなく、例えば体重比や何らかの指数やパーセンテージといった、意味のある数値にあらかじめ加工されて表示されるような機器を用いることも有用である。

3．実施上の留意点

以上のような要件を満たす測定を実施する上で、注意すべき点を示す。

● 機器類の扱いに慣れる。普段から各種の機器を使ってさまざまなデータをとるようにすることにより、アクシデントに対処したり、より効果的かつ効率的な測定方法を会得することができ、また新たなアイデアが生まれたりすることもある。

● 機器類を大切に扱う。限られた予算の中で購入した機器類をできるだけ故障させることなく、万全の状態で常に使用するためには、大切に扱うことが大切である。コード類を無造作に足で踏んだり、倒れやすいところに放置したりすること等々は極力避ける。

● 機器類の点検を普段から怠らないようにする。バッテリーの充電や故障部分の修理、キャリブレーション等々を前もって行い、測定の実施中にトラブルの発生する可能性をできるだけ未然に防ぐことが重要である。

● 測定方法の基準を明確にする。サーフェイスや機器の設置方法などの条件変更はデータにも影響する。したがって、測定基準ができるだけ一定になるような工夫が必要である。ただし、さまざまな条件で実施することにより、それらの関係を見出すことが目的である場合は、意図的に条件を変えて測定を行うことも必要となる。

● 機器類をいつでもすぐに使用できる状態で保管することも、日常的な測定を効率よく行う上で考慮すべき事柄である。上述したように大切に保管するということも重要だが、使用するまでに時間がかかるようでは、必要に応じて迅速にデータを確認するということが滞りがちになる。すぐにセッティングできるような、保管方法を工夫することが重要である。

● 多数の選手やクライアントを一度に測定する場合、測定種目の順序や待ち時間による影響ができるだけないように実施方法を配慮する。多くの機器を用いて複数個所で同じ種目を同時に実施したり、順序による影響が出ない範囲でローテーションを組んだりすることで、待ち時間をできるだけ少なくする。あるいは、時間差でスタートする。

8.1 形態測定

一般的な形態測定については類書に譲り、ここでは特に、スポーツパフォーマンス向上とフィットネスの指導を科学的に進めていく上で今後、特に重要となると思われる項目について、最新の測定機器や測定方法を含めて紹介することにする。

1. 体重

体重測定は、身体の状態を把握する上で重要な項目である。数kgの変動が日常的に食事、発汗、排泄に伴って生じるので、できるだけ同じ時間帯の同条件で測定する必要がある。

最近では、最小表示が50gという精密体重計（写真）が1万円強で購入できるようになっている。このような精密体重計を用いることにより、減量や増量を目的としてトレーニングに取り組んでいる際には、努力の成果がより確実に把握でき、大雑把な表示の体重計を利用するよりも、食事やトレーニングのコントロールが確実にやりやすい。

1日1回、決まった時間に食事、排泄、発汗、着衣など同条件で測定する以外にも、食事、排泄、トレーニングの前後に精密体重計で体重を測定することによって、その内容がより詳細に把握でき、体重の増減に対する理解が深まるという効果も期待できる。

また、頻繁に測定した体重を折れ線グラフ化することによって、増減の傾向が把握しやすくなる。体重コントロールの状況を的確に把握することで、スムーズな対処が可能となる。

■精密体重計

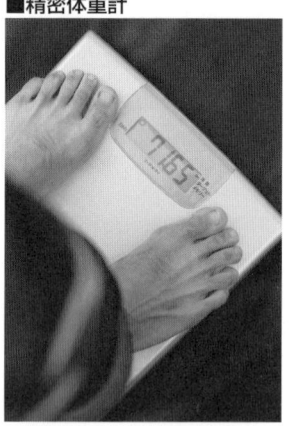

2. 周径囲

■胸囲　■上腕囲 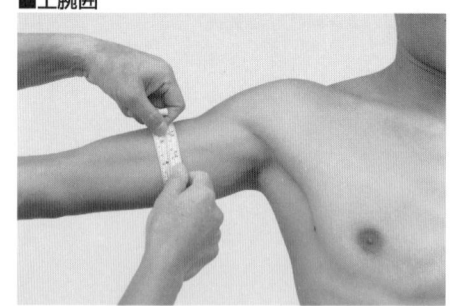　■前腕囲

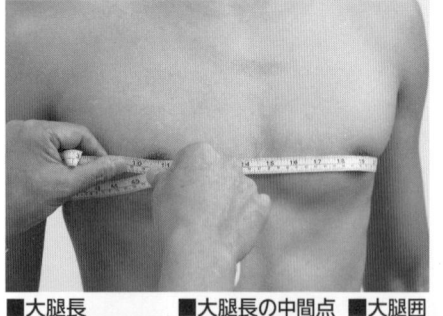

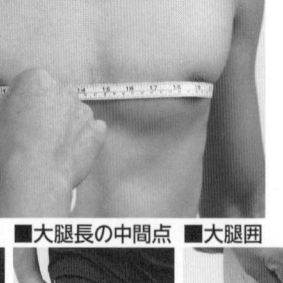

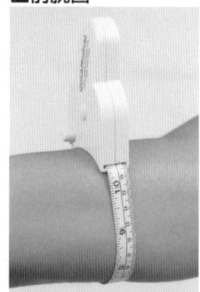

■大腿長 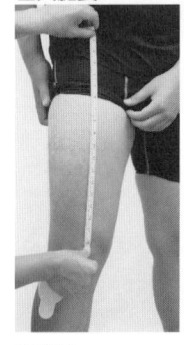　■大腿長の中間点 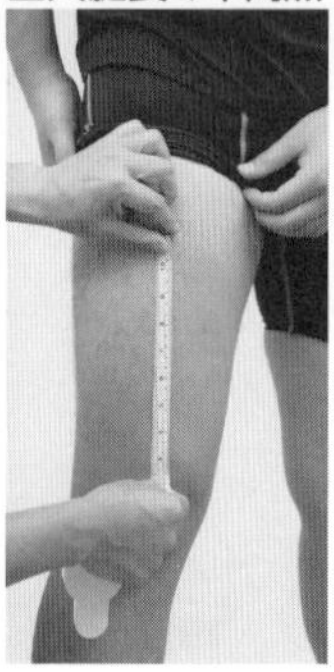　■大腿囲 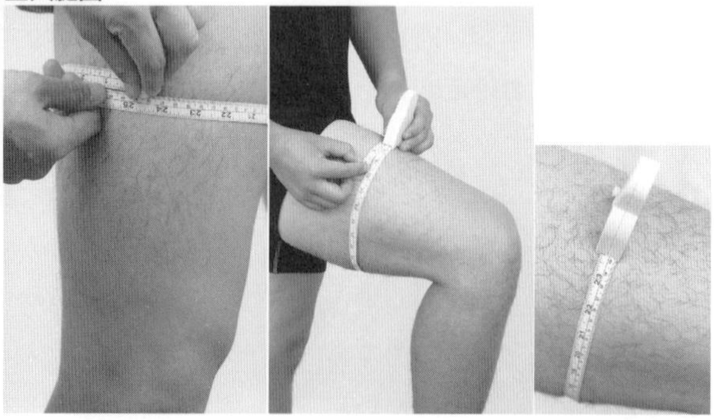　■下腿囲

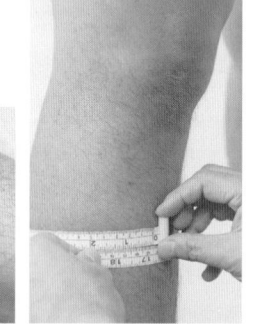

❶胸囲
男子は乳頭の直上、女子は胸骨の中間の高さに、メジャーを床と水平になるようにあて、呼気と吸気の中間のタイミングで測る。

❷上腕囲
肩90度外転位で掌を真上に向け、上腕二頭筋の最も膨らんだ位置にメジャーをあてて計測する。

❸前腕囲
上腕囲と同じ姿勢で、前腕の最大囲を計測する。

❹大腿囲
両足を肩幅に開き体重を均等にかけ、大腿長の中間点（膝蓋骨上部と上前腸骨棘を結んだ線の中間点）、もしくは任意の位置（例えば膝蓋骨上部から掌を開いた親指と小指の長さ等）に、長軸と直角になるようにメジャーを回して計測する。膝を直角に曲げ、大腿部が床と平行になるように台の上に足を置いて計測してもよい。

❺下腿囲
大腿囲の計測と同じ姿勢で、下腿の長軸にメジャーが直角になるように回して、最大囲を計測する。

3. 身体組成

■腹部　　■大腿前面部 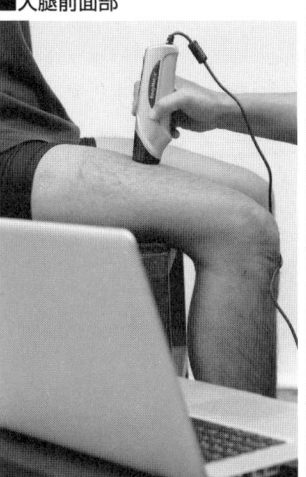　　■画像の例

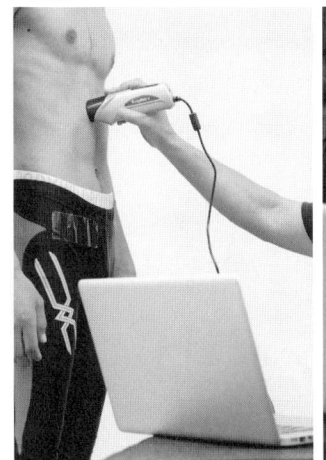

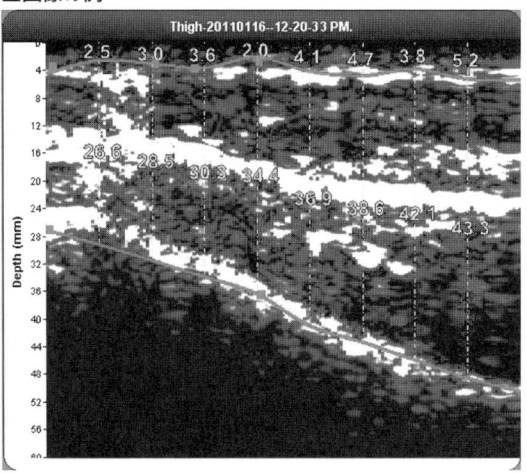

　身体組成を知るための方法はいくつかあるが、ここでは最新の超音波による体脂肪率の推定法および、皮下脂肪厚と筋肉厚の計測について説明する。

❶超音波による体脂肪率の推定

　超音波による検査の原理は、皮膚表面に接触させたプローブと呼ばれる装置から生体内に超音波を送信し、各組織（脂肪、筋、骨）の音波の伝播性と反射特性（音響インピーダンス）の差によって生じる音波受信までの時間的ずれを、プローブの接触面からの位置（距離）情報として再構築するものである。

　プローブに超音波測定用のゼリーを塗り、測定部位を数秒間5mm程度の幅で前後左右に移動させ、機器のボタンを押して周波数を確定する。

　超音波体組成測定器によって、数種類の体脂肪率推定式が用意されているので、その中から性別や年齢に応じて、最も適当と思われるものを選択して数か所の計測を行い推定体脂肪を得る。

❷超音波による脂肪厚と筋肉厚の計測

　Bodymetrix社のBX2000のような超音波体組成を用いることによって、皮下脂肪厚の推定ではなく、任意の部位の皮下脂肪厚を直接計測するとともに、当該部位の筋肉厚をも計測することが可能である。

　大腿前面部を例にとって計測法を説明する。

　被測定者を椅子に座らせ、大腿前面を膝蓋骨上部から上にゆっくりとプローブを移動させる。この時、プローブ表面と皮膚表面との密着を維持するように注意する。また斜めになって、プローブ中央の超音波発生部が皮膚から離れないようにする。また、あまり強く押さえることで、脂肪組織が圧縮されることのないように力をコントロールする。

　白い反射帯によって、最初に区別される部分が表層脂肪と深層脂肪、次の反射帯から筋肉、そしてその次に区別される部分から骨となる。

　画像取得後、スケールを用いて必要な部位の厚みを測定する。

8.2 体力測定

1. 最大挙上重量（1RM）

　フリーウエイトまたはマシーンによる個別の種目において、持ち上げることのできる負荷の最大値を計測することである。基本的には質量で示されるが、負荷の種類によってはその目盛りの値となる。姿勢や可動範囲によって、最大負荷は異なる。

　十分なウォームアップの後、正しいテクニックで10回程度反復可能な負荷を用いて3～5回実施する。その後、5回程度実施可能な負荷にまで増し、2～3回実施する。さらに2～3回程度実施可能な負荷に増して1回挙上する。そして、これをもとに推定される1RM負荷でチャレンジする。成功したらさらに負荷を微増し、失敗した場合はわずかに減じて再試行する。

　各試行の間隔は1～2分で十分である。直前の増強効果をうまく活用するために、長くなりすぎないように注意する。

　フリーウエイトによる1RM測定は絶対に1人で行ってはならない。必ず経験のあるスポッターをつけて実施する必要がある。

2. 等速性筋力と静的筋力

■単関節筋力の測定の例：レッグエクステンション＆フレクション（BIODEX）

■多関節筋力測定の例：スクワット（Ariel）

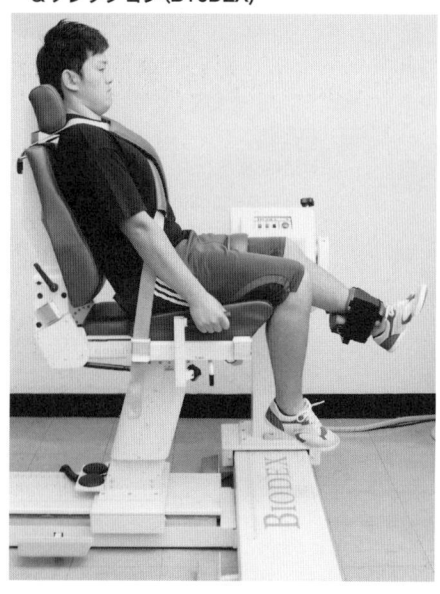

　筋力は正確には1RM値とは異なり、実際に筋活動によって外部に働きかけた力の大きさを指す。したがって1RM値をもって最大筋力とみなすことは誤りである。筋力は、関節角度、その統合としての姿勢、筋活動速度、筋活動時間、筋活動タイプによって特異性があるため、それらを限定した上で測定する必要がある。

　これらを踏まえて筋力を正確に測るためには、速度や可動域や筋活動タイプをコントロールできる等速性筋力測定機器が必要となる。単関節にのみ関与する筋群の筋力を測定するものと、多関節の動作における筋力を測定するものがある。いずれにしても非常に高価であること、およびそうした等速性の筋力発揮に慣れる必要があることから、トレーニング指導の現場で日常的に用いることは容易でない。しかし、リハビリテーションの過程において、筋力の復帰状態を安全かつ正確に知るには、こうした機器による評価が必要となる。

3. 動的筋力

トレーニング指導の現場で動的筋力を最も容易に測定する方法としては、リニアトランスジューサーと加速度計による方法がある。

リニアトランスジューサーは、トレーニングに用いる機器や身体の一部に装置から引き出されたケーブルを装着し、動作によって引き出されたその変位を要した時間で除することによって速度を得、速度の時間的変化から加速度を求め、それに挙上する質量（体重を加えることもある）を掛けて力を算出する。10ミリ秒ごとの瞬間的な力の大きさを知ることができるものや、得られた速度と、1レップごとの平均パワー（次項4参照）や、1セット中のパーセント値をリアルタイム表示できるものなどがある。

加速度計は、トレーニング機器や身体の一部に装着した挙上動作に伴って発生する加速度を直接計測し、それに質量を掛けることによって力を算出する。

現在、1レップごとの値をリアルタイム表示できる機種はないが、変位からの計算で加速度を求めるのではなく、加速度センサーから直接データを得るため、力の立ち上がり（RFD）などを知るにはリニアトランスジューサーよりも正確であるといえる。

■リニアトランスジューサー（フィットロダイン）　　■加速度計（マイオテスト）

4. リニアトランスジューサーによるパワー

PCを用いずに1レップごとのリアルタイム表示が可能な、リニアトランスジューサーによるパワー測定は、パワー（watt）＝質量（kg）×重力加速度（g－9.8m/s/s）×平均動作速度（m/s）によって計算される。

スクワットジャンプのパワーを測定する場合、ウエイトの質量と体重を合計した値を入力することにより、正確にパワー値を得ることができる。ベンチプレスのパワー測定ではウエイトの質量を入力する。

機器からトレーニング機器に装着されたケーブルが、動作に伴って床と垂直に引き出されるように機器を設置することが、正確な値を得るために特に重要である。また、スクワットジャンプでは、ジャンプの頂点でシャフトが肩から浮いたり、腕の力で上昇させてしまったりすることがないように注意する。シャフトが左右で傾くこともデータが不正確となる原因となるので、シャフトが常に床と平行を保つようにすることが必要である。

リアルタイムでフィードバックを与えるためには、表示される数値を選手に口頭で告げる。

■スクワットジャンプ　　■ベンチプレス

5. 加速度計による筋力・パワー

■スクワットジャンプ　　　　■ベンチプレス

　加速度計によって筋力やパワーを測定するためには、加速度計を専用クリップでトレーニング機器に装着し、測定する種目をテストのメニューから選択した後、機器の表示に従う。一般の三軸加速度計が搭載された機器で測定する際には、動作中に加速度計自体が回転してしまうことがないように注意することが必要である。ジャイロスコープが搭載された機器では、加速度計の回転をも自動補正する機能がある。

　また、動作の完全な静止状態を装置が認知する必要があるため、動作の静止状態を正確にとらないとエラーが出る。したがって、反動を用いないスクワットジャンプの測定においては、ボトムポジションや着地後のリセットを行う立位姿勢で、きちんと静止するように注意する。コンセントリックオンリーのベンチプレスやスクワットでは、反動をつけず、動作開始の音が鳴るまで静止する必要がある。

　加速度計を取り付ける位置がシャフトの一端にある場合、エクササイズ中にシャフトが傾くと正確な測定ができないので注意を要する。またスクワットジャンプでは、シャフトが肩から離れないようにすることも、正確な筋力やパワー値を得るためには重要である。

6. 慣性筋プロファイル（リニアトランスジューサー）

　慣性筋プロファイルとは、動的等外部抵抗（DCER）エクササイズにおいて発揮される、筋力・パワー・スピード関係の個人特性を示すものである。トレーニング目的に応じた最適負荷を1RMの％から一律に推定するのではなく、これらの個人特性に応じて、個別に決定するための基礎データを得ることができる。

　軽量（シャフトのみ）から10～20kgごとに負荷を上げて、それぞれの負荷に対する最大スピードによる挙上を行い、各負荷に対して得られたスピードをプロットしたグラフから直線回帰式を求めて、挙上速度0または0.1m/秒時の負荷を1RMとして推定する。さらに、得られたパワー値もプロットして回帰曲線を引く。

　これにより、個々人の1RMが同一であっても、パワーの最大値やそれが示される負荷の大きさ、同じ高重量や低重量に対するスピードやパワーの値が異なることがわかり、適切な負荷の設定やトレーニング成果の確認を、より正確に行うことが可能となる。

■リニアトランスジューサーによる慣性筋プロファイルの作成

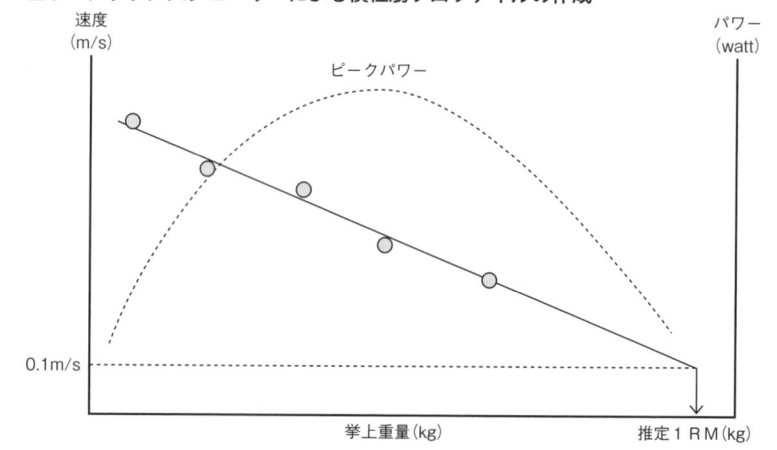

7. 慣性筋プロファイル（加速度計）

　加速度計による慣性筋プロファイルの作成では、まず機器が示す最小負荷（通常はシャフトのみの20kg）を用いて、最大速度での挙上を行う。その後は、機器が提示する負荷による、最大速度での挙上を続ける。通常5段階から最大8段階で測定が終了し、自動的に慣性筋プロファイルが作成される。

　各負荷に対してプロットされた挙上速度が、回帰直線化からどれだけずれているかによって、慣性筋プロファイルの信頼性が％表示される。最低でも80％以上のものを採用するようにする。

　測定後、パワー曲線における最大パワーの90％以上（パワープラトー）が得られる負荷を基準とした、スピードトレーニング、スピード－パワートレーニング、筋力－パワートレーニング、筋肥大トレーニング、最大筋力トレーニングという、5つのトレーニング負荷ゾーンが示される。プロファイルの曲線から詳細な分析を行うには、専用のソフトウエアが必要となる。

■マイオテストによる慣性筋プロファイル

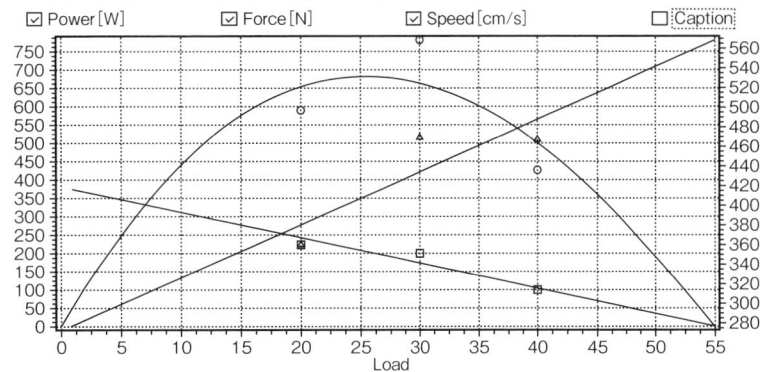

■トレーニングゾーン

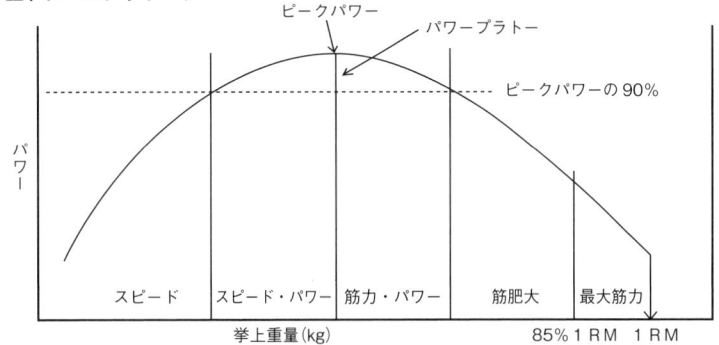

8. 垂直跳び（自立型計測器具）

■基準値の決め方　　■その場跳び　　　　　　　　　　　■助走付きジャンプ

　長い間、垂直跳びの測定は、立位で頭上に伸ばした指先の高さと、ジャンプして到達した高さの差によって測定されてきたが、その動作上の制約が大きいことや、スポーツ動作では助走して前方に跳ぶことが多いということなどから、フィールドやコートのどこにでも設置できる、ヤードスティックのような自立型の計測器具を用いて行われることが普及してきた。

　これを用いることにより、踏み切り足と反対側の手による跳躍高、地上からの絶対的な到達高を容易に計測できるなどの利点がある。

　被測定者の最高到達点を予測してスケールの高さを調節する。被測定者を計測機器の真下に立たせ、片方の上腕が耳に触れるようにして、肘と手首を垂直に伸ばした指先で触れた羽のすぐ上の目盛を確認しリーチ高とする。任意の方法による跳躍で、触れた羽のすぐ上の目盛を最高到達点、リーチ高との差を跳躍高とする。

9. カウンタームーブメントジャンプ（マットスイッチ）

　マットスイッチによるカウンタームーブメントジャンプは、いったん沈み込んで反動をつけた跳躍によって足が地面から離れた瞬間から、再び接地するまでの滞空時間で跳躍高を計算する方式である。計算式は次のとおりである。

　跳躍高＝1/8gT2
（g は重力加速度で 9.8m/s^2、T は滞空時間）

　滞空時間から跳躍高を求める際、踏み切りの瞬間の姿勢と、着地の瞬間の姿勢が同じである必要がある。足が地面から離れる瞬間に足首と膝が完全に伸展し、着地の瞬間にそれらの関節が曲がっていると、滞空時間が長くなってしまい、跳躍高も大きく計算されてしまう。できるだけ自然に踏み切り、着地させるようにする。

　羽を指先でタッチする必要がないので、腕を振り込まずに測定することもできる。腕振りの影響を捨象するには、両手を腰にあてて測定するとよい。また腕を振り込んだ時の値と比較して、その効果を判断することもできる。

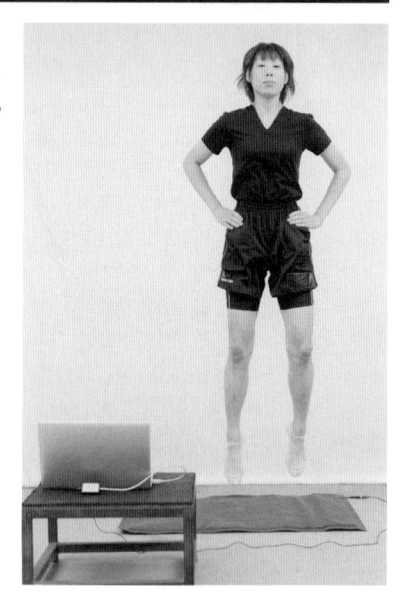

10. カウンタームーブメントジャンプ（光学式感知装置）

　マットスイッチによってカウンタームーブメントジャンプを測定する方法は、マットを設置するサーフェイスとシューズが規定されるが、オプトジャンプ・ネクストのような光学式感知装置による方法では、場所やシューズを選ばない。地上約3mmの高さで、1cm間隔で光電管が配列されたバーを平行に置き、その中でジャンプすることで、1組の光電管の照射線がそこを通過する足によって遮断され、それによって足の接地と離地が検知される。

　跳躍高はマットスイッチと同様の滞空時間からの計算式で求められるので、正確な跳躍高を測るには、ジャンプ動作についてのマットスイッチと同じ注意が必要である。

　光学式感知装置を用いると、芝生や土のグラウンド上でも測定が可能である。その場合、芝の長さや土の凹凸に応じて、高さ1cm程度の台座を装置の下に置くとよい。2本のバーの距離は最大6m離すことが可能なので、測定エリアからはみ出す心配がなく勢いよく跳べる、十分に広い間隔をとるようにする。

　マットスイッチと同様に、腕振りの有無で比較することもできる。

11. カウンタームーブメントジャンプ（加速度計）

　加速度計を、マジックテープによって身体に巻きつけたベルトに装着する。ジャンプによって加速度計の本体が揺れないように肌に直接つけるのが望ましいが、衣服の上からベルトを巻く場合は、ずれないようにしっかりと巻く。

　加速度計による計測では、静止状態が検知される必要があるので、音の合図があるまで直立姿勢を保って静止する。合図で素早く反動動作を行い、高く跳び上がる。着地後も、再び直立姿勢で計測完了の音の合図があるまで静止する。

　現在、市販されている加速度計によるカウンタームーブメントジャンプの測定器を用いると、何回か連続して実施した後、それらの平均値が示される。その場合、1回でも低い値があると数回の平均値ではその値が強く影響するので、1回ずつ全力で跳ぶことが大切である。

　1回跳ぶごとに、きちんと静止姿勢をとり、音の合図を待ってから跳ぶようにする。

　腕振りの影響を調べる方法は、マットスイッチや光学式感知装置と同様である。

12. スタティックジャンプ

　スタティックジャンプとは、カウンタームーブメントジャンプのように、反動を用いないで跳ぶことをいう。

　まず、両手を腰にあててしゃがんだ姿勢をとる。その姿勢でいったん静止し、勢いよく跳び上がり、衝撃を吸収して着地する。

　マットスイッチ、光学式感知装置、加速度計ともに実施できるが、加速度計による場合は、直立した静止姿勢から、音の合図でいったんしゃがんだ姿勢をとって静止し、再び音がしたら跳び上がり、衝撃を吸収した着地の後、再び直立姿勢で計測終了の合図を待つ。

　カウンタームーブメントジャンプの測定値と比較することにより、反動によるストレッチ・ショートニングサイクルの利用効率が推定できるが、しゃがみ込む深さが同じになるように注意する必要がある。また、反動を使ってしまわないようにすることも大切である。

　カウンタームーブメントジャンプもそうであるが、通常の両足で行うジャンプのほか、片足ずつ実施して左右を比較することにより、重要な情報が得られることもある。

13. 爆発的反応（弾性）脚筋力

■両足ジャンプ　　　　　　　　　　　　　　　　　　　　■片足ジャンプ

　別名、リバウンドジャンプテスト、ボスコテストとも呼ばれる。カウンタームーブメントジャンプやスタティックジャンプのように、股関節や膝関節を深く曲げ、足関節の最大底屈を用いて、高さのみを意識して跳び上がるのではなく、主に腱の弾性を用いてリズミカルに素早く、しかも高く跳ねる、いわばバネの特性を調べるテストである。

　両手を腰にあて、反動を使っていったん高く跳び上がり、落下に続く接地から連続的にできるだけ接地時間が短く、なおかつ滞空時間が長くなるようにして所定回数のジャンプを繰り返す。

　評価には、「滞空時間（もしくは跳躍高）÷接地時間」で示される指数が多く利用されるが、接地時間と跳躍高を独自に評価することも可能である。

　マットスイッチ、光学式感知装置、加速度計のいずれを用いても実施できるが、光学式感知装置と加速度計ではサーフェイスとシューズを選ばないので、そのスポーツのフィールドやコートでの、より実践的な測定が可能となる。

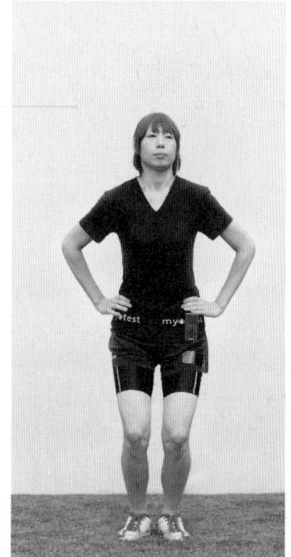

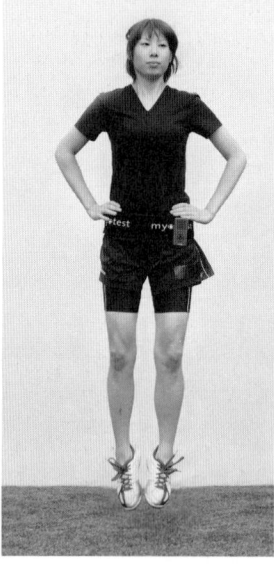

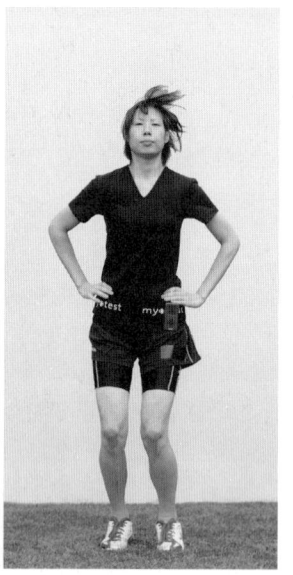

　両足でも片足でも実施可能である。

14. スプリントタイム（ストップウォッチ）

　決められた距離を走るタイムを、手動のストップウォッチで計測する。10mといった短い距離の移動においても、ゴール地点で数10cmの差となる1/100秒単位まで正確に測定することはほぼ不可能であり、パフォーマンスに与える影響やトレーニング効果を判断することは困難であるが、30m以上の距離に要するタイムの大きな差や傾向については、ある程度判断できる。

　一般的には、旗などスタートの合図で計測を開始し、ゴールラインを通過する瞬間に時計を止める。この場合、スタートの合図に対する選手の反応と、測定者の反応の両方が影響する点に注意を要する。また、スタンディングスタートでは後ろ足、スリーポイントやクラウチングスタートでは、指先が地面から離れた瞬間に計測を開始する方法もあるが、この方法では、選手がすでに動き出してからストップウォッチを押すことになるため、実際のタイムよりも速くなる傾向がある。

　こうしたシステマティックエラーと、測定者の慣れや集中力に影響を受けるランダムエラーの存在を十分理解した上で、精度の限度内で利用することが重要である。

15. スプリントタイム（スタンディングスタート：光電管）

　光電管とは、光センサーを用いて電気的に1/1000秒の精度でタイム計測を行うもので、これを利用することにより、より正確なタイム測定が可能となる。

　三脚に取り付けられた一対の光電管を、スタート地点とゴール地点に設置する（写真1、4）。光電管を任意の高さに調節し、照射線を合わせる。より細かいタイム測定をしたい場合には、中間にも一対の光電管を置いてもよい（写真2）。

　ゴール地点の光電管は、一般的に腰から胸の高さとする。スタート地点の光電管を一般的な胸の高さに設定すると、測定する集団の中の身長が低くスタート姿勢の低い選手の場合、測定が開始しないことがあるので、ゴール地点よりもやや低めに設定した方がよい場合もある。

　スタンディングスタートでスタートラインに前足を置き、ヨーイの姿勢で上体を前傾すると計測が開始してしまうことがある。この場合、スタート位置を30cmほど後方にずらすという方法があるが、タイムは有意に速くなる。

　後ろ足の離地を検出するマットスイッチやフットトリガー装置を用いれば、この問題を解決することができる。

　スタートで上体を揺らしたり、プレジャンプをしたりすると有意にタイムが速くなるので、一般的には静止姿勢からスタートさせるようにする。

16. スプリントタイム（マットスイッチ：光電管）

　スタートラインにマットスイッチを設置し、スタート装置と接続する。ゴール地点には一対の光電管を設置する。

　クラウチングスタイルからのスタート、またはスリーポイントスタートでは、指先をマットスイッチに置き、その指に体重をかけ、マットスイッチをオン状態にする（写真1）。両足の位置は任意とする。

　指先がマットスイッチを離れた瞬間からタイム計測を開始するので、スタート動作の跳び出しとタイミングを合わせて指先をマットから離す。

　スタンディングスタートでは、最初に地面から離れる方の足でマットスイッチを踏んで、マットスイッチをオン状態にする（写真2）。マットから足が離れた瞬間からタイム計測を開始するので、マットから離した足を素早く移動させて、スタートの1歩目となるようにする（写真3）。

17. アジリティ

通常、アジリティテストは、スタート・加速・減速・方向転換という異なる要素を含んだ、一定距離の移動に要する合計タイムを計測する。

どれくらいの距離でどのようなコースを設定するかは、競技種目や目的によって異なり、決まったものはない。その中で最もシンプルで比較的広範囲に用いられている、プロアジリティテストの実施方法を示す。

中央のスタートラインに光電管を設置し、左右5m地点にラインを引く。スタンディング姿勢から右または左方向にスタートし、一方のラインを手でタッチした後、ただちに方向転換してもう1方のラインまで走り、ラインをタッチして中央ラインを駆け抜ける。

肩や腰で光電管の照射線に触れた瞬間からタイム計測を開始するので、計測開始と同時に一気にスタートするようにする。ラインをタッチしなかった場合は、やり直しとなる。

18. 立ち幅跳び

立ち幅跳びは、爆発的脚筋力の発揮によって自分の身体を投射するという点では、垂直跳びと同様の能力についての測定であるが、「できるだけ高く」ではなく、「できるだけ遠く」までジャンプするという課題に対する、全身のコーディネーションが影響する。

ラインの手前または先端に両足のつま先を合わせ、大きく腕を振り込み、反動をつけてできるだけ遠くまで跳ぶ。つま先の位置からラインから後方に着地した足の踵までの、垂直距離をメジャーで計測する。

メジャーを地上に敷いておいて、そのすぐ横でジャンプして、後方の踵とメジャーとの垂直位置を取る方法でもよい。

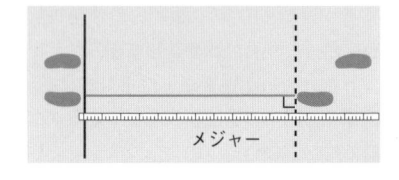

19. 立ち3段（5段）跳び

　立ち幅跳びの要領で踏み切った後、両足または指定された方の足で着地した後、すぐに続けて踏み切って前方に跳ぶ。これを3歩ないし5歩、連続的に実施する。

　たとえば両足で踏み切った後、「右・右・左」または「左・左・右」と続けて踏み切って両足で着地すると、一般的な「ホップ・ステップ・ジャンプ」の立ち3段跳びとなる。

　同じリズムでも、スタートの踏み切りを片足を前に出した姿勢から片足で行うこともできるし、両足で踏み切った後、「ホップ・ステップ・ジャンプ」をすべて両足で行うこともできる。「右・右・右」のジャンプと、「左・左・左」のジャンプを比較することによって、左右足の爆発的な弾性筋力と、パワーおよびコーディネーションの比較をすることなども可能である。

　5段跳びの例としては、両足踏み切りの後、「右・左・右・左」と跳んで両足着地するというものがある。競技特性や測定したい能力に合わせて、さまざまなバリエーションで実施することができる。

20. メディシンボール投げ（回旋）

　下肢から体幹そして最終的に上肢に伝わって発揮される、爆発的な全身でのパワー発揮能力を評価するためのテストである。実際にメディシンボールを投射するため、通常のウエイトの挙上に見られるような動作後半の減速が生じず、全身のコーディネーションを用いた弾道的なパワーの発揮能力を知ることができる。

　投射する方向に対して横向きになり、体側に所定の重さのメディシンボールを両手に持って立つ。数回の反動の後、全身の回旋動作を用いて、足がラインを越えないように注意して、メディシンボールをできるだけ遠くへ投げる。この時、足・膝・股関節の動作をさまざまに限定することもできるが、基本的には自由な動作で投げさせる。ボールが手から離れる前に、足がラインから出た場合は、やり直しとする。

　ラインからメディシンボールが落下した地点までの、直線距離をメジャーで測定する。メディシンボールの落下した地点を見失わないように、軌跡を眼で追い、落下した地点から視線をはずさず、ただちにその地点を指さすようにするとよい。

21. メディシンボール投げ（前/後方）

■前方への投射

■後方への投射

　主として矢状面における屈曲伸展動作による、全身の爆発的パワー発揮能力を評価するためのテストとして用いられる。

❶前方への投射

　ライン上に肩幅よりやや広く開いた両足のつま先を合わせ、所定の重さのメディシンボールを頭上に構え、頭上と両足の間を何度か往復させて反動をつけた後、前方に大きくジャンプしながらボールをできるだけ遠くまで投げる。ボールが手から離れる前に、ラインから足が出た場合はやり直しとする。ラインからボールの落下地点までの距離を、メジャーで計測する。

❷後方への投射

　ライン上に肩幅に開いた両足の踵を合わせ、後ろ向きに立つ。所定の重さのメディシンボールを頭上に構え、上下に頭上と両足の間を何度か往復させて反動をつけた後、後方に大きくジャンプしながら、ボールを後方にできるだけ遠くまで投げる。

22. マルチステージテスト（持久力テスト）

　フィールドで全身持久力を測定する方法として持久走を用いることが多いが、一定時間内の走行距離や一定距離を走る時間を計測する方法では、ペース配分によって数値が大きく変動してしまう。そこで一定の距離をペースを決めて走らせ、徐々にそのペースを上げていき、どのペースまで追随できるかによって、全身持久力を評価するマルチステージテストが普及している。その代表がYOYOテスト（持久力テスト）である。

　20mの往復コースを作り、スタートライン上に選手を並ばせる。規定されたスピードを音の信号で知らせる、YOYO持久力テストのCD-ROMをCDプレーヤーに挿入し、全員に聞こえるように音量をセットする。

　開始の合図からスタートし、20mごとに発せられる音信号に合わせて往復コースを走る。1回目に音信号に遅れた場合は警告となり、2回目に遅れた場合に計測終了となる。その時に走破した距離が記録となる。

音の合図でラインを踏むか、それより前方に足が着くように注意する。YOYOテストに付属の記録用紙で、走行回数をチェックするとよい。

23. マルチステージテスト （間欠性持久力テスト / 間欠性回復力テスト）

球技系をはじめとする多くのスポーツでは、短い休息を挟んで激しい高強度運動を何回も繰り返す、間欠性持久力が必要とされる。この間欠性持久力を評価するためのマルチステージテストとして、ＹＯＹＯ間欠性持久力テスト、およびＹＯＹＯ間欠性回復力テストがある。

前者は休息時間が５秒であるのに対して、後者では10秒となっており、後者ではいかに素早く回復できるかという能力をテストするのに適している。

20mの往復走路のスタート側に、ラインまたはマーカーで５ｍの距離を確保する。

１往復ずつ音信号で知らされるペースに遅れないようにゴールし、５秒ないし10秒間の休息時に５ｍのゾーンを歩いて往復する。スタートラインで次のスタートの合図を待つ。

１回目に遅れた場合は警告となり、２回目に遅れた場合に計測終了となる。

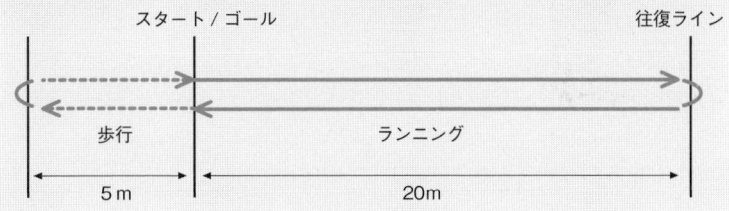

種目名一覧

1. レジスタンストレーニング

1.1　胸部のエクササイズ
1. ベンチプレス　8
2. インクラインベンチプレス　9
3. デクラインベンチプレス　9
4. ダンベルベンチプレス　10
5. ダンベルフライ　11
6. プッシュアップ　12
7. ディッピング　13
8. シーティッドチェストプレス　13
9. ペックデック（別名：バタフライ、バーティカルチェストフライなど）　14
10. ケーブルクロスオーバー　14
11. スタンディングケーブルチェストプレス　15

1.2　背部のエクササイズ
1. ベントオーバーロウ　16
2. ワンハンドダンベルロウ　16
3. シーティッドロウ　17
4. ラットプルダウン　18
5. チンニング　19
6. ダンベルプルオーバー　20

1.3　肩部のエクササイズ
1. シーテッドバーベルショルダープレス（シーテッドバックプレス）　21
2. スタンディングショルダープレス（スタンディングバックプレス）　21
3. オルタネイトダンベルプレス　22
4. ローテーショナルダンベルプレス　22
5. フロントショルダープレス　23
6. シーテッドフロントプレス　23
7. シーテッドフロント＆バックプレス　24
8. サイドレイズ　24
9. フロントレイズ　25
10. オルタネイトダンベルフロントレイズ　25
11. ダンベルショルダーシュラッグ　26
12. アップライトロウ　26
13. エクスターナルローテーション　28
14. インターナルローテーション　28
15. ローテーターカフエレベーション（エンプティカンエクササイズ）　29
16. ショルダーフルアブダクション　29
17. ホリゾンタルアブダクション　29
18. ショルダーエクステンション　30
19. フルローテーション　30

1.4　腕部のエクササイズ
〈上腕のエクササイズ〉
1. スタンディングバーベルカール　31
2. スリーパートカール　31
3. オルタネイトダンベルカール　32
4. リバースバーベルカール　32
5. ダンベルハンマーカール　33
6. プリチャーカール　33
7. コンセントレーションカール　34
8. チンニングカール　34
9. ライイングトライセプスエクステンション　35
10. トライセプスエクステンション（ワンハンドフレンチプレス）　35
11. トライセプスプレスダウン　36
12. トライセプスキックバック　36

〈前腕のエクササイズ〉
13. リストカール　37
14. リバースリストカール　37
15. ラジアルデビエーション　38
16. ウルナデビエーション　38
17. フォアームサピネーション　39
18. フォアームプロネーション　39

1.5　脚部のエクササイズ
1. バックスクワット　40
2. フロントスクワット　41
3. ワイドスタンススクワット　41
4. スプリットスクワット　42
5. ブルガリアンスクワット　42
6. デッドリフト　43
7. ワイドスタンスデッドリフト（スモウスタイルデッドリフト）　44
8. グッドモーニングエクササイズ　44
9. スティッフレッグドデッドリフト　45
10. シングルレッグスティッフレッグドデッドリフト　45
11. フォワードランジ　46
12. バックワードランジ　47
13. サイドランジ（ラテラルランジ）　47
14. フォワードステップアップ　48
15. ラテラル（サイド）ステップアップ　49
16. バックワードステップアップ　49
17. レッグプレス　50

18. レッグエクステンション　50
19. レッグカール（ライイングレッグカール）　50
20. ヒップアブダクション（マシン）　51
21. ヒップアブダクション（チューブ）　51
22. ヒップアブダクション（徒手抵抗）　51
23. ヒップアダクション（マシン）　52
24. ヒップアダクション（徒手抵抗）　52
25. ヒップフレクション（チューブ）　52
26. ヒップエクステンション（チューブ）　53
27. ヒップエクスターナルローテーション（チューブ）　53
28. シングルレッグヒップリフト　53
29. ダンベルスタンディングカーフレイズ　54
30. トゥレイズ（徒手抵抗）　54

1.6　体幹部のエクササイズ

1. トランクカール　55
2. ツイスティングトランクカール　55
3. S字トランクカール　55
4. プッシュトランクカール　56
5. ツイストプッシュトランクカール　56
6. 開脚トランクカール　56
7. シットアップ　57
8. ツイスティングシットアップ　57
9. ニートゥエルボー　57
10. Vシットアップ　58
11. オルタネイトVシットアップ　58
12. ニートゥチェスト　58
13. レッグローテーション　59
14. レッグワイパー　59
15. ハンギングレッグレイズ　59
16. ツイストハンギングレッグレイズ　60
17. ヒップウォーク　60
18. レッグ＆ヒップリフト　60
19. ツイスティングレッグ＆ヒップリフト　61
20. ライイングサイドベント　61
21. 横向き開脚トランクカール　61
22. ライイングトランク＆ヒップツイスト　62
23. ロシアンツイスト　62
24. ケーブルトランクカール　62
25. ツイスティングケーブルトランクカール　63
26. バックエクステンション　63
27. リバースバックエクステンション　63
28. プローンダイアゴナルリフト　64
29. プローンボウスリフト　64
30. シーテッドグッドモーニング　64

1.7　その他のエクササイズ

1. シッティングダイアゴナルケーブルリフト　65
2. ニーリングダイアゴナルケーブルリフト　65
3. スタンディングダイアゴナルケーブルリフト　65
4. シッティングダイアゴナルケーブルチョッピング　66
5. ニーリングダイアゴナルケーブルチョッピング　66
6. スタンディングダイアゴナルケーブルチョッピング　66
7. ワンレッグワンハンドダンベルロウ　67
8. チェーンワンハンドロウ　67
9. ダンベルワンハンドワンレッグロウ　67
10. バランスボールプッシュアップ　68
11. チェーンプッシュアップ　68
12. スタンディングケーブルプッシュ　68
13. ソフトギムボールスーパインニーアップ　69
14. チェーンプローンニーアップ　69
15. バランスボールウォールチェストプッシュニーアップ　69
16. チューブニープルヒップリフト　70
17. ニープルステップアップ　70
18. ケーブルワンレッグニープルスクワット　70

1.8　クイックリフトとパワーエクササイズ

1. パワークリーン（ハイクリーン）　72
2. パワースナッチ（ハイスナッチ）　74
3. プッシュプレス　76
4. プッシュジャーク　77
5. ワンハンドダンベルパワークリーン　78
6. ワンハンドダンベルパワースナッチ　78
7. スクワットジャンプ　79
8. フライングスプリット　79

2.　プライオメトリクス

2.1　下肢のプライオメトリクス

〈スタティックジャンプ型〉
1. アンクルジャンプ　84
2. スプリットアンクルジャンプ　84
3. シザーズ（サイクルスプリット）アンクルジャンプ　84
4. スクワットジャンプ　85
5. スプリットスクワットジャンプ　85
6. シザーズジャンプ（サイクルスプリットスクワットジャンプ）　85

7. シザーズリープ（サイクルスプリットスクワットリープ） 86
8. ブルガリアンスクワットジャンプ 86
9. シングルレッグスクワットジャンプ 86
10. ロケットジャンプ（両腕の振り上げ動作を用いたスクワットジャンプ） 87
11. ロケットスプリットスクワットジャンプ 87
12. ロケットシザーズジャンプ（ロケットサイクルスプリットスクワットジャンプ） 87
13. ロケットシザーズリープ（ロケットサイクルスプリットスクワットリープ） 88
14. ブルガリアンロケットジャンプ 88
15. シングルレッグロケットジャンプ 88
16. 片脚プッシュオフ 89
17. 片脚ラテラルプッシュオフ 89
〈カウンタームーブメントジャンプ型〉
18. 垂直跳び 89
19. 立ち幅跳び 90
20. ニータックジャンプ 90
21. バットキックジャンプ 90
22. ハードルジャンプ 91
23. ラテラルハードルジャンプ 91
24. シングルレッグハードルジャンプ 91
25. シングルレッグラテラルハードルジャンプ 92
26. ボックスジャンプ 92
27. ラテラルボックスジャンプ 92
〈リバウンドジャンプ型（ショートタイプ）〉
28. アンクルホップ（ポゴ） 93
29. 前方への移動を伴うアンクルホップ（ポゴ） 93
30. スプリットアンクルホップ 93
31. シザーズアンクルホップ（サイクルスプリットアンクルホップ） 94
32. ハードルホップ 94
33. ラテラルハードルホップ 94
34. 往復ラテラルハードルホップ 95
35. ジグザグハードルホップ 95
36. 漸増垂直ホップ 95
37. ブルガリアンスクワットホップ 96
38. シングルレッグハードルホップ 96
39. シングルレッグラテラルハードルホップ 96
40. シングルレッグ往復ラテラルハードルホップ 97
41. シングルレッグジグザグハードルホップ 97
42. パワースキップ 97
43. 交互脚バウンド 98
44. ラテラルバウンド 98
45. 交互脚ジグザグバウンド 98
46. 交互脚階段バウンド 99
47. ラテラル階段バウンド 99
48. デプスジャンプ（ドロップジャンプ） 99
49. デプスリープ（ドロップリープ） 100
50. ボックスジャンプ＆アップ 100
51. 開脚デプスジャンプ（開脚ドロップジャンプ） 100
52. ラテラルデプスジャンプ 101
53. 往復ラテラルボックスジャンプ＆ダウン 101
〈リバウンドジャンプ型（ロングタイプ）〉
54. スクワットジャンプ連続 101
55. スプリットスクワットジャンプ連続 102
56. シザーズジャンプ（サイクルスプリットスクワットジャンプ）連続 102
57. シザーズリープ（サイクルスプリットスクワットリープ）連続 102
58. 垂直跳び（連続） 103
59. 立ち幅跳び（連続） 103
60. 交互脚ラテラルプッシュオフ（連続） 103

2.2　上肢のプライオメトリクス

1. 膝立ち姿勢でのメディシンボールチェストプッシュ 104
2. 膝立ち姿勢でのメディシンボールチェストプッシュ（反動型） 104
3. 膝立ち姿勢でのメディシンボールオーバーヘッドスロー 104
4. 膝立ち姿勢でのメディシンボールオーバーヘッドスロー（反動型） 105
5. メディシンボールプルオーバースロー 105
6. メディシンボールプルオーバースロー（反動型） 105
7. メディシンボールプルダウン 106
8. 膝立ち姿勢でのメディシンボールトライセップススロー 106
9. 膝立ち姿勢でのメディシンボールトライセップススロー（反動型） 106
10. 膝立ち姿勢でのメディシンボールアンダースロー 107
11. 膝立ち姿勢でのメディシンボールアンダースロー（反動型） 107
12. 膝立ち姿勢でのメディシンボールバーティカルスロー 107
13. 膝立ち姿勢でのメディシンボールバーティカルスロー（反動型） 108
14. 膝立ち姿勢でのメディシンボールバックスロー 108

15. 膝立ち姿勢でのメディシンボールバックスロー（反動型） 108
16. 膝立ち姿勢でのメディシンボールショルダープレススロー 109
17. 膝立ち姿勢でのメディシンボールショルダープレススロー（反動型） 109
18. ベンチに両手を着いた姿勢でのプッシュアップジャンプ 109
19. ベンチに両手を着いた姿勢でのプッシュアップジャンプ（反動型） 110
20. プッシュアップボックスジャンプ 110
21. デプスプッシュアップジャンプ（ドロッププッシュアップジャンプ） 110

2.3 体幹部のプライオメトリクス

1. メディシンボールシットアップスロー 111
2. メディシンボールシットアップスロー（反動型） 111
3. メディシンボールシットアップスロー（リバウンド型） 111
4. メディシンボールシットアップパス 112
5. メディシンボールスタンディングオーバーヘッドダウンスロー 112
6. メディシンボールレッグスロー 112
7. メディシンボールベントオーバーバックスロー 113
8. メディシンボールツイストフロントスロー 113
9. メディシンボールツイストサイドスロー 113
10. メディシンボールツイストバックスロー 114
11. メディシンボールベントオーバーツイストスロー 114

2.4 複合動作でのプライオメトリクス

1. メディシンボールバーティカルスロー 115
2. メディシンボールバックスロー 115
3. メディシンボールアンダースロー 116
4. メディシンボールオーバーヘッドスロー 116
5. メディシンボールチェストプッシュ 116
6. スクワットジャンプ＆メディシンボールバーティカルスロー 117
7. スクワットジャンプ＆メディシンボールバックスロー 117
8. スクワットジャンプ＆メディシンボールチェストプッシュ 118
9. スクワットジャンプ＆メディシンボールショルダープレススロー 118

3. 持久力トレーニング

3.1 有酸素性持久力トレーニング

〈用器具を用いない有酸素性持久力トレーニング〉
1. ウォーキング 122
2. ジョギング（低速ランニング） 122
3. 中速ランニング 122
4. LSD 123
5. ペース走（低速） 123
6. ATペース走 123
7. ビルドアップ走 124
8. ロングインターバル 124
9. ファルトレク（クロスカントリー走） 124
10. トレイルランニング 125

〈用器具を用いた有酸素性持久力トレーニング〉
11. トレッドミル 125
12. 自転車エルゴメーター 125
13. ステアクライマー 126
14. エリプティカルクロストレーナー 126
15. ロウイングマシン 126
16. スポーツバイクサイクリング 127
17. ノルディックウォーキング 128

3.2 水中で行う有酸素性持久力トレーニング

1. 水中ウォーキング 129
2. パドル水中ランニング 129
3. 後ろ向き水中ウォーキング 130
4. パドル水中後ろ向きランニング 130
5. パドル水中ランニングリレー 131
6. 水中両足踏切ジャンプ 131
7. 水中片足踏切ジャンプ 132
8. ビート板キック 132
9. ビート板キック（高負荷） 133
10. ビート板キックリレー 133

3.3 無酸素性持久力トレーニング

〈用器具を用いない無酸素性持久力トレーニング〉
1. 高速ランニング 134
2. ウインドスプリント（流し） 134
3. ショートインターバル 135
4. ミドルインターバル 135
5. レペティション 136
6. タイムトライアル 136
7. ヒルトレーニング（坂道ダッシュ） 136

〈用器具を用いた無酸素性持久力トレーニング〉
8. 自転車エルゴメーター（Power max） 137
9. サーキットトレーニング 137

4. 柔軟性トレーニング

4.1 上肢のスタティックストレッチング（セルフ）
1. 僧帽筋（上部） 142
2. 僧帽筋（中部） 142
3. 肩甲挙筋 142
4. 三角筋中部／後部 142
5. 前鋸筋 143
6. 上腕二頭筋 143
7. 上腕三頭筋 143
8. 棘下筋／小円筋 143
9. 肩甲下筋 144
10. 胸鎖乳突筋 144
11. 斜角筋 144
12. 小胸筋 144
13. 大胸筋 145
14. 広背筋 145
15. 長橈側手根屈筋 146
16. 長掌筋 146
17. 浅指屈筋 146
18. 長橈側手根伸筋 146
19. 腕橈骨筋 146
20. 総指伸筋 146
21. 長母指外転筋 146
22. 長母指／短母指伸筋 146

4.2 体幹・下肢のスタティックストレッチング（セルフ）
〈体　幹〉
1. 腰方形筋 147
2. 内腹斜筋 147
3. 外腹斜筋 147
4. 腹直筋 147
5. 腸腰筋 148
〈下　肢〉
6. 大臀筋 148
7. 中臀筋 148
8. 大腿筋膜張筋 149
9. 縫工筋 149
10. 大腿四頭筋 149
11. ハムストリングス 150
12. 恥骨筋 150
13. 大内転筋 151
14. 長内転筋 151
15. 薄筋 151
16. ひらめ筋 151
17. 腓腹筋 152
18. 前脛骨筋 152
19. 腓骨筋 152
20. 後脛骨筋 153
21. 足底筋膜 153

4.3 上肢のスタティックストレッチング（パートナー）
1. 僧帽筋上部 154
2. 肩甲挙筋 154
3. 上腕二頭筋 154
4. 上腕三頭筋 154
5. 棘下筋／小円筋 155
6. 肩甲下筋 155
7. 大胸筋 155
8. 広背筋 155

4.4 体幹・下肢のスタティックストレッチング（パートナー）
〈体　幹〉
1. 腰方形筋 156
2. 内外腹斜筋 156
3. 腹直筋 156
4. 腸腰筋 156
〈下　肢〉
5. 大臀筋 157
6. 中臀筋 157
7. 大腿筋膜張筋 157
8. 縫工筋 157
9. 大腿四頭筋 158
10. ハムストリングス 158
11. 薄筋 158
12. 大内転筋 159
13. 長内転筋 159
14. 腓腹筋 159
15. 恥骨筋 159

4.5 ダイナミックストレッチング（スタンディングベース）
1. 股関節の屈曲と伸展 160
2. 股関節の外転と内転 160
3. 股関節の屈曲からの外転／内転 161
4. 股関節の屈曲からの外旋／内旋 161
5. 膝関節の屈曲と伸展 161
6. 足関節の底屈と背屈 161
7. 体幹の屈曲と伸展 162
8. 体幹の回旋 162
9. 体幹の側屈 162
10. 股関節の回旋と体幹の動き 162

4.6 ダイナミックストレッチング（ウォーキングベース）
1. ハムストウォーク　163
2. 臀筋ウォーク　163
3. ヒールタッチ　163
4. フロントキック　163
5. ツイストキック　164
6. 膝抱えからのランジウォーク　164
7. 股関節回しウォーク　164
8. 骨盤と脊椎と肩のダイナミックウォーク1　165
9. 骨盤と脊椎と肩のダイナミックウォーク2　165
10. 骨盤と脊椎と肩のダイナミックウォーク3　165
11. ランジウォーク1　166
12. ランジウォーク2　166
13. ランジウォーク3　166
14. サイドランジウォーク1　166
15. サイドランジウォーク2　166

4.7 ダイナミックストレッチング（フロアーベース）
1. 股関節の屈曲／伸展　167
2. 股関節の内転／外転　167
3. 股関節の複合運動（内旋／外旋／屈曲／伸展／外転／内転）　167
4. 骨盤と体幹の複合運動（肩甲上腕関節：内旋／外旋／伸展／屈曲／外転／内転　肩甲帯：内転／外転／上方回旋／下方回旋／挙上／下制）　168

4.8 徒手抵抗ストレッチング
1. ハムストリングス　169
2. 大腿四頭筋　169
3. 内転筋群　169
4. 外転筋群　169
5. 背筋群　170
6. 臀筋群　170
7. 大胸筋　170
8. 広背筋　170

4.9 道具を利用したストレッチング
〈フレックスクッション（FC）〉
1. 長座位体前屈　171
2. 開脚座位体前屈　171
3. 内転筋群　171
4. 臀筋群　171
5. 下腿前面　172
6. 骨盤体操　172
7. 下腿後面　172
8. 肩甲骨体操　172

〈フォームローラー（FR）〉
9. 大腿部前面　173
10. 股関節周囲筋　173
11. 体幹上部　173
12. 胸郭周囲筋群　174
13. 背部深層筋群　174
14. 股関節屈曲筋　174

4.10 スポーツ障害予防のコンプレッションストレッチング
1. 下腿三頭筋　175
2. 前脛骨筋　175
3. 腓骨筋　175
4. ハムストリングス　175
5. 大腿四頭筋　176
6. 腸脛靭帯　176
7. 内転筋群　176
8. 臀筋群　176

5. スピードトレーニング

5.1 ランニングスピード向上のトレーニング
1. ヒールタッチ　180
2. バットキック　180
3. クイックバットキック　180
4. スモールフットバウンディング　181
5. ストレートレッグバウンディング　181
6. ストレートレッグバウンディング〜スプリント　181
7. マーチング　182
8. マーチングシングルレッグ　182
9. Aスキップ　182
10. ジャンプロープバウンディング　183
11. ジャンプロープスプリント　183
12. ホッピング　183
13. ハードルスクワット　184
14. ハードルステップオーバー　184
15. ハードルスクワットコンビネーション　184
16. ラテラルハードルステップオーバー　185
17. ニーウォーク　185
18. リバーススプリットジャンプ　185
19. ボックスバウンディング　186
20. ボックススピードバウンディング　186
21. ステッピング　186
22. ニーアップⅠ　187
23. ニーアップⅡ　187
24. レッグランジウォーク　187
25. クイックレッグランジウォーク　188

26. ステップダウン　188
27. ステップアップ　188
28. スピードバウンディング　189
29. ハンギングニーアップ　189
30. ハンギングニーエクステンション　189
31. ハンギングニーアップスイッチ　190
32. ジャイアントステップ　190
33. ターンオーバー　190
34. カリオカストレッチ　191
35. ツースキップ　191
36. ベアクロウウォーク（フォワード）　191
37. ベアクロウウォーク（バックワード）　191
38. ベアクロウウォーク（ラテラル）　192
39. マーカー走Ⅰ　192
40. マーカー走Ⅱ　192
41. チェンジオブペースⅠ　193
42. チェンジオブペースⅡ　193
43. チェンジオブペースⅢ　193
44. ヒルスプリント　194
45. スプリント　194

5.2　アジリティ向上のトレーニング
〈ファンダメンタル〉
1. 4種のファーストステップドリル－ラテラル（オープン／クローズ）、バック（ドロップ／ピボット）　196
2. 減速停止ドリル（フォワード、バックワード、ラテラル）　197
3. ステップドリル　198
4. カッティングドリル（45度、90度、135度、180度）　199
5. タンブリングドリル－フォワードロール（前転）、バックワードロール（後転）、ショルダーロール（受け身）　200
6. 両足ジャンプ（縄跳び）　201
7. スプリットジャンプ（縄跳び）　201
8. 開閉ジャンプ（縄跳び）　201
9. スクエアジャンプ（縄跳び）　202
10. ダブルバニーホップ（縄跳び）　202
11. ラテラルダブルバニーホップ（縄跳び）　202
12. シャッフルステップ（縄跳び）　203
13. 両足ジャンプ（ミニハードル）　203
14. ラテラル両足ジャンプ（ミニハードル）　203
15. 開閉ジャンプ（ミニハードル）　204
16. スクエアジャンプ（ミニハードル）　204
17. ヘキサゴンステップ　204
18. シャッフル（ラダー）　205
19. シャッフル前（ラダー）　205
20. シャッフル後（ラダー）　205
21. インアウトアウトイン（ラダー）　206
〈クローズスキルドリル〉
22. 反復横跳び　206
23. エドグレンサイドステップ　206
24. プロアジリティ　207
25. 4コーナーダッシュ　207
26. スクエアインドリル　207
27. 5コーンドリル　208
28. 4コーナーロール　208
29. ジグザグラン1　208
30. ジグザグラン2　209
31. ダッシュ＆バック　209
32. Lドリル　209
33. 4コーナードリル　210
34. Vドリル　210
35. V8ドリル　210
36. Tドリル　211
37. クロスドリル　211
38. スラロームラン　211
39. サークルラン　212
40. ネブラスカアジリティ　212
41. 3コーンドリル　212
42. 5-10-5シャトル　213
43. リニアアジリティ　ダッシュ＆バック　213
44. ラダーバックペダルスプリント　213
〈オープンスキルドリル〉
45. 4コーナータッチ　214
46. スパイダー　214
47. ミラードリル　214
48. コーナーリアクション　215
49. 4コーナーダッシュ（バタフライラン）　215
50. クロスオーバー＆シャッフル　216
51. 反応ランニングドリル　216

6.　バランス能力・姿勢支持能力向上のトレーニング

6.1　静的なバランス能力・姿勢支持能力向上のトレーニング
1. バランスディスクワンレッグスタンド　220
2. バランスディスクサイドスタンド　220
3. バランスディスクフロントスタンド　220
4. ピックアップスポジション　220
5. バランスボールシットニーアップ　221
6. バランスボールウォールシットニーアップ　221
7. バランスニースタンドポジションC　221
8. バランスニースタンドポジションZ　221

9. Ｖバランス　222
10. バランスボールシット　222
11. 3点倒立　222
12. バランスボールシャクトリーポジション　222
13. ソフトギムボールスーパインダンベルキープ　223
14. バランスボールラテラルダンベルキープ（ワンレッグ）　223
15. ブリッジ　223
16. バランスボールスーパインベントニーワンレッグ　223
17. バランスボールウォールチェストプッシュブリッジ　224
18. バランスボールヒップリフト　224
19. ソフトギムスーパインレッグレイズ　224
20. スイッチオフウィズバー　224

6.2　動的なバランス能力・姿勢支持能力向上のトレーニング

1. シングルレッグスタンディング　225
2. シングルレッグスタンディングスイング　225
3. シングルレッグスクワットポジションキープ　225
4. シングルレッグスクワットポジションスイング　225
5. シングルレッグスタンディングフットオンバランスパッド　226
6. シングルレッグスタンディングスイングフットオンバランスパッド　226
7. シングルレッグスクワットポジションキープフットオンバランスパッド　226
8. シングルレッグスクワットポジションキープスイングフットオンバランスパッド　226
9. ベントニーポジションフォワードムーブ　227
10. ベントニーポジションバックワードムーブ　227
11. ベントニーポジションラテラルムーブ　227
12. ベントオーバーポジションフォワードムーブ　227
13. ベントオーバーポジションバックワードムーブ　228
14. ベントオーバーポジションラテラルムーブ　228
15. スプリットスクワットフットオンバランスパッド　228
16. フォワードランジフットオンバランスパッド　228
17. サイドランジフットオンバランスパッド　229
18. スイングランジフットオンバランスパッド　229
19. ボウスレッグジャンプインプレイス　229
20. シングルレッグジャンプインプレイス　229

6.3　その他のバランス能力・姿勢支持能力向上のトレーニング

1. プローンブリッジ＋ヒップアブダクション　230
2. プローンブリッジ＋リーチアウト　230
3. スパインブリッジ＋アブダクション　230
4. スパインブリッジ＋フレクション　230
5. サイドブリッジ＋アブダクション　231
6. サイドブリッジ＋レッグスウィング　231
7. サイドブリッジ＋フィギュア8　231
8. デッドバグ　231
9. 手押し車　232
10. リニアロード＆リフト　232
11. リニアエクスチェンジ　232
12. ラテラルロード＆リフト　232
13. ラテラルエクスチェンジ　233
14. バランスボールプローンブリッジ＋エルボームーブ　233
15. バランスボールレッグカール　233
16. バランスボールシングルレッグカール　233
17. ベアークロール　234
18. グルトハムレイズ＋フィギュア8　234
19. エアプレーン　234
20. フラミンゴ　234

7. ウォームアップのための運動

7.1　セルフエクササイズ系

1. ショルダーエクササイズ　238
2. ショルダー：インナーチューブ　238
3. ショルダー：スキャプラチューブ　238
4. ソラシックムーブ　238
5. 90／90　238
6. クアドラプト　238
7. ヒップローテーション　239
8. スコーピオン　239
9. トゥタッチ＆ヒールタッチ　239
10. ピラーエクササイズ　239
11. ミニバンド　239
12. パワーウォーク　239

7.2　ウォーキング系

1. ニーハグ　240
2. フィギュアフォー　240
3. ハイキック　240
4. ヒールアップ　240
5. ランジ＆ツイスト　241
6. ランジ＆エルボーイン　241
7. バックランジ＆サイドベント　241
8. エアプレーン　241
9. サイドランジ　242

10. クロスランジ　242
11. ハンドウォーク　242
12. スパイダー　242

7.3　スキップ系
1. スキップ　243
2. スキップ（アームローテーション）　243
3. ハイスキップ　243
4. クイックスキップ　243
5. サイドステップ　244
6. サイドスキップ　244
7. クロススキップ　244
8. オープンバックスキップ　244

7.4　ステップ系
1. サイドステップ＆ピボット　245
2. サイドステップ＆バック　245
3. キャリオカ　245
4. キャリオカハイニー　245
5. フロント＆サイド　246
6. イン＆アウト　246
7. インイン＆アウトアウト　246
8. ジャンピングジャックス　246

7.5　バランス系
1. 回転ジャンプ　247
2. 側転＆前回り受け身　247
3. ストップ＆バック　247
4. ストップ＆ゴー　248
5. バックターン　248
6. バックターン＆フロントターン　248

7.6　スピード系
1. ハイニー〜クイックラン　249
2. ラテラルハイニー〜ラテラルシャッフル　249
3. ジグザグバウンズ　249
4. カッティング　249
5. ホットフットスタート　250
6. バックターンスタート　250
7. 3ポイントスタート　250
8. 変形スタート　250

8. 形態・体力測定

8.1　形態測定
1. 体重　254
2. 周径囲　254
3. 身体組成　255

8.2　体力測定
1. 最大挙上重量（1RM）　256
2. 等速性筋力と静的筋力　256
3. 動的筋力　257
4. リニアトランスジューサーによるパワー　257
5. 加速度計による筋力・パワー　258
6. 慣性筋プロファイル（リニアトランスジューサー）　258
7. 慣性筋プロファイル（加速度計）　259
8. 垂直跳び（自立型計測器具）　259
9. カウンタームーブメントジャンプ（マットスイッチ）　260
10. カウンタームーブメントジャンプ（光学式感知装置）　260
11. カウンタームーブメントジャンプ（加速度計）　261
12. スタティックジャンプ　261
13. 爆発的反応（弾性）脚筋力　262
14. スプリントタイム（ストップウォッチ）　262
15. スプリントタイム（スタンディングスタート：光電管）　263
16. スプリントタイム（マットスイッチ：光電管）　263
17. アジリティ　264
18. 立ち幅跳び　264
19. 立ち3段（5段）跳び　265
20. メディシンボール投げ（回旋）　265
21. メディシンボール投げ（前／後方）　266
22. マルチステージテスト（持久力テスト）　266
23. マルチステージテスト（間欠性持久力テスト／間欠性回復力テスト）　267

トレーニング指導者テキスト　実技編
ⒸJapan Association of Training Instructors,2011　　NDC780／ix,277p／26cm

初版第1刷	2011年4月20日
第2刷	2013年9月1日

編著者	NPO法人 日本トレーニング指導者協会
発行者	鈴木一行
発行所	株式会社 大修館書店
	〒113-8541 東京都文京区湯島2-1-1
	電話 03-3868-2651（販売部）03-3868-2299（編集部）
	振替 00190-7-40504
	[出版情報] http://www.taishukan.co.jp

装丁／本文デザイン	井之上聖子
編集協力	錦栄書房
写真撮影	森山雅智
印刷所	横山印刷
製本所	ブロケード

ISBN978-4-469-26711-2　Printed in Japan

Ⓡ本書のコピー、スキャン、デジタル化等の無断複製は著作権法上での例外を除き禁じられています。本書を代行業者等の第三者に依頼してスキャンやデジタル化することは、たとえ個人や家庭内での利用であっても著作権法上認められておりません。